C.H.BECK KULTURWISSENSCHAFT

FRITZ GRAF

Gottesnähe und Schadenzauber

Die Magie in der
griechisch-römischen Antike

VERLAG C.H.BECK MÜNCHEN

Die Deutsche Bibliothek – CIP-Einheitsaufnahme

Graf, Fritz:
Gottesnähe und Schadenzauber : die Magie in der griechisch-römischen Antike / Fritz Graf. – München : Beck, 1996
(C.H.Beck Kulturwissenschaft)
ISBN 3 406 41076 6

ISBN 3 406 41076 6

© C.H. Beck'sche Verlagsbuchhandlung (Oscar Beck), München 1996
Satz und Druck: Appl, Wemding
Bindung: Großbuchbinderei Monheim
Gedruckt auf säurefreiem, alterungsbeständigem Papier
(hergestellt aus chlorfrei gebleichten Zellstoff)
Printed in Germany

Inhalt

Vorwort 7

1. Einführung 9
   Die Quellen 9
   Die Forschungsgeschichte in ihren Hauptlinien 14

2. Namen für den Zauberer 24
   Die griechische Terminologie 24
   Die römische Welt 37

3. Wie wird man Zauberer? Die Aussenansicht 58
   Der Prozess gegen C. Furius Cresimus 58
   Ein afrikanisches Drama: der Prozess des Apuleius 61

4. Wie wird man Zauberer? Die Innenansicht 83
   Magie als Gabe der Götter 85
   Magie und Mysterienkulte 89

5. Defixionen und Zauberpuppen. Aspekte des Schadenzaubers . 108
   Einführung 108
   Kategorien und Formeln 110
   Die Riten 121
   Die übermenschlichen Adressaten des Rituals 133
   Der Ritus im Kontext 138
   Die Sicht der Opfer 146
   Vorspiel im Orient 154

6. Liebeszauber und magische Divination im Spiegel
   der Literatur 158
   Theokrit und die erotische Magie 159
   Die magische Divination: Lucan und die rituelle Realität 171

7. Worte und Taten 184
  Sympatheia 184
  Performativität 185
  Ritus und Kommunikation 188
  Das Gebet des Magiers 192
  Magie und Zwang 198
  Magie und Inversion 203

8. Epilog 208

Anmerkungen 211

Bibliographie 261

Namenregister 265

Sachregister 269

Vorwort

Dieses Buch will eine Einführung in das weite Gebiet der antiken Magie sein – ein Gebiet, dessen Geschichte sich über mehr als ein Jahrtausend erstreckt und den gesamten Raum der antiken Kulturen umfaßt, vom archaischen Griechenland bis zum Ägypten oder Gallien der Spätantike, und die auch so nur ein Ausschnitt aus einem weit längeren Traditionsstrom ist, der vom bronzezeitlichen Nahen Osten auf teils verschlungenen und oft unterirdischen Wegen bis ins christliche Mittelalter und die europäische Renaissance reicht. Diese umfassende Geschichte ist noch zu schreiben, und auch das doch bescheidenere Unternehmen, die Geschichte der griechischen und römischen Magie, die einer ihrer größten Kenner, Morton Smith, kurz vor seinem Tod noch gefordert hatte, kann hier nicht wirklich vorgelegt werden; zu sehr ist die Forschung noch in Bewegung, finden sich auch immer neue und aufregende Dokumente. So sollen denn hier die wichtigsten Probleme diskutiert, die entscheidenden Schritte der historischen Entwicklung vorgeführt, die wichtigsten Dokumente exemplarisch vorgestellt werden. Magie wird dabei nicht als in sich geschlossene Provinz, gar als ein Bereich ganz am Rand der antiken Kulturen angesehen: entscheidend ist vielmehr ihre Einbettung in die religiöse und soziale Welt Griechenlands und Roms, wo magische Praktiken und Vorstellungen integraler Bestandteil von Kultur und Gesellschaft waren.

Erwachsen ist dieses Buch aus einer Reihe von Seminarien an der École Pratique des Hautes Études der Sorbonne: entsprechend war es erst in französischer Sprache geschrieben worden. Die deutsche Ausgabe war Anlaß, den Text noch einmal gründlich zu überdenken, manches zu verändern und gelegentlich auch neue Dokumente einzufügen, ohne jedoch Struktur und Aufbau preiszugeben; so entstand gegenüber der französischen Originalausgabe eine überarbeitete, erweiterte und hoffentlich verbesserte Fassung, die auch den Fortschritt der Forschung und des eigenen Denkens reflektiert. Auch so bleibt natürlich der Dank an die Pariser Freunde und Kollegen bestehen – an John Scheid, der mich an die Sorbonne einlud und im Gespräch wie beim Lesen des Manuskripts wichtige Anregungen gab, an die Teilnehmer der Seminarien, die mir halfen, meine Gedanken zu entwickeln und zu prüfen, an Pierre Vidal-Naquet und Michel Desgranges, die das Buch in ihre Reihe bei Belles-Lettres aufnahmen, an Evelyne Scheid-Tissinier, Magali Tongas und Didier Mertens, die in verschiedener Weise an der Perfektion der französischen Version intensiv beteiligt waren. Es bleibt auch der Dank an andere Kollegen und Freunde, deren Rat und Kritik weiterhalfen, insbesondere Jan N. Bremmer in Groningen, Christopher A. Faraone in Chicago, Sarah Iles Johnston in Columbus. Dr. Ernst-Peter Wieckenberg und dem Beck-Verlag schließlich sei gedankt für ihre Bemühungen, dieser deutsche Ausgabe zu ihrer Eigenexistenz zu verhelfen.

Ein Wort noch zum Technischen. Dieses Buch ist nicht bloß an den altertumswissenschaftlich geschulten Leser gerichtet, sondern an jeden, der sich für antike Magie und Religion interessiert. Um den Zugang nicht unnötig zu erschweren, sind Hauptteil und Anmerkungen getrennt worden. Griechisch und Latein sind möglichst auf die Anmerkungen beschränkt, im Haupttext immer übersetzt und, wo nötig, transkribiert worden. Antike Autoren und Werke werden im Haupttext in der im Deutschen geläufigsten Form zitiert; in den Anmerkungen hingegen sind alle Werktitel und die Autoren mit Ausnahme der ganz bekannten in der bibliographisch üblicheren latinisierten Form wiedergegeben.

Basel, im März 1996

1. Einführung

Die Quellen

Magie ist ein fester Bestandteil der antiken Religionen Griechenlands, Roms, des alten Italien. Unser Bild dieser Religionen ensteht als eine Rekonstruktion aus den uns erhaltenen Trümmern, nicht viel anders als das Bild einer römischen Stadt oder eines mykenischen Palasts. Keines der paganen Religionssysteme des Mittelmeerraums hat vor Christentum und Islam standgehalten, keine Menschen überleben, die uns informieren könnten, aber auch keine antiken Gesamtdarstellungen, die die Anordnung der einzelnen Elemente in einem Ganzen präzise vorgeben könnten. Was an antiken Traktaten erhalten ist, wie etwa Ciceros theologische Schriften, ‚De natura deorum' und ‚De divinatione', oder wie, im Bereich der Magie, Iamblichs ‚De mysteriis Aegyptiorum', betrifft Teilfragen, die im Lichte zeitgenössischer Probleme abgehandelt wurden: diese Werke sind nicht für den späteren Historiker geschrieben worden, schon gar nicht für den Angehörigen einer ganz anderen Kultur. So ist der Religionshistoriker als Archäologe von Glaube und Ritus darauf angewiesen, sämtliche ihm zugänglichen Bruchstücke zu studieren und zusammenzufügen: die Nachrichten in den uns erhaltenen literarischen Werken, den unbedeutendsten ebenso wie den zeitlos großen, die Informationen in Inschriften und Papyri, die bildlichen Zeugnisse. Die Wissenschaft von den antiken Religionen ist Teil jener umfassenden, Philologie, Geschichte und Archäologie übergreifenden Altertumswissenschaft, die einst August Boeckh begründet, Ulrich von Wilamowitz-Moellendorff weitergeführt hatte und die noch immer als Wissenschaft von der antiken Kultur den fruchtbarsten Zugang zur Antike darstellt.

Einige Dokumentgattungen sind spezifisch für die antike Magie: die Zauberpapyri und die Defixionen – die unterdessen fast unübersehbar zahlreichen, meist auf Bleitäfelchen eingeschriebenen Verfluchungen, die aus der gesamten antiken Welt stammen, kurze, für den Laien meist wenig attraktive, für den Gelehrten gelegentlich schwer verständliche Texte, und die umfangreicheren Papyrusbücher aus dem kaiserzeitlichen Ägypten, deren oft äußerst detaillierte rituelle Szenarien sie zur erstaunlichsten und aufregendsten Quellengattung machen, auch wenn sie als religiöse Zeugnisse nicht für alle Epochen der Antike gleich bedeutend sind[1].

Die Papyrustexte, die Karl Preisendanz und seine Mitarbeiter in den beiden Bänden der *Papyri Graecae Magicae* gesammelt hatten, bilden aber kein einheitliches Corpus, sondern zerfallen in zwei Gruppen[2]. Auf der einen Seite stehen zahlreiche kurze Texte, deren Zahl unterdessen angewachsen ist und noch immer anwächst, die man zur angewandten Magie rechnen kann[3]: Verfluchungen (Defixionen) und Amulette gegen Krankheiten. Allein der Umstand, daß sie auf Papyrus geschrieben sind (und deswegen in den Arbeitsbereich der Papyrologen fallen), unterscheidet diese Texte aus dem kaiserzeitlichen Ägypten von den viel zahlreicheren *tabulae defixionum* aus dem gesamten Raum der antiken Kultur, mit denen die Epigraphiker sich abgeben[4], meist auf Metall, fast immer auf Blei geschriebene Texte. Man kann annehmen, daß solche Amulette und Fluchtexte auch außerhalb Ägyptens gelegentlich auf Papyrus geschrieben worden sind – von einigen wenigen Ausnahmen abgesehen hat aber eben bloß der trockene Boden des Niltals einen derart hinfälligen Beschreibstoff erhalten können.

Daneben stehen die langen und weit interessanteren eigentlichen Papyrusbücher, Sammlungen magischer Rezepte und Ritualanweisungen an die Magier; ihre Thematik reicht von Hausrezepten gegen Kopfschmerzen und Husten über Mittel, einen Wahrtraum zu erreichen, bis zur Vorschrift, mit welchen Riten man den Zorn eines Vorgesetzten besänftigen, das Herz einer Frau gewinnen oder mit einer Gottheit zum intimen Gespräch gelangen kann[5]. Man hat ihre religionsgeschichtliche Bedeutung mit derjenigen der Texte aus Qumran oder Nag-Hammadi verglichen: beide geben detaillierten Einblick in sonst kaum faßbare Aspekte antiker Religionsübung, die zwar nur wenigen genauer bekannt, deswegen aber nicht unbedeutend waren[6]. Die meisten der erhaltenen Zauberbücher stammen aus der mittleren Kaiserzeit[7]; ein frühes, Preisendanz noch unbekanntes Buch in Berlin wird schon in das 1. nachchristliche Jahrhundert datiert[8]. Sie stammen meist von erstaunlich gebildeten Schreibern, die oft durchaus philologisch vorgehen[9]. Allein sechs oder sieben dieser Bücher stammen aus der Bibliothek eines Spezialisten in Oberägypten, der auch koptisch las und schrieb und der ein Kenner von Magie und geheimer Theologie gewesen sein muß: aus seiner Bibliothek kennt man auch koptische

Zaubertexte, gnostische Bücher und einen alchemistischen Traktat[10]. Sie waren nicht eigentlich geheim – jedenfalls wußte man in der antiken Gesellschaft von ihrer Existenz, wenn wir auch kaum Vorteilhaftes von ihnen hören. Auf die Predigten des Paulus hin verbrannten die Ephesier eine große Zahl von ihnen als offenbar besonders anstößig, und die römischen Gesetze wenigstens der Kaiserzeit verboten ihren Besitz und ordneten ihre Verbrennung an, wie sie auch den Besitz von Wahrsagebüchern verboten (wie Magie und Wahrsagung überhaupt viel miteinander zu tun hatten)[11]. Bücherverbrennungen haben die Verbreitung von Büchern noch nie verhindern können; bis weit in die spätere Kaiserzeit hinein wurden sie von Interessenten, auch von bloß Neugierigen, abgeschrieben und gesammelt, wie von jenem Ioannes Phulon, der im 5. Jahrhundert in Beirut Jurisprudenz studierte: militante christliche Kommilitonen stöberten seine seltsame Sammlung auf, und ihre Beschreibung – Bücher mit „Bildern von bestimmten Dämonen" und mit „ausländischen (barbarischen) Namen" – paßt auf die uns erhaltenen Texte[12]. Allerdings darf man sich die Verbreitung auch nicht allzu offen vorstellen: antike Magie ist weitgehend esoterisch, in den Händen von einzelnen Spezialisten – die Verbreitung erfolgte also weitgehend in geschlossenen Gruppen, von Lehrer zu Schüler, von Vater zu Sohn oder Tochter[13]; wenn Ioannes Phulon sie in den Kissen eines Sessels aufbewahrte, war vielleicht mehr als bloß die Drohung der militanten Christen im Spiel. Daß im Laufe einer solchen, kaum kontrollierten Tradition die Texte sich stark veränderten, versteht sich; jeder Schreiber konnte nach seinen Vorstellungen erweitern, verkürzen und ändern – schließlich waren es keine heiligen Bücher, deren Text keine Veränderung erlaubte, es waren Anweisungen für eine Praxis mit immer wechselnden Bedürfnissen. In den wenigen Fällen, wo sich ein Sammler die Mühe gab, verschiedene Versionen desselben Textes zusammenzustellen, können wir die Fluktuation der Überlieferung wahrnehmen und auch einige Etappen rekonstruieren[14]; in andern, nicht viel häufigeren Fällen können wir fassen, wie die Anleitungen in die Praxis umgesetzt wurden und wie dies den Text beeinflußte[15]. So sind denn diese Papyrustexte eine fast unerschöpfliche Quelle zur Theorie und zur Praxis der griechisch-römischen Magie im kaiserzeitlichen Ägypten.

Und nicht bloß in Ägypten. Jüngst hat Robert K. Ritner mit Vehemenz eine fast monokausale Ableitung der graeco-ägyptischen Zauberbücher aus dem Ägyptischen verfochten[16]: auch wenn dies die grundsätzliche richtige These von Glen Bowersock stützt, daß Hellenisierung im kaiserzeitlichen Osten weit öfter Ausdruck indigener Traditionen in einer neuen Sprache, dem Griechischen, als wirkliche Umwandlung in griechisches Denken sei[17], schießt Ritner doch übers Ziel hinaus. Gewiß sind die Texte voller Einzelheiten aus der ägyptischen Religion – schon die erste, oberflächliche Lektüre zeigt, wie wichtig in diesen Zaubertexten die Götter und Mythen Ägyptens sind, und eine präzisere Analyse führt immer wieder zu Einzelheiten von Ritual und Ideologie, die bloß von Ägypten her verständlich sind; und schließlich unterscheiden sich die gleichzeitigen demotischen Zaubertexte fast nur durch die Sprache und nicht durch die Inhalte von den griechischen, weswegen die englische Übersetzung der Preisendanz'schen Sammlung denn auch die demotischen Stücke dazunimmt. Doch sind dieselben Riten eben auch außerhalb Ägyptens belegt, wie etwa die Defixionen im Namen des ägptischen Gottes Seth (oder seines griechischen Äquivalents Typhon) zeigen, die auch aus Rom, Athen und weiteren Orten stammen[18]: da hat Ägyptisches weit außerhalb Ägyptens in der griechisch-römischen Kultur gewirkt. Umgekehrt sind griechische Elemente ebenso zu fassen und wirken genauso weiter: eine Formel aus einem der Papyri mit dem griechischen Namen ‚Schwert des Dardanos' wurde in Beirut wie im Rheinland angewandt[19]. Daneben stehen andere Elemente, jüdische[20], assyrische, babylonische, selbst sumerische – das Zusammengehen all dieser Traditionen macht ja den nicht unbeträchtlichen religions- und kulturwissenschaftlichen Reiz dieser Texte aus, die man noch heute gelegentlich ‚synkretistisch' zu nennen pflegt. Kurz: diese Bücher allein als Zeugnisse für das kaiserzeitliche Ägypten zu behandeln, engt die Deutungsmöglichkeiten zu sehr ein, auch wenn man natürlich nicht mehr jenen hemmungslosen Panhellenismus betreiben darf, der für eine frühere Forschung fast selbstverständlich war[21].

Wie komplex die Überlieferung dieser Texte sein kann, zeigt besonders deutlich das VIII. Buch Mosis, dessen Text (aus dem mittleren 4. Jahrhundert n. Chr.) in einem der Anastasi-Papyri erhalten und heute in der Universitätsbibliothek von Leiden aufbewahrt ist; seine Textgeschichte ist von Morton Smith exemplarisch untersucht worden[22].

Man kennt die ersten fünf Bücher Mosis. Moses VI und Moses VII sind nirgends bezeugt und haben wohl nie existiert, neben Moses VIII kennen wir immerhin noch Moses X. Da spielt also die Buchnummer eine Rolle: wir sind in einer Welt, in der Zahlensymbolismus und Zahlenspekulation wilde Blüten treiben. Die Zahl zehn gibt keine großen Rätsel auf: sie ist die perfekte Zahl der Pythagoreer, da die Tetraktys, die ideale geometrische Figur, aus zehn Elementen besteht[23]; pythagoreische Zahlensymbolik spielt in der Kaiserzeit eine große Rolle. Dasselbe gilt für die Zahl acht: zwar spielt sie in der frühen pythagoreischen Überlieferung keine Rolle, doch wird sie seit dem Hellenismus wichtig, vor allem aber dann in der jüdischen und christlichen Spekulation der Kaiserzeit. Das fügt sich gut zu Moses, dem jüdischen und christlichen Propheten[24].

Daß Moses Magier war, ist verbreitete Ansicht[25]. Christen kennen sie durch die Apostelgeschichte: „So wurde Moses in der ganzen Weisheit Ägyptens unterwiesen, und er war mächtig in Worten und in Werken"[26] – mit anderen Worten: er wurde Magier. Die hellenisierten Juden, unter denen die Apostelgeschichte entstand, erkannten also einen Zauberer Moses durchaus an, und sie gaben eine einleuchtende Erklärung: Moses hatte so lange in Ägypten, dem Land der Magie, gelebt, daß er fast zwingend diese Kunst kennen mußte.

Doch ist die Vorstellung viel weiter verbreitet. In einem detaillierten Kapitel seiner ‚Naturalis historia' über die Magie erzählt der ältere Plinius in einem ganzen Katalog antiker Magier, daß Moses eine eigene magische Tradition begründet habe[27]. Joseph Bidez und Franz Cumont vermuten, daß der gesamte Magierkatalog auf den Peripatetiker Hermippos, den Schüler des Kallimachos, zurückgeht: Moses der Magier wäre demnach schon in hellenistischer Zeit bekannt gewesen; und er ist es auch bei den frühen Christen[28]. Schließlich stammt der Magier Moses ja aus jenem Bericht im Buch Exodus vom Wettstreit zwischen Moses und Aaron einerseits, den Magiern des Pharaoh andererseits, die ein hellenistisches Apokryphon Iannes und Iambres nennt – im Katalog des Plinius erscheint auch Iannes neben Moses als Begründer einer jüdischen Magie[29].

Nicht bloß die hellenisierten Juden in Alexandria und in Syrien und Palästina kannten also Moses den Magier; Plinius zeigt, daß er auch den Griechen und Römern bekannt war[30]. Es überrascht also nicht, wenn er mehrfach in den Papyri vorkommt, auch außerhalb des VIII. Buchs – man kennt sogar eine Formel, mit der ein Magier behauptet, er sei Moses, und sich anmaßt, der Begründer der israelitischen Religion zu sein[31].

Das VIII. Buch Mosis enthält ein einziges, langes Ritual, legt es aber in mehreren Fassungen vor. Der gelehrte Magier, der das Leidener

Buch schreiben ließ, sammelte drei Versionen desselben Buchs und verband sie mit weiteren apokryphen Schriften von Moses, mit der Ἀρχαγγελική *(Archangelikē)*, einer nicht weiter faßbaren ‚Unterweisung' durch einen Erzengel, dem X. Buch Mosis und einem geheimen Gebet des Moses an Selene, die Mondgöttin. Er verweist außerdem auf einen ‚Schlüssel des Moses', einen Kommentar zu Buch VIII, der das Ritual allegorisch ausdeutete, zusätzliche Riten angab und vor allem einige Geheimnamen, die in unseren Texten mehrfach vorkommen[32]. Diese Sammlung lädt geradezu zu einer Analyse ihrer Entstehung ein: im Verlauf seiner Überlieferung ist der Text verändert, erweitert, verkürzt worden, bis die drei vorliegenden Versionen entstanden sind, die jenseits ihrer verschiedenen Form einen gemeinsamen Kern aufweisen[33]. Man kann vier hauptsächliche Stadien unterscheiden:

(1) (a) das ursprüngliche Buch und (b) etwas später den zugehörigen Kommentar;
(2) die Verbindung von Haupttext und Kommentar so, daß der Text auf Bemerkungen des Kommentars eingeht;
(3) die Weiterentwicklung dieser umfangreicheren Ausgabe in drei distinkte Überlieferungszweige A, B und C;
(4) die Vereinigung dieser drei Zweige im Leidener Papyrusbuch.

Eine genaue Chronologie dieser Entwicklung ist unmöglich; sicher ist bloß das Datum der letzten Sammlung, die Mitte des 4. Jahrhunderts n. Chr[34]. Wenigstens die unabhängige Überlieferung in den drei Zweigen benötigte einige Zeit. Doch sind selbst die beträchtlichen Unterschiede dieser drei Texte keine große Hilfe, um eine Chronologie zu erstellen: die Texte wurden von Magier an Magier weitergegeben, ohne daß je ein Philologe korrigierend eingreifen konnte, und jeder Magier konnte beliebig verändern. Daß der Urtext bereits im hellenistischen Alexandria verfaßt wurde, ist aber doch unwahrscheinlich; zu sehr spiegelt er den Geist der Kaiserzeit.

Die Forschungsgeschichte in ihren Hauptlinien

Nach einer Zeit, in der die Religionsforschung in den Altertumswissenschaften längst erarbeiteten Paradigmen folgte, ist seit etwa einer Generation wieder Bewegung entstanden, nach einem Paradigmenwechsel, der in den Sechzigerjahren etwa gleichzeitig von Angelo Brelich in Rom, von Walter Burkert und von der ‚Pariser Schule' um

Jean-Pierre Vernant zuwegegebracht wurde. Doch obwohl in diesem Neueinsatz die Riten ins Zentrum des Interesses rückten und obwohl wenigstens in der Theorie der seinerzeit von Frazer erarbeitete Gegensatz von Religion und Magie keine Rolle mehr spielte, hat sich die Forschung erst einmal kaum für die Magie interessiert, trotz des Feldes, das die Ritualforschung hier hätte finden können. Da mag die aufgeklärte Abneigung gegen Magie ebenso mitgespielt haben wie die notorische Schwierigkeit der Textzeugen. Erst in jüngster Zeit hat sich das geändert, auch unter dem Einfluß eines gesamtkulturellen Interesses an Esoterik, das sich am aufklärungsmüden Ende des Milleniums breitgemacht hat. Den Anstoß gaben einige amerikanische Veröffentlichungen, unter denen die erweiterte Übersetzung der magischen Papyri durch eine Arbeitsgruppe um Hans Dieter Betz in Chicago eine Vorreiterrolle gespielt hat[35]; unterdessen sind durch John Gager, der ausgewählte griechische Defixionen, und durch Marvin Meyer und Richard Smith, welche eine große Zahl koptischer Texte mit eingehenden Kommentaren vorlegen, zwei weitere wichtige Corpora der religionswissenschaftlichen Forschung erschlossen worden[36]. In Europa ist dies eher zögerlich aufgenommen worden. Die französische Forschung, sonst führend bei der Neuorientierung der antiken Religionswissenschaft und einstmals dank Marcel Mauss wichtig in der Theoriedebatte zur Magie, hat kaum etwas zur neuen Magieforschung beigetragen: Jean-Pierre Vernants Schule konnte sich für Magie nicht interessieren, während auserhalb von Paris die Arbeiten von Jean Annequin und Anne-Marie Tupet zwar materialreich, in der theoretischen Reflexion aber überholten Positionen verpflichtet sind; das gilt auch für die jüngste Synthese, das Buch von André Bernand[37]. In Rom hat eine Schülerin von Brelich, Raffaella Garosi, in einer wichtigen Arbeit die Theorie beträchtlich weitergebracht, doch ist dies nach ihrem zu frühen Tod folgenlos geblieben[38]. So regt vor allem der Kreis um Reinhold Merkelbach in Köln mit eine Reihe von kommentierten Textausgaben die Forschung an[39], tragen einzelne Gelehrte, wie Richard Gordon oder Hendrik Versnel, Wichtiges zur Theoriedebatte bei[40], während eine beachtliche, aber vereinzelte Monographie zum Zaubergott Meliuchos sozusagen die Preisendanz'sche Tradition fortsetzt[41]. Immerhin ist so die Diskussion in Gang gekommen, angeregt auch dadurch, daß das Thema in der ethnologischen Anthropologie und der auf ‚Mentalitätsgeschichte' ausgerichteten Geschichtsforschung wichtig geworden ist[42]; so intensiv freilich wie in der ersten,

‚heroischen' Zeit der Religionsforschung ist die gegenwärtige Magieforschung noch immer nicht.

Denn wenigstens in der Altertumswissenschaft hatten die Forschungen zur Magie einen Höhepunkt vor dem Ersten Weltkrieg erreicht. Davon zeugen insbesondere die großen, noch heute unentbehrlichen Textcorpora – die ‚Defixionum Tabellae' des Franzosen Auguste Audollent (1904) und die zahlreichen Texteditionen von Richard Wünsch, insbesondere die Appendix zu den ‚Inscriptiones Atticae' (1897)[43], vor allem aber die Ausgabe der ‚Papyri Graecae Magicae' durch Karl Preisendanz und seine Helfer. Auch wenn ihr erster Band erst 1928 erscheinen, der dritte Band dann den Bombardierungen des Zweiten Weltkriegs zum Opfer fallen sollte, ist diese Edition doch eine direkte Folge einer fruchtbaren Initiative von Albrecht Dieterich, die er nur wegen seines frühen Tods im Jahre 1908 nicht zur Reife bringen konnte.

Außer Audollent waren es so vor allem deutsche Altertumswissenschaftler, welche das Studium der antiken Magie vorantrieben, und dies aus mehreren Gründen. Der eine war jenes grundsätzliche Interesse an jedem Zeugnis der antiken Kultur, mochte es noch so bescheiden oder abwegig sein, das im Boeckhschen Programm einer Altertumswissenschaft angelegt war, die eine umfaßende Wissenschaft von der Antike sein wollte: bescheidene Grabinschriften oder ungelenke Verfluchungen auf schwer lesbaren Bleitäfelchen beanspruchten dasselbe Recht auf wissenschaftliche Deutung wie die großen Texte von Homer oder Vergil oder die umfangreichen kaiserlichen Erlasse auf Marmor- oder Bronzetafeln. Exemplarischer und unübertroffener Vertreter dieser Altertumswissenschaft war Ulrich von Wilamowitz-Moellendorff, dessen Aufmerksamkeit auch die magischen Papyri nicht entgangen waren[44]: „Ich habe einmal gehört, wie ein bedeutender Gelehrter beklagte, daß diese Papyri gefunden wären, weil sie dem Altertum den vornehmen Schimmer der Klassizität nehmen. Daß sie das tun, ist unbestreitbar, aber ich freue mich dessen. Denn ich will meine Hellenen nicht bewundern, sondern verstehen, damit ich sie gerecht beurteilen kann". ‚Die Griechen verstehen' mit Hilfe aller verfügbaren Dokumente: das war das Credo jener Altertumswissenschaft.

Daneben stehen spezifischere Gründe. Trotz der altertumswissenschaftlichen Grundsatzerklärungen war das Studium der Zauberpapyri zumindest der traditionellen Philologie durchaus suspekt (wie Wilamowitz auch andeutet); Albrecht Dieterich fühlte sich in Heidelberg bemüßigt, ein Seminar zu diesem Thema mit dem unverfänglichen Titel

‚Ausgewählte Stücke aus den griechischen Papyri' zu tarnen[45]. Selbst Wilamowitz blieb seiner offenen Haltung den Zauberpapyri gegenüber nicht sein ganzes Leben lang treu: wenigstens in seinem letzten Buch, dem ‚Glauben der Hellenen', sprach er von „wüstem Aberglauben der Zauberpapyri, der eben nicht Religion ist" – Albert Henrichs hat die protestantischen (und damit normativen) Quellen dieses Religionsverständnisses aufgezeigt[46]. Es waren denn auch nicht Wilamowitz und seine Berliner Schule, es waren die Schüler von Hermann Usener in Bonn, welche damals die Erforschung von Zauberpapyri und Defixionen vorwärtstrieben, Useners Schwiegersohn Albrecht Dieterich und der Usener-Schüler Richard Wünsch, der mit Dieterich auch das ‚Archiv für Religionswissenschaft' und die ‚Religionsgeschichtlichen Versuche und Vorarbeiten' herausgab, dann eben Karl Preisendanz, Dietrichs und Wünschs gemeinsamer Schüler[47]. Für Usener leitete sich das Interesse an Magie von demjenigen an den Ursprüngen von Religion her: Magie war Teil der Volksreligion, der Religion vor allem jener ländlichen Bevölkerung, die noch weit näher an den traditionellen Wurzeln von Religion war – eine eminent romantische Konzeption, die wir irgendwie noch immer in unserem geistigen Gepäck mit uns tragen[48].

Bereits als Doktordissertation in Bonn hatte Dieterich einen der großen Leidener Papyri herausgegeben[49] und dabei festgestellt, daß diese Texte eben nicht eine primitive Stufe der antiken Religion dokumentieren, sondern eine weit fortgeschrittene. Was ihn selber dann an den Papyri faszinierte, war die Möglichkeit, sie in anderer Weise als Dokumente für frühere Religion zu benutzen, nicht für eine Primitivstufe im Sinne von Usener, sondern für Aspekte der antiken Religion, welche in die Papyri eingeflossen zu sein schienen und die man wieder isolieren konnte. Das bekannteste Beispiel ist die Rekonstruktion der sogenannten ‚Mithrasliturgie', nach Dieterich der Text eines Initiationsrituals in die Mysterien des Mithras, der in die magischen Riten eingebaut wurde, welche im großen Zauberpapyrus der Pariser Bibliothèque Nationale, dem wichtigsten Zauberbuch, erhalten sind[50]. Magie interessierte mithin nicht um ihrer selbst willen, die magischen Texte waren nichts als Quellen für eine frühere Religion, die sie in mehr oder minder veränderter, barbarisierter Form aufbewahrt hätten. Das gilt auch für Richard Reitzenstein, der ebenso mit Usener verbunden war: für ihn waren die magischen Texte Zeugnisse des spätantiken Synkretismus (oder Hellenismus, wie er sagte), dessen Entstehung und Geschichte er zu verfolgen suchte[51].

Doch die letztlich entscheidenden Impulse zur Magieforschung kamen weniger von der deutschen Altertumswissenschaft als von den Begründern der britischen ‚social anthropology', von Tylor und vor allem von Frazer und seinem Versuch, eine Evolution des menschlichen Denkens von der Magie über die Religion zur Wissenschaft zu rekonstruieren. Obwohl dabei die entscheidenden theoretischen Impulse von Tylor ausgingen, Frazer übernahm, radikalisierte und vereinfachte, hat doch Frazer weit nachhaltiger gewirkt als Tylor, so daß in der Folge nicht der Name Tylors, sondern der Frazers als Etikett für diese Forschungsrichtung diente[52]. Usener und sein Kreis hatten früher begonnen, doch hatten sich diese Arbeiten aus der romantischen Tradition genährt, waren dann etwa im Falle Dieterichs stark historistisch orientiert. Frazer war stark beeinflußt von der deutschen romantischen Tradition seit den Brüdern Grimm (Jacob Grimm hatte seinerzeit den goldenen Zweig, den bei Vergil Aeneas in die Unterwelt mitbringt, als Mistelzweig gedeutet, was Frazer in den ‚Golden Bough' übernahm[53]), und die beiden Gruppen, die Bonner und die Cambridger, waren sich auch sonst recht nahe; so wurde der Frazersche Evolutionismus auch von Useners Schülern rasch rezipiert, insbesondere von Richard Wünsch, von Ludwig Deubner[54] und von dem Gelehrten, der zwischen den beiden Weltkriegen zum Spezialisten der antiken Magie werden sollte, dem Norweger Samson Eitrem. Ursprünglich Papyrologe, dann für kurze Zeit Schüler von Diels und Wilamowitz, kam Eitrem durch einige magische Papyri, welche er kurz nach dem Ersten Weltkrieg in Ägypten erstanden hatte, zur Beschäftigung mit der Magie[55]; er befaßte sich bis zu seinem Tod im Jahre 1965 mit dem Thema und hinterließ ein großes, unvollständiges Manuskript zu eben jener Geschichte der antiken Magie, die viel später Morton Smith so dringend verlangte[56].

So hatte die philologische Arbeit vor allem zur Entdeckung und Veröffentlichung neuer Texte auf Papyrus, Stein oder Blei geführt; Theorien (‚Spekulationen') zur Magie wurden kaum gewagt, immerhin die Frazersche Unterscheidung zwischen Magie und Religion übernommen. Die Folge waren vage und widersprüchliche Vorstellungen über die Chronologie. In evolutionistischer Sicht galt die Magie als Überrest einer früheren, ja primitiven agrarischen Denkweise, die in der Epoche der antiken Stadtkulturen überholt war und nur noch als ‚survival' in sie hineinragte; die erhaltenen und sichtlich späten Dokumente zur Magie bezeugten den Zerfall früherer, edlerer Traditionen. Im Bereich der Kategorien unterschied man Magie und Religion, ohne sich viel um eine präzise Theorie hinter dieser Unterscheidung zu bemühen; man verließ sich meist auf die Frazerschen Definitionen, bei denen Magie, Religion und Wissenschaft nach Absicht, Rationalität und Autonomie der Akteure unterschieden waren. Magie und Wissenschaft sind charakterisiert durch die Autonomie der Akteure gegenüber den natürlichen oder übernatürlichen Mächten und durch eine empirische, realistische Grundhaltung, mit der sie die natürlichen Gegebenheiten entsprechend den Bedürfnissen der Menschen verändern wollen; dabei unterscheidet sich die Magie von der Wissenschaft durch ihre ganz andere, eigengesetzliche, aber letztlich falsche Rationalität. Magie und Religion rechnen beide mit der Existenz übernatürlicher Mächte, doch ist Religion irrational und ohne praktisches Ziel; der religiöse Mensch unterwirft sich dem Willen der übermenschlichen Kräfte, während der magische Mensch diese Kräfte seinem eigenen Willen gefügig machen will. Die christliche Prägung dieser Definition ist evident[57].

Die Diskussion der Ethnologen

In der altertumswissenschaftlichen Religionsforschung wurde bis zum Paradigmenwechsel der sechziger Jahre die Frazersche Position mehr oder minder weitergetragen[58]: die fällige Theoriediskussion fand anderswo statt, unter Ethnologen und Social Anthropologists. Ihre Geschichte ist anderswo geschrieben worden[59] – es genügt so, sich auf die großen Linien und vor allem die Konsequenzen für die Altertumswissenschaft zu beschränken.

Etwas scholastisch kann man in der Debatte der Ethnologen zwei Hauptgruppen unterscheiden – zum einen die große Mehrheit derer, die wie Tylor und Frazer oder Malinowski sich mit der ausgeübten, aktiven Magie beschäftigten; zum andern die Forscher, die sich mit der Ideologie und den Anschuldigungen von Magie abgaben (der passiven Magie), wie Marcel Mauss und wenigstens teilweise Edward E. Evans-Pritchard. Aus diesen zwei Grundpositionen (die im übrigen in der Realität der Forschung kaum weniger scharf trennbar sind als in der Klassifikation des Historikers) ergaben sich grundlegend verschiedene Konsequenzen. Während die Forschung zur Ideologie von indigenen Kategorien ausging, führte das Interesse an der aktiven Magie zur umfangreicheren Fragestellung, wie die Riten in ihrer Funktion und ihrer

Semantik zu verstehen seien, und darüber hinaus zur Frage, ob der Terminus ‚Magie' – sei es in der Frazerschen oder in sonst einer Definition – außerhalb der europäischen Kulturen überhaupt sinnvoll, ja legitim sei: womit die Diskussion schließlich zur Frage nach der Verstehbarkeit fremder Kulturen und der Hermeneutik der Riten führte.

Diese Diskussion verlief in zwei großen Linien. Für die angelsächsische Tradition seit Tylor war die Magie wie die Wissenschaft ein System zur Welterklärung und damit ein Mittel, die Erscheinungen zu kontrollieren und zu beherrschen. Diese intellektualistische Position, die von Tylor und – radikaler, aber auch simplizistischer – von Frazer in einem evolutionären Rahmen ausformuliert worden war, wurde im Lauf der Zeit – und im Widerspruch zu Frazer – immer stärker funktionalistisch; der Frazersche Evolutionismus hatte gegenüber den Arbeiten seines Schülers Bronislaw Malinowski keinen langen Bestand mehr. Unter dem direkten Eindruck einer lebenden Primitivkultur, derjenigen auf den Trobriand Inseln, wandte sich Malinowski von Fragen des Ursprungs ab und hin zu Fragen der gesellschaftlichen Funktionen von Magie und Religion. Zwar hielt er mit Variationen an der Frazerschen Dreiheit von Magie, Religion und Wissenschaft fest, stellte Magie und Religion als emotional der Wissenschaft als rational gegenüber und schrieb Magie und Wissenschaft (oder besser Technologie) praktische, empirische Funktionen zu – mit dem Unterschied, daß Magie dort einsprang, wo die rationale Technologie allein den Erfolg des Handelns nicht mehr gewährleisten konnte. Um nur einen unterdessen klassischen Fall zu zitieren: nach Malinowski griffen die Trobriander zum risikoarmen Fischen in der geschützten Lagune nicht auf Magie zurück, wohl aber zur Hochseefischerei, die weit risikoreicher war. Dieses Verständnis der Magie als praxisorientiertes Handeln im Gegensatz zur nicht empirisch orientierten Religion hat sich bis heute gehalten[60], auch wenn Malinowskis Berichte über Trobriand unterdessen von Stanley J. Tambiah revidiert und aus der Opposition von Magie und Religion herausgenommen worden sind[61].

Seit Tylor und Frazer war Magie vor allem eine Frage des Rituals, und die Diskussion drehte sich immer wieder darum, magische und religiöse Riten zu unterscheiden; weder die Frazersche, auf die Intention ausgerichtete Deutung noch der Funktionalismus Malinowskis konnten dabei wirklich befriedigen, und Tambiah verzichtet überhaupt auf eine Unterscheidung. Schon Frazers zeitgenössische Kritiker hatten Zweifel, ob eine solche Unterscheidung überhaupt möglich sei[62], und behalfen sich damit, daß sie Riten als ‚magisch-religiös' beschrieben; an der Universalität der Magie freilich zweifelte damals niemand. Zwei Generationen später hat sich diese etwas naive Haltung geändert: ob ein in der europäischen Tradition entstandenes Konzept überhaupt in allen Gesellschaften deskriptiv angewendet werden kann und darf, unterliegt erheblichen Zweifeln. Radikale Theoretiker lehnen die Universalität überhaupt ab und denunzieren das Konzept als ‚semantic trap'[63]; weniger radikale Forscher wollen zwar an der Dichotomie von Magie und Religion festhalten, fordern aber, daß eine kulturinterne (‚emische', wie der bereits etwas überholte Terminus heißt) Definition angewandt wird. Das ist wohl die einzige Position, die einer strikten Hermeneutik wirklich entspricht, zwingt aber zu einer ebenso präzisen wie künstlichen Definition der hermeneutischen Werkzeuge[64].

Der andere Zugang, der weniger auf die aktuellen Formen der magischen Praxis ausgerichtet ist als vielmehr auf Magie als mentales Konstrukt, ist weniger problematisch. Im Gefolge von Durkheim hatte bereits Marcel Mauß zur Zeit der zweiten Auflage des ‚Golden Bough' dem Frazerschen individualistischen Intellektualismus entgegengehalten, daß Magie eine kollektive Vorstellung sei, nicht anders als Mythen und Riten; das Interesse der Forschung konzentrierte sich nicht so sehr darauf, was die ‚primitiven' Menschen taten, sondern was ihre Gesellschaft sich vorstellte, daß sie tun würden[65]. Nach Malinowski hat Evans-Pritchard dies aufgegriffen und mit der funktionalistischen Sehweise verbunden. Abgestützt auf die indigene Terminologie untersuchte er die Funktion, welche die Anklagen wegen Magie (oder besser Hexerei) in einer festumrissenen Gesellschaft hatten, derjenigen der nigerianischen Azande; das Ergebnis war, daß diese Anklagen – unabhängig von der realen Existenz von Zauberern, denen oft genug Züge zugeschrieben wurden, die empirisch unmöglich waren – Unglücksfälle, die sonst unerklärlich geblieben wären, auf eine gesellschaftlich akzeptierte Art erklären konnten[66]. Magie wird damit zu einem wichtigen Mittel, um die Kontingenz menschlicher Existenz zu erklären und handhabbar zu machen – die Volkskundlerin Jeanne Favret-Saada hat die Fruchtbarkeit dieses Ansatzes bei ihren Forschungen im zeitgenössischen agrarischen Hinterland Frankreichs, dem Bocage, demonstriert[67].

Skizze einer Methode

In der antiken Welt (um auf sie zurückzukommen) verfügen wir über beides, über Anklagen wegen Zauberei ebenso wie über eine Vielfalt von Zeugnissen für aktive magische Praxis: theoretisch könnte man also in der gesamten Palette der ethnologischen Theoriediskussion auswählen. Der entscheidende Unterschied zu den ethnologischen Forschungen freilich ist der, daß die einschlägige Terminologie im Griechischen und Lateinischen bereits zuhause ist – wir werden mithin von Anfang an uns eines ‚emischen' Terminus bedienen können.

Freilich darf man sich dadurch nicht in Sicherheit wiegen lassen. Schaut man genauer hin, wird klar, daß die altertumswissenschaftliche und die ethnologische Terminologie im Grunde gar nicht kompatibel sind. In der Vergangenheit hatte die Altertumswissenschaft, ohne darüber zu reflektieren, den Ausdruck ‚Magie' in zwei konträren, aber nicht unverbundenen Bedeutungen verwendet. Auf der einen Seite, insbesondere dort, wo die altertumswissenschaftliche Forschung nicht auf Modelle anderer Disziplinen rekurrierte, bezog man sich auf eine mehr oder weniger bereits antike Bedeutung: Magie war, was auch die Griechen und Römer so bezeichneten oder hätten bezeichnen können – nur vergaß man bei dieser rein deskriptiven Verwendung, daß der Terminus in der Antike oft normativ gewesen war. Auf der andern Seite nahm man eine mehr oder minder frazerianische, evolutionistische Bedeutung auf: Magie bezeichnete Erscheinungen der Vorgeschichte der Religionen Griechenlands und Roms, also einer Zeit, in der das Wort noch gar nicht im Gebrauch gewesen war. Das war letztlich der Grund für die bereits erwähnte vage und doppelte Chronologie, nach der Magie zum einen eine Erscheinung der Vorgeschichte, zum andern der Spätzeit war.

Natürlich darf diese Doppelverwendung der Terminologie nicht übernommen werden. Damit aber bleiben bloß zwei Möglichkeiten. Entweder schafft man eine moderne Definition des Ausdrucks, von der man sowohl die antiken wie die frazerianischen Bedeutungen strikt fernhält, nicht aber die neueren ethnologischen und sozialanthropologischen Diskussionen; oder man verwendet den Ausdruck strikt in seiner antiken Bedeutung, hält nicht nur Frazer, sondern die gesamte moderne Diskussion fern und ist sich bewußt, daß die antike Normativität der Verwendung nicht in die moderne Deskription übernommen werden darf. Im Folgenden soll dieser zweite Weg eingeschlagen werden, bei allen epistemologischen Problemen, die er bietet. Man nimmt zwar damit in Kauf, daß die Bedeutung des Terminus im Lauf der antiken Geschichte schwankt, kann aber die antike Doppelheit von Magieanklagen und Magiepraxis einfangen. Statt also eine strenge, aber künstliche Terminologie zu schaffen, verfolgt man die antiken Bedeutungen der Terminologie als Teil eines Diskurses über die Beziehungen zwischen Menschen und Göttern[68]. So lassen sich nicht bloß die Schwierigkeiten vermeiden, die eine moderne Definition der Terminologie nach sich zieht, sondern auch die Exzesse der früheren, Frazer verpflichteten Forscher, wie Kurt Latte oder Herbert J. Rose, die die gesamte römische Religion mit dem Etikett ‚magisch' versahen – einfach deshalb, weil die römischen Riten der Frazerschen Definition so gut zu entsprechen schienen: sie hatten oft ein praktisches Ziel, ohne daß eine bestimmte Gottheit angesprochen war, oder sie versuchten, die Gottheit zu zwingen, statt sie demütig anzuflehen. Daß die Ergebnisse der modernen sozialanthropologischen Debatte dann doch auch fruchtbar gemacht werden können, wird zu zeigen sein.

2. Namen für den Zauberer

Die griechische Terminologie

Der griechische Zauberer

Magie (μαγεία/*mageía*) ist die Kunst des μάγος/*mágos*. Das Wort ist im Griechischen seit dem späteren sechsten Jahrhundert bezeugt, in der klassischen Epoche des fünften Jahrhunderts gut belegt[1]. Seine Herkunft ist klar: es kommt aus dem Persischen – dort war der *mágos*, wie die Griechen erzählen, ein Priester oder zumindest ein Spezialist für religiöse Dinge[2]. Herodot ist der erste, der über die persischen Magoi berichtet – sie seien ein eigener Stamm oder eine Geheimgesellschaft, und sie kümmerten sich um die Opfer der Könige, um Grabriten, Wahrsagung und Traumdeutung[3]. Xenophon, eine Weile in persischen Diensten, versteht sie als „Experten in allem, was die Götter angeht"[4]. Platon (oder sein unbekannter Schüler) definiert im ‚Ersten Alkibiades', wo er die Lehrer eines jungen persischen Adligen aufzählt, ganz ähnlich: „Der erste Lehrer unterweist ihn in der ‚Kunst der Magoi' *(mageía),* die von Zoroaster, dem Sohn des Horomasdes, herkommt; dabei handelt es sich um den Götterkult"[5]. Mehrere Jahrhunderte später wird Apuleius vor dem römischen Statthalter ebendiese Passage zitieren, um die Harmlosigkeit der Magie zu beweisen, derer man ihn angeklagt hat: man kann sich in der Antike immer daran erinnern, daß die Magier bei den Persern ganz besonders fromme Weise waren – der einzige, der das widerlegt, ist Apollonios von Tyana[6]; und doch lebt die durch Apuleius vermittelte platonische Wertung in der Neuzeit weiter[7]. Daß die Perser selber auch weniger positiv von ihren Magoi dachten, zeigt wenigstens die große Inschrift von Dareios I., in welcher der falsche Smerdis als *maguš* abqualifiziert wird[8].

Aber bereits in der frühen Zeit waren die Magoi nicht für alle Griechen perfekte Weisen. Falls das Wort wirklich bereits in einem Fragment des Heraklit von Ephesos belegt ist, meinte es bereits am Ende des sechsten Jahrhunderts – und bei einem Untertanen des persischen Großkönigs – etwas durchaus nicht Schmeichelhaftes. Clemens von

Alexandria berichtet: „Wem prophezeit Heraklit von Ephesos? Den Nachtschwärmern – den *mágoi*, den Bakchanten, den Mänaden, den Mysten: all diesen droht er mit dem, was nach dem Tod kommt, all diesen prophezeit er das Feuer. Denn was die Menschen für fromme Mysterien halten, sind gottlose Initiationsriten"[9]. Wie weit Clemens Heraklits eigene Worte zitiert, ist umstritten; die neuere Forschung neigt dazu, möglichst viel schon Heraklit zu geben. Wichtig für uns ist jedenfalls, daß der *mágos* unter verschiedene Anhänger ekstatischer, dionysischer Kulte und Mysterien eingereiht wird: das hat mit dem neuzeitlichen, aber auch schon mit Clemens' eng verwandtem Magiebegriff kaum etwas gemeinsam, läßt an einen jener religiösen Spezialisten denken, die Platon im ‚Staat' (364b) ‚Bettelpriester und Seher' nennt; der uns unbekannte Verfasser des Papyrus von Derveni redet von einem, der ‚Riten sich zum Beruf macht'[10]. Als Fachmann für geheime Riten ist er ‚Wanderer in der Nacht'[11]. Die Semantik von *mágos* weist mithin nicht auf Clemens', sondern auf Heraklits Wortgebrauch: für einen Ionier im späten sechsten Jahrhundert war ein *mágos* einer jener wandernden orientalischen Experten für private Mysterien am Rande der Gesellschaft, von den einen verspottet, von den andern heimlich gefürchtet. Ihre Bedeutung im archaischen Griechentum hat Walter Burkert aufgewiesen[12].

In verwandter Bedeutung findet sich das Wort bei Sophokles im ‚König Oidipus'. Oidipus ist aufgebracht gegen Kreon und gegen Teiresias, den er für Kreons Kreatur hält, und beschimpft den Seher als ‚listenspinnenden *mágos*, raffinierten Bettelpriester, der nur Augen hat für den Gewinn, nicht für seine Kunst'[13] – ein wandernder Bettelpriester (ἀγύρτης, *agúrtēs*) steht im Gegensatz zum Seher nicht im Dienst der Stadt[14], ein *mágos* ist eng mit ihm verwandt; kurz nachher bezeichnet Oidipus den Teiresias dann doch noch mit dem sozusagen offiziellen Titel des ‚Sehers' (μάντις/*mántis*). Derselbe Komplex von Seher und Bettelpriester erscheint in der soeben zitierten Stelle aus Platons ‚Staat': „Bettelpriester und Seher kommen zu den Türen der Reichen und reden ihnen ein, sie hätten durch Opfer und Sprüche von den Göttern die Macht erhalten, mit Spielen und Festen von jedem Unrecht zu heilen, das sie selber oder ihre Ahnen begangen hätten. Und wenn man einem Gegner schaden will, so versprechen sie, gegen geringe Entschädigung guten und bösen Menschen Schaden zuzufügen durch Beschwörungen und Bindezauber, denn – so behaupten sie – sie könnten die Götter überreden, ihnen dienstbar zu sein."

Die Stelle ist zentral: Platon zeichnet das Bild von religiösen Spezialisten, die Initiationen ebenso wie magische Riten vollziehen können. Der Anspruch, die Folgen von Vergehen heilen zu können, verweist auf orphische und dionysische Vorstellungen. In einem Fragment des Orpheus, das Olympiodor zitiert, werden seelische Leiden *(manía)* wie bei Platon als Folgen von Vergehen der Ahnen dargestellt – und während bei Platon Reinigungs- und Initiationsriten heilen, sind es bei Orpheus *órgia*, doch wohl dionysische Mysterienriten[15]; Platons Bettelpriester und Seher haben möglicherweise auch mit privaten Riten des Dionysos zu tun[16]. Denkt man an die komplizierten Jenseitsvorstellungen und Heilserwartungen in diesen Kreisen, an die Belohnungen und Strafen im Jenseits, tönt das Heraklitzitat beinahe höhnisch: der Philosoph droht den ‚Nachtschwärmern' eben das an, wovon sie durch ihre Riten befreit werden wollen.

Auf der andern Seite steht bei Platon die ‚schwarze' Magie, der Schadenzauber. Die Spezialisten versprechen, einem persönlichen Gegner zu schaden mit ‚Beschwörungen und Bindezauber'. Das läßt vermuten, daß letztlich solche Spezialisten hinter den Hunderten von attischen Defixionen stehen, hinter jenen Bleitäfelchen des späten fünften und des vierten Jahrhunderts, die in wachsender Zahl aus attischen Gräbern ans Licht geholt werden, und hinter den Zauberpuppen, deren archäologischer Kontext sie in die Lebenszeit Platons datiert[17]. Freilich: auch wenn es sich zweifellos um Magie (auch in moderner Begrifflichkeit) handelt, spricht Platon gerade nicht von *mágoi*, sondern von Bettelpriestern und Sehern. Die Begrifflichkeit ist offener, der ‚Hexer' als Spezialist ist noch unbekannt.

Am Ende des Jahrhunderts dann taucht das Wort in einem Zusammenhang auf, der Platons Aussagen schlagartig und überraschend konkretisiert. Im Papyrus aus Derveni (in der Nähe von Thessaloniki), einem in einem Grab gefundenen Buch, das nicht nur, wie die bisher bekannten Fragmente zeigen, Verse einer Theogonie des Orpheus allegorisch erklärt, sondern auch, wie ein eben erst bekannt gewordenes Stück vorführt, Ritualanweisungen gibt, ist die Rede von den ‚Beschwörungen' (ἐπῳδαί/*epōdaí*) der Magier, welche „Daimones, die störend wirken, umstimmen können ... Deswegen vollziehen die *mágoi* dieses Opfer, wie wenn sie eine Strafe zahlen wollten"; Mysten (nicht die von Eleusis, sondern wohl des Dionysos) „opfern zuerst den Eumeniden, wie die *mágoi*"[18]. Der unbekannte Autor verbindet nicht bloß die Riten der Magier mit denen der Mysterien – ein Thema, das in den graeco-ägyptischen Zauberpapyri wieder zentral wird[19] –, er führt die Magier vor als Beschwörer von unterweltlichen Mächten, *daímones*, die er selber mit den Totenseelen identifiziert: störend werden solche Wesen eben dann, wenn sie Krankheit senden (Wahnsinn bei Platon), die rituell – exorzistisch – beseitigt werden muß.

Der andere Kontext Platons, derjenige der mirakulösen Zauberei, wird vor Platon immerhin von Euripides explizit mit den Magoi verbunden. Im ‚Orest' berichtet ein Bote, Helena, angegriffen von Orestes und Hermione, „sei plötzlich verschwunden ... entweder durch Zaubermittel oder durch die Künste eines Zauberers oder entführt von den Göttern"[20]. Belege dafür, daß Magier Menschen verschwinden lassen können, fehlen sonst in dieser Zeit – doch spielt die Fähigkeit, andere oder sich selber unsichtbar zu machen, in den kaiserzeitlichen Zauberpapyri eine gewisse Rolle[21]. Ebenso erst viel später finden wir Entsprechungen zu dem, was ein taurischer Bote von Iphigenie erzählt: wie sie das Opfer von Orest vorbereitet habe, habe sie „aufgeheult und barbarische Lieder gesungen, wie eine Magierin"[22]: auf die ‚barbarischen Lieder' der Magier – eine Beschreibung, die aus dem Mund eines Taurers besonders bemerkenswert tönt – wird zurückzukommen sein.

Außer mit Seher und Bettelpriester wird der Magos auch mit dem γόης *(góēs)* zusammengestellt, einer komplexen Gestalt, in der Hocharchaisches in die griechische Welt hineinzuragen scheint. Platon bindet ihn in den eben besprochenen Kontext ein: Eros, so heißt es im ‚Symposion', sei Vermittler zwischen Menschenwelt und Götterwelt, und deswegen habe er zu tun mit Divination und „mit der Kunst der Priester, die sich mit Opfern und Einweihungen abgeben und mit Beschwörungen, Wahrsagungen und jeder Art von Goëtie *(goēteía)*"[23]. Platon stellt hier sämtliche Riten zusammen, die mit dem Übergang vom Diesseits zum Jenseits zu tun haben, ohne sich um die Wertungen dieser Riten in seiner Gesellschaft zu kümmern. Bringt er Wertungen ein, steht der Goës in ebenso schlechtem Ruf wie der Magos: in dem nach ihm benannten Dialog wirft der junge Menon dem Sokrates vor, er habe ihn „verzaubert und verwunschen und völlig verhext", und er fügt hinzu, Sokrates habe nur Glück, daß er in Athen lebe: anderswo wäre er längst verhaftet und als Goës angeklagt worden[24]. Athen, so erfahren wir nebenbei, besitzt keine Gesetze gegen Zauberei, anders als andere griechische Städte; das mag die im Vergleich zu anderen griechischen Orten sehr große Zahl der athenischen Defixionen erklären helfen. Erst später denkt sich Platon für seine ideale Stadt Gesetze gegen Magie aus, im Alterswerk der ‚Gesetze': streng bestraft werden sollten „jene, die wie wilde Tiere nicht bloß behaupten, es gäbe keine Götter oder sie seien nachlässig oder bestechlich, sondern auch die Menschen so sehr verachten, daß sie eine große Zahl der Lebenden verführen und behaupten, sie könnten die Geister der Verstorbenen heraufrufen und sogar die Götter überreden und sie mit Opfer, Gebeten und Beschwörungen verhexen; und so zerstören sie aus Geldgier Einzelne, Familien und ganze Städte"[25]. Das sind eben die Aktivitäten, die schon im ‚Staat' mit den Bettelpriestern und Sehern verbunden worden waren – Verführung der Seelen von Lebenden und von Toten (die Heilung der Reichen von den Folgen der Verbrechen, die sie oder ihre Ahnen sich hatten zuschulden kommen lassen) und Praxis von Schadenzauber mit Riten, die teilweise denen der Polisreligion entsprechen („Opfer und Gebete"), teilweise auch spezifisch magisch sind („Beschwörungen").

Für Platon sind also alle Aktivitäten dieser privaten, am Rande der Polis operierenden Praktiker strafbare Verbrechen. Man versteht, weswegen: der Magier ist eine Gefahr für die Gemeinschaft, nicht anders als der, „der nicht an die Existenz der Götter glaubt" (ὁ ἄθεος/*átheos*). Wie dieser bedroht der Magier den Frieden zwischen Göttern und Menschen, weil er die Götter verachtet – deswegen werden ihm die spezifisch menschlichen Eigenschaften abgesprochen, erscheint er als ein Mensch, der wieder zum ‚wilden Tier' geworden ist. Das Adjektiv ‚tiergleich' (θηριώδης/*thēriódēs*), das Platon dabei verwendet, ist ein Schlüsselwort der sophistischen Kulturtheorie seit Prodikos, bezeichnet den Zustand der Menschheit vor der Erfindung der Zivilisation[26].

Kombiniert werden *goēteía* (‚Hexerei') und *mageía* (‚Zauberei') zum erstenmal in der ‚Lobrede auf Helena' eines andern Sophisten, des Gorgias. Um Helena zu entlasten, erinnert Gorgias an die Macht der Worte: „Denn die gottbegeisterte Bezauberung durch Worte bringt Freude und verjagt Traurigkeit: denn wenn die Macht der Beschwörung mittels des Meinens sich mit unserer Seele verbindet, bezaubert und überredet und verwandelt sie durch die Kunst des Hexers; von Hexerei und Zauberei gibt es zwei Arten, die beide Irrtum der Seele und Verblendung des Meinens sind"[27]. „Hexerei und Zauberei" sind beides betrügerische Künste, deren Macht auf der Illusion sich aufbaut – die negativen Wertungen sind deutlich, und das stärker abwertende Wort *mageía* qualifiziert das neutralere *goēteía*. So wird alle Schuld auf

Paris und seine Machenschaften abgewälzt, wird Helena zum irregeleiteten Opfer von Wortmagie – um des rhetorischen Zwecks willen wirft hier der Vater der Redekunst die Überredung mit der Magie zusammen. Er hätte auch differenzieren können, wenn er gewollt hätte.

Diese Übersicht über die frühen Belege von *mágos*, seinen Synonymen *góēs* und *agúrtēs* und ihren jeweiligen Verwandten ergibt einige bedeutsame Resultate.

(1) Was die griechische Terminologie meint, deckt sich nur bedingt mit der Semantik unseres Wortes ‚Magie'. Im Griechischen fallen unter denselben semantischen Bereich private Mysterienkulte mit ihren Initiationsriten, Divination und Schadenzauber, ‚schwarze' Magie. Gemeinsam ist allem, daß es nicht in den Bereich der offiziellen Religionsübung der Polis fällt.

(2) Alle Termini können negativ konnotiert sein. Die Philosophen jedenfalls, die eine spiritualisierte und ethisch gereinigte Gottesauffassung vertreten – Heraklit, der sich überhaupt kritisch mit der rituellen Tradition auseinandersetzte, Platon, der das Göttliche mit dem Guten identifizierte – verachteten die Magie so, wie sie die Riten der Bettelpriester überhaupt verachteten. Anderseits gab es in Athen ‚Reiche' – und das meint: Angehörige der Oberklasse –, die zu solchen Riten zur Krisenbewältigung Zuflucht nahmen und sie sich irgendwie legitimierten; es wird darauf zurückzukommen sein.

(3) Ganz nebenbei kann man feststellen, daß die Frazersche Dichotomie von Magie und Religion bereits bei Heraklit und bei Platon vorliegt. In den ‚Gesetzen' unterscheidet Platon Magie von Religion dadurch, daß die Magie die Götter überreden möchte, während der religiöse Mensch ihnen freie Wahl läßt – denn die Götter wissen besser als wir, was uns frommt. Das ist nicht weit von Frazers Definition der Magie entfernt, wonach diese die Götter zwingt, während Religion sich Gottes Willen unterwirft. In einem zurecht berühmten Buch hatte Keith Thomas gezeigt, daß die Frazerschen Kategorien auf dem englischen Protestantismus des 17. Jahrhunderts aufbauen[28]: doch jetzt ist klar, daß die Dichtomie weit tiefer in unserem kulturellen Erbe verankert ist.

Die persischen Priester

Von all diesen Bezeichnungen ist allein *mágos* und seine Verwandten vergleichsweise jung. *agúrtēs* ist als durchsichtige Ableitung (der ‚Sammler') kaum datierbar; wie alt die Sache – das Bettelpriestertum – in der griechischen Religion ist, entgeht uns. Etwas besser verhält es sich mit *góēs*: zwar auch Ableitung – von γόος, ‚Totenklage' –, wirkt doch seine Funktion hocharchaisch, auch wenn die Verbindung mit dem Schamanismus bestenfalls in die Vorgeschichte der griechischen Religion gehört; jedenfalls verbindet er Ekstase, Totenklage, rituelle Heilung und Divination[29]. So steht er zwar am Rand der Gesellschaft, steht aber in ihrem Dienst; bei Aischylos, wo das Wort zum erstenmal belegt ist, ist er derjenige, der die Toten aus ihren Gräbern kommen lassen kann: das ist Verkehrung der Totenbegleitung, die in der Herleitung von der Totenklage (*góos*) eigentlich impliziert ist[30].

Weit früher belegt ist eine andere, funktional verwandte Wortfamilie, diejenige von φάρμακον/*phármakon*. Im archaischen Griechentum ist diese Wortfamilie allerdings nicht auf das, was wir Magie nennen, eingeschränkt, auch wenn schon in der ‚Odyssee' Helena sich eines ägyptischen *phármakon* bedient, um die düstere Stimmung von Menelaos und Telemachos zu verscheuchen, und Kirke die Gefährten des Odysseus ebenso mit einem *phármakon* in Schweine verwandelt[31]. Denn bei Homer kann das Wort auch das Arzneimittel bezeichnen, mit dem man eine Wunde pflegt, und das Gift, das plötzlichen Tod bringt; Odysseus sucht ein *phármakon*, um seine Pfeile zu vergiften, und die Freier fürchten, Telemachos sei verreist, um sich ein *phármakon* zu verschaffen, mit dem er sie diskret beseitigen könnte[32]. Ebenso altbezeugt ist *epaoidé* (ἐπαοιδή, später ἐπῳδή), das später fast ausschließlich die magische Beschwörung meint. Bei Homer ist es nur positiv konnotiert, mit einer *epaoidé* bringen Odysseus' Onkel das Blut der Schenkelwunde zum Stehen, die ihm ein Eber auf seiner initiatorischen Jagd zugefügt hat[33]. Das Wort behält seine medizinische Bedeutung bis zu Platon, der in einer Liste möglicher Therapien „Medikamente, Ausbrennen, Abschneiden, Beschwörungen" zusammenstellt[34]. Häufiger freilich verwendet er die negative, ‚magische' Bedeutung des Wortes – doch ist wenigstens in der Heilkunde die Dichotomie zwischen Magie und Wissenschaft zu seiner Zeit offenbar noch nicht so recht ausgebildet.

Wenn also im Verlauf des fünften Jahrhunderts sich *mágos* und seine Ableitungen immer weiter ausbreiten, wird damit eine Terminologie eingeführt, die neu ist und die alte allmählich ersetzt und verdrängt. Diese Änderung geht zusammen mit der Herausbildung dessen, was wir als ‚Magie' bezeichnen, als eigenständigem religiösem Bereich. Das neue Wort wird bei den Griechen freilich immer auf seine Herkunft hin durchsichtig bleiben: Magie bleibt immer auch die Kunst der persischen Priester. Nur wird im Lauf des vierten Jahrhunderts diese Kunst jede Verbindung mit den Realitäten des historischen Persien verlieren. In dieser Sicht hat die präzise Definition im ‚Ersten Alkibiades' auch polemischen Charakter: im Namen einer ‚objektiven' Ethnographie protestiert der Verfasser gegen eine Bedeutung von *mágos*, die er bloß als Abwertung und Denunziation der persischen Religion verstehen kann. Explizit wird dieser Protest dann in einem Fragment des pseudo-aristotelischen ‚Magikós', einem Dialog, dessen wohl hellenistischer Verfasser von den persischen Magiern kategorisch feststellt: „Ihnen war Zauberei völlig unbekannt"[35].

Magie als Praxis von persischen Priestern meint aber im Athen des fünften Jahrhunderts nicht einfach eine exotische Kunst, sondern auch viel emphatischer eine Kunst der Feinde Griechenlands und besonders Athens. Das fügt sich in eine gut bekannte Struktur ein, wie schon Tylor wußte: in ‚Primitive Culture' gibt er eine eindrückliche Liste von Völkern, welche den Zauberer nach ihrem bestgehaßten (oder gefürchteten) Nachbarn nannten, von den Stämmen Südostasiens bis zu den Finnen, welche die Zauberer Lappen, und den Schweden, die sie Finnen nannten; seither ist etwa aus dem Alten Orient weitere Bestätigung für diese Praxis bekannt geworden[36]. Und wie sogar in den engen Verhältnissen des modernen Naxos sich ein Dorf von einem andern dadurch distanzierte, daß es ihm Hexerei zuschrieb (in Einzelheiten, die an die Zauberpapyri erinnern), hat letzthin Charles Stewart gezeigt[37].

Ein Paradigmenwechsel

Die Einführung der neuen Terminologie im klassischen Athen entspricht einem radikalen Paradigmenwechsel in der Selbstdeutung griechischer Religion: Magie, bisher integraler Teil der religiösen Tradition, wird ausgeschieden und negativ bewertet[38]. Es waren im wesentlichen zwei Kräfte, die darauf hinwirkten.

Die Analyse der Platonstellen hat uns die erste Kraft vorgeführt, die philosophische Reflexion über die Götter und die religiöse Tradition. Für diese Tradition bestand nie ein Zweifel, daß Menschen und Götter einfach und problemlos miteinander verkehrten: die Menschen konnten die Götter mit ihren Riten erreichen und sie mit Opfer und Gebet zum hilfreichen Eingreifen bewegen. Die philosophische Kritik ist seit der Generation von Heraklit faßbar, der bekanntlich gegen die gesamte rituelle Tradition polemisiert, nicht bloß gegen die Riten der Magoi und Mysten, sondern auch gegen kathartische Rituale und die dionysischen Begehungen, die er als obszön abtut: die Ritenpraxis wird an ethischen Maßstäben gemessen[39]. Platon ist noch expliziter, wenigstens der Platon der ‚Gesetze': er rechnet den Magos zu denen, „welche ... die Existenz der Götter leugnen oder sie für nachlässig oder bestechlich halten" – eine Meinung, die radikal der platonischen Auffassung des Göttlichen als des absolut Guten widerspricht, als eines überlegenen Wesens, daß sich vollkommen um den Menschen kümmert und dem sich der Mensch vertrauensvoll anvertraut und unterwirft.

Die andere Entwicklung, die auf den Wechsel des Paradigmas einwirkte, war die Wissenschaft, präziser die wissenschaftliche Medizin, die sich in etwa derselben Epoche zu konstituieren begann. Hauptzeuge ist der dem Hippokrates zugeschriebene Traktat ‚Über die Heilige Krankheit' (Περὶ ἱερῆς νούσου) aus dem späten fünften Jahrhundert, dessen für uns namenloser Autor sich vehement gegen die Auffassung wendet, diese Krankheit – die Epilepsie – habe übernatürliche Ursachen: „Meiner Meinung nach waren diejenigen, die als erste die Krankheit heilig gemacht haben, Leute wie die Magoi, Reinigungspriester (καθάρται/*kathártai*), Bettelpriester (*agúrtai*) und Scharlatane von heute, Leute, die tun, wie wenn sie fromm wären und ein höheres Wissen besäßen. Da sie dieser Krankheit gegenüber versagten und sie nicht heilen konnten, machten sie die Götter verantwortlich, um sich selber zu entschuldigen"[40]. Die Gegner sind wiederum die Magoi, Reinigungs- und Bettelpriester, die radikal abgewertet und zu Scharlatanen werden.

Der Mediziner greift die religiösen Praktiker auf zwei Ebenen an. Die erste kennen wir bereits, es ist die theologische: der Arzt wirft den Heilern vor, ihre Religiosität sei bloß geheuchelt, nichts als ein Mittel, um ihr Versagen zu kaschieren. Etwas später wird er noch deutlicher: „Ich meinerseits bin der Meinung, daß der menschliche Körper von den Göttern – also das Hinfälligste vom Reinsten – nicht verunreinigt werden kann. ... Es sind vielmehr die Götter, welche die größten und schrecklichsten unserer Fehler zu reinigen und zu säubern vermögen"[41]. Der falschen Theologie der Katharten hält er seine eigene, moralisch geläuterte entgegen, die an diejenige Platons erinnert.

Der Arzt geht noch weiter. „Wenn die Katharten dies behaupten und sich ausdenken, geben sie vor, mehr zu wissen: damit betrügen sic die Menschen, denen sie Reinigungsriten und Läuterungen vorschreiben"[42]. So ist ihre Haltung denn nicht fromm, sondern falsch und verdammenswert, sie ist Gottlosigkeit: das erinnert wiederum an Platons Verurteilung der Magier in den ‚Gesetzen'. Der Arzt ordnet die medizinische Tätigkeit seiner Gegner in einen überraschenden Zusammenhang ein. Die Priester sagten, sie könnten „durch ihre magischen Riten den Mond herunterholen, die Sonne verfinstern, Sturm und Windstille hervorrufen, Regen machen und Trockenheit, das Meer unbefahrbar und die Erde unfruchtbar"[43] – kurz, durch ihr rituelles Wissen und Können die Naturgesetze beeinflussen; doch damit maßten sie sich Kräfte an, die allein den Göttern zustehen würden. Ja, die Heiler schrieben sich eine Macht zu, die größer sei als die der Götter, sie wollten die Götter dazu bringen, sich ihnen zu unterwerfen[44]: das hebt die Existenz der Götter auf, die sich ja eben durch eine uneingeschränkte Überlegenheit dem Menschen gegenüber definierten. „Deswegen meine ich, die Heiler seien gottlos und glaubten nicht an die Götter".

Auf einer zweiten Ebene greift der hippokratische Arzt die medizinische Aitiologie der Heiler an – wobei beide durchaus gleich rational vorgehen. Arzt wie Heiler beobachten erst die Symptome, leiten dann daraus die Therapie ab, nur gehen sie von verschiedenen Symptomen aus und gelangen entspechend zu verschiedenen Therapien. Die Heiler suchen nach Zeichen, die ihnen angeben können, welche Gottheit Ursache der Besessenheit ist, als die sie die Krankheit verstehen: wenn der Patient wie eine Ziege meckert, ist es die Göttermutter, wenn er wiehert wie ein Pferd, ist es Poseidon, und so fort; das hält sich an das Gesetz von Ursache und Wirkung, wonach sich die Gottheit jeweilen in ihrem heiligen Tier zu erkennen gibt. Dieselbe Rationalität führt zur Therapie: ist einmal die Gottheit erkannt, führen spezifische Reinigungsriten zum Erfolg – im Fall der Göttermutter schreiben sie Enthaltung von Ziegenprodukten vor, von der Ziegenmilch bis zum Ziegenleder. Dem stellt der Arzt seine eigene Aitiologie entgegen, die die Krankheit als somatische Dysfunktion versteht, entsprechend erst die Symptome analysiert, dann eine somatische Behandlung vorschreibt.

Was also Ärzte und Heiler trennt, ist nicht eine andere Rationalität, sondern eine andere Kosmologie, wie Geoffrey Lloyd herausgestellt hat[45]. Wenn für den Heiler die Krankheit die Folge einer übernatürlichen, göttlichen Intervention in der Menschenwelt ist, hat sie für den

Arzt allein natürliche Gründe. Die Natur ist ein geschlossenes System, das radikal von der übernatürlichen Welt getrennt ist: Götter und Dämonen greifen nicht in die Natur ein, wie umgekehrt die Menschen keine Macht besitzen, um in die übernatürliche Welt eindringen zu können.

Gewöhnlich bleiben die Heiler und Magier, die hier angegriffen werden, für uns namenlos, auch wenn wir wie im Derveni-Papyrus ihre Riten unterdessen etwas genauer kennen. Einer nur hat einen Namen, einen prominenten dazu: Empedokles von Akragas auf Sizilien[46]. Bei ihm ist das ganze Spektrum der vom Hippokratiker aufgezählten Tätigkeiten belegt: er galt Späteren nicht bloß als Arzt, sondern auch als Wetterzauberer, und sein Schüler und Landsmann, der große Sophist Gorgias, berichtet, daß er ihn einmal hexen gesehen habe[47]. Vor allem aber stellt Empedokles sich selber so vor: seinem Schüler verspricht er[48]:

> Drogen, wieviel existieren als der Übel und des Alters Abwehr, wirst du kennen lernen ... Du wirst der unermüdlichen Winde Gewalt zum Stehen bringen, die über die Erde losbrechen und mit ihrem Atem die Äcker vernichten; wiederum, wenn es dir beliebt, wirst du umgekehrt die Winde herbeiführen. Machen wirst du aus dunklem Regen rechtzeitige Trockenheit für die Menschen, machen wirst du auch aus sommerlicher Trockenheit Bäche, baumernährende ...; du wirst aus dem Hades heraufführen eines verstorbenen Mannes Lebenskraft.

Die Ambivalenz der Drogen *(phármaka)* ist uns schon geläufig: sie sind mehr als nur Salben und Pillen. Am Ende tritt dazu die Fähigkeit, Tote aus der Unterwelt heraufzurufen: das hatte Platon mit den Riten seiner Seher und Bettelpriester ebenfalls angesprochen[49]. Vor allem aber beansprucht Empedokles die Gewalt über die Elemente, Regen und Wind. Seine Formulierung tönt teilweise wörtlich an die Liste des Hippokratikers an: seine Konkurrenz sind nicht bloß anonyme Bettelpriester, sondern auch die großen Charismatiker der griechischen Welt. Wenn Empedokles von sich behauptet hatte: „ich verkehre unter euch als unsterbliche Gottheit, nicht mehr als Sterblicher"[50], muß dies für den aufgeklärten Zeitgenossen nur den Eindruck von Irreligiosität bestärkt haben, den der Hippokratiker so betont hatte.

Noch gegen die Mitte des fünften Jahrhunderts steht uns in Empedokles auf Sizilien, am westlichen Rand der griechischen Welt, eine Figur vor Augen, die Zeitgenossen wohl als Goës hätten ansprechen können und welche Heilung, Magie und Totenbeschwörung widerspruchslos in sich vereinigt; eher ungewöhnlich ist, daß in Empedokles' Fall noch Naturphilosophie dazu kommt – deswegen hat sein Name ja überlebt. Die Trennung in die Komponenten und die negative Wertung ist nicht die von Empedokles' zeitgenössischer Umwelt – ihr war er „unter allen geehrt, wie es sich geziemt, mit Binden bekränzt und mit blühenden Kränzen"[51]. Freilich sollte sich das innerhalb einer Generation zu ändern beginnen.

Es waren mithin zwei Entwicklungen des griechischen Denkens, welche dazu führten, daß die Magie als ein Sonderbereich aus der religiösen Tradition ausgeschieden wurde – die Entstehung einer philosophischen Theologie und diejenige einer wissenschaftlichen Medizin. Die Philosophen radikalisierten das traditionelle Denken über die Götter, indem sie an die Götter ethische Maßstäbe anlegten und diejenigen Bestandteile der Tradition verwarfen, die diesen Maßstäben nicht entsprechen konnten – eben die Riten der Magoi, Goëten und Katharten. Die Ärzte ihrerseits begründeten ihre Kunst auf einer radikalen Kosmologie, welche die Natur unter Einschluß des Menschen als homogenes und nach außen geschlossenes System konzipierte; damit mußten sie alle jene Therapien verwerfen, welche Krankheit als gottgesandt deuteten und Heilung durch die kathartischen Riten der Goëten und Seher bewirken wollten. Diese doppelte Radikalisierung führte dazu, daß die Welt der Götter und der Menschen weit strikter getrennt wurde, als sie dies in der Tradition der griechischen Poleis gewesen war, und daß die rituelle und geistige Welt der religiösen Spezialisten verworfen und marginalisiert wurde. Philosophen und Ärzte werden zu Gegnern der Bettelpriester und Heiler, und auf sie weist der abschätzige und deklassierende Terminus *mágoi*, „persische Priester".

Wenn also in Griechenland aus einer ursprünglichen Einheit („Religion') erst im Lauf der klassischen Zeit aufgrund bestimmter historischer Entwicklungen ein Teil („Magie') ausgesondert wurde – der im übrigen, um dies noch einmal zu betonen, weit mehr umfaßt, als der moderne Magiebegriff zuläßt, nämlich eine ganze Palette privater, nicht der Polis zugehöriger religiöser Praktiken, bakchische Mysterienkulte, Reinigungsriten, Schadenzauber, Wetterriten, Totenbeschwörung – so erinnert diese Ausdifferenzierung an die evolutionistischen Theorien des späten 19. Jahrhunderts, in denen dieselbe Entwicklung postuliert wurde – aber in grauer Vorzeit, am Ende einer rekonstuierten ‚animistischen' Epoche. „The issue came to a head when man believed in gods; magic and religion were thereafter differentiated" – um Nilsson stellvertretend für viele zu zitieren[52]. Ausdifferenzierung schon – aber in voller historischer Zeit.

Dabei hat diese Bewegung erst einmal die Poleis nicht wirklich berührt; es blieb eine Debatte unter Marginalen. Denn Philosophen und Ärzte sind in den Augen der Polis um nichts weniger marginal als die Wanderpriester – auch sie sind selten genug in die Polis eingebunden, deren Bürger sie sind, auch sie wandern von Stadt zu Stadt, um zu lehren oder zu heilen, auch sie bilden entsprechend ihre eigenen Gruppierungen, und ihre Theologie ist nicht die Theologie des städtischen Kultes. Die Städte können sich gegen die Magie wehren – aber sie tun es nicht (anders als Platon) im Namen der Religion, sondern, weil die Folgen von Schadenzauber bürgerliches Recht verletzen. Die einzige faßbare Gesetzgebung des fünften Jahrhunderts findet sich in den Gesetzen der Stadt Teos, den sogenannten ‚Dirae Teorum': hier wird verflucht, wer Einzelne oder die Stadt mit zerstörerischen Pharmaka schädigt, wer also Tod durch magische Mittel bewirkt hat. Das ist nicht Religionsfrevel, sondern Mord[53]. Daß die Magiediskussion also erst einmal außerhalb der Polisgemeinschaft geführt wurde, erklärt das oben bemerkte Paradox, daß Platon die Magie bekämpft, seine Standesgenossen sie anwenden.

Ein Postskript

Oben fanden wir bereits die Frazersche Dichotomie von Magie und Religion im Griechischen vorgeformt; dasselbe gilt für die Dichotomie von Magie und Wissenschaft. Nicht erst bei Frazer, schon beim Autor der Schrift ‚Über die Heilige Krankheit' unterscheiden sich Magier und Wissenschaftler nicht durch die Rationalität, sondern allein dadurch, daß der Magier von falschen Prämissen, einer falschen Kosmologie ausgeht. Und dasselbe gilt für die Unterscheidung von Magie und Religion: wie für Frazer ist auch für den Hippokratiker Kennzeichen der Magier, daß sie den Göttern ihren menschlichen Willen aufzwingen wollen, was beide für irreligiös halten. Bräuchte man noch einen Beweis, wie ethnozentrisch die Frazersche Triade ist: hier hätte man ihn gefunden.

Die römische Welt

magus und magia

Die Verhältnisse in Rom sind den eben beschriebenen Zuständen in Griechenland vergleichbar – und doch wieder ganz anders[54]. Einerseits erscheinen die Termini *magus* und *magia* auch in Rom erstaunlich spät und erst, nachdem sich in Roms Gesellschaft die Reflexion über Magie entwickelt hat. Anderseits war in Rom die Zauberei – präziser: der Schadenzauber – schon immer von den staatlichen Instanzen bekämpft worden, und deswegen wog es in Rom seit jeher schwerer als in Griechenland, als Zauberer angeklagt zu werden. Außerdem kompliziert sich die Situation deswegen, weil sich erwartungsgemäß in Rom im Lauf der Zeit verschiedene griechische Einflüsse fassen lassen.

Daß *magus* und *magia* im Latein Lehnwörter aus dem Griechischen sind, versteht sich. Sie finden sich in der uns erhaltenen Literatur zum erstenmal um die Mitte des ersten vorchristlichen Jahrhunderts, bei Catull und bei Cicero. Bei beiden Autoren ist die Verbindung des Wortes mit persischen Realitäten noch fest. Für Cicero sind die *magi* nichts anderes als die persischen Priester. Im Dialog ‚Über die Gesetze' aus den späten fünfziger Jahren benutzt er das Wort zum erstenmal: Xerxes habe auf den Rat der *magi* hin die griechischen Tempel angezündet[55]. In den späteren Vorkommen des Worts ist es nicht anders: in ‚De divinatione' aus dem Frühjahr 44 heißt es, die *magi* hätten die Träume des Dareios gedeutet und sie würden jeden König in ihre Künste einweihen[56]. Beim ersten Erscheinen des Wortes in diesem Dialog fügt er eine knappe Definition an: die *magi* seien „ein Geschlecht von Weisen und Gelehrten bei den Persern"[57]: der Ausdruck, den er seinen griechischen Quellen entlehnt, ist ungewohnt für seine Leser, braucht als ethnographisches Fachwort eine Erklärung.

Nicht viel früher als Ciceros ‚De legibus' enstand Catulls schmales Gedichtcorpus. Catull, der den Jüngeren als *poeta doctus*, gelehrter Dichter, galt, hat das Wort im selben ethnographischen Sinn verwendet[58]:

> Gellius' ruchlosem Bund mit der Mutter entsprieße ein Magier,
> der die Opferschau lerne nach persischem Brauch;
> denn ein Magier muß vom Sohn mit der Mutter gezeugt sein
> (wenn dies in Wahrheit lehrt unfrommer persischer Kult),

daß er, den Göttern lieb, mit willkommenen Liedern sie ehre
und in des Altars Glut schmelze Gekröse und Fett.

Anne-Marie Tupet führt diesen Text in ihrem ansonsten vollständigen
Corpus der poetischen Stellen zur Magie nicht auf – zurecht: es geht
nicht um Magie, es geht um die *magi* als persische ‚Opferschauer'. Das
ethnographische Detail, daß die echten persischen Magoi Frucht eines
Sohn-Mutter-Inzestes zu sein hätten, ist isoliert, auch wenn der Inzest
seit Xanthos von Lydien im mittleren fünften Jahrhundert als typisch
für sie belegt ist[59]. Es wird aus einer gesuchten hellenistischen Quelle
stammen und macht eher dem *doctus* als dem *poeta* Catull Ehre: die Ge-
lehrsamkeit scheint der Schärfe des Angriffs die Spitze zu nehmen –
falls denn nicht Gellius etwa Haruspex oder Augur gewesen ist.
Wenn den Persern dann auch noch ‚unfrommer Kult' vorgeworfen
wird, fällt dies auf Gellius als *impius*: es soll dies die Invektive verstär-
ken. Mit der geläufigen Abwertung der Magie hat dies nichts zu tun.

Die nächste Dichtergeneration ändert die Semantik der betrachteten
Wortfamilie. Der junge Vergil, Neoteriker der zweiten Generation,
verwendet in der 8. Ekloge zum erstenmal in der lateinischen Literatur
das Adjektiv *magicus* zur Bezeichnung magischer Riten, von Riten der
erotischen Magie. Der zweite Teil dieses Gedichts beginnt mit präzisen
Ritualanweisungen[60]:

> Bring Wasser heraus, umwinde den Altar hier mit weicher Binde,
> verbrenne saftige Kräuter und männlichen Weihrauch, damit ich
> des Mannes vernünftigen Sinn mit magischen Riten abzulenken ver-
> suche: nur Zauberlieder fehlen noch.

Vergil übernimmt, wie man weiß, das zweite Idyll des Theokrit in seine Ekloge, die *Pharmakeutriai*, ‚Zauberinnen': wieder haben wir es mit
gelehrter neoterisch-alexandrinischer Dichtung zu tun. Es geht mithin
nicht um römische Praxis, wenn das Ritual vorschreibt, Kräuter und
Weihrauch zu verbrennen[61] – jedenfalls sind die rituellen Einzelheiten
nicht spezifisch römisch, können genausogut griechisch sein, auch außerhalb der Magie.

Die griechische Magie fasziniert auch sonst die spätrepublikanischen
Dichter, wie sie schon die Alexandriner fasziniert hatte. In seiner ‚Verteidigungsrede' zitiert Apuleius einige Verse des Laevius, des gelehrten Vor-
läufers der Neoteriker. Auch er beschreibt die Vorbereitungen zu einem
magischen Ritual in Versen, die man erst lateinisch hersetzen muß[62]:

Philtra omnia undique eruunt:
antipathes illud quaeritur,
trochisci, iunges, taeniae,
radiculae, herbae, surculi,
saurae inlices bicodulae,
hinnientium dulcedines.

Alle möglichen Liebestränke holt man von überall hervor, das berühmte Antipathes wird gesucht, Rädchen, Iyngen, Binden, Würzelchen, Kräuter, Sprossen, verführende Salamander mit zwei Schwänzen, der Zauber wiehernder Stuten.

Ohne auf alle Einzelheiten des magischen Rituals eingehen zu wollen – jedenfalls geht es um Liebeszauber, wie bereits die Nennung der *philtra* zeigt, dann diejenige von Iynx und Hippomanes (‚Stutenzauber', ein Liebeszauber) –, muß man den grundsätzlich griechischen Charakter der gesamten Liste unterstreichen. Laevius baut sein Gedicht virtuos aus griechischen Fachausdrücken zusammen: neben den φίλτρα stehen ἀντίπαθες (das ‚Gegengift'), τρόχισκοι und ἴυγγες (zwei eng verwandte magische Geräte, die in den griechischen Quellen oft verwechselt werden[63]), schließlich ταινίαι und σαῦραι, ‚Binden' und ‚Salamander', für die auch lateinische Wörter dagewesen wären. Wenigstens Iynx und Salamander spielen auch im Zweiten Idyll Theokrits eine Rolle[64]: wenn die Literaturhistoriker vermuten, daß Laevius sein Gedicht nach Theokrits Idyll gestaltet hat, gibt dies eher eine allgemeine Herkunft an, ohne daß bei der Verbreitung magischer Motive in der alexandrinischen Dichtung der Schluß gerade auf Theokrit wirklich zwingend ist. Wichtiger ist, daß auf jeden Fall gelehrtes Alexandrinertum, nicht römische rituelle Praxis vorliegt, nicht viel anders als zwei Generationen später beim jungen Vergil.

In der Sprache des republikanischen Rom bezeichnete *magus* also nicht den Zauberer: das Wort beginnt seine lateinische Karriere erst am Ende der Republik als gelehrtes Lehnwort aus der Sprache der griechischen Ethnologie, in der Dichtung (Catull) nicht anders als in der Philosophie (Cicero). Auf die Zauberei angewendet wird es erst eine Generation später bei Vergil – auch hier in griechischem, alexandrinischem Kontext; Magie faszinierte Roms Kallimacheer.

Man ist versucht, daraus zu schließen, daß das römische kollektive Bewußtsein die Magie damals noch nicht als einen Sonderbereich der religiösen Tradition verstanden hat. Eine überraschende Leerstelle bei

Cicero verstärkt diesen Verdacht. In seiner Invektive gegen Vatinius wirft er dem Gegner eine Reihe von Ungeheuerlichkeiten vor, so auch: „Du legst Wert darauf, dich einen Pythagoreer zu nennen – und so hinter dem Namen eines großen Weisen deine schandbaren und barbarischen Sitten zu verstecken. Sag mir, bitte – wo du dich doch mit unbekannten satanischen Riten abgibst, wo du doch immer wieder Seelen aus der Unterwelt heraufrufst und die Geister der Verstorbenen mit den Eingeweiden von Kindern besänftigst –: was für ein Wahnsinn hat dich gepackt, daß du die Auspizien mißachtet hast, unter deren Schutz diese Stadt gegründet ist, auf denen unser ganzer Staat und seine Macht beruht?"[65] Wer in der einschlägigen griechischen Literatur bewandert ist, kennt die Riten: es geht um finsterste ‚schwarze' Magie, um Totenbeschwörung und Kinderopfer; von Kinderopfern zu divinatorischen Zwecken hören wir in der Literatur der Kaiserzeit noch öfters[66], und die kaiserzeitliche Gesetzgebung wendet sich gegen solche Praktiken[67]. Es überrascht also, daß Cicero seine Anschuldigungen nicht in eine Anklage wegen Magie kleidet – nichts einfacher als das, wenn das Konzept bereits vorhanden gewesen wäre. Statt dessen konstruiert er zwei Gegensatzpaare – zwischen Vatinius' Pseudophilosophie und dem echten Pythagoreismus, dem anzugehören Vatinius bloß vorgibt, und zwischen den gottlosen, ‚satanischen' Riten, die er ausübt, und richtiger Religion, die Vatinius' Riten pervertieren. In beiden Fällen macht er Vatinius zum Gegenpol von wirklicher Zivilisation – erst von wahrer pythagoreischer Philosophie, dann von richtiger Religion; in beiden Fällen werden Vatinius Verhaltensweisen zugeschrieben, die Ciceros Zuhörer, die Senatoren – wenigstens falls sie über die nötige Bildung verfügten – aus der griechischen literarischen Tradition längst kannten. Indigen Römisches ist nicht dabei, und Cicero verweist auch nicht auf eine römische juristische Auseinandersetzung mit solchen Dingen: weder im Sakralrecht noch im Zivilrecht der Epoche Ciceros scheint es sie gegeben zu haben. Römisches kommt erst dort, wo es wirklich ernsthaft wird und worauf die ganze Passage hinausläuft: Vatinius hat als Volkstribun die Auspizien mißachtet und damit ganz Rom gefährdet, denn ein Vertreter des Staats darf den Willen der Götter nicht unbeachtet lassen.

Ciceros Schweigen ist umso erstaunlicher, als eine Generation später die Realität der griechisch-orientalischen Magie in Rom plötzlich sichtbar wird – in einer Form etwa, wie sie Cicero schon Vatinius zuschreibt; nur reagiert jetzt der Staatsapparat. Während seiner freiwilligen Ädilität im Jahre 33 v. Chr. ließ Agrippa ‚Astrologen und Hexer' aus Rom vertreiben, und im Jahre 28 v. Chr. hat Augustus den Griechen Anaxilaos von Larissa aus Rom ausweisen lassen. Während die lateinische Terminologie im ersten Fall unklar bleiben muß[68], nennt Hieronymus, der in seiner Chronik davon berichtet, den Anaxilaos einen ‚Magier und Pythagoreer' – nicht mehr einen ‚persischen Seher', sondern einen griechischen Spezialisten, in dessen Kunst auch die Divination wichtig sein konnte; bei derselben Aktion wurden zahlreiche divinatorische Bücher verbrannt[69]. Man wüßte gerne, ob Hieronymus den Terminus *magus* aus einer späteren historiographischen Quelle bezogen hat oder ob das Wort nicht bereits im einschlägigen Senatus Consultum vorkam.

Magie in der Republik

Das alles heißt nicht, daß das republikanische Rom nicht Erscheinungen kannte, die man in heutiger Terminologie als ‚magisch' bezeichnen würde, und daß das republikanische Latein dafür keine Wörter besessen hätte. Im Gegenteil: schon Roms früheste Gesetzgebung hat sich auch mit solchen Dingen abgegeben, wie ein Passus aus den ersten kodifizierten römischen Gesetzen, dem Zwölftafel-Gesetz, zeigt. Seneca, der den längsten Auszug aus dem betreffenden Passus gibt, schreibt: „Auch bei uns warnt das Zwölftafelgesetz: «Es soll keiner nicht im eigenen Besitz befindlichen Feldertrag heraussingen, *NE QVIS ALIENOS FRVCTVS EXCANTASSIT*»"[70]. Und in seinem Rückblick auf die traditionelle römische Haltung gegenüber magischen Praktiken, mit der er die vehemente Verurteilung teilt, fügt der ältere Plinius ein verwandtes Gesetz dazu: „Heißt es nicht in den Worten der Zwölf Tafeln: «Wer nicht im eigenen Besitz befindlichen Feldertrag herausgesungen hat, *QVI FRVGES EXCANTASSIT*» und anderswo «Wer ein böses Lied angestimmt hat, *QVI MALVM CARMEN INCANTASSIT*»"[71].

Carmen, präzisiert zu *malum carmen*, ist die Beschwörung, die Schaden zufügt, *incantare* – eigentlich ‚singen in Richtung auf jemanden, gegen jemanden' – ist die entsprechende magische Handlung, *excantare* schließlich – ‚heraussingen' – ist der etwas überraschende Tatbestand, daß man mit übernatürlichen Mitteln fremde Ernten verschwinden läßt; ein noch überraschenderes, aber logisches Korollar hat dies darin, daß man mit denselben Mitteln eine fremde Ernte auf sein eigenes Feld transportiert. Der erste, der davon weiß, ist wieder Vergil in der

8. Ekloge. Seine amateurhafte Zauberin beruft sich auf Moeris, einen mächtigen Zauberer, der sich nicht bloß in einen Werwolf verwandeln kann: „Ich habe schon gesehen, wie er Ernten anderswohin überführte", was der treffliche Servius mit einem Verweis auf die Zwölf Tafeln kommentiert: „Ernten anderswohin überführen: Das geschah mit Hilfe bestimmter magischer Techniken, weswegen in den Zwölf Tafeln steht «Du sollst keinen Zauber auf eine nicht dir gehörende Ernte werfen, NEVE ALIENAM SEGETEM PELLEXERIS»"[72]. Vergil (dies zur Nuancierung der früheren Analyse) kann also neben der alexandrinischen auch auf römische Tradition zurückgreifen; es wird darauf zurückzukommen sein.

Nun muß man freilich unterstreichen, daß das Zwölftafel-Gesetz Magie nicht als solche bestraft: bestraft wird der Übergriff auf fremdes Eigentum *(alienos fructus, alienam segetem)*, um dem Besitzer zu schaden und sich selber zu bereichern: es geht nicht um Sakralgesetzgebung, sondern um Eigentumsrecht[73]. In einer agrarischen Gesellschaft kann jede Beeinträchtigung fremden Eigentums den sozialen Status des Eigentümers schädigen und damit das soziale Gleichgewicht stören.

Das heißt freilich nicht, daß Magie im modernen Wortsinn im frühen Rom als besondere und identifizierbare Praxis unwichtig gewesen wäre – es heißt bloß, daß die Definition des Phänomens nicht mit der unsrigen oder mit derjenigen des klassischen Griechentums zusammenfällt. Jedenfalls glaubte man im frühen Rom durchaus, daß bestimmte vokale Riten – *carmina* – eine bestimmte, übernatürliche Wirkungskraft hätten: man kann *excantare*, man kann *incantare*. Bei den Worten ist dabei unklar, ob die negative Wertung ihrer Semantik inhärent war oder ob sie nicht eher erst aus dem Kontext stammt, wie dies jedenfalls bei *carmen* deutlich ist: das Gesetz muß das *malum carmen* abheben von anderen *carmina*, die nicht rechtlich verfolgt werden[74]. Das Zwölftafel-Gesetz kennt *carmen* auch im neutralen Sinn einer gesungenen verbalen Komposition – Cicero zitiert einen weiteren Text: „Wenn jemand gesungen oder verfaßt hat ein Lied, das einem anderen Ehrverletzung oder Unehre zufügt – SI QVIS OCCENTAVISSET SIVE CARMEN CONDIDISSET QVOD INFAMIAM FACERET FLAGITIVMVE ALTERI"[75]. Auch solche *carmina* besitzen zerstörende Kraft, weil sie diffamieren und damit sozialen Status beeinträchtigen können, oft genug effizienter als ein Eigentumsdelikt. Und wieder sind die römischen Bedeutungsgrenzen anders gezogen als unsere oder die der Griechen: wo die Griechen die Semantik von *carmen* wenigstens in die etymologisch verwandten Termini ᾠδή *(ōdḗ)* und ἐπ-ῳδή *(ep-ōdḗ)* auffächern, trennen wir überhaupt ‚Lied' von ‚Beschwörung'.

Neben den *carmina mala*, den ‚bösen Liedern', gibt es auch nützliche und hilfreiche, *carmina auxiliaria* in der Ausdrucksweise des älteren Plinius[76]. Das vielleicht rätselhafteste ordnet der Zensor Cato in ein umfangreiches Heilritual für Ausrenkungen ein[77]:

> Ist eine Ausrenkung eingetreten, wird sie mit der folgenden Besingung heil. Nimm ein grünes Schilfrohr von 4 oder 5 Fuß Länge, spalte es der Mitte nach, und zwei Leute sollen es an die Hüften halten. Fang an zu singen [in einer Handschrift heißt es:] MOETAS UAETA DARIES DARDARIES ASIADARIES UNA PETES bis <die Stücke> zusammenkommen. / MOTAS UAETA DARIES DARDARES ASTATARIES DISSUNAPITER bis <die Stücke> zusammenkommen. / Leg ein Eisen darüber. Wenn sie zusammengekommen sind und eines das andere berührt, nimm es mit der Hand und schneide es rechts und links ab; binde es an die Ausrenkung oder an den Bruch; es wird heil werden. Sing dennoch einmal täglich. – [In einer anderen Handschrift heißt es]: Entweder für eine Ausrenkung oder so: HUAT HAUAT HUAT ISTA PISTA SISTA DANNABO DANNAUSTRA. / Und für eine Ausrenkung auch so: HUAT HAUT HAUT ISTASIS TARSIS ARDANNABOU DANNAUSTRA.

Der Text ist in jeder Hinsicht schwierig. Auf die Probleme der Textüberlieferung soll gar nicht eingegangen werden; schon die antiken Abschreiber hatten zwei Versionen vor sich, und die Handschriften, aus der unsere Texte stammen, verbinden diese beiden antiken Varianten. Die neueren Interpreten schwanken aber nicht bloß in der Textherstellung, sondern auch in der Deutung des Textes, und zwar nicht bloß in den Einzelheiten, sondern in der ganz grundsätzlichen Frage der Einordnung: während die einen den Text fraglos unter die antike Medizin einreihen, rechnen ihn die anderen zur Magie. So muß man genauer hinsehen.

Cato nennt das Ritual *cantio* ‚Singen', Plinius *carmen auxiliare*, ‚hilfreiches Lied': das Singen, der vokale Ritus, ist definitorisch zentral; das ist nicht bloß in Rom so[78]. Das Gesamtritual läßt sich einfach artikulieren. In einer Vorbereitungsphase spaltet man einen langen, noch grünen – also biegsamen – Schilfhalm doch wohl der Länge nach; zwei Helfer pressen die Stücke gegen die Hüften des ausgestreckten Patienten. Dann beginnt der Hauptritus: langsam nähern die Helfer die beiden Halmhälften einander an, während der Heiler seinen Text singt und ein Eisen (-messer?) auf das verletzte Glied legt. Sind die beiden Hälften wieder vereint, kürzt man sie auf beiden Seiten (man hat sie also über den Kranken geführt) und bindet sie am Glied fest. Um einen Rückfall zu verhindern, wiederholt man das Ritual (oder bloß den Spruch) während einiger Tage.

Medizinische Zweckmäßigkeit scheint bei alledem kaum auszumachen. Deswegen schreiben die Interpreten von Magie, und zwar von homöopathischer oder sympathetischer: das ausgerenkte oder gebrochene Glied soll so zusammenkommen und wieder beweglich werden, wie der Schilfhalm wieder zusammenkommt und biegsam bleibt. Für die Zeitgenossen – nicht bloß für Cato, auch noch für Plinius – freilich handelt es sich um Medizin, um eine durchaus effiziente Therapie für Ausrenkung oder Bruch im Bereich des Hüftgelenks, eine Verletzung, welcher antike Medizin sonst recht hilflos gegenüberstand; besonders bei einer Schenkelhalsfraktur, wo man auch heute noch nicht richtig schienen kann, bleibt kaum eine andere Therapie als völliges Ruhigstellen und Warten auf ein Zusammenwachsen: daß die Sache Zeit braucht, impliziert Cato in der täglichen Wiederholung des Ritus. Der Rest ist eine symbolische Handlung, für die man eher von ‚persuasiver Analogie' als von ‚Homöopathie' reden sollte. Der Symbolismus des rituellen Handelns benutzt ein biegsames Schilfrohr, um das erwünschte Resultat zu erreichen: mit dem Zerteilen und Zusammenfügen wird für den Patienten wie für die doch wohl anwesenden Angehörigen der Heilungsprozeß symbolisch vorgeführt. Das ist recht theatralisch und hat ein Kollektiv als Zielpublikum: neben den Heilern und dem Patienten steht die Gemeinschaft, zu der der Patient gehört.

Das größte Problem für die Interpretation stellen die *carmina* dar, welche die andern Riten begleiten und wesentlich sind für den Heilerfolg. In der uns erhaltenen Form scheinen sie bloßes Gestammel, eine Reihe von unsinnigen Wörtern, hinter denen man gelegentlich eine Ahnung von Bedeutung haben kann. Daß bereits ein antiker Schreiber zwei Versionen vorfand, zeigt, daß schon die Römer Schwierigkeiten hatten mit dem Textverständnis – von daher die Meinung vieler moderner Kommentatoren, die auf die Analogie der Zauberpapyri verweisen, in denen auch lange Reihen von scheinbar sinnlosen Wörtern vorkommen.

Doch muß man hier vorsichtig sein. Die Wortreihen der Zauberpapyri sind nicht einfach zufällige und sinnentleerte Lautreihen. Je mehr man sich mit ihnen abgibt, desto klarer wird, daß wenigstens ein Teil von ihnen sich aus verschiedenen orientalischen Sprachen herleitet, aus dem Persischen, Akkadischen, Hebräischen, Koptischen. Ähnliches ist in anderen Kulturen geläufig, wo immer wieder die Zauberformeln bewußt auf ältere Sprachschichten zurückgreifen – im neuzeitlichen christlichen Bereich oft auf Latein, Griechisch oder Hebräisch[79]. Daneben stehen in den Papyri bewußte Verfremdungstaktiken, Inversionen, Assonanzen und dergleichen, die auf einen sprachspielerischen Willen der Magier verweisen[80]; der Parallelismus mit den Papyri darf also nicht gepreßt werden. Im übrigen haben einzelne Forscher auch versucht, aus den Formeln Catos verständliches archaisches Latein zu machen – doch der Raum für Spekulation ist so groß, daß es sich kaum lohnt, hier darauf einzugehen. Viel wichtiger ist noch einmal die Feststellung, daß wir zwar die meisten Züge des Rituals mit Dingen vergleichen können, die in unserem Denken als magisch qualifiziert werden, daß aber die Einheimischen von Cato bis Plinius diese Einschätzung nicht geteilt haben: Magie war für sie nicht jedes *carmen*, schon gar nicht das *carmen auxiliare*, sondern bloß das *carmen malum*: sie definierten Magie nach der Intention der Ausübenden, nicht nach den Formen des Rituals.

Es bleibt ein weiterer Terminus, Schlüsselwort in der späteren römischen Magiegesetzgebung, *veneficus* und *veneficium*. Im Jahre 81 v. Chr. brachte der Dictator Sulla die *Lex Cornelia de sicariis et veneficis* zur Abstimmung, das Gesetz ‚Über Meuchelmörder und Giftmischer'; es wurde über Jahrhunderte zur Grundlage jedes gesetzlichen Vorgehens gegen Magie in Rom. Wie schon im Fall der Gesetze auf den Zwölf Tafeln hat auch hier der Gesetzgeber nicht die Magie als solche im Blick, sondern die absichtliche Tötung von Mitbürgern entweder durch sichtbare Waffeneinwirkung (durch die *sica*, den Dolch) oder durch weniger sicher feststellbare Methoden (durch *venenum*, Gift) – wobei der namengebende Terminus in beiden Fällen stellvertretend für verwandte Methoden des Tötens steht.

Das zwingt jetzt, die Semantik von *veneficium* klarzulegen. Cicero kann von *veneficia et cantiones* als Mittel des Schadenzaubers sprechen, und der Amphitruo des Plautus schilt Jupiter einen *veneficus Thessalus*, einen ‚thessalischen Hexer', der den Geist seiner Sklaven durcheinandergebracht habe: griechisch hätte das wohl γόης Θέτταλος geheißen[81]. *Veneficium* ist mithin Goëtie, Zauberei aller möglichen Art, nicht bloß die Anwendung von bestimmten, giftigen Substanzen; *vene-

num, das Grundwort, hat mithin eine noch weitere Semantik als *phármakon*, das es oft übersetzt: noch einmal bei Plautus kann Medea den Pelias (sic) *medicamento et suis venenis* „mit einer Droge und ihren eigenen ‚magischen Mitteln'" verjüngen, im Griechischen stehen dafür *phármaka* und diverse Kräuter[82]. Diese offene Semantik von *venenum* präzisiert die lex Cornelia und spricht von *venena mala*, woraus ein kaiserzeitlicher Kommentator denn auch schloß, daß es neben den schädlichen ‚Giften zum Töten' und den ‚Liebestränken' eben auch andere, harmlosere *venena* hat geben müssen, *venena ad sanandum*, die man straflos anwenden durfte[83]. Ein anderer Kommentar zitiert auch den Rest eines weiteren, zeitlich unklaren Senatus Consultum, wo von *sacrificia mala* die Rede war, also magischen Riten[84] – wieder, wie bei den *carmina mala* des Zwölftafel-Gesetzes, wird die Magie durch ihre Absicht definiert. Schon Cato hatte im übrigen durchgehend von *bonae preces* gesprochen, ‚guten Gebeten': es muß auch andere gegeben haben.

Damit bedeutet *veneficium* (um auf den Ausgangspunkt der Diskussion zurückzukommen) jede Aktion, die einen plötzlichen und unerwarteten Tod zur Folge hat, sei es durch Gift, sei es durch andere heimliche Mittel; nicht zufällig bestraft die Lex Cornelia auch noch Brandstiftung, für die man in der Kaiserzeit öfters Zauberer verantwortlich machte – oder die Christen oder andere marginalisierte Gruppen. Tod durch Gift und Tod durch Schadenzauber werden vom Gesetzgeber nicht unterschieden: es ist eine einzige Todesart, die dem sichtbar gewaltsamen Tod durch Waffeneinwirkung gegenübergestellt wird. Einer der kaiserzeitlichen Juristen, die sich mit dem Thema abgegeben haben, beschreibt den Gegensatz als den von *factum*, der sichtbaren Mordtat, und *dolus*, der unsichtbaren Einwirkung von Gift und Zauberei[85]. Man darf nicht vergessen, daß vor den modernen Möglichkeiten chemischer Analysen Gift oftmals kaum leichter nachweisbar war als Zauberei: in beiden Fällen konnte der Tatbeweis nur über Zeugenaussagen geschehen, die mehr oder minder vertrauenswürdig waren. Ein unerwarteter Tod zerreißt die Sozialstrukturen weit mehr als der erwartete Tod durch Alter oder lange Krankheit, entsprechend rasch mußten sie wieder ins Gleichgewicht gebracht werden – im Fall des sichtbaren Mords durch eine Bestrafung des *sicarius*, bei Verdacht eines *dolus* durch eine Feststellung der Gründe (Zufall oder absichtlicher *dolus*) und die folgende Bestrafung des *veneficus*. Man ahnt im Hintergrund eine ethnologisch geläufige Struktur, die etwa Evans-Pritchard aufgewiesen hat: in traditionellen Kulturen kann jeder unerwartete Tod als Resultat von Schadenzauber verstanden werden.

Besonders deutlich wird dies in einer Affäre, die Livius berichtet, nicht ohne eine gewisse Skepsis[86]. Im Jahre 331 v. Chr. wurde Rom durch den plötzlichen Tod einer Reihe von Würdenträgern *(primores civitatis)* unter verwandten Umständen erschüttert; Livius insistiert, daß sie Opfer einer Epidemie geworden waren, doch einige seiner Quellen hatten offenbar anders gedeutet: eine Sklavin hätte den Magistraten berichtet, die Matronae hätten ihre Männer vergiftet und das Gift dazu *(venena)* auch selber hergestellt. So verhaftete man die Damen. Diese hätten darauf ihr Gift selber getrunken und seien ihrerseits gestorben.

Die Historizität der Sache muß uns nicht kümmern; jedenfalls hielt es die Tradition – die annalistische Überlieferung des zweiten Jahrhunderts, nicht irgendwelche frühen mündlichen Überlieferungen – für durchaus denkbar, daß eine ganze Reihe von prominenten unerklärlichen Todesfällen durch Gift zustande gekommen war, Todesfälle, welche die Sozialstruktur arg aus dem Gleichgewicht brachten. Der Selbstmord der Giftmischerinnen durch ihr eigenes Gebräu – ein erklärbarer Tod – stellte die Ordnung wieder her: er war die symbolische Wiedergutmachung des *veneficium* gegen die Würdenträger.

Es ist Zeit, eine etwas komplexe Argumentation zusammenzufassen. Die Analyse der römischen, republikanischen Terminologie hat zu drei Resultaten geführt. Erstens zeigte es sich, daß *carmen* und seine Verwandten, die schon im Zwölftafelgesetz belegt sind, zum einen Schadenzauber bezeichnen konnten, etwa die Überführung einer fremden Ernte auf das eigene Feld als verbotenen Eingriff in fremden Besitz, aber auch Heilungsriten als erlaubte Praxis; der Unterschied zwischen erlaubt und verboten liegt allein in der Intention dessen, der das *carmen* verwendet. Zweitens waren *veneficus* und *veneficium* noch bis auf Sullas Zeit Ausdrücke, die jeden unerklärlichen, plötzlichen Todesfall begründen konnten, Gift ebenso wie Schadenzauber; der Gegensatz dazu war der sichtbare Tod durch Waffeneinwirkung. Und drittens gehörten *magus* und seine Ableitungen erst einmal in den Bereich der gelehrten Sprache von Cicero und den Neoterikern; es waren ethnologische Fachausdrücke, die mit Magie nichts zu tun hatten. Erst unter Augustus, vielleicht erstmals in der Affäre des Anaxilaos von Larissa, wird *magus* zum Wort für den Zauberer.

Der vielleicht wichtigste Unterschied zu Griechenland scheint der, daß wenigstens im republikanischen Rom der wandernde Spezialist fehlt, der γόης-ἀγύρτης-μάγος, der die ganze Palette von nicht-städtischen Riten gegen Entgelt praktiziert, von der Heilung bis zum Schadenzauber. Zwar kannte auch Rom wandernde religiöse Spezialisten, doch scheinen sie sich allein auf die Divination beschränkt zu haben. Cato verbietet seinem Gutsverwalter, solche Gestalten auch nur zu empfangen, und definiert sie als Haruspices, Augurn, Wahrsager *(harioli)* und Chaldäer; das Verbot hat den Zweck, unnütze Ausgaben zu verhindern, so wie Cato im selben Atemzug dem Verwalter auch verbietet, sich einen Parasiten zu halten, einen jener unterhaltsamen, aber kostspieligen Hausfreunde, die wir für Rom sonst bloß aus der Komödie kennen[87]. Die römische Sicht der Dinge warf diese wandernden Wahrsager nicht mit den Zauberern zusammen; erst Vergil verbindet in der 8. Ekloge einen Chaldaeus auch mit der erotischen Magie. Außerhalb der gelehrten Dichtung entsteht nur einmal der Eindruck, daß man in Rom griechische Wahrnehmung fassen kann. Im Jahre 186 v. Chr. schritten die römischen Behörden drastisch gegen die bakchischen Mysterien ein, die sie als Ort von Unzucht und Mord wahrnahmen und in denen auch *venena* eine Rolle spielten. Livius, der ausführlich darüber berichtet, hält fest, daß sie durch einen „Winkelpriester und Seher" *(sacrificulus ac vates)* eingeführt worden seien, also einen wandernden Mysterienpriester wie bei Platon, der ebenso von „Bettelpriestern und Sehern" (ἀγύρται καὶ μάντεις) schreibt. Doch ist dies livianische Terminologie, die sich griechisch vorgeformter Ausdrücke, nicht offizieller lateinischer Formulierungen bedient; Schadenzauber, die andere Spezialität von Platons Bettelpriestern, ist bei den Bacchanalia unbelegt und paßt auch nicht zu ihnen[88].

Die Geschichte der Magie bei Plinius

Etwa ein Jahrhundert nach Cicero hat sich die Haltung Roms grundsätzlich gewandelt, wie die kurze Geschichte der Magie zeigt, die der ältere Plinius im 30. Buch seiner ‚Naturgeschichte' geschrieben hat, in der er von Anfang an heftig gegen den ‚leeren und unsinnigen Glauben an die Magie' *(magicae vanitates)* polemisiert[89]. Er benutzt mithin die neue, griechische Terminologie, in der *magicus* wie bei den Griechen negativ konnotiert ist: die Magie ist *fraudulentissima artium*, ‚die betrügerischste aller Künste', fast wie beim Verfasser der Schrift ‚Über die heilige Krankheit'. Es lohnt sich, diese Geschichte näher anzusehen und die gegenüber dem republikanischen Rom ganz andere Auffassung der Magie herauszuarbeiten. Obwohl Plinius für sein Magie-Kapitel (wie für sein ganzes Riesenwerk) zahlreiche vor allem griechische Quellen zitiert (und dies auch durchaus angibt), ist doch das Gesamtbild geprägt von seiner zeitgenössischen Sicht: er bringt oft genug seine persönlichen Wertungen sein.

Plinius beginnt mit einer Darstellung, wie die Magie entstand; er legt dies in zwei klar getrennten Schritten dar. Ein erster Paragraph (30,1) handelt von den Quellen der Magie: sie enstand aus der Kombination von Medizin, Religion und Astrologie. Ganz am Grunde der Magie liegt die Medizin. Das heißt nicht, daß Plinius jene Heilriten, die schon Cato kannte, nun der Magie zurechnet – er redet selber oft von solchen Riten, und immer ohne negativen Beiton. Er unterscheidet vielmehr zwei Arten von Heilpraktiken, eine gute und effiziente Art, die er *medicina* nennt, und eine schlechte und anmaßende, die *magia* heißt, und er definiert diese letztere als eine Heilpraxis, die sich erhaben und im Göttlichen verankert *(altiorem sanctioremque medicinam)* vorkommt: der Ton erinnert wieder an den Autor der Schrift ‚Über die heilige Krankheit', der den Wanderheilern vorgeworfen hatte, sie maßten sich ein größeres Wissen (πλέον τι εἰδέναι) und eine fromme Haltung an, die bloß ihre Unfähigkeit kaschiere. Nur ist es kennzeichnend für Plinius' Ambivalenz, daß er andernorts dann doch auch *magorum remedia* empfehlen kann, wenn alles andere nichts hilft: so durchgehend nur negativ ist die Wertung also nicht[90]. Magie also entstand aus jenem Teil der Heilkunst, der sich die Funktionen der wahren Medizin bloß anmaßte[91] – letztlich beschreibt Plinius keine historisch zuverlässige Evolution, sondern projiziert seine zeitgenössischen Wertungen und Unterscheidungen auf eine Zeitachse (was ja etwa Frazer auch nicht viel anders gemacht hat). Diese medizinische *magia* zieht als weiteres Element die *religio* an sich, „der gegenüber noch die heutigen Menschen völlig blind sind"[92]. Die Bedeutung von *religio* an dieser Stelle geht weiter als diejenige von Religion (ein Begriff, der erst in der Neuzeit geschaffen wurde[93]): *religio* meint hier eine Hingabe an Glaubensvorstellungen und vor allem an Riten, welche das Normalmaß weit überschreitet und die auch für die Magie bezeichnend ist: der Magier greift ja an vielen Orten auf Riten und auf die Hilfe übermenschlicher Wesen zurück, wo andere Menschen innerhalb der pragmatischen Welt handeln und denken würden; andernorts wird diese Haltung auch als *superstitio*, ‚Aberglaube' bezeichnet[94]. Die dritte Komponente schließlich, die Astrologie *(artes mathematicae)*, verweist auf die divinatorische Funktion der Magie[95].

Entstanden sei die Magie aus diesen drei Komponente im Persien von Zoroaster, wo sie noch bis zu Plinius' Zeit unangefochten herrschen würde[96] und von wo sie sich ausgebreitet habe. Plinius verfolgt diese Ausbreitung (30,2), sichtlich beeindruckt vom hohen Alter der Magie, die 6000 Jahre vor Platons Tod entstanden sei, und von der Zähigkeit, mit der sie sich hat halten und ausbreiten können, obschon weder Schriften noch eine feste Schultradition sie stützen: „Es ist auf den ersten Blick überraschend, daß die Überlieferungen dieser Kunst eine so lange Zeit hindurch haben überleben können, wo sie doch in diesem Zeitraum ohne jede Schriftlichkeit auskam und keine berühmte und ununterbrochene Lehrtradition hatte"[97].

Die Magie besitzt mithin eine fundamentale Einheitlichkeit, die sie sich im Laufe ihrer Ausbreitung hat erhalten können, von den Persern zu den Griechen, zu den Karern von Telmessos, den Juden und den Zyprioten, dann zu den Völkern Italiens, Galliens und Britanniens. In dieser umfassenden Sicht gehören Kirke, Proteus und selbst die Sirenen genauso zur Magie wie die thessalischen Hexen, die den Mond herabholen können – und auch das Wissen eines Pythagoras, Empedokles, Demokrit und Plato sei ohne ihre Lehrzeit bei den persischen Magiern undenkbar; Demokrit habe ja darüber auch ein Buch geschrieben. Die Gesetzgebung der Zwölf Tafeln kann ebensowenig fehlen wie die Menschenopfer und die Kunst der Druiden, die Tiberius verboten hätte, die aber am Ende der Welt, bei den Britanni, weiterblühten, was Plinius zu einem patriotischen Schlußwort Gelegenheit gibt: „Man kann das Verdienst der Römer kaum genügend würdigen, welche diese Ungeheuerlichkeiten abgeschafft haben, bei denen es einen frommen Akt darstellt, einen Mitmenschen zu töten, ihn zu essen aber heilbringend ist"[98].

In diesem Gesamtbild fallen einige Eigenheiten der Magie auf. Einmal ist sie etwas Fremdes, Nichtrömisches, sie entstand in Persien und wanderte von außen in Italien ein, wo sie auch nie eine große Rolle spielte: „es ist gewiß, daß die Magie bei den italischen Völkern einige Spuren hinterlassen hat", sagt er[99] – aber eben bloß Spuren, und kein italisches Beispiel, das Plinius dann zitiert, ist jung. Weiterhin teilt Plinius wenigstens hier die ambivalente Haltung der Magie gegenüber, die er bei manchem seiner Quellenautoren konstatiert, in keiner Weise. Die griechischen Philosophen, die sich von der Magie haben bezaubern lassen, werden ebenso hart abgeurteilt wie Nero, der sich von persischen Magoi hat einweihen lassen. Die Philosophen, von Pythagoras bis zu Demokrit und Plato, sind Opfer eines übersteigerten Wissensdrangs, und Reisen nach Persien waren im Grunde Verbannungen in ein Barbarenland; die Haltung der Philosophen wird mit Verwunderung, diejenige Neros mit Ironie quittiert. Schließlich ist unter den beiden Funktionen der Magie, der Heilung und der Wahrsagung, letztere für Plinius die viel wichtigere – deswegen tauchen Proteus und die Telmessier in seinem Katalog auf, die beide für ihre Divinationskunst berühmt waren[100], und auch die Menschenopfer werden wesentlich als divinatorische Opfer verstanden (davon war ja auch schon die Rede[101]). Nero schließlich wurde durch übermäßige Neugier zur Magie geführt: Plinius ordnet die über ihn erzählte Anekdote in jene Typologie der Magie als eines Teils der Divination ein, die er auf den Perser Ostanes zurückführt und wonach alle möglichen divinatorischen Praktiken, von der Lekanomantie, der Divination mit Hilfe eines spiegelnden Wassergefäßes, bis zur Nekymantie, der Wahrsagung durch heraufgerufene Totendämonen, eben der Magie zugerechnet werden[102].

Plinius' Haltung läßt perplex. Die Vorstellung, daß Magie zwei Funktionen erfüllt (oder eher: als *ars fraudulentissima* zu erfüllen vorgibt), Heilung und Wahrsagung, entspricht weder dem, was wir für die Republik aufgewiesen haben, noch dem Befund im klassischen Griechenland. Im republikanischen Rom waren weder Heilung noch Divination in den Bereich der *carmina mala* gefallen; im griechischen fünften und vierten Jahrhundert hatte zwar die Heilung als Domäne der Katharten, nur teilweise auch die Divination (insofern, als Platon von ‚Bettelpriestern und Sehern' spricht) zur *mageía* gehört, nur war deren Bereich durch den Einschluß aller möglichen privaten Initiationskulte viel weiter gewesen. Seltsamerweise entspricht Plinius' Auffassung aber auch nicht den kaiserzeitlichen Realitäten, wie wir sie in den Zauberpapyri und Inschriften fassen können. Zwar spielt die Divination und in einem gewissen Grad auch die Heilung in den Rezepten der Papyri eine Rolle, doch stehen hier eindeutig Schadenzauber und erotische Magie im Zentrum. Selbst wenn man einen denkbaren Sonderstatus der erotischen Magie in Rom in Rechnung stellt – möglicherweise ist sie, wie die Wettermagie, von der Gesetzgebung teilweise toleriert worden[103] – erstaunt das Fehlen des allgegenwärtigen Schadenzaubers, der schon für Platons Anklage so wichtig gewesen war.

Dies um so mehr, als Plinius sonst durchaus auch über diese Dinge redet. In 30,3 verweist er seinen Leser auf die Zwölf Tafeln und auf das, „was ich im vorangehenden Buch dargelegt habe". Gemeint ist eine Passage in Buch 28 (sic), wo er vom Zwölftafel-Gesetz und einer ganzen Reihe von bösartigen magischen Praktiken redet[104]: Bindezauber durch Gebete, erotische Magie *(incantamenta amatoria)*, wie sie Theokrit, Catull und Vergil in ihrer Dichtung imitiert hätten, die magische Zerstörung des Brenngutes im Töpferofen, die Carmina der Marser gegen Schlangen (was eigentlich in die negative Reihe gar nicht paßt), schließlich die Evocatio und ihre Verhinderung, einschließlich des Geheimnamens von Rom. Man kann also eine gewisse Spannung zwischen Buch 28 und Buch 30 feststellen – nur in Buch 30 wendet sich Plinius kompromisslos gegen die Magie, während er im 28. Buch durchaus ambivalent bleibt: nicht nur, daß die Schlangenmagie der Marser nicht zu der Reihe der Schadenspraktiken gehört – zur Evocatio merkt er an, daß dieses Ritual in der Praxis der römischen Pontifices durchaus noch existiere – auch das kann also nicht bloß negativ sein[105].

Das Erstaunen wächst, wenn man die Realität der Magieanklagen in der julisch-claudischen Dynastie betrachtet, wie sie Tacitus in einiger Ausführlichkeit darstellt[106]. Überblickt man die taciteischen Angaben, stellt man fest, daß von zehn dokumentierten Anklagen in dreien die Natur der Magie nicht spezifiziert ist (Tacitus redet einfach von *magicae superstitiones* oder *magorum sacra*), in zwei Fällen magische Divination vorliegt, in den restlichen fünf Fällen, also in der Hälfte, es um Schadenzauber geht. Dabei ist er sowohl im privaten wie im staatlichen Bereich praktiziert worden – ein schöner Beleg für die ‚interfamiliäre' Magie ist die Anklage gegen Numantina, welche durch Beschwörungen und Gift ihren Ehemann in den Wahnsinn getrieben habe[107], während im öffentlichen Bereich man etwa der Servilia, der Tochter des Barea Soranus, während des Prozesses gegen ihren Vater vorwarf, sie habe ‚Geld für Magier verschwendet', um ihren Vater zu retten – vermutlich juridische Defixionen gegen die Ankläger, um sie zum Schweigen zu bringen[108]. Es zeigt sich so, daß zur Lebzeit des Plinius der Schadenzauber in Rom blühte, auch wenn dieser ihn völlig aus seiner Darstellung im 30. Buch ausschließt.

Anderseits spielt doch die Verbindung von Magie und Astrologie, die bei Plinius wichtig ist, im Griechischen aber völlig fehlt, auch im Denken der Zeit eine gewisse Rolle. Wieder sind es die Prozesse, welche dies zeigen können. Bei zweien gehörte die Konsultation von Chaldäern mit zu den Anklagepunkten: Lollia Paulina warf die Anklage vor, sie habe im Zusammenhang mit Claudius' Verheiratung mit Hilfe der Astrologen Informationen über die Lebenszeit des Kaisers gesucht, und in einem früheren Prozess, der gegen Drusus Libo angestrengt wurde, verbanden sich Astrologie, Nekromantik und ein handfester Umsturzplan – eine Folge war damals die Vertreibung der Chaldaei und der *magi*[109]. Die Kontexte sind in beiden Fällen eindeutig: die *magi* wurden, wie die Chaldäer, das klarische Orakel (Lollia) und die Traumdeuter (Drusus) über die Zukunft befragt.

Das heißt noch einmal, daß die Bedeutungsbereiche nicht die sind, die wir erwarten würden, und daß die Termini unscharf bleiben. Da ist zum einen all das, was durch *veneficium* abgedeckt wird, das Vorgehen gegen einen Menschen mit geheimen, unsichtbaren Mitteln, Hauptanklagepunkt neben der sichtbaren Waffengewalt in der Lex Cornelia de sicariis et veneficis. Plinius ist sich nicht sicher, ob dies wirklich der *magia* zuzurechnen sei, und Tacitus benutzt durchgehend das Wort *veneficium* und vermeidet die modernere (und uns willkommenere) Terminologie. Im Lauf der Kaiserzeit entschlossen sich dann die Juristen, *magia* unter *veneficium* zu subsumieren, als eine nicht traditionell-römische Technik, die Spezialisten und ihren Handbüchern eigen war. Im frühen dritten Jahrhundert lesen wir beim Juristen Paulus, daß die Lex Cornelia auch den Besitz von Zauberbüchern *(libri magicae artis)* ebenso bestrafte wie die Komplizen der Zauberer *(magicae artis conscios)*[110]; Schadenzauber wurde immer wichtiger für das Verständnis von Magie, und wenigstens in der nichtoffiziellen Terminologie der mittleren Kaiserzeit ist der *magus* oder *veneficus* überhaupt zum *maleficus*, dem Übeltäter, geworden[111]. Das änderte freilich nichts daran, daß in der Theorie Divination immer als Teil von *magia* angesehen wurde, wie das einflußreiche Lexikon des Isidor von Sevilla zeigt, wo Divination fast als ihr Hauptbereich erscheint – dank der Bedeutung Isidors blieb dies bis ins Hochmittelalter so[112].

Auf der anderen Seite bezeichnet Plinius in Buch 30 mit *magia* den großen Bereich von Heilungsriten und Astrologie. Diese *magia* ist eine Wissenschaft (*ars* oder *scientia*), ein rationales Vorgehen mit einer gelehrten Tradition, mit einschlägigen Büchern und mit (ausländischen) Spezialisten. Wenigstens in der frühen Kaiserzeit gab es keine feste Gesetzgebung gegen diese Spezialisten, sie konnten frei in Rom operieren, wurden freilich regelmäßig aus Italien vertrieben, sobald ihre Betätigung Staatsinteressen tangierte, etwa weil ein Auftraggeber wissen wollte, ob er seine politischen Ziele erfolgreich erreichen, oder wie lange der regierende Herrscher noch leben werde. Den Niederschlag fand dies dann in der mittleren Kaiserzeit in den Kommentaren der Juristen[113].

Anders ausgedrückt: Wir wissen, daß das Wissen der *magi* sich gewöhnlich auf die Privatsphäre beschränkte, auf die Divination in individuellen Privatangelegenheiten und, wie Plinius deutlich sagt, auf die Heilung von einzelnen. Hier griff erst einmal niemand ein: jeder Römer, jede Römerin war frei, sich mit den *magi* zu unterhalten, wie man dies auch mit den griechischen Philosophen in Rom tun konnte. Deswegen fehlt in Tacitus' Berichten die medizinische Magie völlig, deswegen auch ist in keiner Anklage, die er aufbewahrt, die divinatorische *magia* einziger Anklagepunkt. Die Ausdehnung der Aktivitäten der *magi* auf den öffentlichen Bereich – im Auftrag interessierter einzelner – änderte dies: denn der römische Staat beanspruchte seit jeher ein Monopol im divinatorischen Zugang zu den Göttern, erst recht in einem autokratischen System. Deswegen ist auch bei Tacitus in jenen zwei Fällen, wo es nicht um Schadenzauber geht, die Anklage wegen Befragung der *magi* kombiniert mit derjenigen des Hochverrats; Magier zu konsultieren, war wenigstens in der frühen Kaiserzeit nicht unbedingt strafbar[114].

Elemente einer Geschichte

Eine noch zu schreibende Geschichte des Magiebegriffs in Rom müßte also zwei Phasen unterscheiden. In der ersten, republikanischen unterschieden die Römer zwischen Praktiken, die sich gegen die persönliche Unversehrtheit von einzelnen und ihrer Habe mit bestimmten Riten wendeten, mit *mala carmina, mala venena, veneficium,* und formal ähnlich aussehenden rituellen Praktiken, die aber ohne böswillige Absicht waren. Keine dieser beiden Gruppen von Praktiken wurde von den jeweiligen Zeitgenossen mit dem Wort *magia* bezeichnet, das in Rom überhaupt noch unbekannt war, und es weist nichts darauf, daß man solche Riten als fremd, unrömisch ansah. Ausnahme sind die schlangentötenden Marser, die uns aber hier nicht aufhalten sollen[115].

Am Beginn der zweiten Phase, in julisch-claudischer Zeit, ändert sich dies. Die Anklage wegen *veneficium* besteht weiter und wird in der Gesetzgebung durch Interpretation der Lex Cornelia wichtig, ist aber nicht systematisch mit *magia* verbunden. Dieser Begriff seinerseits verbindet Medizin und Astrologie, und Divination ist ein charakteristischer Zug; *magia* ist etwas Fremdes, Persisches, und entsprechend wird die fremde (griechische) Terminologie übernommen. Während Plinius die Geschichte und Ausbreitung der *magia* schreibt, zögert der Senat nicht, gelegentlich ausländische Spezialisten dieser Kunst aus Italien zu vertreiben.

Soweit die Entwicklung[116]; ihre Erklärung ist komplexer. Entscheidend war, daß die hellenisierte römische Elite sich den griechischen Magiebegriff angeeignet hat, mit dem sie die traditionellen Vorstellungen von *veneficium* und von Krankenheilung verknüpfte, und daß außerdem die neue divinatorische Technik der Astrologie in denselben Komplex eingebunden wurde – eine Astrologie, die vermutlich um einiges komplexer war als jene Kunst, welche die wandernden Chaldaei dem Gutsverwalter Catos verkaufen wollten. Sie entsprach den neuen Anforderungen einer individualisierten Elite, die sich von ihren Traditionen weitgehend emanzipiert hatte, eingeschlossen denjenigen der Divination im Privatbereich, wie sie man von Cicero kennt[117].

Beweise für diese Begründung zu geben, ist schwieriger; immerhin lassen sich einige Fälle aus der römischen Elite der späten Republik finden, wo diese Mischung von Tradition und Neuerung zu greifen ist.

Das eine ist ein Fall von literarischer Überlagerung. Oben war die Rede vom magischen Transfer der Ernten von einem fremden Feld auf das eigene, einer Verletzung der Eigentumsrechte, was weder die Zwölf Tafeln noch Plinius als Magie bezeichnen. Es war auch die Rede von den neoterischen Dichtern, die sich des Terminus *magus* in einem gelehrten, unrömischen Sinn bedienten. Vielschichtiger ist erst die Beschwörungsszene in Vergils 8. Ekloge. Vergil gibt zu Beginn als Ziel des erotischen Zauberrituals den Versuch an, „meines Mannes Vernunft mit magischen Opfern zu verrücken" (66 f.: *coniugis ut magicis sanos avertere sacris experiar sensus*). Dann gibt die Zauberin eine Herkunftsbeschreibung der verwendeten Ingredienzen – ihre Kräuter und ihre im Pontusgebiet, der Heimat der Erzhexe Medea, gepflückten Zaubermittel *(venena)* habe ihr der Zauberer Moeris persönlich gegeben (95 f.); er habe sie äußerst wirksam gefunden:

> *his ego saepe lupum fieri et se condere silvis*
> *Moerim, saepe animas imis excire sepulcris*
> *atque satas alio vidi traducere messis.*

Oft habe ich sehen können, wie er mit ihrer Hilfe ein Wolf wurde und sich im Wald verbarg, wie er Seelen aus ihren tiefen Gräbern heraufholte und angesäte Ernten anderswohin verschob. (97–99)

Werwölfe und Totenbeschwörung sind wie schon der Verweis auf das Pontusgebiet rein literarische, griechisch-gelehrte Motive; die Werwolfverwandlung der Goëten kennt bereits Herodot[118]. Der Transfer von Ernten anderseits ist ein römisches Motiv, und zwar eines aus der Realität der Magieanklagen, wie die Zwölf Tafeln lehren, auf die Servius ausdrücklich verweist. Wenn Vergil beide verbindet, um die Welt der Eklogen mit der Realität Roms zu durchsetzen, müssen die beiden Bereiche für ihn bereits eng verwandt gewesen sein, muß er die römische Praxis in griechischer Begrifflichkeit als *magia* gelesen haben.

Die Lex Cornelia anderseits erscheint an einem entscheidenden Punkt der römischen Geschichte. Die Notwendigkeit, am Ende der ersten, blutigen Bürgerkriegsepoche der späten Republik den Mord durch Waffeneinwirkung hart zu bestrafen und damit dem Staat sein Tötungsmonopol zurückzugeben, leuchtet unmittelbar ein. Weniger klar ist, weswegen ins selbe Gesetz die *venefici* eingepackt wurden: waren Giftmorde und Tod durch vermutete Magie in dieser Zeit ebenfalls signifikant angestiegen? Wenigstens im Fall des Schadenzaubers ist der Gedanke nicht ganz abwegig, wie einige wenige Indizien zeigen können. Zum einen findet sich (nicht bloß der umfassenden, wenn auch etwas überholten Sammlung von Audollent zufolge) vor der spätrepublikanischen Zeit keine Defixion auf stadtrömischem Boden; das Argument hat freilich seine Tücken, angesichts der noch denkbaren archäologischen Funde, und wenigstens in Süditalien stammen die ersten Texte in oskischem Dialekt schon aus spätarchaischer Zeit[119]. Am Ende der julisch-claudischen Zeit schätzt dann selbst der skeptische Plinius das Risiko, Opfer einer Defixio zu werden, außerordentlich hoch ein: „Es gibt niemanden, der sich nicht fürchtet, durch schreckliche Gebete Opfer von Defixion zu werden"[120]. Den Umschlag markiert eine von Cicero erzählte Anekdote, die sich im Jahre 79 v. Chr. abspielte und den Redner C. Scribonius Curio betraf. Er spricht davon im ‚Brutus': „Als ich eines Tages in einem wichtigen Privatprozeß für Titinia, die Klientin Cottas, gesprochen hatte, mußte er als nächster gegen mich für Servius Naevius sprechen, doch hatte er plötzlich alles vergessen, was er sagen wollte; die Ursache, so behauptet er, lag bei den Zaubermitteln der Titinia"[121]. Cicero erzählt von einem geradezu klassischen Fall von Bindezauber vor Gericht, wie wir ihn von attischen und anderen Bleitäfelchen vielfach kennen; als Resultat göttlicher Einwirkung – und damit nicht als magische Übeltat, sondern als Teil der Aretalogie – berichtet dasselbe auch die Inschrift des Sarapis-Priesters Apollonios aus Delos: als die Gegner des Priesters einen Prozeß führten, um den Bau eines Tempels auf einem innerstädtischen Landstück zu verhindern, griff Sarapis ein und lähmte ihre Zungen[122]. Cicero läßt durchblicken, daß ihm die Anklage Curios als faule Ausrede vorkam: Curios miserables Gedächtnis war stadtbekannt. Freilich: um auch nur halbwegs Aussicht auf Erfolg zu haben, muß auch eine faule Ausrede mit Realitäten zu tun haben: es muß also zu dieser Zeit in Rom bereits Fälle von Defixion gegeben und wenigstens einige Senatoren mußten an ihre Wirksamkeit geglaubt haben. Wie verbreitet die Sache war, läßt sich schwer abschätzen; der erwähnte archäologisch-epigraphische Befund läßt mit noch keiner weiten Verbreitung rechnen – aber doch so, daß auch die zweite Hälfte der Lex Cornelia nicht unfundiert war.

Ein weiteres Indiz – am hypothetischsten und doch am wichtigsten, falls die Hypothese zutrifft – geht wieder auf Cicero zurück. Im 2. Buch seiner ‚Gesetze' behandelt er unter anderem die Sakralgesetzgebung. Einschlägig ist ein Gesetz über geheime Riten: „Nächtliche Opfer durch die Frauen sollen keine stattfinden mit Ausnahme von jenen, die für das römische Volk vollzogen werden. Und einweihen soll man niemanden, außer, wie dies für Ceres üblich ist, nach griechischem Ritual"[123].

Was das genau für nächtliche private Riten sind, die die Frauen vollziehen, ist unklar; der Kontext verweist auf Initiationen, also auf Mysterienkulte, daß allein die Frauen genannt werden, verbietet eine Beziehung auf die Mysterien des Bacchus oder der Isis. Dann bleibt nicht mehr viel übrig, wenn die staatlichen Riten nicht gemeint sind: nahe liegen magische Opfer, die fast immer nachts abgehalten werden, und oft von den Frauen (wenigstens in den Angstvisionen der Männer, wie zu zeigen ist). Und jedenfalls in der kaiserzeitlichen Gesetzgebung werden nächtliche Opfer mit Magie assoziiert: der Jurist Paulus spricht im Kontext seiner Kommentierung zur Lex Cornelia von nächtlichen Opfern, mit denen Menschen verhext würden, und die Kaiser Valentinian und Valens verbieten ausdrücklich „gottlose Gebete, magische Riten und Opfer an die Totenwelt zur Nachtzeit"[124]. Bereits knapp vor der Mitte des ersten vorchristlichen Jahrhunderts würde dann Cicero dieselbe Angst belegen, die man mit der Lex Cornelia verbinden kann. Ciceros Gesetzestext weist im übrigen auch auf einen der Gründe hin, die den römischen Gesetzgeber zum Einschritten haben veranlassen können: der Populus Romanus und sein Senat sind interessiert daran, daß solche Riten nicht unkontrolliert von marginalen Frauengruppen durchgeführt wurden.

3. Wie wird man Zauberer?
Die Außenansicht

Wer aber ist nun der antike Magier, dessen Gestalt ebenso sich verändert wie der Inhalt seiner Kunst, der von Fall zu Fall Seher ist oder Priester, Heiler, Philosoph, Scharlatan oder Charismatiker? Was machte jemanden zum Zauberer? Vor mehr als neunzig Jahren hatte Marcel Mauss eine Antwort darauf gegeben: „Es ist die öffentliche Meinung, die jemanden zum Zauberer macht und den Einfluß definiert, den er ausübt ... Die einzelnen, denen magische Praktiken zugeschrieben werden, ... besitzen bereits innerhalb ihrer Gesellschaft, die sie als Zauberer ansieht, eine besonderen Status"[1]. Davon soll im folgenden ausgegangen werden. Es ist zu fragen, was sich Griechen und Römer unter einem Magier vorstellten – woran sie ihn erkannten, wie sie ihn definierten und mit welchen anderen Gestalten sie ihn verbanden. Es geht also darum, sozusagen die Außenansicht des antiken Zauberers nachzuzeichnen. Nichts ist dafür so geeignet wie die Anklagen, mit denen man einen Mitbürger zum Magier machen konnte – und die Strategien, mit denen dieser die Anklage zu widerlegen suchte. Ausführlich informiert sind wir über zwei römische Magieprozesse, einen republikanischen in der Stadt Rom selber und einen kaiserzeitlichen in der Provinz Africa.

Der Prozeß gegen C. Furius Cresimus

Im vorhergehenden Kapitel war die Rede gewesen vom Zwölftafelgesetz und seinen Sanktionen gegen den, der durch seine Zauberei eine fremde Ernte auf sein eigenes Feld übertrug. Wir kennen einen einzigen Prozeß, der aufgrund dieses Gesetzes geführt wurde; Plinius berichtet davon, nach Calpurnius Piso, dem Annalisten aus der zweiten Hälfte des zweiten vorchristlichen Jahrhunderts[2].

Die Geschichte ist einfach genug. Ein römischer Gutsbesitzer brachte Jahr für Jahr bedeutend größere Ernten ein als alle seine Nachbarn. Die beneideten ihn erst, haßten ihn dann (*in invidia erat magna*: das La-

Der Prozeß gegen C. Furius Cresimus 59

tein ist doppeldeutig und erlaubt beide Reaktionen), klagten ihn schließlich an, er sei mit unerlaubten Mitteln zu diesen Erträgen gekommen. Plinius' Formulierung – *fruges alienas perliceret veneficiis* – läßt keinen Zweifel zu, daß sie sich auf den entsprechenden Text des Zwölftafelgesetzes beriefen, wie ihn Servius überliefert hat; modern ist bloß der Zusatz *veneficiis*[3]. Es lohnt sich, den Text näher anzusehen – der im übrigen nicht in Plinius' Buch über die Magie zu finden ist, sondern im Zusammenhang einer Abhandlung über die Landwirtschaft und ihren hohen Stellenwert bei den Vorfahren – Plinius ist mithin nicht an Magie interessiert, sondern an den altrömischen bäuerlichen Tugenden, den *mores maiorum*. In diesem Zusammenhang schreibt er:

> Ich komme nicht umhin, ein Beispiel aus der Vergangenheit anzuführen, das zeigt, wie unsere Vorfahren selbst Probleme der Landwirtschaft vor das Volk brachten und wie sich die Menschen jener Epoche verteidigen konnten. C. Furius Cresimus erntete von einem ganz kleinen Äckerchen weit mehr als seine Nachbarn von riesigen Latifundien; so waren sie neidisch und hatten ihn im Verdacht, fremde Ernten mit Hilfe übler magischer Praktiken einzuholen. Der kurulische Aedil Spurius Albinus lud ihn deswegen vor; und weil Cresimus fürchtete, durch die Stimmen seiner Tribus verurteilt zu werden, brachte er seine gesamten Ackerbaugeräte auf das Forum und dazu alle seine Leute, gut gepflegt und sorgfältig gekleidet, gutgemachte Gerätschaften, schwere Hacken, gewichtige Pflugscharen, gutgefütterte Ochsen. Dann sagte er: ‚Das ist mein Zaubergerät, Mitbürger; und meine durcharbeiteten Nächte, meine frühmorgendlichen Arbeitsstunden und meinen Schweiß kann ich ja nicht vorzeigen und aufs Forum bringen'. Da wurde er einstimmig freigesprochen.

Plinius nennt mit Namen die beiden Hauptakteure, den Aedilen und den Angeklagten. Letzterer ist sonst nicht faßbar; den Aedilen hat man oft mit Spurius Postumus Albinus identifiziert, der 186 den Konsulat, drei Jahre vorher die Praetur bekleidet hatte; das würde die Ereignisse ins erste Jahrzehnt des zweiten Jahrhunderts datieren. Die Identifizierung ist freilich bestritten worden; an der allgemeinen Datierung ins frühe zweite Jahrhundert ändert dies freilich wenig. Plinius betont die niedere soziale Herkunft seines Helden, des C. Furius Cresimus: er ist Freigelassener, *e servitute liberatus* (eine seltsam emphatische, nicht-technische Ausdrucksweise). Er muß letztlich aus dem Osten kommen, denn sein Cognomen Cresimus – also sein eigentlicher Name vor der Freilassung und der Verleihung des römischen Bürgerrechts – ist im griechischen Osten als Χρήσιμος weit verbreitet. Seine Gegner sind alteingesessene, reiche Bürger, ihm sozial weit überlegen – eine soziale Asymmetrie, die immer wieder spannungsträchtig sein kann.

Der in dieser Asymmetrie angelegte Konflikt bricht in dem Moment aus, in dem der Außenseiter Jahr für Jahr weit mehr erntet, als seiner Stellung entsprechen würde. Die soziale Asymmetrie droht, sich in ihr Gegenteil zu verkehren, der Freigelassene wird immer reicher, reicher bald einmal als die alten Reichen; das bedroht das soziale Gleichgewicht. Deswegen reagieren nun die anderen: der marginale Neuankömmling scheint sich nicht an die Spielregeln zu halten, so klagt man ihn an, Zaubersprüche, *incantamenta* zu verwenden: sein so bedrohlicher Erfolg kann nicht mit rechten Dingen zustande kommen. Auf die Gefahr einer Verkehrung der sozialen Struktur reagieren die Bürger mit einer anderen Verkehrung: aus dem erfolgreichen Landwirt machen sie einen erfolgreichen Zauberer.

Eine solche Anklage kann man nicht auf die leichte Schulter nehmen. Zwar entgeht uns die Sanktion, welche die Zwölf Tafeln für diesen Fall vorsahen, harmlos wird sie sicher nicht gewesen sein: der Schuldige muß aus der Gesellschaft ausgestoßen worden sein, durch Verbannung oder Hinrichtung – dies jedenfalls sind die Strafen, die die kaiserzeitliche Gesetzgebung vorsah[4]. Cresimus bereitet sich also auf seine Verteidigung vor, so gut er eben kann. Die Verhandlung findet auf dem Forum statt, Plinius unterstreicht die Öffentlichkeit des Verfahrens: den Entscheid fällt eine Abstimmung der Tribus. So stehen sich der der Magie Angeklagte und die Gesellschaft, repräsentiert durch die Tribus, gegenüber; der Aedil ist bloß der Vermittler zwischen den Parteien. Und Cresimus gelingt es, die Öffentlichkeit zu überzeugen: nicht Zauberei, die hohe Qualität seiner Arbeit ist der Grund für seinen landwirtschaftlichen Erfolg.

Die Argumente, die Cresimus in seiner Verteidigungsrede verwendet, stellt Plinius ins Zentrum seines Berichts: Cresimus stellt sich als einen viel tüchtigeren Ackerbauern dar als seine Gegner: er, der ehemalige Sklave aus dem Osten, *Graeculus* oder noch schlimmer, verfügt in höherem Maße über jene altrömischen Tugenden, die seine Ankläger implizite für sich beanspruchen. Wieder also eine Asymmetrie, die das soziale Verhältnis zwischen dem Freigelassenen und den Alteingesessenen verkehrt: der ehemalige orientalische Sklave, zum Bürger geworden durch einen Rechtsakt, entpuppt sich als der perfekte Römer. Die Tribus reagiert sofort und einstimmig: Cresimus wird freigesprochen und damit in die Gesellschaft integriert, die ihn eben noch ausstoßen wollte. Er gewinnt dadurch solchen Ruhm, daß noch über zweihundert Jahre später Plinius ihn als eindrückliches Exemplum altrömischer Tugend in Erinnerung ruft.

Der dergestalt als Zauberer Angeklagte ist mithin ein marginales Individuum, ein Mensch am Rande der etablierten Gesellschaft, der aber durch sein Handeln die sozialen Strukturen in Frage zu stellen drohte: sein großer Erfolg provozierte eine Krise. Der Magieprozeß zielt darauf, die Krise zu lösen – entweder indem der Verursacher ausgestoßen und der bedrohte Status quo wiederhergestellt wird, oder indem er definitiv in die Strukturen integriert wird. So oder so werden die Strukturen bestätigt, wird die Ordnung wiederhergestellt. Durch den erfolgreich geführten Prozeß, durch dieses Spiel der verkehrten Asymmetrien, wird ein Individuum, das vom Rand der Gesellschaft kommt, integriert, aus der Randposition fest im Inneren der Gesellschaft angesiedelt.

Ein afrikanisches Drama: der Prozeß des Apuleius

Der Anlaß

Zwischen 156 und 161 n. Chr. mußte der junge Rhetor und platonische Philosoph Apuleius, geboren in jener Provincia Africa, die in der Kaiserzeit eine Reihe von talentierten Männern hervorbrachte, vor dem Proconsul Claudius Maximus erscheinen, der in Sabratha Gerichtstag hielt. Apuleius kam als Advokat seiner Frau, einer Angehörigen der wohlhabenden Elite des kleinen Städtchens Oea. Im Verlauf dieses Prozesses warfen ihm seine Kontrahenten vor, er sei ein Magier. Apuleius konterte diesen enormen Vorwurf damit, daß er seine Gegner zu einer formellen Anklage veranlaßte: über Nacht wurde so aus dem Anwalt der Angeklagte in einem Magieprozeß. Fünf oder sechs Tage nach der ersten Anschuldigung fand, noch immer in Sabratha, dieser Prozeß statt, bei dem sich Apuleius selber verteidigte – offenbar mit Erfolg, sonst hätte er sein Plädoyer kaum später herausgeben können. Es ist erhalten – als einzige lateinische Prozeßrede der Kaiserzeit nebenbei – und trägt den Titel ‚Apologia sive de magia'[5].

Da liegt bereits ein erstes Problem. Uns liegt kein mündliches Plädoyer vor, sondern ein schriftlicher, literarischer Text, der nach dem Prozeß veröffentlicht wurde. Wieviel Apuleius dabei an der tatsächlich gehaltenen Rede änderte, ist unklar; jedenfalls liegt uns ein sehr stilisierter Text voller gelehrter Anspielungen vor. Das mag angesichts der Entstehungsgeschichte der Rede erstaunen: Apuleius hatte nur wenige Tage Zeit, ein Plädoyer auszuarbeiten, mußte dies außerdem in der Gerichtsstadt, weit weg von seiner eigenen Bibliothek tun; denkbar mithin, daß er bei der Vorbereitung der Publikation die Rede noch einmal überarbeitete. Man kennt das Problem für die Reden Ciceros, dessen Briefe gelegentlich zeigen, wieviel Energie er in die Veröffentlichung schon gehaltener Reden steckte: beim Sophisten Apuleius wird es nicht viel anders gewesen sein. Doch wir haben keine andere Wahl, als uns mit etwas Vorsicht dem Text anzuvertrauen.

Die Anklage ist einfach und unproblematisch: Apuleius wird der *magica maleficia* angeklagt, sein Ankläger insistiert auf dem *crimen magiae*, dem ‚Anklagepunkt der Magie'; *magia* wird zum Leitwort der gesamten Rede, während der technischere Terminus *veneficium* bloß einmal vorkommt. Dennoch wird man nicht zweifeln können, daß der Prozeß sich auf die Lex Cornelia *de sicariis et veneficis* abstützte; Apuleius' Position war also nicht ganz ungefährlich. Im Jahre 199, gut vierzig Jahre nach Apuleius' Prozeß, drohte der Praefekt von Ägypten allen die Todesstrafe an, die sich mit magischer oder anderer Divination abgaben, und der Jurist Paulus (falls er denn der Verfasser der *Sententiae* ist) bestätigt Anklage und Strafe für das frühe 3. Jahrhundert[6]. Und doch entsteht eigentlich der Eindruck, daß Apuleius der Prozeß ganz gelegen kommt, um sich vom Verdacht reinzuwaschen, er sei ein Magier – ein Verdacht, der im Städtchen Oea, wo er lebte, schon einige Zeit hat umgehen müssen und mit dem es sich in einer Kleinstadt wohl nicht besonders angenehm lebt.

Apuleius' Verteidigung läßt erahnen, wie die Anklage formuliert gewesen war: es ging vor allem um Liebeszauber. Hauptbeweisstück ist eine Stelle in einem griechisch geschriebenen Brief (in dieser Ecke Afrikas, gegen Libyen und Ägypten hin, war man mindestens zweisprachig) von Apuleius' Ehefrau Pudentilla, damals noch seine Verlobte; sie ironisiert die Vorwürfe ihres Sohns Apuleius gegenüber: „Plötzlich wurde Apuleius zum Zauberer, und ich bin verhext von ihm und liebe ihn"[7]. Der Brief war vor der Heirat geschrieben worden: da waren diese Gerüchte also bereits im Umlauf.

Um die Entstehung des Gerüchts, das schließlich in Anklage und Prozeß vor dem Gouverneur mündete, besser zu verstehen, muß der Hintergrund dieser ganzen Affäre ausgeleuchtet werden; die Verteidigungsrede liefert die notwendigen Daten.

Apuleius stammte aus Madaura, dem heutigen Mdaourouch in Algerien, und hatte in Athen, in der Akademie, studiert. Kann man einer Anspielung zu Beginn seiner ‚Metamorphosen' vertrauen, war Sextus, der Neffe des Plutarch von Chaironeia, sein Lehrer. Seine philosophischen Arbeiten bezeugen die platonische Schulzugehörigkeit, und im lateinischen Mittelalter galt er als wichtige Quelle für Platon[8]. Apuleius selber hielt zeitlebens an dieser Schulzugehörigkeit fest: die einzige erhaltene Inschrift zu seinen Ehren gibt ihm den Titel *philosophus Platonicus*[9].

Nach den Studien und ausgiebigen Reisen kehrte Apuleius in seine Heimatprovinz zurück. Während einer Landreise nach Alexandria besuchte er das Städtchen Oea, wo er Studienfreunde hatte. Dort erkrankte er; einer der Freunde, Sicinius Pontianus, nahm sich seiner an, holte ihn zu sich ins Haus und pflegte ihn. Das scheint nicht ganz ohne Nebenabsichten geschehen zu sein. Pontianus hatte eine verwitwete Mutter, die kaum mehr als vierzig Jahre alt sein konnte (ihr Alter wird in der Rede angesprochen, aber nicht präzisiert): mit ihr wollte Pontianus seinen Freund verheiraten, erst durchaus gegen dessen Willen. Doch blieb er als Erzieher des jüngeren Bruders, Sicinius Pudens, im Hause, und zwischen dem Hauslehrer und der Witwe, Aemiliana Pudentilla, entspann sich eine Freundschaft: man studierte zusammen Philosophie und Literatur (was für die intellektuelle Geschichte der antiken Frau nicht ohne Interesse ist), und schließlich entschloß sich das ungleiche Paar zur Ehe.

Jetzt treten die Schurken auf. Aemiliana Pudentilla war nicht bloß klug (und wohl auch sonst anziehend), sie war auch sehr reich; man hört von etwa vier Millionen Sesterzen[10]. Nach dem frühen Tod des ersten Mannes, Sicinius Amicus, hatte der Schwiegervater dieses Frauenvermögen in der Familie halten wollen und einen anderen Sohn, Sicinius Clarus, als Ehemann vorgeschlagen. Pudentilla widersetzte sich diesem Ansinnen erfolgreich, wie sie auch alle anderen Avancen der *primores*, der Elite von Oea, ablehnte, nicht zuletzt diejenigen des anderen Bruders ihres Mannes, Sicinius Aemilianus, von dem Apuleius ein düsteres und abstoßendes Bild zeichnet; er war der hauptsächliche Bösewicht. Mitten in diese Kabalen einer Provinzgesellschaft platzt der

Philosoph, weltgewandt, jung und krank, der die Witwe und ihr Vermögen erobert.

Die Gerüchte, Apuleius sei ein Magier, begannen, als die Heirat geplant wurde. Pontianus selber scheint daran geglaubt zu haben, nach Apuleius wurden sie von Sicinius Aemilianus in die Welt gesetzt, mit dem Beistand eines gewissen Herennius Rufinus, dem Schwiegervater von Pudentillas Sohn Pontianus, der die Millionen gerne in seinem Haus gesehen hätte.

Die Geschichte ist aufschlußreich dafür, aus welchen sozialen Konstellationen ein Verdacht auf Magie entstehen kann; Parallelen zum Fall des C. Furius Cresimus sind deutlich. Auch hier steht im Vordergrund eine soziale Asymmetrie, geht es um Besitzstrukturen. Auf der einen Seite steht die Familie der Sicinii, die in Oeas Oberschicht etabliert und vermutlich wohlhabend sind, auf der anderen Seite ein hergelaufener Philosoph, marginal als Fremder wie als Philosoph; ihm werfen die Gegner erst einmal Armut vor – und Homosexualität, ein anderer marginaler Zug in dieser Gesellschaft. Und wieder trägt der marginale, unerwartete Rivale den Sieg davon, die Millionen und die Frau, die den Zugang dazu gibt; wieder sind gesellschaftliche Gleichgewichte in Frage gestellt. Mit der Magieanklage versuchen die Verlierer, diesen unerwarteten Ausgang überhaupt verständlich zu machen: Magie kann sonst unverständliches Mißgeschick erklären. Nichts hindert uns daran anzunehmen, daß sie selber an die Realität dieser Vorwürfe geglaubt haben – auch Pontianus, der doch philosophisch gebildet war, tat dies. Gleichzeitig dient der Vorwurf der Magie dazu, die geschlossene Gesellschaft von Oea gegen den Fremden aufzubringen, ihn auszugrenzen, gar zu beseitigen und so das soziale Gleichgewicht wiederherzustellen. Die Affäre ist also nicht ganz harmlos. Aus der Darstellung, wie Herennius Rufinus ihn zum erstenmal mit dieser Anklage konfrontierte, spürt man die Aggressionen des Anklägers wie des Apuleius: „Dieser Mensch, Zuhälter seiner eigenen Frau, plusterte sich so in Wut auf, tobte in derartigem Wahnsinn, daß er gegen die unschuldigste und keuscheste aller Frauen Anwürfe vorbrachte, die seiner Ehe entsprochen hätten – sie nannte er ein Freudenmädchen, mich einen Zauberer und Hexer, und das vor vielen Zeugen, die ich nennen kann, wenn es gewünscht wird: er wolle mich mit eigenen Händen umbringen!"[11]. Rufinus benutzt technisches Vokabular, *magus et veneficus* verweist auf die Lex Cornelia; er greift Apuleius öffentlich an, *pluribus audientibus*: es ging nicht bloß um einen Streit unter zwei Männern. Der Ankläger drohte, den Hexer eigenhändig umzubringen, um die Strafe der Lex Cornelia vorwegzunehmen.

Apuleius' rhetorische Strategie

Anders als der Freigelassene Cresimus versucht der Philosoph Apuleius schon gar nicht, sich in die Gesellschaft von Oea wiedereinzugliedern. Seine rhetorische Strategie ist eine andere.

Von Anfang an erklärt er, daß es nicht um die Verteidigung eines einzelnen gehe, sondern um diejenige der Philosophie schlechthin: „Ich beglückwünsche mich, ich sage es offen, daß ich die Gelegenheit und das Glück habe, vor einem Richter wie dir die Philosophie gegenüber Unwissenden zu rechtfertigen und damit auch mich selber"[12] – so wendet er sich schon im zweiten Satz an den Gouverneur, und wenig später bekräftigt er: „Ich verteidige nicht allein mich selber, sondern auch die Philosophie"[13]. Entsprechend versucht er am Anfang seiner Verteidigung, sich selber als Philosoph auszuweisen, indem er geschickt auf den Anfang der Anklagerede eingeht: „Du hast eben gehört, wie die Anklage ihr Plädoyer angefangen hat: ‚Wir klagen vor dir einen Philosophen an, einen gut aussehenden Menschen und – entsetzlich – einen, der in Griechisch und Latein gleich beredt ist'. Mit diesen Worten hat, wenn ich mich nicht täusche, Tannonius Pudens die Liste der Anklagepunkte gegen mich begonnen[14]." In einer ganzen Reihe von Einzelpunkten stellt Apuleius dann im Verlauf seiner Rede Magie und Philosophie einander gegenüber.

Die Strategie verlangt, daß er als Philosoph sich deutlich von seinen Gegnern absetzt, die ihn für einen Magier halten. Entsprechend sind sie *imperiti*, ‚Laien', sind ihre Anwälte *stulti*, ‚Dummköpfe'. Aemilianus selber ist nichts als ein ungebildeter Bauer – was sicher übertrieben ist, weil er (wie Apuleius weiß) immerhin in Rom auf dem Forum öffentlich gesprochen hat. Der Schwiegervater des Pontianus ist ein verlebter Lustgreis, die Schwiegermutter eine alte Hure ...

Dieser massiven Distanzierung steht gegenüber, daß Apuleius während seines ganzen Plädoyers den Gouverneur Claudius Maximus auf seine Seite zu ziehen versucht. Claudius hat eine philosophische Erziehung erhalten, er kennt seinen Platon („Ich habe die Worte jenes göttlichen Mannes noch genau im Kopf: laß sie mich dir in Erinnerung rufen, Maximus"[15]), er kennt seinen Aristoteles („Du wirfst mir das als

Verbrechen vor, was ich und was Maximus bei Aristoteles bewundern!"[16]), er hat die *philosophi antiqui* gelesen, ihre *sapientia* sich angeeignet[17] – er ist, wie Apuleius, ein Philosoph. Aus einer Anspielung an seine *austera disciplina* mag man herauslesen, daß er nicht Platoniker, sondern Stoiker war[18]. Wir kennen einen Stoiker Claudius Maximus, der Lehrer des Marcus Aurelius war; man neigt dazu, ihn mit diesem Gouverneur von Africa zu identifizieren, der zwischen 150 und 154 auch Gouverneur von Pannonia Superior gewesen war[19].

Im übrigen gibt sich Apuleius große Mühe, nicht als wandernder Bettelphilosoph zu erscheinen, sondern als ein guter Bürger. Nach einer langen Digression über die Armut des Philosophen, in der er die typischen Abzeichen der Philosophen, Mantel und Brotsack, preist, unterstreicht er, daß er selber aus einer begüterten und angesehenen Familie komme, daß sein Vater und nach dessen Tod er selber *duoviri principis* gewesen seien, Priester des Herrscherkults in ihrer Stadt: dieses Amt stand nur der Elite offen. Offenbar will er nicht als einer jener Wanderphilosophen kynischer Herkunft erscheinen, die in den Städten noch nie gerne gesehen waren[20].

Apuleius' Problem sind also nicht seine Mitbürger im kleinen Oea; er will sich nicht wiedereingliedern in jene kleinstädtische Gesellschaft, sondern seine Position als Mitglied der mobilen intellektuellen Elite der Kaiserzeit sichern, die schon ihre Zeitgenossen mit dem Titel ‚Sophisten' bedachten[21] und deren Lebensstil nicht grundsätzlich anders war als derjenige der ebenso mobilen administrativen Elite des Reichs. Dabei geht es nicht oder nicht bloß um den persönlichen Ehrgeiz des Apuleius: die Rechtsinstitutionen des mittleren Kaiserreichs ließen ihm keine andere Wahl. Der entscheidende Unterschied zum Prozeß des Cresimus ist der, daß Apuleius' Prozeß nicht inmitten seiner Mitbürger auf dem Forum von Oea stattfand, sondern vor dem Proconsul in Sabratha, weit von Oea entfernt. Auch wenn einzelne Bürger aus Oea bei den Plädoyers dabeisein konnten, ist der Prozeß nicht mehr ihre Sache; die Entscheidung liegt in den Händen des Proconsuls und seines *consilium*, auf welche die Leute von Oea kaum Einfluß nehmen können. Die Gesellschaft, die Apuleius zum Magier machte, kann sich dazu nicht mehr öffentlich äußern. Diese neuen Verhältnisse enthalten neue Risiken: wie kann das Ziel des Magieprozesses, die Wiederherstellung des sozialen Gleichgewichts in einer Gruppe, erreicht werden, wenn sich diese Gruppe in die Lösung der Krise gar nicht mehr einschalten kann, die Lösung vielmehr von oben und außen verordnet wird? Und man kann vermuten, daß trotz des Freispruchs in Sabratha das kleine Oea Apuleius nicht einfach wieder integriert hat: jedenfalls finden wir ihn mit seiner Frau wenig später gut etabliert als Redner in Karthago wieder.

Dadurch, daß Apuleius ausführlich auf die Argumente seiner Gegner eingeht, ist die ‚Apologie' äußerst aufschlußreich für unsere Frage nach dem Bild, das sich seine Gesellschaft vom Magier machte. In der Folge sollen zwei zentrale Punkte herausgearbeitet werden – die Einzelheiten dieses Bildes, und die Abgrenzung zwischen Magier, Philosoph und Arzt, welche die Rede voraussetzt[22].

Die Anklagepunkte

Will man die Aktivitäten eines Magiers, wie die Mitbürger des Apuleius ihn sich vorstellten, im Detail verstehen, muß man sich die einzelnen Anklagepunkte, die Apuleius durchspricht, in einiger Ausführlichkeit vornehmen.

Nach einer langen Ausführung, die mit dem Hauptproblem, der Magie, kaum etwas zu tun hat, kommt Apuleius schließlich zu jenen Einzelheiten, deren Klärung er schon lange versprochen hat: „Nach all dem will ich jetzt, wie ich es mir vorgenommen habe, den ganzen Wahnwitz durchgehen, den Aemilianus hier vorgeführt hat. Ganz zuerst die Sache, die (wie du bemerkt hast) von Anfang an besonders geeignet schien, den Verdacht auf Magie zu bestätigen, daß ich nämlich Fischer dafür bezahlt hatte, mir bestimmte Arten von Fischen zu suchen"[23].

Apuleius streitet den Tatbestand nicht ab, im Gegenteil: nicht bloß die Fischer, alle seine Freunde und alle seine Sklaven hätten den Auftrag gehabt, ihm jeden Fisch tot oder lebendig zu bringen, der ihnen außergewöhnlich vorgekommen sei. Die Begründung dafür ist harmlos: Apuleius sei im Begriff, ein Buch über die Fische und ihre Fortpflanzung zu schreiben. Und zum Beweis läßt er einige Passagen aus dem Manuskript vorlesen.

Die Gegner allerdings waren weit präziser gewesen. Sie hatten von drei Fischarten gesprochen – dem Seehasen, *lepos marinus*, einem wohlbekannten Giftfisch, und zwei Fischen, deren Namen die Bezeichnung der männlichen beziehungsweise weiblichen Geschlechtsteile variierten. Apuleius macht sich einen Spaß daraus, über die Verlegenheit der Gegenanwälte zu spotten, mit der sie diese heiklen Namen vortrugen

– eine Passage, die nahelegt, daß die sozialgeschichtlichen Konstruktionen von Norbert Elias nicht einfach auf die Antike übertragen werden können: in der Gesellschaft des Apuleius galt es als Zeichen von Bildung, ohne besondere Hemmungen sexuelle Termini verwenden zu können[24]. Im übrigen hat Adam Abt in seinem ausführlichen Kommentar zum magischen Teil der Apuleius-Rede gezeigt, daß die beiden sonst unbezeugten lateinischen Namen, *veretillum* und *virginal*, die griechischen Fischnamen βάλανος/*bálanos* und κτείς/*kteís* aufnehmen können: da *bálanos* die Eichel im botanischen und anatomischen Sinn ist, *kteís* ‚Kamm' auch das weibliche Geschlechtsorgan bezeichnet, ist die sexuelle Konnotation der Namen evident, mit der Welt der Magie freilich sind sie nirgendwo verbunden.

Uns geht es freilich weniger um diese Dinge als darum, zu verstehen, wie diese afrikanischen Bürger sich das Funktionieren von Magie vorstellten – besonders, da Apuleius behauptet (und wir können ihn da nicht kontrollieren), daß er ganz andere Fische gesucht habe.

Was den *lepos marinus* betrifft, der in unserer Nomenklatur kein Fisch ist, sondern eine große Schnecke, so genügt der Umstand, daß er sehr giftig ist. Nur ein *veneficus* kann ein so giftiges Tier brauchen wollen: wer mit dem Seehasen umgeht, verfällt der Lex Cornelia. Antike Autoren wußten Erschreckendes über ihn zu berichten: Plinius rechnet Seehasen aus dem Indischen Ozean zusammen mit dem *araneus* (‚Spinnenfisch') und der *pastinaca* (Stachelroche) zu den allergiftigsten Seetieren überhaupt: die bloße Berührung kann Erbrechen und Magenkrankheiten verursachen[25]. Und Philostrat erzählt in seinem ‚Leben des Apollonios von Tyana', daß der junge Titus an einem Gift auf der Grundlage von Seehasen-Gift gestorben sei, das sein jüngerer Bruder und Thronnachfolger Domitian ihm verabreicht habe; der weise Apollonios habe dies vorausgesehen und den Prinzen gewarnt, er solle sich ‚vor dem Tod, der vom Meer kommt', hüten. Philostrat fügt hinzu, daß schon Nero sich seiner Gegner entledigt habe, indem er ihnen in einem Fischgericht etwas Seehasen beigemischt habe[26].

Ein Detail zeigt, daß die Gegner mit der physischen Verabreichung des Giftes gerechnet hatten: nur beim Seehasen betonen sie, daß Apuleius den Fisch zerstückelt habe – was Apuleius aufbringt, denn er habe die Fische immer zerstückelt beziehungsweise eben seziert[27]. Doch für die Ankläger hatte das Zerstückeln des Seehasen seinen besonderen Grund: aus den ausgekochten Stücken gewann man das Gift.

Was die beiden anderen Fische anbelangt, läßt Apuleius keine Zweifel, weswegen er sie auswählte. Seine Gegner assoziieren mit den sexuell klingenden Namen offenbar ‚sympathetische' Verwendung im Liebeszauber, was Apuleius bloß mit Hohn quittieren kann: „Was gibt es Dümmeres, als aus einer Ähnlichkeit der Bezeichnung von Dingen auf eine solche der Eigenschaften schließen zu wollen?"[28] Das hat allerdings die Theoretiker der sympathetischen Magie auch nicht von ihrer These abgehalten.

Woran sie auch gut taten. Apuleius' Argumentation ist zweckgebundene Polemik und übersieht geflissentlich eine Reihe von Tatsachen. Man kennt aus der Antike zahlreiche Tieren, Pflanzen und selbst Steine, denen die Volksmedizin und die Magie Eigenschaften zuerkannten, die sie aus dem Namen herleiteten, auch wenn wir gelegentlich nicht mehr wissen, ob der Name oder die magisch-medizinische Verwendung Priorität hatten. Ein Beispiel reicht, um das Funktionieren zu zeigen. Es ist ein Heilritual, in dem die Reseda verwendet wurde, und es stammt wieder aus Plinius. Die Etymologie des Pflanzennamens *reseda* ist unklar, die Volksetymologie jedenfalls verstand ihn als ‚Abschweller' und leitete ihn ab von einem allerdings auch nur zur Erklärung des Pflanzennamens bezeugten Verb *re-sedare*, eine Entzündung ‚sich beruhigen lassen'. Das gab Anlaß zu einem hübschen Ritual[29]:

> In der Gegend von Rimini kennt man eine Pflanze, die Reseda heißt. Sie löst Abszesse und Entzündungen auf. Wer sie anwendet, sagt folgenden Spruch her: ‚Reseda, laß die Krankheit sich setzen. Weißt du, weißt du, welches Huhn [oder: welcher Sproß] seine Wurzeln hier gesetzt hat? Möge es weder Kopf noch Füße haben!' Man wiederholt diese Formel dreimal und spuckt dazu dreimal auf den Boden.

Wieder wird klar, wie wichtig das verbale Ritual ist: ohne den Spruch, muß man annehmen, hat die Einnahme der Heilpflanze nicht geholfen. Der Spruch ist bereits durch das etymologisierende Wortspiel *Reseda, morbos reseda* (‚Reseda, laß die Krankheit sich setzen') und die Wiederholung *scisne scisne* aus gewöhnlicher Sprache herausgehoben. Die dreimalige Wiederholung verstärkt seine Ritualisierung – dabei ist die Dreizahl wichtig: eine einfache Wiederholung könnte noch zufällig sein, den Spruch viermal zu sagen, wäre schon zu viel, drei ist allein die richtige Zahl.

Ein anderes Problem bleibt aber ungelöst – um zu Apuleius zurückzukommen. Wiewohl die Forschung ein gutes Dutzend ähnlicher

Wortspiele anführen kann, beweisen sie alle nicht, daß wir es bei Apuleius mit Magie zu tun haben. Die Überzeugung, daß der Name einer Sache mit ihrem Wesen etwas zu tun hat, sitzt fest in den antiken Gesellschaften – man kennt die nicht nur sophistische Diskussion über die Beziehung zwischen Namen und Wesen, *nomen* und *substantia*. Wenn also Apuleius' Ankläger aus seiner Verwendung von Fischen, deren Namen sexuelle Assoziationen wecken, erschlossen, daß er Liebeszauber verwendet habe (eine Hypothese, der Apuleius widerspricht), so folgen sie bloß weitverbreitetem antikem Denken, das weder der Magie noch der Volksmedizin vorbehalten ist.

Der Ursprung der Wörter ist im übrigen für unser Thema, die Magie, nicht ganz bedeutungslos. Ein bemerkenswerter Text beweist dies. In seinem langen Traktat gegen den Heiden Kelsos, der das Christentum zu widerlegen versucht hatte, greift Origenes die Behauptung an, daß der individuelle Göttername für das Wesen des Gottes völlig bedeutungslos sei, da ja jeder Gott je nach der Sprache seiner Verehrer ganz verschiedene Namen habe – eine gut griechische Vorstellung, die bereits Herodot teilt[30]. Demgegenüber entwickelt Origenes eine ausführliche Theorie erst über den Ursprung der Götternamen, dann über denjenigen der Wörter überhaupt. Er stellt drei Meinungen einander gegenüber – die des Aristoteles, für den die Wörter rein zufällig mit den Sachen verbunden waren, die entgegengesetzte der Stoiker, nach denen die ersten Menschen in ihren ersten Wörtern bewußt das Wesen der bezeichneten Dinge nachgeahmt hätten, und die vermittelnde Ansicht Epikurs, wonach die ersten Menschen mit der Namengebung auf die Dinge reagiert hätten und diese Reaktionen uniform, aber mehr oder minder zufällig gewesen, die Sprachen also auf natürliche Weise konventionell entstanden seien. Origenes optiert für die strenge stoische Lösung, wenigstens für jene „wirkungsmächtigen Wörter, die von den Weisen Ägyptens, den Gelehrteren unter den persischen Magi, den Brahmanen oder Samanaioi unter den indischen Philosophen benutzt werden"[31]. Origenes nimmt also an, daß einige Wörter mächtiger seien als andere, Wörter, die aus dem ägyptischen, persischen, indischen Orient stammten. Doch geht es nicht um eine Abhandlung über orientalische Sprachen: Origenes hat die Magie mit ihrer bekannten Reihe exotischer Wörter im Blick. Diese Wörter seien keine Erfindungen, sie würden eine tiefe Rationalität enthalten: so ist „das, was man Magie nennt, nicht – wie die Schüler von Epikur und Aristoteles meinen – eine völlig zusammenhanglose Praxis, sondern, wie diejenigen sagen, die sich darin auskennen, ein kohärentes System, dessen Prinzipien freilich nur wenigen bekannt sind[32]."

Apuleius allerdings widerspricht. Bevor er die griechischen Namen einschlägiger Fische aufzählt, in einer gelehrten Reihe von seltenen und seltensten Wörtern, macht er sich noch einmal über seinen Gegner lustig: „Hör mir jetzt genau zu: du wirst gleich schreien, daß ich eine Liste magischer Namen rezitiere, die aus den Riten der Ägypter oder Perser stammten"[33].

Doch zurück zum eigentlichen Anklagepunkt. Aus seinem harmlosen und rein wissenschaftlichen Interesse für seltene Fische, so Apuleius, hätten seine Gegner auf magische Praktiken geschlossen, auf die *veneficia* eines Liebeszaubers, weil sie sich eben von den üblichen Vorurteilen der ungebildeten Zeitgenossen hätten leiten lassen. Sie hatten also das Tun des Philosophen nach anderen als den seinen Kategorien beurteilt, Kategorien freilich, die offenbar in der Zeit auch zur Verfügung standen.

Dasselbe zeigt sich für die anderen Anklagepunkte. Das zweite Argument war, daß ein junger Mann und eine Frau in Anwesenheit des Apuleius in Ekstase geraten seien. Im Falle des jungen Mannes wirft Apuleius seinen Gegnern völlige Unkenntnis der magischen Divination vor. Zwar hätten sie einen detaillierten Bericht über den Vorfall geben können – die Ekstase sei durch geheime Beschwörungen verursacht worden, in Gegenwart nur weniger Vertrauter, in einem abgelegenen Raum mit einem kleinen Altar und einer Lampe. Und doch sei dies nicht genügend präzis: „Sie hätten auch noch hinzufügen müssen, daß derselbe junge Mann viele zukünftige Geschehnisse enthüllt hatte; denn darin, so sagt man uns, liegt der praktische Sinn solcher Beschwörungen, in Voraussagen und Orakeln"[34]. Und Apuleius gibt auch gleich die Quelle solcher Information an: es sei der Philosoph (sic) Varro, der über einen solchen Vorfall in Tralles zur Zeit der mithridatischen Kriege berichtet habe und über eine Séance, die Nigidius Figulus, der römische Pythagoreer und Zeitgenosse Ciceros, organisiert und mit der auch der jüngere Cato zu tun gehabt habe. Apuleius kennt solche Riten also nicht selber, seine Gewährsleute sind aber durchaus respektable Römer der späten Republik – daß er sie alle zu Philosophen macht, ist wieder rhetorische Strategie. Er hätte für eine schlagende Parallele genauso auf die magischen Papyri verweisen können[35].

Wie im Fall der Fische stellt Apuleius Magie und Wissenschaft einander gegenüber: die beiden angeblichen Magieopfer seien Epileptiker gewesen. Er konzentriert die wissenschaftliche Argumentation auf den zweiten Fall, den einer Frau, die ihn konsultiert habe und dabei in Ohnmacht gefallen sei. Hier war der Beweis der Unschuld leicht zu erbringen: Apuleius besitzt die Zeugenaussage jenes Arztes, der die Frau behandelte und der sie persönlich zu Apuleius geschickt hatte. Durch ein ausführliches Zitat aus Platons ‚Timaios' gelingt es Apuleius wiederum zu zeigen, daß auch Philosophen durchaus fähig waren, eine Aitiologie einer komplizierten Erkrankung zu geben.

Das Problem der Epilepsie ist uns seit dem Traktat ‚Über die heilige Krankheit' geläufig. Sein Verfasser bekämpfte die religiöse Aitiologie der Krankheit, die sie als Besessenheit verstand und damit das Eingreifen der Wanderpriester und Katharten als Exorzisten begründete: es ging ja darum, die Gottheit, die vom Körper Besitz ergriffen hatte, wieder auszutreiben. Zwei Generationen nach Apuleius wird Plotin in seiner Polemik gegen die Magier genauso argumentieren[36]. Im Fall des Apuleius ist die Sache komplexer. Die Ankläger scheinen nicht gewußt zu haben, daß der junge Thallus ein Epileptiker war; was ihnen verdächtig vorkam, war der Umstand, daß die Anwesenheit des Apuleius genügt hatte, um die Trance hervorzurufen – im Rahmen eines eindrücklichen Rituals, unter dessen Einzelheiten später auch noch das Opfer von Hahn oder Henne, *gallinae hostiae*, genannt wird und dem Apuleius auch einen technischen Namen geben kann: er habe „den Jungen durch eine Beschwörung initiiert"[37]. Allerdings bleibt der Ausdruck ‚initiieren' *(initiare)* unscharf: im Kontext von Magie verweist das entsprechende griechische Verb (μυεῖσθαι/*mueîsthai*) gewöhnlich auf magische Divination. Die *gallina hostia* ist noch unbestimmter, findet sich aber in divinatorischen Riten ebenfalls[38]; der Bericht erscheint also kohärent.

Das Ritual, das hier skizziert ist, ist allerdings einigermaßen unspektakulär. Es wird zur Nachtzeit abgehalten und durch eine nur kleine Gruppe. Tatsächlich definiert sich das magische Ritual immer im Gegensatz zum geläufigen städtischen Ritual, das bei Tag und unter Teilnahme von möglichst vielen Stadtbewohnern stattfand; schon Heraklit hatte die Magoi zu den ‚Nachtschwärmern', den νυκτιπόλοι, gerechnet[39]. Das Ritual ist als Opferritual konzipiert, mit einem eher seltenen Opfertier: Hahn oder Henne erscheinen kaum in den Opfern der griechischen und römischen Städte. In Griechenland ist es der marginale Heilheros Asklepios, der Hahnopfer erhält[40], sind es die Mächte, welche in den Zauberpapyri und den Defixionen angerufen werden[41].

Die Ankläger hatten also gute Informationen darüber, wie ein magisches Opfer auszusehen habe, auch wenn man Apuleius durchaus darin recht geben muß, daß das initiatorische Ritual so, wie sie es beschreiben, völlig erfolglos gewesen sein muß.

Der Fall der epileptischen Frau, deren Leiden bekannt war, ist weniger durchsichtig. Apuleius habe es unternommen, sie zu heilen, doch während der Therapie sei sie in Ohnmacht gefallen, angeblich Opfer einer Beschwörung[42]. Das sieht eigentlich nach Exorzismus aus, und Apuleius' etwas naive Argumentation bestärkt einen noch in diesem Verdacht: „Meine Gegner müssen beweisen, daß man ein Magier oder *veneficus* sein muß, um Krankheiten heilen zu können" – wie wenn in seiner Gesellschaft der Exorzismus unbekannt gewesen wäre. Doch wieder wird die Realität bloß unscharf dargestellt: über den dämonologischen oder theologischen Überbau, den ein Exorzismus zwingend voraussetzt, erfahren wir nichts, und es fehlt jeder detaillierte Verweis auf das Vorgehen, wie die Krankheit diagnostiziert und eine übermenschliche Macht als Verursacher festgemacht werden konnte, und wie dieser Verursacher in komplexem Ritual ausgetrieben wird[43].

Denn die Gesellschaft des Apuleius kannte den Exorzismus durchaus. Auch wenn man von den Zeugnissen der Evangelien und der Apostelgeschichte als nicht stichhaltig für das heidnische Denken absieht, wo etwa davon die Rede ist, wie an der Peripherie Griechenlands, in Thessalonike, einem Mädchen ein Dämon ausgetrieben wird[44], bleiben genügend pagane Zeugnisse, angefangen von den Vorschriften der Zauberpapyri[45] bis zu den gelegentlich ausführlichen Nachrichten der literarischen Texte. So beschreibt Lukian in seinem ‚Lügenfreund', einem trotz der satirischen Intention für Ideologie und Praxis antiker Magie aufschlußreichen Text, die Technik des Exorzismus als ‚Heraussingen (des Dämons)' aus jenen Menschen, die ‚dämonisch tun', die also besessen sind[46]. Sein Erzähler hat auch einmal einen Exorzisten am Werk gesehen, einen Syrer aus Palästina, der fähig gewesen sei, mit dem Dämon Kontakt aufzunehmen; der habe jeweils geantwortet, und zwar griechisch oder barbarisch, je nach seiner Herkunft. Die *communitas loquendi cum dis*, die nach Apuleius ein Charakteristikum der Magie ist, ist für den Exorzismus unumgänglich, denn nur wenn er verbal erreicht werden kann, kann der Dämon auch vertrieben werden. Der Exorzist läßt ihn schwören, nicht zurückzukehren, und bedroht ihn notfalls, worauf man dann oft Zeichen des fliehenden Dämons, etwa eine schwarze Rauchwolke, hat sehen können[47].

Im Falle des Thallus weiß Apuleius, daß seine Argumentation nicht völlig kohärent ist – doch muß man annehmen, daß er absichtlich die Anklage verdreht, die ausdrücklich von einem Exorzismus gesprochen hatte? Das überzeugt aber auch nicht recht: Apuleius wäre mit einer solchen Manipulation vor einem Einzelrichter kaum durchgekommen, und Claudius Maximus hatte zudem immer die Möglichkeit, weitere Zeugen zu befragen – ganz davon zu schweigen, daß die Gegenpartei ein solches Manöver nicht stillschweigend hingenommen hätte. So ist die Folgerung fast zwingend, daß Apuleius' Ankläger nicht genau wußten, wovon sie eigentlich redeten, daß es ihnen als Zeichen für einen Magier reichte, daß er Menschen in Trance versetzen oder sie heilen konnte, ohne daß sie ein praktisches Ziel wie die Divination ausmachen oder die komplizierten technischen Einzelheiten des Exorzismus kennen konnten. Der Philosoph ist besser informiert als sie über diese Dinge, auch wenn er sie nicht praktiziert (was bei einem Neuplatoniker aber eigentlich nicht überrascht).

Der dritte Anklagepunkt war, daß Apuleius gewisse *instrumenta magiae*, magische Hilfsmittel besessen habe, eingewickelt in ein Tuch und in der Bibliothek „bei den Laren des Pontianus" aufbewahrt[48]. Das ist aber nicht außergewöhnlich, und Apuleius hat leichtes Spiel beim Nachweis, daß es keine magischen Mittel waren, sondern Objekte aus verschiedenen Mysterienkulten, in die er eingeweiht war. Doch man glaubte eben, daß ein Magier solche Dinge besitzen müsse, und wenn wir die magischen Riten ansehen, werden wir eine Vielzahl solcher Dinge antreffen.

Im vierten Anklagepunkt geht es um eben solche Riten. In einem fremden Haus hätten der Philosoph und einer seiner Freunde zur Nachtzeit magische Riten zelebriert[49]. Wieder ist die Anklage vage. Die Riten hätten wenige Spuren hinterlassen – Rauchspuren an den Wänden, die auf nächtliche Opfer verwiesen, und einige Federn von dabei geopferten Vögeln. Das reicht aber, um bei den Anklägern unsagbare Riten zu evozieren: Magie wird zur Nachtzeit geübt (schon Thallus sei während der Nacht initiiert worden), mit ganz wenigen Teilnehmern (wie auch bei Thallus); geopfert werden nicht die Tiere des öffentlichen Ritus, oder nicht bloß die des öffentlichen Ritus. Entsprechend ist in den Papyri nur selten von Schaf und Schwein als Opfertieren die Rede, öfter von Vögeln (nicht bloß die ägyptischen Ibis und Sperber), die man im öffentlichen Ritual nie darbringt. Es genügen also einige wenige Hinweise auf Abweichungen vom öffentlichen Ritual, um in den Köpfen von Apuleius' Zeitgenossen sogleich den Verdacht auf Magie zu wecken.

Präziser ist der fünfte Anklagepunkt. Heimlich habe Apuleius sich aus einer ungewöhnlichen und auserlesenen Holzart die Statuette eines Skeletts herstellen lassen, die er dann in seinen Riten verwendet habe: er habe sie in aufwendigen Riten angebetet und mit dem griechischen Wort als ‚König' angeredet[50]. Zwar konnte Apuleius nachweisen, daß die Anklage falsch war: er habe eine solche Statuette herstellen lassen, aber es sei ein Hermesbild gewesen, das ein bekannter Handwerker in Oea geschnitzt habe, und es sei ihm von Pontianus geschenkt worden, der dazu ohne Wissen des Apuleius dem Schnitzer Ebenholz gegeben habe; Apuleius selber hatte Buchsbaumholz dafür vorgesehen. In der Vorstellung der Ankläger reichte es aber aus, daß Apuleius das Bild eines übermenschlichen, mit der Unterwelt verbundenen Wesens besaß, das aus einem besonderen Holz verfertigt war, um ihn als Magier anzusehen. Wobei freilich dazu gesagt werden muß, daß Ebenholz nach Angabe eines Zauberpapyrus tatsächlich das heilige Holz des Hermes war[51] – Apuleius' ausdrücklicher Hinweis darauf, daß er ein anderes Holz vorgesehen hatte, weckt die Frage, ob er nicht vielleicht davon gewußt hatte. Seine Bemerkung, schon Pythagoras habe gesagt, man dürfe eine Hermesstatue nicht aus jedem Holz schnitzen, ist allerdings anders gemeint. Es ist ein Bild dafür, daß nur Begabte unterrichtet werden können, da nicht jedes Holzstück – auch ungeachtet der Holzart – zum Schnitzen einer Herme geeignet war[52].

Schon die intensive Verehrung einer privaten Gottheit, die sich in einer solchen Statuette darstellte, konnte in Rom zum Vorwurf der *superstitio*, der übermäßigen Beschäftigung mit dem Göttlichen, führen. Nero, so berichtet Sueton, habe die Statuette eines Mädchens als persönliche Schutzgottheit „wie den allerhöchsten Gott" *(pro summo numine)* intensiv kultisch verehrt, weil sie ihm von einem Unbekannten an dem Tag geschenkt worden sei, als eine Verschwörung aufgedeckt wurde: deswegen glaubte Nero, sie werde ihm auch in Zukunft Gefahren ankündigen[53].

Nun ist Apuleius' Statuette nicht einfach ein anonymes Mädchenbild, sondern angeblich ein Skelett, das mit ‚König' angeredet wird. Man hat vergeblich versucht, diesen ‚König' zu identifizieren[54]. In den Zauberpapyri taucht gelegentlich eine Potenz auf, die ‚König' heißt, doch nie gehört sie zur Unterwelt; dennoch sind die Papyri hier eine

Hilfe. Überblickt man die Zeugnisse, ist dieser ‚König' immer ein Dämon, den der Magier als übermenschlichen Helfer, als Parhedros (πάρεδρος) in seine Dienste nimmt – so in einem Gebet in einem der Berliner Papyri. Nach einer Reihe von vorbereitenden Riten ruft der Zauberer schließlich das Wesen an, das er in seinen Dienst nehmen will[55]: „Komm zu mir, König, ich rufe dich an, Gott der Götter [oder, in einem andern Text, König der Könige], Mächtiger, Unendlicher, Unbefleckter, Unerklärlicher, für immer festgesetzter Aion, bleib unbeweglich an meiner Seite, von heute die gesamte Zeit meines Lebens". Der Name ‚König' verweist also nicht auf einen untergeordneten Dämon, sondern auf den obersten Gott, den der Magier als allmächtigen Gehilfen an sich binden will. Der Magier lebt in einer Welt, in der der Pharaoh, dann die hellenistischen Könige und schließlich der römische Kaiser über eine schier unendliche Machtfülle verfügten und in welcher der Königstitel ohne jenen negativen Beiton war, den er im republikanischen Rom besessen hatte.

In den Augen seiner Ankläger hatte Apuleius also Zugang zu gewaltiger, wenn auch unheimlicher und zerstörerischer Macht, einer Macht, die nach Ausweis des Skeletts mit der Welt der Toten zu tun hat. Das überrascht etwas, denn weder in der schriftlichen noch der bildlichen Überlieferung zu den Parhedroi erscheinen Skelette: die uns bekannten Bilder von Skeletten haben mit Magie nichts zu tun, sondern mit Tafelluxus[56]. Die Verbindung des Magiers mit der Welt der Toten ist allerdings weit verbreitet, in den literarischen Texten, welche von Nekromantie handeln, wie in der großen Masse der Defixionen. Das ist nicht unwichtig, denn angesichts der Vielzahl der bezeugten Defixionen muß dieses Ritual die allgemeine Wahrnehmung von Magie entscheidend bestimmt haben. Apuleius' Mitbürger orientieren sich also offensichtlich an solchen populären, aber unscharfen Vorstellungen.

Im übrigen hat auch Apuleius selber solche verbreiteten Vorstellungen aufgenommen, um das Bild eines Magiers zu zeichnen. An einer Stelle, an der er die Magieanklage als ungerechtfertigt zurückweist, gibt er eine Liste von Verhaltensweisen, die man im Volk als bezeichnend für einen Magier hat ansehen können, obwohl auch sie in Wirklichkeit ganz harmlos und letztlich oft religiös motiviert seien – einen Wunsch auf den Schenkel einer Statue zu schreiben, in einem Tempel still oder gar nicht zu beten, eine Gabe niederzulegen, ein Opfer darzubringen, einen geweihten Zweig *(verbena)* zu brechen[57].

Nur ist das eben doch nicht so harmlos, wie Apuleius es darstellt. Sicher: Weihgaben in einem Tempel zu deponieren, Opfer darzubringen, einen heiligen Zweig zu verwenden ist geläufig im öffentlichen wie im privaten Kult, im Tempel wie im Hausschrein. Der Rest ist ambivalenter. Ein antiker Mensch betete laut: das stille Gebet war die Ausnahme, konnte auch als gar kein Gebet gelten – und ein solches Gebet war gefährlich: wir besitzen genügend Zeugnisse, nach denen stille Gebete einen Magieprozeß ausgelöst hatten[58]. In einer Religion, die öffentlich und kollektiv ausgeübt wurde, erweckte eine Bitte, die direkt und ohne Kontrolle durch die Allgemeinheit an eine Gottheit gerichtet wurde, sogleich Argwohn. Verwandt ist, wenn Keith Thomas berichtet, im England des 17. Jahrhunderts habe ein lateinisches Gebet dieselbe Reaktion hervorgerufen: zwar hörbar, ist es doch ein Gebet, das den meisten Zuhörern unverständlich war und sich somit der öffentlichen Kontrolle entzog[59].

Ähnliches gilt für die Aufschrift auf einer Statue, doch wohl einer Kultstatue. Es handelt sich also nicht um Weihinschriften, wie man sie von den archaischen Kouroi kennt, deren Schenkel den Namen des Stifters tragen, sondern wieder um ein Mittel, unmittelbar mit der Gottheit, die im Bild wohnt, in Verbindung zu treten. Solche Versuche sind gut belegt. Seneca berichtet, daß man den Sakristan *(aedituus)* zu bestechen pflegte, um sein Gebet der Gottheit beziehungsweise dem Götterbild direkt ins Ohr zu flüstern: das verbindet leises Gebet und direkten physischen Kontakt mit dem Bild[60]. Nach Lukian klebte man auf die Statuen von Heilheroen Täfelchen oder Münzen, den Text des Gebets oder den Lohn für die Therapie: wieder ist der direkte Kontakt mit dem Bild gesucht[61]. Dabei ist es nicht belanglos, daß es jetzt um Heroen geht, also um verstorbene Menschen, deren Bild noch immer mehr oder minder ihre machtvolle Persönlichkeit repräsentieren konnte. Zwar besitzen wir keine Hinweise darauf, daß man auch Defixionen auf derartige Statuen klebte oder schrieb, doch mag das ein Zufall sein; zahlreiche Defixionen stammen jedenfalls aus Tempeln wie demjenigen der Demeter, wo sie oft an den Tempelwänden befestigt wurden[62].

Anderswo bestätigt Apuleius das eben Gesagte, indem er eine eigentliche Definition von Magie formuliert. Nachdem er eine philosophische Definition – diejenige Platons im „Ersten Alkibiades"[63] – vorgelegt hat, schließt er daraus, daß Magie und Religion keine Gegensätze sind, daß vielmehr Magie im Grunde der reinste Ausdruck von Religion sein kann. Dann wendet er sich heftig gegen die andere Definition *more vulgari*, die seine Gegner verwendet hätten: „Wenn meine Gegner allerdings, als Leute aus dem Volk, glauben, der *magus* sei einer, der mit den unsterblichen Göttern redet und deswegen die Macht besitzt, durch diese geheime Kraft und durch bestimmte Beschwörungen alles zustande zu bringen, was er will..."[64]. Mit weit mehr Nachdruck als seine Ankläger betont Apuleius zwei Dinge, den theologischen Überbau und die Autonomie des Magiers den Göttern gegenüber. Der Magier redet direkt mit den Göttern, er hat unmittelbaren Zugang zu ihnen. Daraus beziehen seine Beschwörungen ihre unheimliche Macht: es sind keine gewöhnlichen Sprüche, sondern mit göttlicher Macht aufgeladene Worte. Und in krassem Widerspruch zu geläufigem Glauben der Griechen und Römer setzen die Götter der Macht des Magiers als eines Menschen keine Grenzen, vielmehr ist es der Magier, der Menschen und Göttern gegenüber seinen Willen verwirklichen kann.

Magie, Philosophie und Medizin

Diese zweite Definition *more vulgari* verwendet Apuleius also dazu, dem Philosophen die ungebildete Menge gegenüberzustellen. Und er nimmt diese Dichotomie sogleich wieder auf: die unwissende Masse *(imperiti)* habe seit jeher die Philosophen angeklagt, wenn sie Naturstudien betrieben – auch wenn die Anklage dort die der Irreligiosität und der Gottlosigkeit war. Doch wie unterscheiden sich in Apuleius' Gesellschaft Philosophie und Magie?

Eine Dichotomie, die unmittelbar sichtbar ist, durchzieht die gesamte ‚Apologie'. Für Apuleius ist der Gegensatz zwischen Philosophie und Magie erst einmal der zwischen Bildung und Unbildung, präziser zwischen städtischer Bildung und bäurischer Unwissenheit. Es handelt sich also um einen sozialen Gegensatz: dieselben Fakten werden je nach der sozialen Zugehörigkeit des Sprechers verschieden interpretiert.

Diese Art, Magie zu sehen, begegnet vor allem in der literarischen Tradition. Seitdem Theokrit im 2. Idyll seine Zauberin als eine Kleinbürgerin dargestellt hat, finden wir diese soziale Verortung der Magie immer wieder; daß Vergil in der 8. Ekloge den Ort der Handlung in ein bukolisches Arkadien verlegte, hat daran kaum etwas geändert. Die soziale Realität entspricht dem freilich nur teilweise. Zwar findet man nicht allein in der literarischen Fiktion, sondern auch im antiken Alltag bis ans Ende der Antike und darüber hinaus gelegentlich jene alte Frau von zweifelhaftem Ruf, die als Heilerin oder Expertin für Liebeszauber auftritt[65]. Auf der Gegenseite stellt man selbst für die einfachsten Fälle von Schadenzauber fest, daß die Namen auf den Bleitäfelchen durchaus Angehörigen der Oberschicht gehören konnten[66], und wenn die Opfer von attischen Prozeßflüchen zur Führungsschicht gehörten, wird dasselbe wenigstens für einen Teil der Täter genauso zutreffen[67]. Die Bettelpriester und Seher Platons klopfen jedenfalls an die Türen der Reichen[68], und die Römer Nigidius Figulus oder Vatinius gehören als magische Praktiker nicht anders zur Oberschicht der späten römischen Republik wie C. Scribonius Curio als ihr Opfer[69]. Erst recht in die oberste Führungsschicht weisen dann manche der kaiserzeitlichen Magieanklagen. Der Tod des Germanicus war von magischen Praktiken umstellt, die man seinem Kollegen Piso in die Schuhe schob und ihn so entmachtete, wie man in der julisch-claudischen Epoche überhaupt mit Magieanklagen vor allem Politik zu betreiben suchte[70]. Unter Konstantin soll der mächtige Christ Ablabios seinen ärgsten Rivalen um die Gunst des Herrschers, den heidnischen Philosophen Sopatros, erfolgreich als Magier angeklagt haben[71]; zweihundert Jahre später spielten beim Prozeß gegen einen andern mächtigen Philosophen, den zeitweiligen Kanzler Boethius, ebensolche Anklagen eine Rolle[72]. Auch den magischen Schutz suchte diese Oberschicht: aus den Jahren um 400 n. Chr. stammen zahlreiche magische Amulette, die man mit der stadtrömischen heidnischen Senatsaristokratie verbunden hat[73]. Doch nicht bloß in den Zirkeln der Macht lebte die Magie: Libanios, einer der führenden Redner der Zeit, wurde Opfer von Schadenzauber durch neidische Kollegen[74], und in volle christliche Zeit fällt der Skandal um die Studenten an der Universität Beirut, die sich mit Magie die Zeit vertrieben[75]. Es erstaunt so nicht, daß in der kaiserzeitlichen Rechtsliteratur gelegentlich davon die Rede ist, daß wenigstens der Besitz von Zauberbüchern in der Oberschicht anders geahndet werden soll als bei den *humiliores*[76]. Es sieht mithin so aus, als ob zu keiner Zeit die Abgrenzung so simpel gewesen ist, wie Apuleius das den Richter glauben machen will. Und doch hat die Vorstellung, daß Magie typisch ist für die soziale Unterschicht, das Ende der Antike überlebt, ist im Hochmittelalter und der Renaissance als Opposition von natürlicher und dämonischer Magie konzeptualisiert worden[77] und hat sich schließlich in der Ethnographie im evolutionären Schema von Frazer niedergeschlagen, aber auch im Gegensatz, den wir heute noch zwischen Magie und Hexerei, *magic* und *witchcraft*, *magie* und *sorcellerie* gelegentlich konstruieren. Erst allmählich wird die Problematik eines solchen dichotomischen Modells erkannt[78].

Gewiß, wenn Apuleius Magie und Philosophie einander gegenüberstellt, so folgt er bloß einer Denkbewegung, die wir bereits bei Heraklit und Platon festgestellt haben. Doch muß man die Unterschiede betonen: Apuleius lehnt die Magie als solche nicht ab, er wendet sich auch nicht gegen die Magie im Namen einer philosophischen Theologie wie Platon oder im Namen einer Wissenschaft wie der Verfasser der Schrift „Über die Heilige Krankheit". Er benutzt aber andere Unterscheidungsmerkmale als die *imperiti*. Dies wird deutlich in dem, was auf die Eingangskapitel folgt, wo er sich noch einmal von der Masse abhebt und eine schärfere Unterscheidung zwischen *irreligiosi* und *magi* erarbeitet. Unter den Philosophen gibt es gewiß *irreligiosi*: das sind jene, welche nicht daran glauben, daß die Götter in die Welt und ihren Gang eingreifen, die das Funktionieren des Kosmos mit rein mechanischen, innerweltlichen Gesetzen erklären – etwa die Atomisten, denen immer wieder Gottlosigkeit vorgeworfen wurde. Die sogenannten *magi* anderseits – das heißt die theologisierenden Philosophen – geben sich nicht damit zufrieden, die Welt mit der Annahme zu erklären, daß die Götter in ihren Ablauf immer wieder eingreifen (was Apuleius *providentia*, ‚Vorhersehung' nennt, was aber nicht zwingend nur die starre stoische Heimarmene zu sein braucht), sie wollen auch in übergroßer Neugier wissen, wie die göttliche Steuerung der Welt funktioniert[79]. Die *imperiti* hingegen akzeptieren weder das Übermaß an Religion der *magi* noch ihr Fehlen bei den *philosophi*, sie haben klare Vorstellungen davon, wieviel Religion richtig ist. Magie ist mithin in den Augen von Apuleius' Mitbürgern der übertriebene Versuch eines einzelnen, mit den Göttern in Kontakt zu treten. Daß Apuleius selber diese Unterscheidungen nicht akzeptieren kann, versteht sich: die philosophische Suche nach dem Göttlichen ist nicht Magie, ebensowenig wie die wissenschaftliche Untersuchung der Natur Gottlosigkeit ist. Dabei scheinen auch Apuleius' Ankläger nicht konsistent – im Fall der Fische lautet die Anklage nicht auf Atheismus, sondern auf Magie. Das heißt: Apuleius' Mitbürger wollen gar nicht unterscheiden zwischen Übermaß und Fehlen von Religion, sie unterscheiden bloß zwischen richtigem Maß und Abweichung. Religion definiert sich durch das Mittelmaß, jede Abweichung davon ist Magie.

In seiner Behandlung der Fische hatte Apuleius auch eine andere Überlegung eingeführt: „Und was wäre, wenn ich aus den Fischen bestimmte Heilmittel gewinnen wollte[80]?" In der Folge widerlegt er dann die böswillige magische Deutung einer Verwendung des Seehasen, was ihn dazu bringt, Magier, Philosoph und Mediziner einander gegenüberzustellen: „Heilmittel kennen und sie zu gewinnen suchen – ist dies deiner Meinung nach (so fragt er den Ankläger) Kennzeichen für einen Zauberer oder nicht viel eher für einen Mediziner, nein, was sage ich, für einen Philosophen, der sich dieser Mittel nicht bedient, um Geld zu verdienen, sondern um Menschen zu helfen? Frühere Ärzte benutzten sogar Zaubersprüche, um Wunden zu heilen: das erfahren wir aus Homer, dem allerbesten Zeugen für die Vergangenheit". Worauf er die Geschichte von Odysseus' erster Eberjagd erzählt[81]. Hier werden also in doppelter Opposition erst Magier und Arzt, dann Arzt und Philosoph voneinander abgehoben. Ärzte und Philosophen suchen beide natürliche Heilmittel, doch der eine als Berufsmann, der davon leben muß, gegen Bezahlung, der andere als uneigennütziger Menschenfreund (das wird sich im Fall der Epileptikerin wiederholen, wo der Philosoph als der wahre Weise, der die Krankheit richtig deuten kann, erscheint). Ärzte und Zauberer schließlich unterscheiden sich durch ihre Absichten – der eine will nützen, der andere schaden; das ist uns geläufig.

Man spürt den geistigen Abstand, der uns vom Hippokratiker des späten 5.Jahrhunderts und seiner Abhandlung über die Epilepsie trennt. Der hippokratische Arzt hatte die *mageía* als eine unzureichende Heilmethode abgelehnt, weil sie von einer falschen Kosmologie ausgegangen war. Apuleius ist weit weniger radikal: Magier, Arzt und Philosoph können durchaus dieselbe Kosmologie haben. Es sind die Absichten, welche die drei unterscheiden – böse oder gute Absichten und, innerhalb der guten Absichten, mehr oder weniger uneigennützige.

Der Fall des Philosophen Apuleius bestätigt Marcel Mauss' allgemeine Regel aufs schönste[82]. Apuleius ist an sich kein Magier, seine Gesellschaft hat ihn dazu gemacht. Für ihn hat diese Verwechslung von Philosoph und Magier zwei Gründe. Der eine ist die mißverstandene wissenschaftliche Neugier, wo das Sezieren eines Fisches gedeutet wird als Herstellung von Gift, die Diagnose eines Falls von Epilepsie zum Exorzismus wird. Der andere ist die ebenso mißverstandene theologische Neugier des Philosophen, dessen religiöse Betätigung sich nicht an das Mittelmaß hält, das die Gesellschaft toleriert: da werden die Statuette eines persönlichen Schutzgottes oder die Devotionalien eines Mysterienkults zu Hilfsmitteln zur Zauberpraxis und Indizien für jene *com-*

munitas loquendi cum dis, welche für die Laien das deutlichste Erkennungszeichen für einen Magier war. Damit wird die soziologische Analyse von Marcel Mauss, der im Zauberer eine marginale Gestalt und vor allem in jeder marginalen Gestalt einen potentiellen Zauberer ausgemacht hatte, nicht einfach bestätigt, sondern präzisiert. Wenigstens in Apuleius' Gesellschaft betrifft die Marginalität ganz besonders das Religiöse: jedes unübliche Interesse an Religiösem kann den Verdacht von Magie auslösen[83].

Zauberer?
Die Innenansicht

Im Verlauf dieses Buches haben wir uns allmählich an den Magier angenähert – erst über die Bezeichnungen, welche die beiden antiken Sprachen für ihn bereit hielten, vom archaischen *goēs* bis zum spätantiken *maleficus*, mit *mágos/magus* als Zentrum, dann über zwei Individuen, in denen ihre Gesellschaft zu Unrecht Zauberer gesehen hatte. Nach diesen unfreiwilligen Zauberern sollen nun endlich die wirklichen Magier in den Mittelpunkt gestellt werden und die Frage, mit welchen Mitteln ein antiker Mensch zum Zauberer gemacht wurde.

Nach der allgemeinen Meinung der Antike war Ägypten das Land, das die meisten und besten Zauberer hervorbrachte[1]. „Als wir nilaufwärts fuhren, war unter uns ein Mann aus Memphis, einer der heiligen Schreiber, außerordentlich gelehrt in allem, was Ägypten lehren kann. Er erzählte uns, daß er dreiundzwanzig Jahre in den geheimen unterirdischen Gemächern (ἄδυτα/*áduta*) verbracht habe, wo Isis ihn gelehrt habe, Magier zu werden." So beginnt die lukianische Version der Geschichte vom Zauberlehrling, die Goethes Dichtung und Paul Dukas' Musik unsterblich gemacht haben[2]. Lukian, der die Geschichte in ironisch-distanziertem Ton berichtet, unterstreicht die Schwierigkeit des Unternehmens, Magier zu werden: die Initiation dauert lang, umfaßt Belehrung ebenso wie Riten. Pankrates – so der sprechende Name des Wundermannes, ‚All-mächtig'[3] – muß dreiundzwanzig Jahre unterirdisch leben, in direktem Kontakt mit Isis, der Herrin allen Zaubers. Zauberer zu werden ist offenbar ebenso schwierig wie Druide zu werden: für die keltischen Priester hatte Caesar von einer Lehrzeit von zwanzig Jahren gesprochen. In einer anderen etwas zweifelhaften Geschichte, der apokryphen Autobiographie des zum Bischof gewordenen ehemaligen Rhetors Kyprian (der 258 n. Chr. starb), ist die Zeit etwas kürzer: er erzählt, er habe zehn Jahre mit den Priestern in Memphis gelebt, um Magier zu werden[4].

Die geheimen unterirdischen Gemächer erinnern an eine Geschichte, die man Jesus vorwarf. Auch er sei ein Magier, wurde behauptet, und habe seine Wunder mit Hilfe geheimer magischer Technik bewirkt, und er habe in den unzugänglichen Gemächern Ägyptens *(Aegyptiorum ex adytis)* die Namen mächtiger *angeli* und bestimmte Geheimlehren erfahren[5]. Der Vorwurf ist durchaus präzise. Die *adyta Aegyptiorum* gehen nicht bloß mit der Nachricht bei Lukian zusammen; *áduton* ist in der Kaiserzeit überhaupt eine technische Bezeichnung für das Innere von Tempeln, insbesondere der Tempel Ägyptens: so habe etwa Septimius Severus bei seinem Besuch in Ägypten im Jahre 190 „aus sozusagen allen Geheimgemächern" die Bücher genommen, die eine Geheimlehre zu enthalten schienen[6], und ein Zauberpapyrus weiß, daß der wahre Name der angerufenen Gottheit „eingegraben ist auf der Stele im Geheimgemach von Hermoupolis, wo du geboren bist"[7]. Die *angeli* sind nicht nur die jüdisch-christlichen Engel, auch wenn mindestens den Namen der Erzengel besondere Macht zukommt[8]; in den magischen Papyri sind sie Helfer aller möglichen Götter und häufig mit den Gestirnen verbunden, stehen so auch dem Magier bei[9]. Die Heiden, die Jesus zum Magier machten, wußten, wovon sie redeten – und sie konnten die Anschuldigung auch leicht begründen: hatte nicht Jesus in seiner frühen Jugend in Ägypten gelebt[10]?

Ägypten ist freilich nicht der einzige Bezugspunkt für alle diese Geschichten; Griechisches liegt auch nicht weit ab, ohne daß zwingend die eine oder die andere Kultur als Quelle ausgemacht werden kann oder muß. Herodot erzählt von Zalmoxis, dem ehemaligen Sklaven des Pythagoras, der sich ein Jahr lang in einer unterirdischen Kammer versteckt hatte, um seinen skythischen Mitbürgern zu beweisen, daß es ein Leben nach dem Tod gebe[11]. Die Geschichte schließt an das an, was auch von Pythagoras selber erzählt worden ist: er habe sich eine Weile in einem unterirdischen Gemach versteckt, um schließlich zurückzukehren, als ob er aus der Unterwelt zurückkomme, und er sei durchaus informiert gewesen über das, was während seiner Abwesenheit geschehen sei, weil er dieses Wissen von seiner Mutter erhalten habe. Hinter diesen beiden Geschichten hat man schon längst ein Initiationsritual bei den Skythen oder den Pythagoreern vermutet, im letzten Fall in einen Kult der Großen Mutter, die in der Pythagoras-Erzählung eine Rolle spielt, die erstaunlich an diejenige der Isis bei Lukian erinnert[12]. Verwandte Riten kennt man von einigen Orakelorten: in Klaros empfing der Priester das Orakel in einem unterirdischen Raum am Ende eines verwinkelten Korridors, und im Heiligtum des Trophonios im böotischen Lebadeia hatte sich der Orakelbefrager einer eigentlichen Katabasis zu unterziehen, bevor er vom Heros des Ortes seine Antwort erhielt[13]. Höheres, übermenschliches Wissen erhält man, indem man in der Tiefe der Erde einer Gottheit begegnet. Eine weitere Katabasis ist in den Mysterien der Daktylen bezeugt: im Lauf seiner Initiation stieg der Neophyte „hinab ins Megaron", um dort den Mächten der Unterwelt zu begegnen; damit erwarb er sich ein Wissen, das den Tod besiegte[14]. Die rituellen Mittel, die einen Menschen zum Magier machten, fügen sich in einen größeren Kontext ein: auch wenn die ganze Geschichte bei Lukian aus dem ‚Lügenfreund' stammt und doch wohl reine Fiktion ist, steht diese Fiktion vor einem realen Hintergrund: wie in anderen Geschichten dieses Werks geht Lukian von der präzisen Kenntnis einschlägiger Rituale und Vorstellungen aus[15]. So darf man vermuten, daß es ein Initiationsritual war, das Menschen zu Magiern machte, wie denn die religiösen Spezialisten in den meisten Kulturen – vom sibirischen Schamanen über die griechischen Priester bis zum christlichen Mönch – durch derartige Initiationsriten legitimiert werden[16]. Im Lichte der Parallelen kann man auch zumindest phänomenologische Verbindungen zwischen der Initiation des Magiers und den Mysterienkulten vermuten. Dies – die Form der Magierweihe und ihre Beziehung zu den Mysterienriten – sind die Themen dieses Kapitels.

Magie als Gabe der Götter

Die Geschichte vom Magier Pankrates enthält auch sonst einiges, was bemerkenswert ist; es lohnt sich, noch etwas bei ihr zu verweilen.

Pankrates wurde von Isis selber unterwiesen: das übermenschliche Wissen, über das der Magier verfügt, ist ihm von einer Gottheit geschenkt worden. Das ist keine seltene Vorstellung in der Welt der antiken Magier. Thessalos von Tralles, Arzt in neronischer Zeit, wollte wissen, ob die einst hochberühmte ägyptische Magie noch immer existiere; so reist er nach Ägypten. Nach einiger Suche gelangt er an sein Ziel: Imuthes, der ägyptische Asklepios und Schützer der Magie in ihrem eigentlichen Zentrum, der Stadt Heliopolis, nimmt sich persönlich seiner an und unterweist ihn – wenigstens behauptet dies Thessalos in einer autobiographischen Erzählung, die freilich Fiktion ist[17]. Und ein anonymer Magier rühmt sich in der Einleitung eines Rezepts: „Es gibt kein wirksameres Ritual als das vorliegende: es wurde ausprobiert und gebilligt von Manethon persönlich, und dem hatte es der große Osiris zum Geschenk gegeben"[18].

Doch der Gedanke ist weit älter als die eben genannten kaiserzeitlichen Beispiele, und er ist nicht nur ägyptisch: eine der ersten Bezeugungen stammt vom Griechen Pindar. Ihm zufolge war es Aphrodite persönlich, die Iason die Liebesmagie und die Verwendung der Iynx gelehrt hat, des Instruments, das gewöhnlich im griechischen Liebeszauber verwendet und deswegen gelegentlich von einem Eroten an den goldenen Ohrringen griechischer Frauen gehandhabt wird, ist doch das Ziel des weiblichen Schmucks eben die erotische Bezauberung[19]; Pindar merkt mit einer gewissen Ironie an, daß die listige Zauberin Medea Opfer einer anderen, mächtigeren Magie wird. Das macht aus Iason noch keinen Magier, wie es überhaupt unter den griechischen Heroen keine Zauberer gibt[20], sagt vielmehr Überraschendes zur Stellung der Magie im archaischen Griechenland. Es war Aphrodite, die persönlich Iason die Magie gegeben hat, und Pindar deutet durch die Wortwahl an, daß so eine permanente Institution begründet wurde: es geht um ein Stück Kulturentstehung. „Sie gab die Iynx zum erstenmal den Menschen und lehrte Iason die Gebete": das ist die Sprache der späteren Kulturtheorie, in der eine Gottheit oder ein Heros den einen oder anderen wichtigen Bestandteil menschlicher Kultur lehrte. Aphrodite betätigt sich als Kulturbringerin für die Iynx und das zugehörige Ritual; andere Götter brachten Getreide (Demeter), Wein (Dionysos) oder das Feuer (Prometheus). In der Sicht Pindars ist der Liebeszauber ein integraler Teil der menschlichen Kultur wie Feuer, Brot und Wein[21].

In einer weiteren Perspektive ist die Erzählung von Iasons Reise nach Kolchis wie eine initiatorische Erzählung strukturiert. Der Held verläßt die geläufige Geographie und gelangt an den Rand der zeitgenössischen Welt oder überschreitet diese Grenze auch; er reist mit einer Gruppe von etwa gleichaltrigen Begleitern, einer Art Altersklasse, und er kommt zurück als zukünftiger König und bringt seine Königin gleich mit[22]. In einem solchen initiatorischen Rahmen überrascht die Begegnung mit einer Göttin und die Vermittlung von neuem, besonderem Wissen nicht sehr: denn eben darum geht es ja bei diesem Ritual.

Das Grundthema ist mithin uralt, und es hat eine alte griechische Bezeugung. Für die Griechen der archaischen Zeit gehört das Wissen um die Magie, die Kenntnis ihrer Instrumente, ihrer Riten und Beschwörungen den Göttern, und sie können es als Geschenk an die Menschen weitergeben. Das tun sie im Rahmen eines Initiationsrituals. An der schon einmal betrachteten Stelle aus dem ‚Staat', wo Platon von den Bettelpriestern und Sehern spricht, sagt auch er nichts anderes. Die Wanderpriester überzeugten ihre zahlungskräftige Kundschaft davon, „daß sie die Fähigkeit, sie zu heilen, besitzen würden, und sie hätten sie von Göttern durch Opfer und Beschwörungen erhalten"[23]. Diese Riten, die Platon wenigstens in seiner Nennung von Opfern und Beschwörungen andeutet und welche den Magier in Kontakt mit der Gottheit brachten, sind nichts anderes als eben Initiationsriten dieser Wanderpriester.

Die Suche nach solchem direkt von den Göttern stammenden Wissen – eben nach jener *communitas loquendi cum dis*, die Apuleius wichtig war – wird in nachklassischer Zeit und ganz besonders in der Kaiserzeit immer wichtiger, nicht bloß in den Kreisen der antiken Magier, auch bei neuplatonischen Philosophen, Gnostikern und den verschiedenartigen Charismatikern der Epoche. Die Neuplatoniker suchten dies Wissen durch die mystische Erfahrung eines persönlichen Ekstaseerlebnisses, unterstützt durch die rituellen Formen der Theurgie, der philosophischen Magie[24]. Die Charismatiker beanspruchten übermenschliche Fähigkeiten für sich (oder sie wurden ihnen von ihrer Gesellschaft zugeschrieben[25]) – wie etwa Apollonios von Tyana, der im ersten nachchristlichen Jahrhundert lebte[26]. Der junge Apollonios, berichtet Philostrat, der zwischen 216 und 220 n. Chr. eine stark romanhafte Lebensbeschreibung verfaßte, sei von Asklepios in Aigai in Kilikien (einem in der Kaiserzeit wichtigen Asklepieion) auserwählt worden und habe drei Jahre im Heiligtum gelebt, durch seine Träume immer in direktem Kontakt mit dem Gott. Anschließend habe er eine Zeit in freiwilligem Schweigen gelebt, dem zeitweisen asketischen Verzicht auf Kommunikation mit der Mitwelt, der ihn aber nicht an außerordentlichen Taten hinderte. Schließlich habe er seine Ausbildung mit einem viermonatigen Aufenthalt bei den indischen Brahmanen abgerundet und bei ihnen die Perfektion asketischer Lebensweise gelernt. Auch wenn ein großer Teil dessen, was Philostrat erzählt, historisch nicht unbedingt zuverlässig ist, enthält die Biographie sicher einen historischen Kern. Die Nachrichten zu Aigai im besonderen hat Philostrat vermutlich aus einer früheren Quelle bezogen, die wohl ins 2. Jahrhundert gehört, als das Heiligtum sich langsam internationale Bekanntheit erwarb und alles Interesse daran hatte, den Aufenthalt dieses pythagoreischen Wundermannes zu propagandistischen Zwecken auszunützen – das garantiert nicht Authentizität, rückt die Information aber doch näher an die Lebenszeit heran. Jedenfalls erscheint Apollonios bereits in Aigai als eine Persönlichkeit von außerordentlicher religiöser Ausstrahlung, als ein junger Charismatiker auf der Suche nach der reinsten religiösen Erfahrung, die der antike Kult bieten konnte.

Im Fall des Apollonios – wie in dem zahlreicher Gnostiker und Hermetiker auch – zeigt sich im übrigen dieselbe Verbindung zwischen exzessiver religiöser Hingabe und Magie, wie wir sie bereits bei Apuleius angetroffen haben. Apollonios ebenso wie Gnostiker und Hermetiker bemühten sich auch mit rituellen Mitteln darum, eine göttliche Offenbarung zu erhalten: das konnte auch hier zum Vorwurf der Magie führen. Über Apollonios' Magieprozeß wird noch zu reden sein; ein anderes Beispiel ist Markion, der Gründer der gnostischen Sekte der Markioniten. Sein christlicher Gegner Eirenaios klagt ihn in seiner Schrift ‚Gegen die Häretiker' einer Reihe magischer Praktiken an: er habe über einen dämonischen Parhedros verfügt, habe Liebeszauber getrieben und Exorzismus praktiziert[27].

Die Nähe von Magie und Gnostizismus, die der Christ feststellt, stützt sich auf durchaus präzise Beobachtungen; insbesondere Richard Reitzenstein hat dies für die Zauberpapyri aufgezeigt[28]. Eine kleine Geschichte – ein eigentlicher Initiationsmythos – mag das demonstrieren. Die Magie (das wird unten noch zu zeigen sein) kennt eine Reihe von Wegen, um zu übermenschlicher Macht zu gelangen; der effizienteste und verbreitetste ist der, in den Besitz des geheimen Namens einer mächtigen Gottheit zu gelangen: wer den Namen kennt, kann diese Gottheit anrufen, er kann mit ihm aber auch die niederen Wesen einschüchtern. In mehreren Beschwörungen der Papyri beruft sich der Magier darauf, daß der angerufene oberste Gott ihm einst seinen Geheimnamen enthüllt habe, in der religiös fest gebundenen und vor allem aus dem Isiskult bekannten Formel „Ich bin der, dem ..."[29]. Einmal, in einem Leidener Papyrus, beruft er sich auf die genauen Umstände dieser Offenbarung: „Ich bin es, dem du begegnet bist unter dem heiligen Berg und geschenkt hast die Kenntnis deines größten Namens"[30]. Da mag sich der Zauberer implizit als Moses ausgeben, wie er dies explizit in einem Amulett tut, dem „Amulett des Moses, als er auf den Berg ging, um das Kasty zu empfangen"[31], und in einem andern Papyrustext – „Ich bin Moses dein Prophet, dem du die von Isracl gefeierten Mysterien übergeben hast"[32]. Mit dieser Berufung auf den präzisen Moment der einstigen Offenbarung fügt sich der Magier zu Hermetischem. Im 13. hermetischen Traktat erreicht Tat, der Sohn des Hermes, von seinem Vater die Offenbarung, indem er ihn an ein altes Versprechen erinnert: „Als ich um deinen Schutz bat, als wir vom heiligen Berg herabstiegen und zusammen redeten, stellte ich dir Fragen zur Auferstehungslehre, die einzige Lehre, die ich nicht kenne, und du versprachst, sie mir zu eröffnen". Der heilige Berg als der Ort göttlicher Offenbarung ist ein altes orientalisches Thema, wie sein Auftauchen im Mosesmythos ebenso wie im Proömium der hesiodeischen ‚Theogonie' nahelegt: es wurde von Hermetik und Magie aufgegriffen, um den Anspruch auf göttliches Wissen zu artikulieren[33].

Magie und Mysterienkulte

Nach Ausweis seiner apokryphen Autobiographie war der Bischof Kyprian nicht nur von den memphitischen Priestern als Magier initiiert worden, er war auch sonst in alle möglichen griechischen und orientalischen Mysterienkulte eingeweiht. Die nicht sehr vertrauenserweckende Liste nennt unter anderem die Mysterien der Ceres in Athen, von Artemis Tauropolos in Sparta (also des in der Spätzeit berühmten und touristisch attraktiven Kultes der Orthia), der Hera in Argos, der Kybele in Phrygien und in der Troas: der Autor hat bloß vage Vorstellungen von den paganen Mysterienkulten, die er sich hastig angelesen hat[34]. Die Liste ist aber doch nicht unwichtig, denn sie zeigt, daß man sich in der (christlichen?) Spätantike Magie und Mysterienkulte engstens verbunden vorstellte. Man erinnert sich, daß auch Apuleius den Besitz angeblich magischer Instrumente damit erklärte, daß es Erinnerungszeichen an die vielfache Einweihung in fast alle griechischen Mysterienkulte seien, und daß schon der Autor des Papyrus von Derveni Riten der Magoi und solche der Mysten zusammenstellte: heidnische Beobachter warfen die Dinge genauso zusammen. Doch es sind vor allem die Zauberpapyri, die zeigen, wie Magie und Mysterien auf verschiedenen Ebenen zusammengehen[35].

Die Worte

Die erste Ebene ist diejenige des Vokabulars[36]. Das magische Ritual heißt oft μυστήριον *(mustérion)*, ‚die geheime Sache', gelegentlich gar ‚die göttliche geheime Sache', τὸ θεῖον μυστήριον[37]; öfter noch ist von τελετή *(teleté)*, ‚Ritus' die Rede. Die Magie als ganzes, verstanden als Verkettung zahlreicher einzelner Rituale, heißt entsprechend im Plural τὰ μυστήρια oder αἱ τελεταί[38]. Auch wenn *teleté* im klassischen Griechisch jedes Ritual bezeichnen kann, hat es doch seine Bedeutung im Lauf der Zeit eingeschränkt; in der Kaiserzeit bezeichnet es regelmäßig geheime Mysterienrituale[39]. Der erst späthellenistisch belegte Singular *mustérion* bezeichnet regelmäßig Gegenstände oder Instrumente, die in magischen Ritualen verwendet werden, etwa einen Ring oder eine Salbe[40]; ein besonders wirkungsmächtiger Ring heißt gar ‚Großmysterion'[41]. Die Kollegen des Magiers heißen oft ‚Mitmysten'[42], die Nichtmagier sind ‚uneingeweiht'[43], und ein besonders hervorragender Magier wird zum Mystagogen, wörtlich ‚der durch die Mysterien führt'[44].

Die Riten

Geht man von der Prämisse aus, daß die Magier ihre Riten nicht einfach erfanden, sondern gelegentlich bestehende Mysterienriten ihren Zwecken anpaßten, könnte man denken – und man es hat auch gedacht –, daß die Mysterienterminologie gar nicht zur Magie gehört, sondern die Terminologie der übernommenen Riten ist, und daß diese Terminologie bedeutungslos in der neuen Verwendung stehenblieb. Nun gibt es Fälle, wo die Herleitung aus einem Mysterienritual für manche Forscher durchaus wahrscheinlich ist – etwa im Falle der sogenannten ‚Mithrasliturgie', einem Ritualtext im großen Zauberpapyrus der Pariser Bibliothèque Nationale, den Albrecht Dieterich als Übernahme aus den Mithrasmysterien verstanden hatte; man hat seitdem zwar mehrfach widersprochen, doch vermutet auch der neueste Deutungsversuch Mysterienriten als Ausgangspunkt, wenn auch griechisch-ägyptische, nicht solche des Mithras; jedenfalls wird aber hier der Magier als ‚Myste', der helfende Kollege als ‚Mitmyste' bezeichnet[45]. Nur ist die These einer Übernahme aus einem (wie auch immer gearteten) Mysterienritual in jedem Fall eine zu radikale Sicht der Dinge: selbst wenn ganze Szenarien von Mysterienritualen in die magischen Rituale übernommen worden sein sollten, ist deswegen die Mysterienterminologie nicht mechanisch und bedeutungslos mitgenommen worden. Die Verfasser der Zauberpapyri waren keine unreflektierten Praktiker, die einfach frühere Materialien neu zusammengebaut hätten, ohne die inneren Widersprüche und Dissonanzen, die sich bei dieser Bricolage ergaben, zu beseitigen. Vielmehr muß die Welt der Mysterienkulte ihnen durchaus geläufig gewesen sein. Tatsächlich gibt es eindeutige Fälle für bewußte Übernahme der Mysterienterminologie: der Magier verstand sich selber als Myste, als jemand, der eine rituelle Erfahrung machte, die derjenigen in den bekannten kaiserzeitlichen Mysterienkulten engstens verwandt war. Im Ritual, das H.D.Betz aus einem Mysterienkult der Daktylen hergeleitet hat, betont der Magier denn auch, er sei in den Kult der Götter eingeweiht[46] – und er verfolgt seinen festen Zweck damit: wenn er auf die eigene Initiation pocht, richtet sich dies gegen die Unterweltswesen, denen er auf seiner Jenseitsreise begegnet und gegen die er sich verteidigen kann, indem er auf seine Initiation verweist, die ihn in persönlichen Kontakt mit jenen höheren Mächten gebracht hat, die die Unterwelt beherrschen. Das ist nicht viel anders als die Antwort, die Herakles Jahrhunderte früher, im euripideischen ‚Herakles', auf die Frage seines Vaters gab, wie er die Gefahren der Unterwelt auf der Suche nach Kerberos erfolgreich bestanden habe: „Ich war in Eleusis eingeweiht"[47]. Und die bakchischen Mysten, welche die ‚orphischen' Totenpässe mit sich ins Grab nahmen, wurden darüber informiert, was sie den unterirdischen Wächtern zu sagen hatten – ein Paßwort, das ebenso ihre Initiation bewies[48]. Für die Magier freilich war der Bezugspunkt nicht bloß die griechische Religion. Der Magier, der den obersten Gott mit dem Satz anredet: „Ich bin Moses dein Prophet, dem du die von Israel gefeierten Mysterien übergeben hast", beansprucht nicht bloß, von eben diesen Mysterien zu wissen, er bezeugt eine persönliche Verbindung mit dem mächtigsten Gott, die ihn selber auch mit gewaltiger Macht ausstattet[49].

Versucht man, die Beziehung zwischen Magie und Mysterienkulten noch etwas präziser zu fassen, kann man mindestens drei Gemeinsamkeiten ausmachen: Magie und Mysterienkulte sind geheim; sie suchen den direkten Kontakt mit dem Göttlichen; man hat nur nach einem komplexen Initiationsritual Zugang zu ihnen.

Man weiß, daß die Riten der antiken Mysterienkulte geheimgehalten werden mußten; wenigstens Eleusis bedrohte den Bruch dieses Gebots, selbst wenn er unbeabsichtigt war, mit dem Tod[50]. Ebenso geheim waren die Riten der Magier und die dazu verwendeten Objekte – man erinnert sich an die Dinge, die Apuleius in ein Tuch eingewickelt und geheimgehalten hatte, was bei den Anklägern den Verdacht auf Magie erregte. Die Papyri schreiben immer wieder Geheimhaltung vor, wenn auch nicht immer so aufgeregt wie im Fall eines magischen Rituals „von größter, göttlicher Wirkkraft", des sogenannten Uphōr (Οὐφωρ), dessen Autor ein gewisser Urbicus ist: „Das ist das wahre Ritual... Verwahre es im Geheimen als ein großes Mysterium. Verbirg! Verbirg[51]!".

Kann man den Magiern glauben, so hängt die geheime Natur ihrer Riten auch damit zusammen, daß sie ägyptisch sind: die ursprünglichen Dokumente waren in einer Schrift geschrieben, die bloß einige wenige hochgelehrte Weise noch lesen konnten[52]. Die etwas pompöse Einleitung in eine Rezeptsammlung in einem Leidener Papyrus ist bezeichnend: „Übersetzung, umgesetzt aus den heiligen Texten, welche die Tempelschreiber verwendeten. Wegen der Neugier der Masse schrieben sie die Pflanzen und alles andere, was sie verwendeten, auf Bilder der Götter, damit die, die sich nicht in acht nahmen, nicht vorwitzig etwas erreichen konnten wegen der damit verbundenen Fehler. Wir aber haben die Auflösung genommen aus den vielen Kopien und Geheimschriften"[53].

Der Text ist symptomatisch für die Geisteshaltung der kaiserzeitlichen Magier. Im Lauf der Zeit hatte man zwar die Kenntnis der Hieroglyphen verloren: sie wurden zu Zeichen, die man unter anderem – oder hier, in sakraler Verrätselung, ausschließlich – auf ägyptischen Götterbildern lesen konnte. Ihre Rätselhaftigkeit machte sie zu einer Geheimschrift, deren Sinn die Geheimhaltung wirkungsmächtiger Rezepte und Formeln war. Ihre Kenntnis zeichnet Magier aus – umgekehrt identifizierten dann die Christen das Studium der Hieroglyphen mit Magie[54]. Die Trennung zwischen den wissenden Magiern und der unwissenden und unzuverlässigen Menge erinnert an Apuleius' Trennung von Philosoph und *imperiti* – selbst die exzessive Neugier, welche die *imperiti* bei Apuleius den Magiern und Philosophen vorwarfen, ist hier doch zum Vorwurf an die Menge gewendet. Folge der Geheimhaltung ist die Notwendigkeit der Initiation: um diese Schriften lesen und übersetzen zu können, um Spezialist dieser magischen Philologie zu werden, die dann ihren Text aus zahlreichen Kopien konstruiert[55], braucht man eine lange und komplizierte Lehrzeit.

Das Göttliche

Die zweite Gemeinsamkeit ist die Suche nach direktem Kontakt mit dem Göttlichen, nach der *communitas loquendi cum dis*, die im magischen Ritus verschiedene Formen annimmt. Wieder sind die Zauberpapyri die besten Zeugnisse dafür.

Für den Magier ist ein solcher Kontakt unumgänglich, wenn er sein Ritual *(prāxis)* erfolgreich durchführen will. Denn um in seiner Suche nach Liebe, Macht oder Wissen an sein Ziel zu kommen, braucht er einen göttlichen oder dämonischen Beistand, den Parhedros, und ihn kann er nur mit Hilfe der Macht bekommen, die ihm sein Wissen um die Geheimnisse eines oberen, am besten des obersten Gottes verschafft. Der Weg zum Kontakt mit dem Göttlichen ist für den Magier zwar eng verwandt mit dem des Ekstatikers oder des Gnostikers, doch der Zweck ist ein anderer[56]. Anders als für den Mysten etwa des ekstatischen Dionysos ist für den Magier die Ekstase kein Ziel in sich, sondern Mittel zum Zweck, und anders als beim Hermetiker, Gnostiker oder Neuplatoniker steht beim Magier oft genug nicht der bloße Wissensgewinn im Vordergrund, sondern das praktische Ziel, die materielle Notwendigkeit, die er zu erfüllen sucht; eher selten sucht auch der Magier den Kontakt mit der Gottheit um des Kontaktes willen.

Schwieriger ist es, den Unterschied zwischen Myste und Magier zu erfassen. Denn die traditionellen Mysterienkulte hatten immer ein praktisches Ziel: sie verbesserten die Situation des Mysten im Diesseits wie im Jenseits. Bereits der homerische Hymnus an Demeter, das Schlüsseldokument zu den eleusinischen Mysterien aus dem mittleren siebten Jahrhundert v. Chr., verspricht den Eingeweihten zum einen, der Gott Plutos (‚Reichtum‘) werde in ihren Häusern einziehen, zum andern aber ein besseres Los nach dem Tod, welches durch die Vertrautheit mit den Gottheiten des Jenseits garantiert werde[57]. Und am andern Ende der paganen Antike, gegen Ende des zweiten Jahrhunderts n. Chr., erzählt Apuleius in seinen ‚Metamorphosen‘ nicht nur von der Jenseitserfahrung seiner Initiation in den Isiskult, sondern auch davon, daß Isis ihm geholfen habe, eine Existenz als Anwalt in Rom aufzubauen[58]. Das entspricht nur zur Hälfte dem, was die Magier von der Intimität mit den Göttern verlangen: für sie entfällt die gesamte eschatologische Seite, sie beschäftigen sich nicht mit dem Weiterleben der Seele und dem Los des Menschen nach dem Tod.

Ein weiterer, wichtigerer Unterschied liegt auf einer anderen Ebene. Mysterienkulte verschaffen ein Gemeinschaftserlebnis, und ein Hauptgrund für ihren Erfolg in der mobilen städtischen Kultur von Hellenismus und Kaiserzeit war ebendies: die Kulte gaben den Mysten, oft genug Menschen, die weitab ihrer ursprünglichen Gemeinschaft lebten und arbeiteten, eine Gruppe, mit der und durch die sie sich identifizieren konnten und die oft auch auf einer alltäglichen und praktischen Ebene hilfreich war[59]. Man hat sogar die Hypothese aufgestellt, daß der Mithraskult spezifisch für die Angehörigen der kaiserzeitlichen Zoll- und Militärelite geschaffen worden war, um diesen mobilen Funktionären eine religiöse Identität zu geben, wo immer sie sich aufhielten; die standardisierte Architektur der Mithräen hätte dann eine Funktion, die der Standardisierung der großen Hotelketten für die modernen mobilen Manager nicht unähnlich ist[60]. Wie sich das auch immer verhält, daß jedenfalls der wandernde Philosoph und Rhetor Apuleius in eine Vielzahl von Mysterienkulten eingeweiht war, ist ebenso symptomatisch[61] wie der Umstand, daß Lucius, der Held in den ‚Metamorphosen' des Apuleius, im korinthischen Kenchreai ebenso wie in Rom jeweilen eine Isisgemeinde vorfindet, die ihn aufnimmt und materiell wie moralisch unterstützt.

Wieder muß man freilich nuancieren. Auch unter den Magiern existierte ein Gemeinschaftsgefühl, gab es gelegentlich kollegiale Zusammenarbeit, wofür die Bezeichnung ‚Mitmyste' steht; und die lange Initiation in den ägyptischen Tempeln geschah nicht isoliert, sondern in einer sakralen Gemeinschaft. Freilich muß man die Fiktion der Initiationsberichte und die Realität, wie sie die Papyri sehen lassen, auseinanderhalten. Obschon die uns vorliegenden Sammlungen zumeist eine eher chaotische Mischung von Texten verschiedenen Charakters und in unterschiedlich zuverlässigem Überlieferungszustand sind, kann man kohärentere und einheitlichere Vorstufen ahnen. Man findet Riten, Formeln oder ganze Bücher, die behaupten, vom Vater an den Sohn oder die Tochter, von einem großen Zauberer an einen König überliefert zu sein[62]. Entsprechend ist in den Texten der Brief die häufigste Textgattung, und ein Schluß wie derjenige eines Textes in einem der Leidener Papyri ist nicht isoliert: „Damit hast du, mein Kind, das heilige, glückbringende Buch, die ‚Monas', das noch niemand zu deuten oder auszuführen vermocht hat. Leb wohl, mein Kind." „Leb wohl" (ἔρρωσο) ist wie das lateinische *vale* der übliche Schlußgruß in einem griechischen Brief[63].

Die große Mehrheit der Papyri läßt allerdings kaum etwas von einem solchen Gemeinschaftsgefühl spüren; ihre Lektüre führt zum Eindruck, sie seien an isolierte Individuen gerichtet, die das Ritual zu persönlichen Zwecken anwenden würden. Die Aufforderungen, den Ritus zusammen mit einem Mystagogen oder einem Mitmysten durchzuführen, sind vereinzelt – und selbst hier ist Mißtrauen spürbar, wenigstens im folgenden Text: „Wenn du auch einen Miteingeweihten beiziehen willst, so daß er allein mit dir die Worte vernehme, soll er sich mit dir sieben Tage lang reinhalten, sich der Fleischnahrung und des Bads enthalten. Wenn du allein bist und dich an dem von Gott mitgeteilten Zauber versuchst, rede wie in prophetischer Ekstase. Willst du es aber auch ihm zeigen, so prüfe, ob er als Mensch wirklich würdig ist, und geh dabei so vor, wie wenn du selbst bei der Unsterblichmachung an seiner Stelle geprüft würdest, und sag ihm das Gebet vor, das so beginnt: ‚Erster Ursprung meines Ursprungs ΑΕΗΙΟΥΩ'. Das folgende sprich als Myste über seinem Kopf mit tonloser Stimme, damit er es nicht hört, indem du ihm seine Augen mit dem Mysterium salbst[64]."

Diese Passage steht am Ende der sogenannten ‚Mithrasliturgie', eines Textes, der vor dem ekstatischen Magier die Erscheinung eines Gottes und seine Prophezeiung bewirken sollte. Das Ritual nennt sich ‚Unsterblichmachung' (ἀποθανατισμός/*apothanatismós*), weil der Magier seine sterbliche Form verläßt und mit dem Gott verkehrt. Der Text stellt zwei mögliche Formen nebeneinander, wie ein Kollege einbezogen werden kann. In einer ersten Form kann der Magier einen Kollegen einladen, um mit ihm der Prophezeiung des Gottes zuzuhören: der Kollege hat eine passive Rolle, muß aber dennoch vor dem Umgang mit der Gottheit genauso rituell gereinigt werden wie der Magier. Im zweiten Fall kann man auch das Ritual dem Kollegen ‚zeigen' (‚zeigen', δεῖξαι/*deîxai*, ist auch in den Mysterienkulten ein technischer Ausdruck): dann sind die Bedingungen weit strenger. Doch selbst dann erfährt der Miteingeweihte nicht alles: das Schlüsselgebet wird *sotto voce* gesprochen, damit er es nicht mithört – er kann zwar die Vision mitansehen (deswegen werden seine Augen gesalbt), er erfährt aber das letzte Gebet nicht, wird so das Ritual nie selber erfolgreich durchführen können. Selbst dem Mitmysten gegenüber bleiben Reserven.

4. Wie wird man Zauberer?

Die Einweihung

Das eben besprochene Ritual mit seiner Verwandtschaft zu Mysterienriten führt an die Hauptthematik dieses Kapitels heran, die Form des magischen Einweihungsrituals. Hier sind Ähnlichkeiten und Unterschiede zwischen Magie und Mysterienkulten am deutlichsten. Magier ebenso wie Mysten und Neuplatoniker oder Hermetiker suchten alle die außerordentliche Erfahrung, welche das Mysterienritual vermitteln konnte. Für die Mysterien ist wieder einmal Apuleius unser bester Zeuge: das ‚Isis-Buch' seiner ‚Metamorphosen' (Buch 11) läßt noch den modernen Leser etwas von der Faszination des komplexen Initiationsrituals und der darin vermittelten Erfahrungen verspüren. Eine ähnliche Faszination kann man gelegentlich in den Zauberpapyri erfahren: das Initiationsritual führt den Magier oft genug aus seinem Alltag weit hinaus zur Erfahrung des Göttlichen – eine Erfahrung, die über die rein utilitaristischen Motive der Magie oft hinausführt und eine simple Dichotomie Magie-Mysterien zumindest modifiziert[65]. Der Ritus kann entsprechend fremdartige Formen annehmen. „Bekränze dich mit schwarzem Efeu, wenn die Sonne in der fünften Stunde in der Himmelsmitte steht; lege dich, den Blick nach oben, nackt auf das leinene Tuch [das man vorher auf einem Hausdach ausgebreitet hat] und laß dir die Augen mit einer schwarzen Binde zudecken; verhülle dich wie eine Leiche, mit geschlossenen Augen und den Kopf der Sonne zu, und beginne mit folgenden Worten:..."[66]. Dieses Ritual hat überraschende Folgen: „Hast du das dreimal gesagt, so wird dies das Zeichen der Vereinigung [mit dem Gott] sein (du aber wirst, gewappnet mit einer magischen Seele, nicht erschrecken): ein Seefalke fliegt heran und schlägt dich mit seinen Flügeln auf dein Geschlecht, um dir mitzuteilen, daß du dich erheben sollst. Steh auf und bekleide dich mit einem weißen Kleid..."[67]. Nur ein Spielverderber fragt, wie oft wohl der Falke wirklich erschienen ist.

Das Ritual entspricht in seiner Struktur durchaus einem Mysterienszenario, wie gleich zu zeigen ist. Doch darf ein ganz zentraler Unterschied nicht übersehen werden. In den Mysterienkulten genügte ein einziges Initiationsritual, seltener eine streng hierarchisierte Reihe von aufeinanderfolgenden Ritualen[68], um den Status des Mysten für immer zu ändern und ihn von draußen in die Gruppe der Mysten einzuführen. In der Magie ist die Sache komplexer, denn man muß zwei Typen von Initiationsriten unterscheiden. Denn zum einen findet man in unseren Texten – in den Papyri wie in der Literatur – ein einmaliges Ritual, das ein für allemal einen Laien in einen Magier verwandelt. Man hat das bei der Geschichte des lukianischen Pankrates und den verwandten Nachrichten gesehen (einschließlich der Gerüchte um den Zauberer Jesus) und vielleicht schon bei den Wanderpredigern und Sehern Platons; auch Nero soll sich vom armenischen Magier Tiridates, einem Magos im strengen Wortsinn, „durch magische Bankette" haben einweihen lassen[69]. Das entspricht im übrigen der gelegentlich bezeugten Einweihung von Priestern oder anderen religiösen Spezialisten in den antiken Gesellschaften[70]. Daneben findet sich wenigstens in den Zauberpapyri eine ganze Reihe von Riten, die einen längst als Magier tätigen Menschen auf eine höhere Ebene der Gottesbeziehung befördern: auch das wird man Initiationsriten nennen, zumal formal keine grundlegenden Unterschiede zu den anderen Einweihungsriten zu fassen sind. Besonders zwei Typen von Riten sind in dieser zweiten Kategorie wichtig, die beide eine engere Beziehung zu einem übermenschlichen Wesen schaffen: Riten, um sich einen Parhedros, einen übermenschlichen Helfer zu erwerben, und Riten, welche den Magier bei einer übermächtigen Schutzgottheit einführen (die sogenannte σύστασις/sústasis, ‚Einführung').

Die Systasis läßt sich am leichtesten mit einem kurzen Ritual illustrieren, das Teil eines weit komplexeren Szenarios ist; das Beispiel stammt aus der ersten Version des 8. Buchs Moses. Das Buch enthält grundsätzlich nur ein einziges, umfassendes Ritual, dessen Ziel es ist, eine Gottheit zum Besuch des Magiers zu bringen, um von ihr Enthüllungen über die Zukunft zu erhalten; es ist mithin ein divinatorisches Ritual. In der ersten Version, der ausführlichsten und umfangreichsten dieses Buches, wird aus dem Kommentar (dem ‚Schlüssel', Κλείς) ein zweites Ritual in die Vorbereitungsphase eingeschoben; sein Ziel ist es, die vorbereitenden Riten zu unterstützen. Das eingeschobene Ritual nennt sich ‚Einführung zu den Stundengöttern' – zusätzlich von ihnen unterstützt zu werden, also während jeder Tagesstunde göttlichen Schutz zu genießen, erleichtert das Vorgehen des Magiers[71]. Jeder direkte Kontakt mit den Göttern ist riskant, weil sie möglicherweise zürnen – oder gar ein Dämon ihre Gestalt imitiert hat[72].

Die Anweisungen zum Ritual verwenden die Sprache der Mysterien. Sie beginnen mit dem Versprechen einer Einweihung – „Du wirst auf folgende Art in ihre Mysterien eingeweiht werden"[73] – und enden entsprechend mit der Versicherung des Vollzugs: „Du wirst in ihre Riten eingeweiht sein"[74]. Es liegt also ein typischer initiatorischer Ablauf vor, ein Ritual, das einen Menschen mit rituellen Mitteln aus einem früheren in einen späteren Zustand transportiert; der neue Zustand wird permanent sein: die Verbalform geht vom Futur („du wirst eingeweiht werden") zum Perfekt, dem resultativen Tempus („du wirst eingeweiht sein"). Und mit der vollzogenen Einweihung werden auch die Götter, in deren Riten er eingeweiht wird – besser und näher am Griechischen: für die er eingeweiht wird[75] – ihm ihren permanenten Schutz und ihre permanente Hilfe geben.

Das Ritual selber ist sehr einfach. Bei Neumond formt der Kandidat aus Mehl drei Statuetten – die erste mit einem Stierkopf, die zweite mit einem Ziegenkopf, die dritte mit einem Widderkopf; jede steht auf einem Himmelsglobus und hält eine Peitsche. Der Kandidat räuchert die Statuetten mit Weihrauch, dann ißt er sie und rezitiert dazu das Gebet, die ‚Zwangsformel' und die Namen der ‚Wochengötter'; alle diese gesprochenen Riten werden nicht ausgeschrieben, der Verfasser des Textes verweist auf seinen Kommentar[76].

Die Neumondszeit, also die Zeit zwischen dem alten und dem neuen Monat, ist eine ideale Zeit für Magie: es ist die Zeit außerhalb der festen Ordnung. Zu diesem Zeitpunkt stellten schon die Athener an den Dreiwegen (dem lokalen Äquivalent zur Neumondszeit) der Hekate ihre Mahlzeiten auf: das ist also geläufig. Die drei Statuetten stellen wohl die Stundengötter dar – darauf weist ihre Stellung auf dem Himmelsglobus; daß es bloß drei sind, läßt vermuten, daß sie in vier Gruppen zu je drei eingeteilt waren. Die Peitsche, die der Text ausdrücklich als ägyptisch bezeichnet, und die Tierköpfe weisen auf den ägyptischen Hintergrund der Ikonographie. Umso bemerkenswerter ist, daß zwar Widder und Stier, nicht aber die Ziege in der sakralen Zoologie Ägyptens zuhause sind: da mischt sich wohl Griechisches ein[77]. Der rituelle Ablauf selber, mit der vorherigen Herstellung der Statuetten, ihrer Sakralisierung durch Weihrauch und ihrer völligen Einverleibung durch Essen, die zusammengeht mit einer Reihe ritueller Anrufungen, erinnert an den Ablauf eines Mysterienrituals. Beide Ritentypen gehören zu den ‚rites de passage', den Passageriten mit ihrer bekannten Dreierstruktur, die Van Gennep aufgewiesen hatte, dem Gang von Trennung (‚séparation') über Marginalität (‚marginalité') zu Integration (‚rite d'aggrégation'): in den beiden vorliegenden Fällen geschieht die entscheidende Begegnung mit dem Göttlichen in der Phase der Marginalität[78].

Magie und Mysterienkulte

Doch die Initiation zu derartigen kleinen Gottheiten bringt bloß teilweisen Gewinn. Zu weit mehr Macht kommt man durch den Erwerb eines helfenden Geistes, des Parhedros, der ein Dämon oder ein niederer Gott sein kann: Plotin beeindruckt einen ägyptischen Kollegen eben damit, daß sein persönlicher Schutzgeist „nicht aus der Gattung der Dämonen, sondern ein Gott" ist[79]. Seine Unterstützung erlaubt dem Magier, das zu vollbringen, was ein Mensch allein nicht kann, insbesondere die Divination und die Traumsendung. Aus der Anschuldigung des Eirenaios gegen den Gnostiker Markion etwa geht klar hervor, wozu nach der Meinung der späteren Antike ein Parhedros dienen sollte: „Er hatte vermutlich auch einen helfenden Dämon, mit dessen Hilfe er sich selber den Anschein gab zu prophezeien und jene Frauen prophezeien ließ, die er seiner Gnade für würdig hielt"[80]. Es geht hier um Prophetie durch Besessenheit: dank seiner großen Macht über die Dämonen kann Markion sie nicht bloß als Exorzist zwingen, einen Körper zu verlassen, er kann sie auch umgekehrt veranlassen, in seinen eigenen Körper oder in denjenigen einer andern Person einzutreten.

Eine Liste in einem Berliner Papyrus gibt weit mehr. Parhedroi können unter anderem dabei behilflich sein, Träume zu senden, Frauen und Männer durch Liebeszauber miteinander zu verbinden, Gegner umzubringen, verschlossene Türen zu öffnen und in Ketten Gebundene zu befreien, die Angriffe von Dämonen oder wilden Tieren aufzuhalten, die Giftzähne von Schlangen zu brechen, Hunde einzuschläfern, aber auch Wasser, Wein, Brot, Öl, Essig (und was man sonst alles essen möchte) erscheinen zu lassen – mit Ausnahme von Fisch und Schweinefleisch, die den Ägyptern immer verboten waren. Sie können auch andere Dämonen als prächtig livrierte Diener auftreten lassen, und wenn man ein Bankett veranstalten will, können sie „Bankettsäle mit Decken aus Gold und Wänden aus Marmor" entstehen lassen, „was du (so fügt der vorsichtige Schreiber hinzu) teilweise als echt, teilweise als Illusion ansehen mußt"[81].

Diese Passage hat im übrigen eine etwas unerwartete Entsprechung außerhalb der Zauberbücher. Kelsos, der streitbare Heide, gegen den Origines polemisierte, hatte Jesus zu einem Magier, einem Goëten gemacht, aber einem recht unterhaltsamen: „Kelsos (so beklagt sich Origenes) vergleicht die Wunder Christi mit den Taten der Magier, die erstaunliche Dinge zu vollbringen versprechen, und mit den Unternehmungen der Ägypter. Diese verkaufen auf öffentlichen Plätzen um einige Obolen ihr altehrwürdiges Wissen, treiben aus Menschen Dämonen aus, heilen Kranke mit einem Hauch ihres Atems, rufen die Seelen der Heroen herauf, lassen reiche Mahlzeiten erscheinen, Tische voller Leckereien und Lebensmittel jeder Art, die in Wirklichkeit gar nicht existieren, und sie lassen das sich bewegen, was nicht lebendig ist, sondern bloß so erscheint, als ob es wirklich lebendig wäre"[82].

Ägyptische Zauberer sind also nicht bloß Bösewichte: zumindest einige von ihnen verdienten sich ihr Leben als professionelle Gaukler, durch die Magie der Jahrmärkte und der öffentlichen Plätze. Diese Seite fehlt denn auch in den Zauberpapyri nicht völlig. Gelegentlich finden sich Rezepte für diese Art Magie, etwa dazu, wie man auf einem Krokodil reiten kann oder wie man jemanden mit magischen Mitteln befreit, der in Ketten geschlagen und in ein verschlossenes Gemach eingesperrt wurde: „Wenn du jemanden in Ketten gefesselt hast, schließt du ihn in einen Raum ein; bleib selber draußen und sprich die Formel sechs oder sieben Mal; und damit die Türe sich öffnet, sprich die Formel..."[83]. Was freilich an Kelsos' Beschreibung dieser populären, alltäglichen Magie erstaunt, ist nicht bloß, daß hier von einer Hilfe von Dämonen keine Rede mehr ist, anders als im Berliner Papyrus, sondern auch, daß sich in diese Beschreibung reiner Illusionistik auch Dinge einmischen, die uns weit ernster vorkommen, Nekromantik, Krankenheilung, Exorzismus; doch nichts weist darauf, daß Kelsos übertreibt. In der Meinung mancher Zeitgenossen handelt es sich eben auch nicht um Illusionistik: selbst der Offizier, der die christlichen Märtyrer Perpetua, Felicitas und ihre Gefährten gefangenhielt, glaubt, sie könnten mit Hilfe „gewisser magischer Beschwörungen" aus dem Gefängnis verschwinden[84]. Und wenigstens eine Anleitung, wie man durch Anhauchen eine Krankheit heilt, findet sich auch in einem magischen Papyrus[85]. Wieder einmal sind unsere Kategorien nicht die der späteren Antike.

Ein Magier kann also nicht ohne einen Parhedros auskommen: nur durch ihn wird jemand überhaupt zum richtigen Zauberer. Sich rituell einen Parhedros zu verschaffen, ist mithin auch eine Art Initiationsritual. Die Papyri geben eine ganze Reihe von Beispielen dafür – ein Text aus demselben Berliner Papyrus mag das Charakteristische vorführen[86].

„Als Parhedros wird ein Daimon erworben, der dir alles in Sprache verkünden, mit dir leben und essen und schlafen wird.

(1) Nimm zwei deiner Fingernägel und alle Haare vom Kopf; nimm einen Falken und vergotte ihn in der Milch einer schwarzen Kuh, mische ihr attischen Honig bei. Wenn du ihn vergottet hast, binde ihn zusammen mit einem ungefärbten Lappen, lege die Fingernägel zusammen mit den Haaren daneben, schreibe auf ein Stück königlichen Papyrus mit Myrrhentinte das folgende, lege es ebenfalls zu den Haaren und Nägeln und präpariere ihn mit männlichem Weihrauch und altem Wein.

(1a) Was du auf das Blatt schreibst: A EE HHH IIII OOOOO YYYYYY ΩΩΩΩΩΩΩ. Schreib es, indem du es zu zwei Leitern formst.

(2) (a/α) Nimm die Milch und trink sie mit dem Honig aus vor Sonnenaufgang: und etwas Göttliches wird in deinem Herzen sein.

(β) Nimm den Falken und stell ihn in einem Tempel aus Wacholderholz auf; wenn du eben diesen Tempel bekränzt hast, (γ) stelle unbeseelte Nahrung daneben und halte sehr alten Wein bereit.

(b) Und bevor du dich niederlegst, rede vor eben diesem Vogel, nachdem du ihm geopfert hast, wie du es gewöhnlich tust; sage den folgenden Spruch: „A EE HHH IIII OOOOO YYYYYY ΩΩΩΩΩΩΩ, komm zu mir, guter Ackermann, guter Daimon, Horos-Knouphi ... [Zauberworte]. Komm zu mir, heiliger Orion, der du im Norden ruhst, der du die Nilfluten heranwälzst und mit dem Meer vermischst und mit Leben verbindest wie den Samen des Mannes im Beischlaf, der du die Welt auf unzerstörbarer Grundlage errichtet hast, der du jung bist am Morgen und alt am Abend, der du durch den Pol unter der Erde durchgehst und feueratmend aufgehst, der du im ersten Monat die Meere geschieden hast, der du ununterbrochen deinen Samen auswirfst auf den heiligen Feigenbaum in Heliopolis. Dies ist dein wahrer Name: ΑΡΒΑΘ ΑΒΑΩΘ ΒΑΚΧΑΒΡΗ".

(c) Aber wenn man dich weggehen läßt, sei ohne Schuhe und gehe rückwärts, und mache dich an den Gebrauch der Speisen und des Mahls und der vorliegenden Mahlzeit. Nähere das Gesicht dem Gesicht als Gesellschafter des Gottes.

(3) Dieser Ritus verlangt vollständige Reinheit; verbirg, verbirg das Ritual und halte dich für sieben Tage von einer Frau fern."

Es ist nicht nötig, in alle Einzelheiten dieses Rituals und besonders seines im wesentlichen ägyptischen Gebets einzutreten. Deutlich sind, neben der Schlußformel (3), zwei Hauptphasen, die Vorbereitung des Rituals (1) und seine Durchführung (2). In der Vorbereitungsphase werden die Ingredienzien zugerichtet: man ertränkt einen Falken in Milch, macht ihn zur Mumie und legt Stücke der eigenen Fingernägel, die Kopfhaare und einen Papyrus mit einer kurzen Formel daneben und überzieht alles mit einer Mischung aus Weihrauch und Wein. Die Durchführung des Rituals beginnt kurz vor Sonnenaufgang. Man unterscheidet auch hier einzelne Phasen:

(a) Ein Einführungsritual, in dem (α) der Magier sich selber vorbereitet, indem er die Honigmilch trinkt, in der der Falke ertränkt worden war, (β) die Mumie des Falken in einem kleinen Heiligtum aufstellt und dieses bekränzt und (γ) eine fleischlose Mahlzeit vorbereitet.

(b) Das eigentliche Ritual – das Opfer an den Falken und das zugehörige ausführliche Gebet.

(c) Wenn der Gott erschienen ist, der Ritus also sein Ziel erreicht hat, essen Gott und Magier zusammen die vorbereitete Mahlzeit. – Anschließend entfernt sich der Magier barfuß und rückwärts gehend.

Der Ablauf hier ganz am Ende ist nicht völlig klar; die obige Paraphrase versucht, eine logische Ordnung hineinzubringen, indem gemeinsame Mahlzeit und Rückwärtsgehen nach der Entlassung getrennt werden. Die letzte Forderung nach Reinheit und sexueller Abstinenz ist wohl ein Zusatz, der nicht die Zeit nach dem Ritual betrifft, sondern die Vorbereitungszeit: denn derartige Reinheitsvorschriften gehören regelmäßig in diese erste, vorbereitende Phase eines Rituals als eigentlicher Trennungsritus, und zwar nicht nur in der Magie, sondern in jedem Ritual, das den Menschen in engen Kontakt mit dem Göttlichen bringt, wie insbesondere in den Mysterienkulten.

Ein anderer geläufiger ritueller Akt ist derjenige von Essen und Trinken. Im vorliegenden Ritual lassen sich zwei Varianten feststellen. Erst trinkt der Magier eine besondere Milch, wodurch er verwandelt, göttlich gemacht wird: „Etwas Göttliches wird in deinem Herzen sein" – das verweist auf ekstatische Erfahrung. Dieser Ritus, ausgeführt vor Sonnenaufgang, markiert den Übergang zur Marginalität, in welcher der Magier seinem Gott begegnen wird. Die Ingredienzien des Getränks fügen sich dazu: Milch und Honig sind Flüssigkeiten, die in marginalen Riten verwendet wurden, schwarz ist als ‚Unfarbe' eine marginale Farbe, Kuhmilch findet sich in verschiedenen magischen Rezepten, andere vergleichbare Getränke sind ebenfalls bezeugt[87]. Ein anderes Papyrusrezept macht einsichtig, weswegen Milch getrunken wird, in der ein heiliges Tier – hier der heilige Falke des Horus – ertränkt worden ist. In allen drei Versionen von Moses VIII schreibt der

Magier den wichtigsten Zauberspruch auf die zwei Seiten eines Täfelchens aus Sodiumkarbonat; die eine Seite leckt er ab, die zweite wäscht er mit der Milch einer schwarzen Kuh, die er dann mit reinem Wein vermischt und trinkt – dann betet er, und der Gott erscheint[88]. Wieder markiert das rituelle Trinken den Durchgang, welcher dem Eintritt in die Marginalität unmittelbar vorangeht; Milch und reiner Wein verweisen wiederum auf die im Passageritus für die Marginalität bezeichnende Verkehrung der Normalität. Doch es kommt etwas dazu: indem der Magier den zentralen Text ableckt oder trinkt, verleibt er ihn sich ganz wörtlich ein. Dieser Gedanke ist im Alten Orient durchaus belegt. Ablecken eines Spruchs und Trinken eines in Flüssigkeit aufgelösten Textes ist schon in ägyptischen Riten belegt[89]. In einer ägyptischen Volkserzählung aus ptolemäischer Zeit verschlingt der Held ein geheimes Buch des Gottes Thot, das er lange gesucht hat: damit macht er sich das geheime machtvolle Wissen, das im Buch enthalten ist, ganz zu eigen[90]. Und zu Ezechiels prophetischer Initiation gehört, daß Gott ihn zwingt, ein Buch zu essen[91]. Neuzeitliche Parallelen zu diesem nicht sehr appetitlichen Ritual (Sodiumkarbonat dient zur Herstellung von Seife) und zur damit verbundenen Ideologie fehlen nicht. Während der Initiation einer Hexe in Norditalien trinkt die Kandidatin im entscheidenden Moment ein Gebräu aus den Exkrementen einer Riesenkröte, Haaren und Asche – ein Hexer aus dem Bernerland gab im Verhör zu Protokoll, nach dem Genuß eines solchen Getränks habe er „in meinem Herzen das Bild unserer Kunst und der Hauptrituale unserer Schule gefühlt"[92].

Das alles hilft die Rolle zu verstehen, welche der in Milch ertränkte Falke spielt. Das zentrale Gebet kombiniert eine ganze Reihe von Anspielungen an die ägyptische Sonnenmythologie. Der Gott, der „am Morgen jung und am Abend alt" ist, der „durch den Pol unter der Erde" durchgeht und „feueratmend" aufgeht, ist natürlich der Sonnengott. Derjenige, der „im ersten Monat die Meere geschieden" hat, ist wiederum Râ, der aus den anfänglichen Urwassern auftauchte, und der, der „ununterbrochen den Samen auswirft auf den heiligen Feigenbaum in Heliopolis", ist noch einmal Râ, der durch Masturbation die Götter erschuf[93]. Der Magier will also mit dem Sonnengott in direkten Kontakt treten, und der Falke ist eine Form desselben Gottes, gleichzeitig heiliges Tier und Symbol. Trinkt man die Milch, in der dieses heilige Tier ertränkt worden ist, verleibt man sich seine göttliche Lebenskraft ein – deswegen spürt man danach „etwas Göttliches im Herzen". So, wie Ezechiel sich das göttliche Zukunftswissen aneignet, indem er das Buch ißt, oder wie der Berner Zauberer sich mit dem Trank seine gesamte Kunst einverleibt, eignet sich der kaiserzeitliche ägyptische Magier einen Teil des Göttlichen an: so kann er seine menschliche Existenz hinter sich lassen und in direkten Kontakt mit dem Gott treten. Essen und Trinken sind also in diesen Ritualen Akte, in denen die vollständige Aneignung von etwas Geistigem so eindrücklich wie einfach rituell dargestellt ist. Strukturell gesehen markieren sie den Eintritt in den Raum des Anderen; mythologisch gesprochen zeigen sie den Eintritt in die Welt des Gottes an.

Das führt zum anderen Ritual, wo man ißt und trinkt, der Mahlzeit. Die Mahlzeit wird gemeinsam eingenommen, in idealer Zweisamkeit, „Gesicht gegen Gesicht", als Ausdruck der Gleichstellung von Mensch und Gottheit. Sie besteht aus „unbelebter", also vegetarischer Nahrung und aus altem Wein. Der Wein ist nicht außergewöhnlich (nimmt man seine vermutlich sehr gute Qualität aus); falls er ungemischt getrunken wird, was nicht ganz undenkbar ist, wird es nicht gesagt. Vegetarische Nahrung fügt sich wieder ein in eine Welt, in welcher der Verzicht auf Fleischnahrung Ausdruck eines Verzichts auf menschliche Normalität ist; deswegen wird der Vegetarismus auch von Charismatikern wie Apollonios von Tyana praktiziert. Fleischnahrung setzt Töten von Lebendem voraus, und das ist mit dem Göttlichen unvereinbar. Bezeichnend ist ein Detail in der von Plotins Biographen Marinos erzählten Geschichte, wie ein ägyptischer Kollege Plotin seinen persönlichen Daimon vorführen will. Als der Daimon erscheint, erwürgt einer der Begleiter Plotins in der Erregung einen als Opfertier mitgeführten Vogel, worauf der Daimon sofort wieder verschwindet: die Gegenwart des Todes vertreibt ihn[94].

Schließlich der letzte und diesmal eindeutig ägyptische Aspekt des Rituals. Der Falke ist, wir sagten es schon, Symbol und heiliges Tier des Sonnengottes. Als heiliges Tier darf er nicht getötet werden: derartige Tiermorde konnten im griechischen Ägypten den Volkszorn provozieren und bis zu Massakern führen[95]. Das Töten des heiligen Tiers im vorliegenden Ritual hat aber zugleich eine klare Symbolik: indem der Magier das Verbotene, Unvorstellbare tut, entfernt er sich aus der Gemeinschaft der Mitmenschen. Die Tötung des heiligen Tiers wird so zum Trennungsritual des Passageritus, vergleichbar den unaussprechlichen Morden in Geheimgesellschaften, von denen die Außenstehenden munkeln. Ein heiliges Tier zu töten, war in ägyptischem

Glauben seit jeher ein augenfälliges Zeichen von Gottlosigkeit. Man erinnert sich an Kambyses oder an Antiochos Epiphanes, die den heiligen Apis-Stier töteten und prompt bestraft wurden; weniger bekannt ist der Bericht des Manetho über eine Koalition von Hyksos und Juden, welche die ägyptischen Priester zwang, ihre eigenen heiligen Tiere zu schlachten und aufzuessen[96].

Vom typischen van Gennepschen Dreischritt sind in unserem Ritual Trennungsritus und Marginalität deutlich, das abschließende Integrationsritual hingegen ist nur schwach auszumachen. In sehr vielen Fällen ist es die gemeinsame rituelle Mahlzeit, welche die Einbindung in die neue Normalität einer neuen Gruppe markiert; in unserem Fall ist diese Mahlzeit zusammen mit der Gottheit Ziel und Hauptereignis der Riten des Draußen, der Marginalität. Es bleiben allein die etwas problematischen Vorschriften ganz am Ende: „Wenn du entlassen wirst, gehe rückwärts ohne Schuhe"[97]. Rückwärts zu gehen ist häufige Vorschrift am Ende einer magischen Zeremonie[98]. Dabei markieren die Integrationsriten immer wieder den neuen Status – rückwärts zu gehen kann man auch verstehen als Ausdruck dafür, daß der Magier menschliche Normalität definitiv verlassen hat. Barfüßigkeit fügt sich ein: sie ist festes Zeichen marginalisierter Menschen, vom Mysten in Eleusis bis zu den Charismatikern der späteren Antike[99].

Das Hauptgebet des Rituals, wir sahen es, wird dominiert durch die Mythologie des ägyptischen Sonnengottes. Dennoch nennt sich der Parhedros Horos, Orion[100] und Agathos Daimon, ist mithin ein Daimon, nicht einer der großen Götter: das Gebet mischt ägyptische mit griechisch-alexandrinischen Elementen. Nicht, daß der Magier sich nicht auch zugetraut hätte, mit dem Sonnengott selber in Kontakt zu treten. Das große Zauberbuch der Bibliothèque Nationale in Paris enthält eine lange rituelle Unterweisung durch einen gewissen Nephotes an König Psammetich. Ihr Ziel ist es, umfassende divinatorische Fähigkeiten zu erhalten: „Wenn du das Ritual geprüft hast, wirst du über seine wunderbare Kraft staunen"[101]. Das Ritual umfaßt zwei klar getrennte Teile, das eigentliche divinatorische Ritual, das man jedesmal durchführen muß, wenn man den Gott über die Zukunft befragen will (PGM IV 222–285), und das vorbereitende Ritual, das sich ‚Einführung zum Sonnengott' nennt. Es genügt, dieses Ritual nur einmal durchzuführen, um zu einem eindrücklichen Träger göttlicher Macht zu werden: „Kehre zurück als Besitzer einer gottgleichen Natur durch dieses Einführungsritual, wenn du es vollzogen hast"[102].

Die Form des Rituals ist ebenso einfach wie seltsam. Bei Sonnenaufgang steigt der zukünftige Magier auf den höchsten Punkt seines Hauses und entfaltet ein reines Tuch aus weißem Leinen. Am Mittag bekränzt er sich mit schwarzem Efeu, entkleidet sich, läßt sich die Augen mit einem schwarzen Band bedecken und hüllt sich wie eine Mumie in das Leinentuch, mit geschlossenen Augen, doch das Gesicht der Sonne zugewandt[103]; dann betet er zu Seth-Typhon, dem Gegner des Osiris in der ägyptischen Mythologie. Darauf wird ein Seefalke erscheinen und ihn mit seinem Flügel am Geschlecht berühren: das ist das Hauptritual. Dann erhebt sich der Magier, zieht sich ein weißes Gewand an, bringt ein Räucheropfer mit Weihrauch dar, dankt dem Gott und steigt vom Dach.

Das Gebet erklärt, was gespielt wird – im wahrsten Sinn des Worts. Der Magier nimmt die Rolle eines Anhängers von Seth an, den Isis und Horus getötet haben; in unserem Text ist Seth eine Form des Sonnengottes. Der Gott fällt auf das Spiel herein und erscheint in der Form seines heiligen Vogels, um dem gefährdeten Mitstreiter beizustehen.

Das ist die mythologische Oberflächenstruktur. Derartiges Rollenspiel findet sich gelegentlich in den Papyri, und oft benutzt der Magier zu seinem Ausdruck die aus dem Isiskult stammende hieratische Formel „Ich bin der und der...", ἐγώ εἰμι *(egṓ eimi)*; dabei ist die Identifikation nur mit ägyptischen Gottheiten nicht zwingend, wir trafen die Formel schon bei der Moses-Imitation[104]. Unter dieser mythologischen Struktur erkennt man im vorliegenden Ritual ein geläufiges Schema. Der Magier sucht die Stelle in seinem Haus, die möglichst weit abliegt von der täglichen Normalität. Da er zudem den Kontakt mit der Sonne sucht, ist diese größtmögliche Distanz in der Höhe: also steigt er auf das Dach und dessen höchsten Punkt. Er vollzieht sein Ritual in einem reinen Raum – auch das ist geläufig: andere Riten suchen das Innere eines Tempels oder einen Ort am Ufer des Nils, wo noch keines Menschen Fuß hingetreten ist[105]. In unserem Ritual ist es das reinweiße Leinentuch, das diesen Raum markiert. In diesem sakralen Raum entkleidet der Magier sich, um sich am Ende wieder neu einzukleiden in ein weißes Gewand; Neueinkleidung ist eines der geläufigsten Rituale in allen möglichen Initiationsriten. Im selben sakralen Raum erlebt der Magier seinen Tod und seine Wiedergeburt: er läßt sich als Mumie einpacken, er bekränzt sich mit dem schwarzen Efeu, der Pflanze des Osiris, des unterweltlichen Dionysos. Die Wiedergeburt erfolgt dadurch, daß der Gott ihn in seiner Vogelgestalt berührt; auferstanden, ist der Magier zu einem neuen Wesen geworden, mit göttergleicher Natur. Die Symbolik von Tod und Wiedergeburt ist so typisch für Initiationskulte, daß Mircea Eliade eines seiner erfolgreichsten Bücher danach betitelt hat; auf der Gegenseite wurde herausgestellt, daß wenigstens in den griechischen und römischen Mysterienkulten dieser Symbolismus fehle[106]. Hier jedenfalls, im Initiationsritual der graecoägyptischen Magie, ist er belegt.

Zum Abschluß dieses Kapitel muß zum einen hervorgehoben werden, daß ein Initiationsritus auch immer eine Selbstdefinition ist; das gilt auch für den Magier. Der auffallendste Zug dieser magischen Selbstdefinition ist die Suche nach dem direkten Kontakt zum Göttlichen. Die Mitbürger des Apuleius hatten letztlich gar nicht so unrecht, wenn sie einen Menschen, der mit übergroßem Eifer auf der Suche nach dem Göttlichen war, der Magie verdächtigten.

Wichtiger noch ist, daß die jetzt vorgeführte Analyse der magischen Initiationsriten geläufige Schemata und Kategorien benutzte, die sich alle anderswo wiedergefunden haben, sei es nun der Dreischritt Van Genneps, die Ideologie von Tod und Wiedergeburt oder die Funktion des Ritus zur Statusänderung. Das ist an sich nicht überraschend, es darf nur nicht zur Annahme verleiten, wir hätten es mit altem Ritengut zu tun. Die Verwendung der Mysterienterminologie und der Umstand, daß eine Reihe von Riten, die zu Mysterienritualen gehören können, in den magischen Ritualszenarien auftauchen, läßt eher vermuten, daß die Mysterienkulte einen nicht unwichtigen Einfluß auf die ‚bricolage' der magischen Riten ausübten; das läßt sich freilich nur schwer beweisen.

Die Magie fügt sich mithin in die Religion der Kaiserzeit bruchlos ein; eine letzte Überlegung bestätigt dies. Hauptziel des Magiers auf seiner Suche nach Macht ist der Erwerb eines Parhedros, eines dämonischen oder göttlichen Gehilfen, der ihn unterstützt und beschützt, und zwar lebenslang. Doch die Suche nach solchen Parhedroi wird nicht bloß von den Magiern betrieben: die Philosophen hatten schon längst übermenschliche Begleiter, wie Plotins persönlichen Daimon, und wenigstens die Neuplatoniker deuteten auch Sokrates' rätselhaftes Daimonion in diesem Sinn[107]. Im Laufe der Kaiserzeit verstärkte sich die Suche nach solchen persönlichen Helfern noch, bis schließlich die christlichen Heiligen die nützlichsten Parhedroi wurden[108].

5. Defixionen und Zauberpuppen.
Aspekte des Schadenzaubers

Einführung

Die Magier, die uns im letzten Kapitel begegnet sind – Individuen auf der Suche nach Erfahrung des Göttlichen, bis hin zur gemeinsamen Mahlzeit, Aug in Aug mit der Gottheit –, entsprechen kaum den Vorstellungen, die man sich vom Zauberer macht, weder in unserer Kultur noch in weiten Teilen der Antike. Weit näher kommt solchen Vorstellungen, was schon Platon mit den Magoi verband, die Fähigkeit, anderen zu schaden mit Bindezauber, *defixiones*, und mit magischen Puppen. Es sind diese Aktivitäten, die über viele Jahrhunderte der Antike belegt sind und die neben der magischen Divination das Bild des Magiers weitgehend bestimmen.

Die Defixion in der Antike ist gut aufgearbeitet, weit besser als andere Aspekte der Magie; dies vor allem, weil reichlich Texte vorliegen[1]. Diese Texte, die *tabulae defixionum*, fast alle auf dünne Bleiblättchen eingeritzt, sind von jeher Archäologen und Epigraphikern aufgefallen; sie liegen entspechend in zwei alten, aber unverzichtbaren Sammelwerken vor. 1897 schloß Richard Wünsch das Corpus der attischen Inschriften in den ‚Inscriptiones Graecae' mit einem Band über die schon damals zahlreichen attischen Defixionen ab[2]. Wenig später, im Jahre 1904, hat Auguste Audollent sämtliche Texte, die lateinischen wie jene griechischen, die nicht schon in der ‚Appendix' von Wünsch vorgelegt worden waren, in seiner Dissertation veröffentlicht[3]. In dem seither vergangenen Jahrhundert sind in dem Maße, wie Grabungstätigkeit und Inschriftenkunde fortgeschritten sind, sehr viele Defixionen gefunden, weit weniger veröffentlicht worden: die Schwierigkeit der Lesung dieser oft stark beschädigten und immer schlecht geschriebenen Texte mit ihren oft schwer verständlichen religiösen Einzelheiten und ihrem gelegentlich befremdlichen Hintergrund hat die Veröffentlichung nicht gerade befördert. Der 1992 von John Gager vorgelegte Band mit einer Auswahl bereits bekannter Texte samt Übersetzung und Kommentar hat besonders der Religionswissenschaft ein Arbeits-

Einführung

instrument in die Hand gegeben, das es auszunützen gilt – eine neue wissenschaftliche Edition bleibt umso dringender[4]; wie umfangreich das noch zu bearbeitende Material ist, hat die knappe Übersicht über noch nicht in den Corpora ausgeschriebene Texte gezeigt, die David Jordan, einer der besten Kenner der Materie, 1985 vorlegte.

Die literarischen Quellen

Der rituelle Bindezauber ist in der Literatur öfters erwähnt. „Jedermann fürchtet sich, Opfer einer Defixio zu werden", meint der ältere Plinius, und tatsächlich kennt Tacitus zahlreiche Anklagen wegen *devotio*, der verbotenen Ausübung des Bindezaubers, aus julisch-claudischer Zeit; den berühmtesten Fall, denjenigen des Germanicus, erwähnen auch spätere Autoren. Doch schon in Ciceros Zeit konnte Curio einen plötzlichen Gedächtnisschwund ebenso erklären[5], und den frühesten Hinweis auf diese Praxis hat man in Aischylos' Verweis auf den ‚Bindehymnos' der Eumeniden entdeckt[6].

Doch wieder ist es Platon, der als erster ausführliche Einzelheiten berichtet. In der schon mehrfach angesprochenen Stelle im ‚Staat' über die wandernden Bettelpriester läßt er diese ihren Kunden versprechen, sie könnten ihren Gegnern mit „irgendwelchen Totenbeschwörungen und Bindungen" Schaden zufügen, und in den ‚Gesetzen' kommt er ausführlich darauf zurück und informiert nicht bloß über die Praktiken und ihre rechtliche Behandlung, sondern gibt eine eigentlich psychologische Theorie der Magie[7]. Unter den dabei behandelten Verbrechen durch *pharmakeía* findet sich sowohl die Vergiftung mit physischen Substanzen wie der Schaden durch Magie, „mit Hilfe bestimmter Zaubereien, durch Beschwörungen und Bindezauber"; ausdrücklich genannt sind auch die „wächsernen Gebilde", die man unter Türschwellen oder an den Gräbern seiner Ahnen findet. Ungefähr zur selben Zeit hat auch der Redner Deinarch von Defixion gesprochen, wenn man den späteren rhetorischen Lexika glauben kann[8]. Im vierten Jahrhundert war die Praxis in vollem Schwang.

Doch das Ziel dieser magischen Riten, „einem Gegner zu schaden", wie Platon es formuliert, bleibt recht vage. Erst ein kaiserzeitlicher Zauberpapyrus, der eine Defixio mit Hilfe eines magischen Rings beschreibt, wird ausführlicher: „Ich binde NN zu dem Zweck: damit er nicht redet, damit er nicht widerspricht, damit er nicht sehen und nicht gegen mich sprechen kann, damit er mir unterworfen bleibt, solange dieser Ring eingegraben bleibt. Ich binde seine Vernunft und seinen Geist, seine Gedanken und Handlungen, damit er machtlos werde allen Menschen gegenüber. Und wenn es sich um eine Frau handelt: damit diese Frau nicht den und den Mann heiraten kann[9]."

Kategorien und Formeln

Kategorien

Der übliche Zweck einer Defixion ist es mithin, einen anderen Menschen dem eigenen Willen zu unterwerfen und ihn unfähig zu eigenem Handeln zu machen. Der Papyrus läßt den Benutzer des Rituals dies von Fall zu Fall spezifizieren. Nach dieser Kasuistik hatte bereits Audollent die ihm vorliegenden Texte nach ihrem praktischen Zweck kategorisiert und fünf klar getrennte Gruppen gefunden – in seiner lateinischen Terminologie (für die ich eine adäquate Übersetzung versuche[10]):

(1) *Defixiones judiciariae* (‚Prozeßflüche'), durch die man einem Prozeßgegner zu schaden versucht, indem man ihm, den Zeugen oder Anwälten die Zunge lähmt. Zwar stammen die meisten aus dem prozeßfreudigen Athen des späten fünften und vierten Jahrhunderts, doch finden sich Beispiele aus allen Jahrhunderten und allen Gegenden der antiken Welt[11].

(2) *Defixiones amatoriae* (‚Liebeszauber'), Riten, die in einer geliebten Person eine entsprechende wilde Liebe zu provozieren suchen und ihr jede andere Liebesbeziehung verunmöglichen sollen. Seit Sophokles' ‚Trachinierinnen' literarisch bezeugt, ist diese Art der Defixion ebenso verbreitet wie der Prozeßfluch[12].

(3) *Defixiones agonisticae* (‚Wettkampfzauber'), im Zusammenhang mit dem Zirkus oder anderen Wettkämpfen; sie sind vor allem in der Kaiserzeit gut belegt[13].

(4) *Defixiones* gegen Diebe und Verleumder, von denen eine beträchtliche Anzahl aus dem Demeterheiligtum von Knidos stammt; doch Parallelen aus anderen Orten und Epochen sind vorhanden[14].

(5) *Defixiones* gegen Rivalen im Geschäftsleben; sie sind seit dem 4.Jh. v. Chr. bis in die Zauberpapyri bezeugt.

Die Defixion ist vor allem ein Ritual. Um Funktion und Mentalität zu verstehen, muß man die antike Terminologie betrachten: hinter dem sprachlichen Befund tut sich die Realität des Rituals auf.

Umschreibungen für das Ritual

Platon und Deinarch benutzen zur Bezeichnung des Rituals die Termini καταδεῖσθαι *(katadeîsthai)* und καταδεσμός *(katadesmós)*. Das ist der zeitgenössische Wortgebrauch, den die Defixionstexte bezeugen: auf den attischen Bleitäfelchen der klassischen Zeit ist häufig von *katadeîn* die Rede. Wörtlich heißt dies ‚hinab, in die Tiefe binden', was zur Bedeutung ‚stark binden, unbeweglich machen' führen kann – so, wie κατέχειν/*katékhein* ‚niederhalten, unbeweglich halten' meint. Diese Semantik macht die allermeisten Fälle verständlich, und ein Wortspiel verstärkt sie: „Ich binde Euandros hinab, mit Banden aus Blei"[15]. Entsprechend wäre die Befreiung vom Zauber ein Lösen dessen, was gebunden ist: „Ich binde hinab und werde nicht mehr auflösen"[16].

Nur ist in der Welt der Magier die Richtung, die im Praeverb ausgedrückt wird, ‚in die Tiefe', alles andere als harmlos. Ein anderer, langer und beunruhigender Text auf einem kleinen, 20 mal 16 Millimeter messenden Bleitäfelchen des späten vierten Jahrhunderts v. Chr. deutet dies an[17]:

(A.1) Ich binde Theagenes hinab, seine Zunge und seine Seele und die Worte, die er verwendet; (A.2) ich binde auch die Hände und die Füße des Pyrrhias hinab, des Kochs, seine Zunge, seine Seele, seine Worte; (A.3) ich binde auch die Frau des Pyrrhias, ihre Zunge und ihre Seele, hinab; (A.4/5) ich binde auch den Koch Kerkion und den Koch Dokimos, ihre Zunge, ihre Seele und die Worte, die sie verwenden; (A.6) ich binde auch Kineas hinab, seine Zunge, seine Seele und die Worte, mit denen er Theagenes unterstützt; (A.7) ich binde auch die Zunge des Pherekles hinab, seine Seele und das Zeugnis, das er zugunsten des Theagenes abgibt; (A.8) ich binde auch die Zunge des Seuthes hinab, seine Seele und die Worte, die er verwendet, ebenso seine Füße, seine Hände, seine Augen und seinen Mund; (A.9) ich binde auch die Zunge von Lamprias hinab, seine Seele und die Worte, die er verwendet, ebenso seine Füße, seine Hände, seine Augen und seinen Mund; (B) alle diese binde ich hinab, ich lasse sie verschwinden, ich vergrabe sie, ich nagle sie hinab. Wenn sie vor Gericht und vor dem Diatheten gegen mich auftreten, sollen sie nicht erscheinen können weder in Worten noch in Taten.

Der Text zerfällt in zwei klar abgetrennte Hälften[18]. Voran geht eine Liste der Opfer, die zwei Formeln verwendet – „ich binde A, seine

Zunge und die Worte, die er verwendet", und „ich binde B, seine Zunge, seine Seele und seine Worte"; man kann dies um „seine Füße, seine Hände, seine Augen" erweitern. Will man die Funktion eines Opfers bestimmen, wird variiert – „die Worte, mit denen er Theagenes hilft"; „das Zeugnis, das er zugunsten des Theagenes abgibt". Doch immer steht im Zentrum der Aussage das Verbum ‚ich binde hinab‘, *katadéō*, von dem sich die griechische Bezeichung dieser Art Text als *katadesmós* ableitet. – Die zweite Hälfte (B) faßt emphatisch mit synonymer Reihung zusammen und gibt den Anlaß für das Ritual an: Theagenes und das sprechende Ich (der ‚Zauberer‘, wie man vorläufig sagen kann) stehen sich vor Gericht gegenüber, die andern acht Personen sind Helfer und Zeugen der Gegenpartei, des Theagenes. Die Defixion hat das Ziel, den Prozeß dadurch zu verhindern, daß keiner von ihnen vor Gericht agieren kann. Es ist mithin ein Beispiel für Audollents *defixiones judiciariae*. Deswegen konzentriert sich der magische Angriff vor allem auf die Redefähigkeit und den Intellekt, stehen Seele, Zunge und Worte im Vordergrund. Wenn auch Hände, Füße und Augen betroffen werden, soll wohl auch das physische Erscheinen vor Gericht verunmöglicht werden.

Die neun Opfer werden aber nicht bloß ‚hinabgebunden‘, was man noch als einfache Verstärkung des Bindens ansehen kann, sie werden auch eingegraben und hinabgenagelt. Das geht über bloße Emphase hinaus, stößt die Opfer hinab in die Erdtiefe: werden sie also Opfer unterirdischer Potenzen? Weitere Texte helfen, diesen Punkt zu klären.

Prozeßflüche sind in Athen zwischen dem mittleren fünften und dem mittleren vierten Jahrhundert sehr verbreitet: es ist die Zeit der extremen Demokratie mit ihrer schon von Aristophanes gegeißelten Prozeßwut. Doch sind sie bereits zu Beginn des fünften Jahrhunderts in Sizilien, der Heimat der Redekunst, belegt[19], und verschwinden auch in der Folgezeit nicht völlig, wie die Affäre des Curio zeigt. Auch aus der Kaiserzeit sind Beispiele bekannt; ein solcher Text stammt aus Gallien, aus dem Land der Santones: er wurde zusammen mit einem zweiten, ähnlichen Text und einer Münze des Marcus Aurelius aus dem Jahr 172 n. Chr. gefunden[20]. Er lautet in Übersetzung:

> Ich verkünde den unten aufgeführten Personen, Lentinus und Tasgillus, daß sie vor Pluto erscheinen müssen. Wie dieser Kater niemandem geschadet hat, so [Lücke] sollen auch sie den Prozeß nicht gewinnen können. Und so wie die Mutter dieses Katers ihn nicht

hat verteidigen können, so sollen ihre Advokaten sie nicht verteidigen können, so ihre Gegner [der Rest ist lesbar, aber unverständlich].

Mehrdeutiger ist der folgende lateinische Text aus Brigantium (Bregenz), den der Schriftcharakter – ein immer problematischer Führer – ins erste nachchristliche Jahrhundert datiert[21]:

Domitius Niger, Lollius, Iulius Severus und Severus, der Sklave des Niger, die Gegner der Brutta, und wer sonst gegen sie geredet hat: du wirst alle zugrunde richten.

Das Vorkommen von Gegnern *(adversarii)* läßt vermuten, daß es sich auch hier um einen Prozeß handelt, während die andere Definition der Opfer von Brutta, „und wer sonst gegen sie geredet hat" *(quisquis adversus illam loqutus est)* in seiner perfektischen Formulierung auch üble Nachrede möglich machte. Eine Entscheidung ist nicht einfach, ein Prozeßfluch liegt vielleicht näher, die Gottheit – die angeredet ist, die wir aber nicht kennen – hat jedenfalls gewußt, worum es sich handelte.

Diese drei Texte belegen die drei Formeltypen, die in den Defixionen gewöhnlich verwendet wurden: (a) die einfache Aussage in der ersten Person Singular, ‚ich binde hinab', wie im attischen Beispiel; (b) die Anrede an eine übermenschliche Macht, oft im Imperativ, seltener im Konjunktiv oder im Futur (wie in Brigantium), und (c) die Parallelisierung zweier Handlungen, der aktuellen rituellen Situation (grausamer als üblich bei den Santonen, wo offenbar ein wehrloser Kater rituell getötet wurde) und des erwünschten Effekts auf das Opfer (das wehrlos wie der Kater sein sollte); seit Audollent heißt diese Formel *similia similibus*, Frazer hatte von sympathetischer Magie gesprochen. – Im übrigen läßt sich zwischen den zeitlich getrennten Texten eine Progression feststellen, auf die zurückzukommen ist: während der attische Text des vierten Jahrhunderts lediglich eine (situationsbezogene) Ohnmacht provozieren will, schickt der kaiserzeitliche Text aus Gallien die Opfer *ad Plutonem*, also in das Jenseits; die Gegner zugrunde zu richten *(perdere)*, wie dies der Text aus Brigantium wünscht, heißt wohl auch gleich, sie zu töten.

Doch bevor diese so sehr einem modernen Bild von Magie entsprechenden Greuel weiterverfolgt werden, sollen erst die harmloseren sprachlichen Gegebenheiten besprochen werden, insbesondere die erste, verbreitetste Formel, deren Implikationen noch nicht ganz klar sind. Neben der einfachen Aussage ‚ich binde den und den hinab' stehen zwei verbreitete Varianten, der Ersatz von *katadeîn* duch andere, mehr oder minder synonyme Verben und die Anfügung einer Gottheit mittels einer Präposition, wobei auch hier *katadeîn* durch Synonyme ersetzt werden kann.

Die Vielzahl der Verben überrascht etwas: *katadeîn* und sein lateinisches Äquivalent *defigere*, verbaler Ausgangspunkt der technischen Termini *katadesmós* und *defixio*, stehen nicht allein, ja sind nicht einmal dominant in den Inschriften. Die literarischen Texte und die darauf fußende moderne Forschungsliteratur verzeichnen in dieser Hinsicht das Bild. Selbst in Attika, wo ‚binden' dominiert, findet sich daneben ‚hinab- oder einschreiben' (καταγράφειν/*katagráphein*), das außerhalb Attikas häufig vorkommt[22]. Außerhalb Attikas sind die religiösen Termini ‚weihen' (ἀνατιθέναι/*anatithénai*, ἀνιεροῦν/*anhieroûn*) außerordentlich geläufig, daneben auch ‚einschreiben' (ἐγγράφειν/*engráphein*, auf das Täfelchen, relativ selten) und ‚einschreiben' (ἀπογράφειν/*apográphein*, bei einer Amtsstelle – oder auch ‚wegschreiben, d.h. durch Schreiben entfernen'[23]); später findet man auch ‚beschwören' (ὁρκίζειν/*horkízein* und ἐξορκίζειν/*exhorkízein*). Im Latein stehen neben der Gruppe von ‚binden' *(ligare, alligare, obligare)* die Verben ‚weihen' *(dedicare, demandare)* und ‚beschwören' *(adiurare)*, also eine Terminologie, die mit der griechischen zusammengeht.

Mit anderen Worten: an die Stelle der einfachen Aktion des ‚Bindens', die rituell vollzogen werden konnte (dazu mehr unten) und einen anderen Menschen als Opfer zum Ziel hatte, steht eine Reihe von Verben, die eine Beziehung zwischen dem Opfer und einer übermenschlichen Macht herstellen: man ‚weiht' jemanden einer Gottheit, ‚schreibt' ihn ihr ‚zu', oder man schreibt jemanden zu den Unterirdischen ‚hinab'. Entsprechend tritt zur einfachen Verb-Objekt-Struktur die Gottheit, die das Ritual auch angeht[24]: „Ich schreibe die Isias, die Tochter der Autokleia, ein *(katagráphō)* bei Hermes, der festhält: halte sie bei dir fest. Ich fessele *(katadesmeúō)* Isias hinab zu Hermes, der festhält – die Hände, die Füße der Isias, ihren ganzen Körper". Dieser Text, der um 400 v.Chr. im euböischen Karystos geschrieben wurde, zeigt, daß die verschiedenen Verben dieselbe Funktion bezeichnen: durch das Einschreiben wie das Hinabfesseln wird Isias einem Hermes ausgeliefert, der ihre Glieder bindet und sie so festhält.

Zwei weitere Texte sind noch deutlicher; sie wurden in ganz verschiedenen Gegenden der antiken Mittelmeerwelt aufgeschrieben.

Kategorien und Formeln 115

Ein Text aus dem kleinasiatischen Knidos wurde im dortigen Heiligtum von Demeter und Kore gefunden und stammt aus hellenistischer Zeit[25]: „Nanas weiht Emphanes und Rhodo der Demeter und der Kore und den Göttern bei Demeter und Kore; denn sie haben ein Depositum erhalten von Diokles, aber es nicht zurückgegeben, sondern unterschlagen. Mag dies für mich heilbringend und hilfreich sein, schädlich aber für die, die das Depositum nicht zurückgegeben haben, auch wenn sie sich wehren."

Der andere Text kommt aus einer Mineralquelle in der Umgebung des mittelitalienischen Arezzo und wird in die Mitte des zweiten Jahrhunderts der Kaiserzeit datiert[26]: „Q. Letinius Lupus, der auch Caucadio heißt, der Sohn der Sallustia Veneria oder Veneriosa: das ist der Mensch, den ich übergebe, weihe, opfere bei eurer göttlichen Macht, damit ihr, *Aquae Ferventes* [‚kochende Wasser'], mögt ihr nun Nymphen heißen oder sonst einen Namen tragen, ihn tötet, ihn erwürgt im Lauf des kommenden Jahrs."

Diese beiden Texte sind Grenzfälle und als solche eher atypisch. Während die große Mehrzahl der Defixionen aus Gräbern stammt, kommen sie aus einem Heiligtum, demjenigen von Demeter, Kore und Pluton in Knidos und dem Quellheiligtum der Aquae Ferventes, die der Autor als Wassernymphen charakterisiert, etwas zögernd wohl, weil das heiße Wasser als Element von Nymphen ungewöhnlich und etwas unheimlich ist. Doch obwohl der Dedikationsort selten ist, ist er keineswegs isoliert: eine Reihe von Defixionen stammt aus Heiligtümern[27]. Dabei ist bezeichnend, daß die gewählten Götter – Demeter, Kore, der Totenherrscher Pluton, die Nymphen – mit der unterirdischen Welt in Kontakt stehen. Man ist also nicht so weit entfernt von den Gräbern, wie man erst hätte meinen können. Die Hüterinnen einer heißen Quelle mögen besonders enge Beziehungen zum feurigen Innern der Erde haben, doch werden an manchen Orten Defixionen auch in Brunnen geworfen: die Brunnen der Agora entpuppten sich als ergiebige Fundplätze[28], und die Zauberpapyri bestätigen dies. Der auch schon zitierte Papyrus des British Museum gibt eine ganze Reihe von Möglichkeiten, um das, was er ‚vergrabene Defixion' nennt, niederzulegen – in der Erde, im Meer, in einem Fluß, einer Wasserleitung, einem Brunnen oder einem Grab[29]. Es wird also immer der Kontakt mit der Tiefe gesucht, und auch wenn die Toten in ihren Gräbern die besten Überbringer dieser Texte sind, werden andere Möglichkeiten nicht ausgeschlossen – seien es lokale Wege in die Tiefe wie Brunnen oder Quellen, seien es die Götter, die mit der Unterwelt in Beziehung stehen. Das bestätigt die nicht seltene Verbindung von Magiern und Unterweltsgottheiten, welche die antike Literatur herstellt[30]. In einer für die Magie typischen Verkehrung (,Inversion') von ritueller ,Normalität' sucht die Defixion die Bewegung in die Tiefe, gegen das Erdinnere zu, während der öffentliche (,normale') Kult der Städte und Familien die Bewegung in die Höhe, hinauf zu den *superi*, den Himmelsgöttern, ausspielt.

Der Text aus Arezzo bezeugt eine weitere Inversion. Sein Opfer heißt Q. Letinius Lupus; er wird definiert als Sohn der Sallustia Veneria oder Veneriosa, also durch den Muttersnamen anstelle des in der antiken Welt omnipräsenten (und letztlich schon indoeuropäischen) Vatersnamens. Das findet sich regelmäßig in den magischen Texten, nicht nur zur näheren Definition des Opfers, sondern auch des Urhebers der Defixion; wir trafen das auch bei Isias, der Tochter der Autokleia aus Karystos. Frühere Generationen hatten darin Spuren einer Matrilinearität, gar des Mutterrechts sehen wollen; nachdem derartige Theorien in der Forschung nicht mehr akzeptabel waren, gab man sich mit dem proverbialen *pater semper incertus* zufrieden: in einem Ritual, wo das Opfer präzis definiert werden mußte, sei der Vatersname zuwenig genau gewesen[31]. Das überzeugt nicht, man darf nicht Biologie und Institutionen verwechseln: auch die antike Bürokratie strebte nach Präzision und verwendete doch den Vatersnamen – und wie präzis ist der Muttersname wirklich, wenn der aretinische Text nicht einmal über das Cognomen der Mutter genau Auskunft geben kann? Man hat auch einleuchtender darauf verwiesen, daß eine Definition durch den Muttersnamen in ägyptischen Quellen durchaus geläufig sei – schließlich komme die Magie ja aus Ägypten[32]. Nur erklärt auch dies nicht, weswegen diese ägyptische Sitte in magischen Texten auch außerhalb Ägyptens beibehalten wurde, von Griechenland bis Britannien. Viel einfacher ist es, auch dieses Detail in das Spiel der magischen Inversionen einzubeziehen.

Noch etwas hebt die letzten beiden Texte heraus aus der Masse der Defixionen – ihre Nähe zur rituellen Verwünschung *(dirae)*, die in der griechischen und römischen Religion gut belegt ist[33]. Die Terminologie bereits weist darauf: *devotio*, einer der geläufigsten lateinischen Termini für die Verfluchung, ist auch das Wort, das Tacitus regelmäßig für die Anklage der Defixion verwendet; da spiegelt sich die offizielle Sprache Roms. Schon Audollent hatte darauf verwiesen und versucht, die beiden Arten der *devotio* zu differenzieren[34]: demnach wäre der Hauptunterschied der, daß die Verfluchung öffentlich ist und vor der ganzen Gruppe ausgesprochen wird, die betroffen ist, während die Defixion privat und heimlich ist. Das ist tatsächlich grundlegend. Die berühmten *Dirae Teiorum*, die offizielle Verfluchung von Missetätern durch die Polis des ionischen Teos, werden durch die Beamten im Theater während der drei großen Polisfeste der Anthesteria, Heraklea und Dia ausgesprochen[35]. Die griechischen Grabflüche – Verfluchungen von Grabschändern – waren auf den Grabmonumenten eingeschrieben, deutlich lesbar für jeden, der sie lesen wollte: Herodes Atticus, der schwerreiche Sophist antoninischer Zeit, hatte auf seinen attischen Ländereien solche Flüche auf schönen Stelen aus hymettischem Marmor in großer Zahl aufgestellt[36]. Unklar ist bloß, ob das Grab auch durch ein Ritual gesichert wurde, in dem dieser Fluch ausgesprochen worden war[37]. Diese Öffentlichkeit geht zusammen mit einem andern Unterschied. Die Verfluchung ist zumeist eine Vorsichtsmaßnahme gegen allfällige Gefahren in der Zukunft, politische Revolte, Giftmord oder Grabschändung – man beauftragt so die Götter als Beschützer, ohne daß man ein mögliches Ziel der Verfluchung namentlich nennen könnte. Die Defixio ist demgegenüber immer das Resultat einer momentanen Krise, die ihre Wurzeln in einer individuellen Vergangenheit hat; die Umstände sind immer klar, und das Ziel der Defixio kann fast immer genau benannt werden. Es gibt Unschärfen – in einigen Defixionen (die man auch als ‚judicial prayers' bezeichnet hat) hat der Defigierende einen Schaden erlitten, kann aber den Verursacher nicht präzis ausmachen, und ein Staat kann umgekehrt auch nach erfolgter Schädigung einen öffentlichen Fluch aussprechen, etwa Athen gegen Alkibiades[38]. Auch der Fluch des Chryses zu Beginn der ‚Ilias' (wo Homer ihn einen ‚Flucher', ἀρητήρ/*arētḗr* nennt; die gängige Übersetzung als ‚Priester' ist zu flach) reagiert auf eine Krise, die Mißachtung von Chryses' Ehrenstellung; doch äußert Chryses seinen Fluch nicht öffentlich, sondern abseits am Strand des Meers[39]. Saubere Differenzierungen ohne Rücksicht auf die Epoche sind wohl nicht ohne weiteres möglich.

Similia similibus

Man erinnert sich an die Defixion aus dem Land der Santones, in der jemand seinen Gegner so wehrlos und bewegungslos machen wollte, wie es der Kater war, den er rituell getötet hatte; in ihr hatten wir das erste Beispiel für jene Formel gesehen, die Audollent als *similia similibus* bezeichnete. Das gallische Beispiel ist freilich spät und nicht besonders typisch für die griechisch-römische Magie, in der man seit dem vierten vorchristlichen Jahrhundert vor allem zwei Vergleiche findet – denjenigen des Opfers mit dem Toten, in dessen Grab die Defixion niedergelegt wird, und denjenigen mit dem Blei, auf welches der Text geschrieben wird.

Defixion und Tod. Ein Bleiplättchen aus einem Grab von Megara aus dem zweiten oder ersten vorchristlichen Jahrhundert enthält folgende Formel[40]: „Pasianax, wenn du diese Buchstaben liest – aber du wirst diese Buchstaben nie lesen, Pasianax, und Neophanes wird nie einen Prozeß gegen Aristandros (?) führen, sondern ebenso wie du, Pasianax, hier bewegungslos liegst, wird Neophanes in Bewegungslosigkeit und ins Nichts verfallen". Es ist ein bemerkenswerter Text, der eine erstaunliche und grausame Ironie gegenüber dem Toten, Pasianax, an den Tag legt und in dem ausnahmsweise der Name des Toten, der als Vermittler der Botschaft dient, überhaupt genannt ist.

Doch das verlangt genaueres Hinsehen. Der Text setzt mit einer geläufigen Briefformel ein. Was jetzt mit ‚diese Buchstaben' übersetzt wurde, heißt im Griechischen γράμματα/*grámmata*; das heißt auch ‚Brief', wie lateinisch *litterae*. Die Defixion kann mithin die Form eines Briefs an einen Toten haben. Dafür hat man längst Parallelen gesammelt; man hat auch vermutet, daß Defixionen überhaupt ursprünglich Briefform hatten[41]. Betonen muß man allerdings auch, daß in unserem Material die Fälle ganz selten sind, in denen man (wie bei unserem Text) die Briefform noch einigermaßen deutlich fassen kann; fast einzigartig ist ein Text wie der folgende aus Attika: „Ich schicke diesen Brief an Hermes und an Persephone"[42]. Und wirklich frühe Defixionen in Briefform, die eine Ableitung der Defixion von Jenseitsbriefen schlüssig erlauben würden, sind jedenfalls bis heute keine gefunden worden.

So kann man die häufige Anrede an den Toten oder an die Unterweltsgottheiten auch anders als aus der Briefanrede erklären. Die Papyri zeigen, daß man den Text nicht einfach auf den Schriftträger – Bleiplättchen, Papyrusblatt, Wachstafel – aufschreibt: beim Schreiben muß man ihn rezitieren[43]. Die Schrift hat die Aufgabe, dieses einmalig rezitierte Gebet zu fixieren und ihm damit Dauer zu verleihen; entsprechend ist gelegentlich die Wirkung der Defixion an das Überleben des Textes gebunden[44]. Indem man ihn in einen Brunnen oder in ein Grab niederlegt, ihn hinabgibt in Richtung auf die unterirdischen

Mächte, versucht man, den dauerhaft gemachten Text seinen Adressaten zukommen zu lassen. Aufschreiben ist mithin eine Handlung, die das Aussprechen wiederholt, in einer Redundanz, welche die unbeschädigte Ankunft der Botschaft sicherstellen soll. Der Brief hingegen ist Ersatz für das direkte Gespräch; gemeinsam ist beiden also bloß die Kommunikationsstruktur der direkten Anrede eines Gegenübers: dadurch wird die Defixion höchstens zur Parallele des Briefs, nicht der Brief zur Urform der Defixion. Daß der Tote damit dennoch zu einer Art jenseitigen Briefträgers gemacht wird, bleibt bestehen: er hat den Text in die Unterwelt mitzunehmen. Das erklärt auch, weswegen (wenigstens beim gegenwärtigen Stand der Forschung) eine ganze Anzahl von Gräbern Defixionen enthalten, die nicht Gräber jener vom Magier bevorzugten Kategorie von Toten sind, der unzeitig – also jung – und gewaltsam Umgekommenen (ἄωροι/*áhōroi* und βιαιοθάνατοι/*biaiothánatoi*), und die deswegen bevorzugt werden, weil ihr ungestillter Lebenshunger sie besonders leicht zu Missetaten den Lebenden gegenüber verlocken kann[45]. Wenn der Tote bloß Bote ist, muß er nicht zwingend einer besonders machtvollen Klasse von Toten angehören.

Gegensatz zum Tod ist nicht einfach das Leben, vielmehr das intensivierte Leben des Eros: so erstaunt nicht, daß diese Art von Vergleich vor allem in den erotischen Defixionen sich findet. „So wie der Tote, der hier begraben liegt, nicht reden und kein Wort sagen kann, ebenso soll sie tot neben ihm liegen und nicht reden oder ein Wort sagen können" – um nur einen Text zu zitieren, der diese Opposition von Tod und Liebe, Schweigen und Reden besonders deutlich herausarbeitet[46]; gegen vier Jahrhunderte früher hatte es in Athen geheißen: „So wie diese Tote hier liegt, ohne ans Ziel gekommen zu sein, so sollen die Worte und Taten der Theodora gegenüber Charias nicht ins Ziel gelangen[47]."

Der Text als Bild des Opfers. Die zweite Gruppe vergleicht die Opfer der Defixion mit dem Bleitäfelchen, auf dem der Text geschrieben ist – wie die folgende attische Defixion, die ungelenk von rechts nach links geschrieben ist und die nach einer Namensliste einen Text anfügt: „Wie dieses kalt und verkehrt ist, so sollen die Worte des Krates kalt und verkehrt sein, die seinen ebenso wie die der Ankläger und der Anwälte, die ihn begleiten"[48].

Kalt ist das Metall, auf dem der Text steht, verkehrt ist der Text selber, der die übliche Schriftrichtung auf den Kopf stellt; zur Zeit, als der Text abgefaßt wurde, hatte sich die Rechtsläufigkeit der Schrift längst durchgesetzt. Eine solche bewußte Verkehrung der Schriftrichtung ist nicht selten; sie ist eine weitere jener Inversionen, die magisches Vorgehen charakterisieren[49]. Gewöhnlich werden diese Inversionen von den indigenen Akteuren nicht erklärt; es genügt, daß etwas Normales in verkehrter Weise getan wird. Die hier vorliegende Erklärung ist mithin eine improvisierte Interpretation eines geläufigen Prozedere durch jemanden, der dem Wechsel der Schriftrichtung einen besonderen Sinn unterlegen wollte.

Häufiger noch ist der Verweis auf das Metall: das Blei ist kalt[50]. Auch andere Eigenschaften von Blei werden ausgenützt – es gilt als ‚glanzlos'[51], ‚wertlos'[52] oder ‚nutzlos'[53], und ebenso sollen die Worte und Taten der Opfer, deren Namen auf dem Blei stehen, ohne Glanz, Wert oder Nutzen sein. Dabei erweckt diese Liste der Eigenschaften etwas den Eindruck persönlicher Variation: eine feste Tradition der Wertung läßt sich nicht fassen. Die Frage nach der Beziehung zwischen Blei und Defixion hat im übrigen eine gelehrte Diskussion stimuliert: die Wahl von Blei als Schriftträger, so wurde argumentiert, sei eben durch die Stumpfheit, die graue Schwere des Bleis bestimmt worden[54]. Doch das kann so nicht überzeugen: andere Schriftträger sind durchaus bekannt. In der antiken Literatur hören wir gelegentlich von Defixionen auf Wachstafeln, die sich archäologisch kaum erhalten haben[55], und aus Ägypten stammen derart viele Defixionen auf Papyrus, daß man vermuten muß, auch anderswo seien solche Texte auf Papyrus geschrieben worden, nur daß eben dieser Beschreibstoff sich bloß im trockenen Klima Ägyptens hat erhalten können. Auch in den Zauberpapyri ist immer wieder davon die Rede, daß die Texte auf Papyrus, insbesondere dem qualitätsvollen ‚königlichen' oder ‚hieratischen Papyrus', geschrieben werden sollen; ein Rezept stellt den Anwender sogar vor die Wahl: „Nimm hieratischen Papyrus oder Blei"[56]. Nun sind aber Wachstafeln, Papyrus und Bleitäfelchen die gängigen Schriftträger der Antike wenigstens für nicht-offizielle Texte (neben Stein, Bronze- oder geweißten Holztafeln für die offiziellen Texte), und gerade Blei wurde in spätarchaischer und klassischer Zeit etwa für Privatbriefe öfters benutzt; späteren Autoren erinnern sich daran[57]. Die Wahl der Schriftträger erklärt sich mithin leicht; die Magier haben erst einmal keine besonderen Schriftträger verwendet. Erst später wurde Blei zum vorherrschenden Material, als man den Gebrauch archaisierend ritualisierte und in den Eigenschaften des Metalls einen Sinn sah, der ursprünglich nicht gemeint gewesen war.

Damit gehen beide Gruppen der *similia similibus*-Formel gleich vor. Man lädt immer ein vorgegebenes, traditionelles Faktum – das Begraben des Textes in einem Grab, das Beschreiben von Bleitäfelchen, die retrograde Schriftrichtung – a posteriori symbolisch auf, um einen neuen, bisher noch nicht gesehenen Sinn zu bewirken. Diese immer neue Suche nach überraschender Sinngebung scheint bezeichnend für die Welt der Magier; sie erinnert etwas an das kreative Spiel mit den sogenannten Zauberworten, den *voces magicae*, auf das noch einzugehen ist. Von Sympathiezauber zu reden, vernebelt mithin das Phänomen bloß – es geht nicht um mystische Teilhabe, um Sympatheia, zwischen Menschen und Gegenständen, es geht darum, daß der Magier ein Universum konstruiert, in dem die Dinge einen neuen, bisher noch nie dagewesenen Sinn haben, in überraschend neue Beziehungen eintreten können, die mit der normalen Alltagswelt nichts zu tun haben.

Für den Ort, an dem Defixionen niedergelegt werden, läßt sich möglicherweise auch eine chronologische Entwicklung festmachen; allerdings sind die Indizien weit weniger klar. Die griechischen Defixionen der klassischen Zeit scheinen alle aus Gräbern zu stammen; zur Zeit der Papyri hingegen liegt, wie wir sahen, eine ganze Palette von Möglichkeiten vor[58]. In einer Anleitung zur Defixion mit Hilfe eines magischen Rings empfiehlt ein Londoner Papyrus, den Ring entweder in einem aufgegebenen Brunnen oder aber im Grab eines unzeitig Verstorbenen niederzulegen, und er gibt zwei seltsam widersprüchliche Begründungen dafür. Der unzeitig Gestorbene soll ein besonders nützlicher Überbringer und Helfer sein (also das Thema des unterirdischen Briefboten, das wir schon kennen); gleichzeitig soll der Ring aber auch im Grab versteckt werden, denn seine Macht hat er nur, solange er nicht entdeckt wird[59]. Dieser zweite Grund wirkt als Weiterentwicklung des ursprünglichen Motivs, für die Defixion einen besonders engen Kontakt mit der Unterwelt zu suchen.

Die Riten

Bei der Diskussion der Terminologie war die Rede davon gewesen, daß *katadeîn* nicht einfach ‚binden' im Sinn von ‚unbeweglich machen' meint, daß vielmehr im Praeverb eine präzisere Bedeutung steckt, die etwas provisorisch in lokalem Sinn als ‚hinab', und zwar auf die Unterwelt zu, gelesen wurde. Eine Betrachtung der Riten, die mit den Formeln verbunden sind, kann weiterführen – allerdings auch komplizieren: ‚binden' verweist je nach Epoche und Typus der Defixion auf verschiedene Sachverhalte.

Unsere Überlegungen waren von jener Liste in einer attischen Defixion ausgegangen, in der der Defigierende zusammenfaßt, was er seinem Opfer antut: „Diese alle binde ich, lasse ich verschwinden, vergrabe ich, nagle ich in die Tiefe"[60]. Diese Liste verweist auf eine rituelle Sequenz, deren Objekt erst einmal nicht das Opfer der Defixion ist, sondern das Bleitäfelchen selber: es wird erst ‚gebunden', dann läßt man es verschwinden (wo auch immer), man ‚gräbt es ein,' man ‚nagelt' es. Spuren dieses Nagelns finden sich gerade in attischen Defixionen noch gelegentlich: zahlreiche Defixionen weisen ein absichtlich angebrachtes Loch auf, und manchmal ist auch das Instrument, mit dem das Loch gestochen wurde, noch faßbar, ein eiserner Nagel, den man durch das zusammengefaltete Bleiplättchen hindurch getrieben hat.

Diese Annahme einer rituellen Sequenz, die sich in der Abfolge der vier Verben unseres Texts rekonstruieren läßt, stößt freilich auf zwei Schwierigkeiten. Die eine ist die, daß die Reihenfolge der Handlungen nicht logisch ist: man würde vielmehr ‚Binden' und ‚Nageln' gern enger zusammennehmen. Nur ist die überlieferte Reihenfolge der vier Verben rhetorisch besser; da wir es mit einem gesprochenen Ritus zu tun haben, ist dies nicht unwichtig. Doch auch wenn man so diese Schwierigkeit aus dem Weg räumen kann, bleibt das Problem, daß das Verbum ‚(hinab)binden' weniger eindeutig ist als der Rest. Handelte es sich bei diesem ‚Binden' um ein eigenständiges Ritual – band man etwa die Täfelchen mit einem organischen Faden zusammen, der im Erdboden keinerlei Spuren hinterließ? Oder faßt ‚ich binde hinab' die drei aufeinanderfolgenden Riten zusammen, so daß die Sequenz von ‚verschwinden lassen', ‚vergraben', ‚in die Tiefe nageln' zusammen den Akt des Katadesmos darstellte? Das führt zur Frage des Rituals.

Voodoo-Puppen – aus Attika und von anderswo

Ein erster wichtiger Hinweis auf die Riten ergibt sich aus jenen archäologischen Befunden, in denen systematische und sauber dokumentierte Grabungen den Gesamtkontext einer Defixion aufgewiesen haben. Das trifft etwa für ein attisches Grab im Kerameikos zu, das die Vasenfunde in die Zeit um 400 datiert haben[61]. Es enthielt neben den Vasen und den Überresten des Beigesetzten eine sehr wortkarge Gerichtsdefixion – eine einfache Liste von neun Männernamen im Nominativ und ohne Vatersname, aber mit dem Zusatz, daß der Text auch jeden anderen angehe, der „mit jenen Leuten zusammen Mitankläger oder Zeuge sein wird"[62]. Derartige knappe Texte sind in der Epoche die Regel – in diesem Fall aber führt er zum Ritual. Denn der achtzeilige Text ist auf den Deckel einer kleinen Schachtel aus Bleifolie eingeritzt, die ungefähr 11 Zentimeter lang, 6 Zentimeter breit und 24 Millimeter hoch ist. Die Schachtel enthielt eine kleine Bleistatuette mit deutlich markiertem männlichen Geschlecht, deren Hände auf den Rücken gefesselt sind; auf dem rechten Oberschenkel ist in kleinen Buchstaben der Name Mnesimachos eingeritzt, der auch in der Namensliste vorkommt. Unterdessen fanden sich in benachbarten Gräbern zwei weitere derartige Statuetten mit Namensbeischriften[63].

Es genügt mithin nicht, einfach einen Defixionstext zu schreiben; man formt auch ein gefesseltes Bild: das nimmt das Los vorweg, das Mnesimachos erwartet. *Katadeîn* ist also erst einmal nichts anderes als ‚eine Person binden oder unbeweglich machen'. Andere Bleistatuetten führen dies noch drastischer vor, wenn sie mit eisernen oder bronzenen Fesseln gebunden sind[64]. Doch das ist nicht alles. Der Deckel der Schachtel weist zwei Löcher auf, die absichtlich mit einem spitzen Instrument gestochen wurden – doch wohl einem Nagel.

Deutlich wird die Bedeutung dieses rituellen Akts wieder durch ein extremes Beispiel. Aus demselben Kontext wie die bereits besprochene Defixion der kaiserzeitlichen Santones stammt ein zweiter Text, der eng zum ersten gehört[65]:

Sie sollen so von diesem Prozeß abgewendet werden, wie dieser Kater abgewendet ist und nicht aufstehen kann – so auch sie. Sie sollen so durchbohrt sein wie jener.

Man hat den Kater nicht bloß getötet, so daß er sich nicht mehr erheben kann, sondern auch ‚abgewendet' und ‚durchbohrt' als Zeichen dafür, daß auch die Opfer der Defixion das erleiden sollen. ‚Abgewendet' (*aversus* im lateinischen Text) erklärt sich wieder von den Zauberpuppen her, von denen eine beträchtliche Anzahl nicht bloß aus Attika, sondern aus dem ganzen Mittelmeerraum bekannt ist, vom klassischen Attika bis zum kaiserzeitlichen Ägypten. Unter diesen Puppen sind einige wirklich ‚abgewendet': ihr Kopf ist vollständig nach hinten gedreht, gelegentlich sind zusätzlich auch die Füße nach hinten gewandt;

eine solche Verdrehung erlaubt keine Bewegung mehr[66]. Man muß annehmen, daß auch dem Kater der Kopf so umgedreht wurde – was antike Menschen von einem Zauberer in dieser Hinsicht erwarteten, zeigt das als magisches Opfer in Libanios' Hörsaal gefundene Chamäleon: „sein Kopf war zwischen die Hinterbeine gepreßt, ein Vorderbein fehlte, während das zweite ins Maul gesteckt war, um es zum Schweigen zu bringen"[67]. Andere Puppen sind von Nägeln oder Nadeln durchbohrt – am befremdlichsten wohl die gut gearbeitete Tonstatuette einer jungen Frau, die mit auf den Rücken gefesselten Händen kniet und mit dreizehn langen Nadeln gespickt ist, Dokument eines ägyptischen Liebeszaubers, der uns gleich beschäftigen wird[68]. Ähnlich, vielleicht weniger drastisch, muß man sich den Kater vorstellen. Daß es sich gerade um einen Kater handelt, ist nicht zufällig: die Tötung (,Vergottung', um den Euphemismus der Zauberpapyri aufzunehmen) eines Katers ist in den magischen Vorschriften gelegentlich gefordert[69]. Die Zauberpuppen ihrerseits sind, auch wenn sie nicht durchbohrt wurden, oft sonst irgendwie absichtlich beschädigt; ein sich umarmendes Paar, sorgfältig in den Papyrus mit einer erotischen Defixion eingewickelt, ist die Ausnahme, nicht die Regel[70].

Ein ägyptisches Ritual

Um detaillierte Auskunft über das Ritual mitsamt einem indigenen Kommentar zu erhalten, muß man wieder die Zauberpapyri zu Hilfe nehmen. Das große magische Manual der Pariser Bibliothèque Nationale enthält ein langes Ritual, einen ‚wunderbaren Liebeszauber', wie er genannt wird[71], der auch deswegen von Interesse ist, weil sich seine aktuelle Durchführung mehrfach nachweisen läßt[72]. Der größte Teil des Texts besteht aus den Sprüchen (im griechischen Fachausdruck der Papyri den *lógoi*), den verbalen Riten, welche die anderen Riten begleiten. Der Text beginnt so: „Nimm Wachs [oder Ton[73]] von einer Töpferscheibe und forme zwei Figuren, eine männliche und eine weibliche; die männliche mache wie einen bewaffneten Ares, mit einem Schwert in der Linken, das er gegen ihr rechtes Schlüsselbein zückt, sie aber mache mit auf den Rücken gebundenen Armen und kniend, und die *materia magica* befestige auf ihrem Kopf oder an ihrem Hals." Es folgt eine lange Liste von Zauberwörtern, die man auf die einzelnen Glieder der weiblichen Statuette schreiben soll – auf den Kopf, die Ohren, die Augen, das Gesicht, das rechte Schlüsselbein, die

Arme und Hände, das Herz, den Bauch, das Geschlecht, das Gesäß, die Fußsohlen. Zudem muß man auf die Brust den Namen des Opfers mit dem Namen der Mutter schreiben. Dann fährt der Text fort: „Nimm dreizehn Bronzenadeln, stecke eine in das Hirn und sag dazu: ‚Ich durchbohre dir, NN, das Hirn', und zwei in die Ohren, zwei in die Augen..." – es folgen Mund, Eingeweide, Hände, Scham und Fußsohlen. Und jedesmal muß dazu gesagt werden: „Ich durchbohre der NN das und das Glied, damit sie an niemanden denkt außer an mich, den NN allein".

Nach den Statuetten muß man die Schrifttafel herstellen. „Nimm ein Bleitäfelchen, schreib den gleichen Spruch darauf, sage ihn auf und binde das Täfelchen an die Statuetten mit einem Weberfaden, in den du 365 Knoten machst und dazu sagst, wie du weißt: ‚Abrasax, halt fest!'". Dann wird das alles niedergelegt: „Leg es bei Sonnenuntergang am Grab eines unzeitig oder gewaltsam Gestorbenen nieder und lege der Jahreszeit entsprechende Blumen dazu".

Auf diese präzise Beschreibung der Riten von Vorbereitung und Niederlegung folgen die gesprochenen Partien, die lange Beschwörung, die auf das Täfelchen geschrieben und gleichzeitig rezitiert wird, dann das ‚Forderung' genannte Gebet, aufgesagt gegen die sinkende Sonne im Moment, in dem man das Täfelchen und die Puppen niederlegt. Doch bevor diese Partien analysiert werden, muß man sich eingehender mit dem Ritual beschäftigen, vor allem mit der Frage, welche Beziehung zwischen Statuette und Opfer besteht und was die Durchbohrung mit den Bronzenadeln, die hier so ausführlich geschildert ist, bezweckt.

In geläufiger Vorstellung von Magie, beeinflußt nicht zuletzt durch populäre Ideen über Voodoo, setzt man Puppe und Opfer gleich. Was der Puppe zustößt, so stellt man sich vor, solle auch dem Opfer zustoßen: magisches Denken sei unfähig, zwischen der Darstellung und dem Dargestellten zu unterscheiden[74].

Die antiken Daten erlauben hier Präzisierungen. Kein Zweifel kann bestehen, daß die Statuetten die Opfer darstellen, deren Namen sie ja oft tragen. Die Statuette vom Kerameikos trug den Namen des Mnesimachos, eines der Opfer, eingraviert auf dem rechten Oberschenkel; der Pariser Papyrus schreibt vor, den Namen der Frau auf die Brust der weiblichen Statuette zu schreiben. Deswegen die Annahme, daß auch dort, wo keine Namen aufgeschrieben sind, die Statuette irgendwie das Opfer darstellt.

Entscheidend ist ‚irgendwie'. Von einer Identität zwischen Statuette und Opfer auch nur so, wie sie zwischen Porträt und Porträtiertem herrscht, kann nicht die Rede sein. Keine der Statuetten ist ein Porträt, sondern eher ein Ideogramm[75] – eine vage Ähnlichkeit mit einer menschlichen Gestalt scheint oftmals zu genügen. Nicht einmal die Geschlechtsidentität ist zwingend: die bereits einmal zitierte Defixion aus Karystos gilt einem Mann, doch sie ist auf eine Bleifigur geschrieben, die nicht deutlich männlich, eher überhaupt geschlechtslos ist[76].

Das ergibt sich auch aus der komplizierten Vorschrift unseres Textes, auch wenn sie an die plastischen Fähigkeiten des Magiers durchaus Ansprüche stellt. Er stellt zwei Statuetten her – nicht bloß die einer knienden und gebundenen Frau, sondern auch die eines Ares, der sie mit seinem Schwert bedroht. Kann schon die Fesselung nur symbolisch verstanden werden, verlassen wir mit Ares überhaupt den Bereich möglicher sympathetischer Mimesis: dargestellt ist eine mythologische Szene. Damit sind wir erst recht im Bereich der Symbolik.

Ein Detail kommt dazu. Auf dem Kopf oder am Hals der weiblichen Figur wird ‚Zauberstoff' (im griechischen Text οὐσία/ousía, in wissenschaftlicher Sprache *materia magica*) befestigt. Woraus dieser ‚Zauberstoff' bestehen soll, gibt der Text ebenfalls an: es sind Dinge, die in intimem Kontakt mit dem Opfer gestanden haben, Haare, Abschnitte von Finger- oder Fußnägeln, Stoffstücke ihrer Kleider. In einigen seltenen Fällen fand man sogar Haarlocken an das Täfelchen oder den Papyrus angebunden[77]. Das stellt aber gerade nicht eine Identität zwischen Statuette und Opfer her. Im selben Ritual wird noch einmal οὐσία benötigt, und zwar für die Rezitation des Schlußgebets: wenn es der Magier hersagt, hält er dabei „Zauberstoff vom Grab in der Hand", und das Gebet selber zeigt, wozu dies dient: „Sende der NN [angesprochen ist Helios] um Mitternacht diesen Daimon, von dessen Körper ich einen Rest in meinen Händen halte"[78]. Die Materia vom Körper des Toten identifiziert nicht den Zauberer mit dem Toten, sie spielt vielmehr die Rolle eines Determinativs, welches die Beziehung zwischen dem Zeichen und dem Bezeichneten verdeutlicht.

Wenn also die Statuette nicht identisch ist mit dem Opfer, sondern ein Zeichen für das Opfer ist, so kann man die Verwendung der Nadeln oder Nägel nicht mehr als sympathetischen Akt deuten; es geht nicht darum, durch die Verletzung eines bestimmten Gliedes der Statuette eine Verletzung oder Krankheit des entsprechenden Glieds des Opfers zu bewirken. Der Text ist hier unzweideutig. Immer wenn eine Nadel in die Statuette eingesenkt wird, deutet der Magier sein Tun: „Ich durchbohre dieses Glied, damit sie nur an mich denkt, den NN allein". Und schließlich nennt sich das ganze Ritual im Titel des Textes ‚Liebesmittel durch Bindung' (φιλτροκατάδεσμος/*philtrokatádesmos*), während der Ausführende es zu Beginn seines ersten Spruchs, den er auf das Täfelchen schreibt, ‚diese Bindung hier' nennt: Binden ist mithin der zentrale rituelle Akt. Das entsprechende Verbum, ‚binden', erscheint zweimal im selben Spruch – einmal in der Aufforderung, das Opfer zu bringen und zu binden[79], die nicht weiterhilft, dann gegen Ende des Textes in der Anrede an den Dämon: „Tu dies, binde auf die ganze Zeit meines Lebens und zwinge die NN, mir, dem NN, untertan zu sein, und nicht eine Stunde ihres Lebens soll sie von mir weichen"[80]. Die Bindung, die der Dämon schafft, ist symbolischer Ausdruck der erotischen Hörigkeit.

Die beiden Ideen lassen sich verbinden. In beiden Fällen, der Durchbohrung wie der Bindung, versucht der Magier, die Beziehung zu einer von ihm begehrten Frau zu monopolisieren, sie ewig an sich zu binden und jeden andern Mann fernzuhalten. Die mit Nadeln bezeichneten Glieder sind die, welche diesen Kontakt gewährleisten: im Grunde zeichnet der Papyrus eine erotische Anatomie des Frauenkörpers nach, eine Analyse, wie eine totale männliche Beherrschung des weiblichen Körpers funktioniert. Augen, Ohren, Mund und Hirn dienen dem sinnlichen und geistigen Kontakt, Hände und Fußsohlen schaffen den physischen Kontakt, Mund, Eingeweide (also Bauch) und Geschlecht stellen den direkten erotischen Kontakt her. Doch der Mann sucht nicht bloß das Monopol in der erotischen Beziehung. Am Ende seines Logos befiehlt er dem Dämon: „Ziehe die NN an den Haaren, am Bauch, am Geschlecht zu mir, dem NN, in jeder Stunde des Lebens, nachts und tags, bis sie zu mir, dem NN, kommt und ungetrennt von mir dableibt, die NN. Tu dies, binde auf die ganze Zeit meines Lebens und zwinge die NN, mir, dem NN, untertan zu sein, und nicht eine Stunde ihres Lebens soll sie von mir weichen." Es geht um völlige Unterwerfung der Frau unter den Mann, ein ganzes Leben lang. Von neuzeitlicher ‚Liebesbindung', immerhin in bestürzend ähnlicher Metaphorik, soll besser nicht die Rede sein.

Doch was heißt dies wirklich? Wie will der Magier auf das Leben der geliebten, aber widerspenstigen Frau einwirken? Der Logos macht wenigstens einige Andeutungen: vom Dämon wird verlangt, er solle machen, daß sie weder ißt noch trinkt, nicht schläft und nicht gesund

und kräftig bleibt. Das ist so ungeheuerlich nicht: es sind die geläufigen Symptome der Liebe, die man in aller Ausführlichkeit in der lateinischen Liebeselegie ebenso wiederfindet wie im griechischen Liebesroman. Ähnliches gilt im übrigen für den Wunsch, daß sie nur mit dem einen Mann sexuellen Kontakt hat: das soll letztlich ihr Wunsch sein, und die Heroinen des griechischen Romans teilen ihn.

Man muß darauf bestehen, weil es durchaus Fälle gibt, in denen eine Defixion Krankheiten hervorrufen soll[81]. Nicht zuletzt krankhafte Störungen der Sexualität sind Folge magischer Attacken: Ovid versucht, Impotenz durch eine Defixion oder andere Verhexung zu erklären, Hipponax hatte bereits ein Heilritual dafür vorgesehen, und im Alten Orient spielt diese Therapie eine große Rolle[82]. Weit ausführlicher und ernster – wenn auch ebensowenig wie Ovid direkter Zeuge für magisches Ritual – ist eine Geschichte aus der byzantinischen Wundersammlung der Heiligen Kyros und Iohannes Anargyroi[83]. Ein gewisser Theophilos sei durch Magie an Händen und Füßen gebunden worden, und er habe an seinen Extremitäten außerordentliche Schmerzen gelitten, die ihn fast bewegungsunfähig machten. Die Heiligen hätten ihm geraten, Fischer am Meeresufer einen Fischzug machen zu lassen; der habe, ohne den seltsamen Rat der Heiligen anzuzweifeln, dies sogleich in die Wege geleitet. Die Fischer brachten eine kleine Schachtel mit; darin sei eine Bronzestatuette mit den Zügen des Theophilos gefunden worden; in Arm- und Beingelenken hätten insgesamt vier Nägel gesteckt. Man habe die Nägel einen nach dem anderen entfernt: und jedesmal habe das betreffende Glied seine volle und schmerzfreie Bewegungsfähigkeit sogleich erlangt.

Diese kleine Geschichte mag eindrücklich sein; als Quelle für tatsächliche Defixion ist sie höchst fragwürdig. Schon der Porträtcharakter der Statuette widerspricht dem realen Befund, und auch sonst paßt die Erzählung schlecht in die Gedankenwelt der Defixion. Sie gibt vage Information über den Anlaß der Defixion, die sich keiner der eingangs genannten Kategorien zuordnen läßt; Gegner hätten dem Theophilos eben mit Hilfe eines Dämons schaden wollen. Man kann sich also auch nicht darauf verlassen, daß bei den Praktikern die Vorstellung existierte, die Durchbohrung eines Glieds werde im entsprechenden Glied des Opfers eine Krankheit verursachen; positive Zeugnisse fehlen. Die Durchbohrung von Körpergliedern ist kein Ritual, das so simpel eingleisig funktioniert. Dem byzantinischen Christen, der die Geschichte ausdachte, fehlte präzises Wissen.

Eine andere christliche Geschichte, die von einem früheren und (in gewissem Sinn) weit verläßlicheren Autor aufgezeichnet wurde, bestätigt die Skepsis. Nach der Vita des Heiligen Hilarion, die Hieronymus um 400 n. Chr. verfaßte, habe sich in Gaza, in dessen Nähe Hilarion seine Einsiedelei hatte, ein junger Mann in eine *virgo Dei* verliebt; das Mädchen war von seinen Eltern der Religion geweiht worden, die Liebe konnte keinen Erfolg haben. Darauf habe sich der junge Mann im Aesculap-Tempel von Memphis ein Jahr lang in die Magie einführen lassen. Zurück in Gaza, habe er unter der Türschwelle ihres Hauses „Ungeheuer von Worten und schreckliche Bilder, die in ein Täfelchen aus kyprischem Erz geritzt waren", vergraben[84]. Man erkennt die Kombination von Defixionstext und magischen Figuren, von denen bereits Platon wußte, daß man sie unter den Türschwellen vergrub[85]. Das Mädchen reagiert auf unerwartete Weise: „Die Jungfrau wurde toll; sie warf ihren Schleier weg, schüttelte ihre Haare, knirschte mit den Zähnen und rief den Namen des jungen Manns" – die Symptome sind aus der dionysischen Ekstase bekannt. Das Ritual hat, anders als in den tatsächlichen Defixionen intendiert, nicht eine spezifische Liebesbeziehung, sondern Wahnsinn zur Folge.

Es bleibt eine Einzelheit in der rituellen Herstellung der weiblichen Statuette im Pariser Text. Bevor sie mit Nadeln gespickt wird, schreibt man magische Worte auf einzelne Glieder, auf Kopf, Ohren, Augen, Gesicht, rechtes Schlüsselbein, Arme, Hände, Herz, Bauch, Geschlecht, Gesäß, Fußsohlen. Die Liste stimmt nur teilweise zur anderen Liste der durchstochenen Glieder: man braucht dreizehn Nadeln, doch diese zweite Liste zählt sechzehn Körperglieder auf. Übereinstimmungen gibt es dennoch – Ohren, Augen, Hände, Geschlecht, Fußsohlen. Einige Abweichungen sind sofort einsichtig: man beschreibt den Kopf, sticht ins Hirn, beschreibt das Gesicht und sticht in den Mund; die Variante von Herz und Bauch statt Eingeweide erklärt sich wohl ebenso. Daneben gibt es Erweiterungen und Zusätze – das Gesäß, die Arme (aus technischen Gründen? Lassen sie sich leichter beschreiben als durchstechen, besonders wenn sie auf den Rücken gebunden sind?), das Schlüsselbein, das schon durch den Gestus des Ares hervorgehoben wird.

Die Listen sind also trotz der Unterschiede eng verwandt. Die erste Liste verstanden wir als das Resultat einer erotischen Anatomie; das mag auch für die zweite Liste gelten, mit Ausnahme des rechten Schlüsselbeins. Die magischen Wörter, die aufgeschrieben werden sollen, sind nicht sinnlos: es sind Namen von Gottheiten und Dämonen. Hinter einigen sieht man bekannte Namen: der Name des Thoth wird auf das Herz geschrieben, derjenige Ammons auf das Gesicht, Ableitungen vom semitischen *melech*, ‚König', auf die Arme (solche Ableitungen sind verbreitet als Götter- und Dämonennamen und erinnern an Apuleius' Statuette, die er als ‚König' angeredet habe) und IAO, der Name des Judengottes und obersten Gottes der Zauberer, auf den Kopf – man ahnt eine Hierarchie. Jedenfalls werden die einzelnen Körperteile, mit dem Kopf als wichtigstem, einzelnen Gottheiten und Dämonen geweiht, wenn auch beim gegenwärtigen Stand der Forschung Einzelheiten der Dämonologie und der magischen Terminologie unklar bleiben müssen. Deutlich wird aber, daß der Magier eine ganze Reihe von Gliedern des weiblichen Körpers, die er dann mit seinen Nadeln durchbohrt, erst übermenschlichen Potenzen weiht. In der Gedankenwelt der Magie muß man das als Variante des rituellen Bindens verstehen; wir sahen, daß ‚binden' mit ‚schreiben' funktionell gleichwertig und austauschbar ist. Der Magier durchbohrt die Glieder nicht bloß, er stellt auch eine Liste der Glieder und ihrer übermenschlichen Besitzer her, über die er Macht hat. Das ist mithin durchaus funktionell im magischen Ritual, hat freilich auch eine Geschichte: die Weihung einzelner Körperglieder an eine Gottheit ist in der ägyptischen Religion als Heilritual der ‚Gliederweihung' geläufig: man vertraut die einzelnen Glieder einzelnen Gottheiten als ihren Heilern und Beschützern an, und wie hier beginnen auch die ägyptischen Listen mit dem Kopf und enden mit den Füßen[86]. In dieser Sicht entpuppt sich das magische Ritual als Umkehrung eines alten Heilritus[87].

Die griechischen Riten

Der Umweg über Ägypten kann helfen, Griechisches besser zu verstehen, nicht zuletzt den Ritus, auf den das Verbum ‚binden' verweist. Dem eben besprochenen Papyrustext zufolge beschreibt man das Bleitäfelchen mit dem Defixionstext und bindet es dann mit einem Leinenfaden an die Statuetten; dabei sagt man: „Abrasax, halt fest!". Abrasax ist der Dämon, der die Dauer verkörpert; die Buchstaben seines Namens, als Zahlzeichen gelesen, ergeben 365, die Tage des Jahrs, und mit 365 Knoten wird das Täfelchen verknotet: die Bindung soll Dauer haben. Dasselbe Verb ‚festhalten' (κατέχειν/*katékhein*) erscheint nicht selten auch in den attischen Defixionen: man bittet eine der angerufenen Unterweltsgottheiten, das Opfer ‚festzuhalten', insbesondere den Hermes, der deswegen auch die Epiklese *Kátochos* trägt, ‚Festhalter'. Denkbar ist, daß auch die attischen Täfelchen mit einem sorgfältig geknoteten Faden festgehalten worden sind, der jetzt nicht mehr erhalten ist – das könnte die oben als Vermutung ausgesprochene These noch unterstützen.

Wie dem immer sei: in Ägypten fand sich ein Ritual, das Statuette und Bleitäfelchen zusammen verwendete, während aus dem Rest der antiken Welt nur wenige Statuetten, dafür umso mehr Bleitäfelchen stammen. Muß man daraus aber schließen, daß die Kombination von Statuette und Täfelchen zwingend war, daß einfach weit mehr Figuren verlorengingen? Tatsächlich hat man sicher diese Figuren auch aus anderem, vergänglicherem Material als Blei hergestellt: der Papyrus redet von Wachs oder Lehm, Materialien, die außerhalb Ägyptens keine Überlebenschance haben, und Wachsfiguren sind in der Literatur von Platon bis Ovid immer wieder erwähnt[88]. Anderseits besitzen wir auch aus Ägypten, wo sich Wachs- und Lehmstatuetten leicht erhalten hätten, zahlreiche Defixionen ohne Figuren. Man konnte mithin doch wohl das Ziel des Rituals auch allein durch die rituelle Niederlegung des Textes erreichen; der archäologische Befund erlaubt aber keine Aussagen zur relativen Häufigkeit des einen oder andern Vorgehens. Das geht im übrigen zusammen mit der symbolischen Deutung des Rituals – eine angeblich sympathetische Handlung ist nicht notwendig.

Dennoch redet man immer wieder von sympathetischer Magie: Frazers Einfluß wirkt nicht nur in der Altertumswissenschaft lange und intensiv. Und doch ist evident, daß die Magier die Glieder ihrer Statuetten nicht durchstachen, um die entsprechenden Körperteile ihrer Opfer zu verletzen. Und wie hier keine Homologie zwischen dem Ritual und seinem Ziel festzustellen ist, wollten auch die Autoren der attischen Gerichtsflüche des vierten Jahrhunderts ihre Opfer nicht vergraben und verschwinden lassen; sie wollten sie temporär handlungsunfähig machen, damit sie nicht vor Gericht erscheinen oder wenigstens nicht reden konnten. Kein Täfelchen aus der antiken Welt formuliert vor der Kaiserzeit den Wunsch, den Gegner zu töten, und auch in den folgenden Jahrhunderten ist dieser Wunsch außerordentlich selten, auch außerhalb der erotischen Defixion, wo er ja sowieso keinen Sinn machte. Sympathetische Homologie existiert mithin bloß in der oberflächlichen Wahrnehmung außenstehender Beobachter; es erstaunt nicht, daß wir die Vorstellung zum erstenmal bei einem Christen fanden.

Eine andere Theorie, die sich ebenso hartnäckig hält, ist die psychologische Deutung. Ließen sich denn nicht diese abstoßenden Handlungen, die kaum verhüllte Gewalt, die einen Mann Nägel oder Nadeln in ein mühsam beschriebenes Bleitäfelchen oder gar in die plastische Nachbildung einer nackten Frau stoßen läßt, mit psychologischen oder psychiatrischen Kategorien am adäquatesten verstehen? Stammt die Gewalt nicht vom Haß auf einen Gegner, wird sie nicht aus dem abgewiesenen sexuellen Begehren genährt, tobt sie sich dann nicht einfach an Substituten aus? Diese Deutung ist bekannt, sie ist auch verständlich, und doch stößt sie auf erhebliche Schwierigkeiten[89]. Zum einen ist Gewalt im gemeinten Sinn eine spontane, unmittelbare Entladung und Abreaktion, während die betreffenden Riten keineswegs spontan sind. Gerade der erotische Bindezauber der Bibliothèque Nationale ist äußerst komplex: man muß erst zwei anspruchsvolle Figürchen aus Ton oder Wachs herstellen, dann muß man eine große Zahl komplizierter Götter- und Dämonennamen auf die kleine weibliche Statuette schreiben, dann einen langen und komplexen Logos rezitieren und ihn auf ein Bleitäfelchen schreiben, schließlich an einem frischen Grab den hexametrischen Helioshymnus, die ‚Forderung', aufsagen – das braucht viel Zeit und noch viel mehr Aufmerksamkeit und Geduld. Und mitten in diesem aufwendigen Ritual sticht man die Statuette mit dreizehn Nadeln an präzisen Stellen: da bleibt für spontane Abreaktion sexueller Frustration kaum viel Raum. Und selbst die viel knapperen Riten hinter den attischen Texten der klassischen Zeit scheinen kaum viel Gelegenheit zu spontanem Ausdruck des persönlichen Hasses gelassen zu haben.

Vollends unhaltbar ist eine psychologische Deutung, wenn man sich überlegt, wer nun wirklich das Ritual durchgeführt hat. Glaubt man Platon, so waren das nicht (so im ‚Staat') oder nicht bloß (so in den ‚Gesetzen') Laien, sondern Fachleute, die wandernden Spezialisten, die Platon ‚Bettelpriester und Seher', andere einfacher Magoi nennen: ihnen kann man kaum die möglichen Gefühle ihrer Klienten zuschreiben. Auch aus anderen, literarischen und juristischen Texten geht oft hervor, daß die Riten von einschlägigen Spezialisten durchgeführt wurden[90]; und oft wird dies auch von den Zauberpapyri nahegelegt. Allein schon der Umstand, daß der Pariser Bindezauber aus einem sehr sorgfältig geschriebenen Sammelbuch stammt, weist darauf, daß ein professioneller Magier am Werk war; die Komplexität des Rituals wird erst unter dieser Annahme wirklich verständlich. Ein Laie hätte es kaum allein durchführen können, ein professioneller Magier hingegen konnte die Statuetten formen, beherrschte die Schrift und besaß das notwendige Gedächtnis, um sich die komplizierten Texte und die Dämonennamen zu merken. Das erklärt, weswegen der Text des Logos mehrfach in Anwendung gefunden worden ist[91]: der unglückliche Liebende hat also bloß den Anweisungen des Spezialisten zu folgen brauchen, mußte nur die Wörter aussprechen, die er ihm vorsprach, die Gesten vollziehen, die er ihm vorzeigte – und am Schluß nicht vergessen, das Honorar zu bezahlen; die Fama der Geldgier hängt den Magiern durch die ganze Antike an[92].

Eine andere Beobachtung weist in dieselbe Richtung. Wo man – wie in Athen oder in Zypern – am selben Ort größere Funde von Defixionen gemacht hat, ließ sich feststellen, daß sie zumeist von derselben Hand oder von nur ganz wenigen Händen geschrieben worden sind, auch wenn sie an ganz verschiedene Opfer gerichtet waren: man hat daraus auf einen Professionellen oder eine Gruppe von Magiern geschlossen, die diese Texte auf Bestellung verfaßten[93]. In einem Brunnen der athenischen Agora hat man zudem zusammen mit über zehn Defixionen in derselben geübten Hand, in demselben Formular, aber mit verschiedenen Adressaten ein Täfelchen desselben Typs gefunden, das aber von einer ungeübten Hand mehr schlecht als recht eingekratzt war: da kann man offenbar einem Zauberer mit seinem Lehrling zusehen[94]. Anderswo läßt sich wenigstens zeigen, daß die Texte aus einem Buch kopiert worden sein müssen[95]. – Ein solches Szenario verträgt sich erst recht nicht mit Spontaneität und Gewalt. Will man dennoch die Psychologie bemühen, um diese Riten zu verstehen, können Psychoanalyse und Psychopathologie höchstens entfernte und tiefliegende seelische Wurzeln ausmachen.

Die übermenschlichen Adressaten des Rituals

Bisher ist der Text des großen Pariser Zauberbuchs vor allem auf seine Riten hin analysiert worden. Es ist Zeit, auch den ausführlichen gesprochenen Teilen, den Logoi mit ‚Bindezauber' *(katadesmós)* und hexametrischer ‚Forderung' *(exaítēsis)*, mehr Aufmerksamkeit zu schenken.

Der Logos richtet sich an eine große Reihe unterirdischer Potenzen[96]: „Ich lege bei euch diesen Bindezauber nieder, bei den Gottheiten der Unterwelt *Yesemigadōn* und bei Kore Persephone Ereschigal, bei Adonis dem *barbaritha*, bei Hermes, dem Unterirdischen, Thoth [VM[97]] und bei Anubis, dem Starken, *psirinth*, der die Schlüssel hat über das, was im Hades ist, bei den unterirdischen Göttern und Dämonen, den unzeitig gestorbenen Männern und Frauen, Burschen und Mädchen, Jahr für Jahr, Monat für Monat, Tag für Tag, Stunde für Stunde". Diese Anrufung variiert bekannten Gebetsstil: in antiken Gebeten richtet man sich immer an sämtliche Wesenheiten, die betroffen sein konnten, ob man nun ihren Eigennamen kennt oder bloß ihren Gruppennamen. Eine Gottheit zu vergessen konnte üble Folgen haben: sie war gekränkt und arbeitete oft genug dem Wunsch entgegen. Die in unserem Logos angerufenen Potenzen garantieren, daß das deponierte Täfelchen mit seinem permanent gemachten Gebet für immer verborgen und wirksam bleibt – so wie die Götter eines Heiligtums deponierte Wertsachen hüten können.

Doch das ist nicht das Hauptziel der Anrufung. Während die Götter und Dämonen der Unterwelt die ihnen anvertrauten magischen Objekte bewachen, erhalten andere Potenzen einen andern, nicht weniger klaren Auftrag: „Ich beschwöre alle Dämonen an diesem Ort, diesem Dämon hier beizustehen"[98]. Alle Dämonen an diesem Ort, mithin alle wirkungsmächtigen Toten desjenigen Friedhofs, in dem das Ritual durchgeführt wird, sollen dem einen neuen Toten, dem unzeitig oder gewaltsam Gestorbenen, an dessen frischem Grab Täfelchen und Statuetten niedergelegt werden, bei seiner ungewohnten Aufgabe beistehen. An ihn allein richtet sich der Rest des Textes: er soll aufwachen und die geliebte Frau herbeibringen, und wenn sie nicht will, soll er sie quälen, bis sie kommt: „Wenn du das für mich machst, werde ich dir sofort deine Ruhe wiedergeben"[99].

Die unterirdischen Potenzen, die der Magier zu Hilfe holt, haben mithin ihre je besonderen Aufgaben. Ein einzelner Totendaimon, unzeitig gestorben und eben beigesetzt, ist herausgehoben als hauptsächlichster Helfer, die anderen sind Hüter der magischen Gegenstände oder einfache Helfer des einen Toten, entsprechend ihrer Anordnung in einer magischen Topographie, in deren Zentrum das eine frische Grab steht.

Das hexametrische Schlußgebet, die ‚Forderung', bringt ein neues Element[100]. Es ist an Helios gerichtet, wird gegen die untergehende Sonne – den Westen, wo die Toten wohnen – gesprochen. Auf eine hymnische Anrufung folgt das eigentliche Anliegen: „Wenn du in der Erde Tiefen kommst zu der Toten Ort, schicke diesen Daimon der

NN zur mittleren Stunde, von dessen Körper ich diesen Rest in meinen Händen halte [man hält beim Beten *materia magica* des Toten in der Hand], in der Nacht, auf daß er komme auf die Befehle durch deinen Zwang, damit er mir alles erfülle, was ich will in meinem Herzen, sanft, milde und nichts Feindliches mir sinnend." Dieses Gebet ist sozusagen eine Parallelaktion zur Niederlegung des Täfelchens. Jene hatte zum Ziel, das Gebet an die Unterirdischen und den Auftrag an den Toten in die Unterwelt zu bringen, ging also von oben nach unten. An sich könnte man das Ritual hier beenden. Das Gebet an Helios sucht den Erfolg durch die Wendung an eine hierarchisch höherstehende Gottheit zu sichern. Der Sonnengott ist ebenfalls ein Mittler zwischen zwei Welten, besonders im ägyptischen Denken: am Tage ist er auf der Oberwelt bei den Lebenden gegenwärtig, in der Nacht reist er durch die Unterwelt, die Welt der Toten. Es ist bezeichnend, daß er exakt bei Sonnenuntergang angeredet wird, im Augenblick also, in dem er unsere Welt für die Unterwelt verläßt, ebenfalls von oben nach unten geht. – Man kann sich im übrigen fragen, ob diese in den Papyri häufige Anbetung des Helios bei seinem Untergang[101] nicht eine bewußte Verkehrung einer gut bezeugten religiösen Praxis ist: auch die Charismatiker, die exemplarischen Vertreter philosophisch geläuterter Religiosität von Sokrates bis Proklos, beten zur Sonne, nur tun sie dies am Morgen, wenn die Sonne von unten nach oben steigt[102].

Das Schlußgebet fügt also zwei Dinge an. Es garantiert, daß der Dämon kommt, ohne gegen den Magier Groll und Feindseligkeit zu empfinden; sich davor zu hüten ist ein dauerndes Anliegen der Magier, die immer wieder auch Amulette empfohlen vor der Begegnung des Menschen mit Gott oder Dämon. Zudem zwingt es den Dämon, dem Magier zu gehorchen, weil er durch die Autorität des Sonnengottes gestützt wird. Das könnte überflüssig scheinen; schließlich hat schon die Niederlegung von Text und Statuetten die große Macht des Magiers demonstrieren können. Letztlich überlagern sich aber zwei eschatologische Vorstellungen: zum einen die Vorstellung, daß die Totendämonen in Grab und Friedhof wohnen, wo man ihrer habhaft werden kann, und die andere, die sie weit weg wohnen läßt, in einem Jenseits unter der Erde, wo auch jene Götter hausen, die im ersten Gebet angerufen werden und durch deren Machtbereich allnächtlich die Sonne fährt.

Ahoroi und Biaiothanatoi

Im Pariser Text herangerufen als Helfer, aber auch genannt unter den Mächten der Unterwelt sind die jung und gewaltsam verstorbenen Männer und Frauen, die ἄωροι/*áhōroi* und βιαιοθάνατοι/*biaiothánatoi*. Die Vorstellung, daß jung verstorbene Menschen eine Sonderklasse von Toten darstellen, ist alt; in den attischen Defixionen tauchen sie seit klassischer Zeit auf. Seit Erwin Rohde haben sich die Gelehrten durch diese unruhigen Seelen beunruhigen lassen, die für den Magier ein schier unerschöpfliches Reservoir übelwollender Hilfsgeister sind[103]. Da sie das Leben verlassen mußten, bevor sie sein Ziel – Heirat und Fortpflanzung – erreicht hatten, denkt man, sie seien außerordentlich neidisch auf die Lebenden; das macht sie zu idealen Helfern der Magier.

Neben dem in den Papyri und Defixionen wie in der Literatur seit klassischer Zeit geläufigen Ausdruck ‚unzeitig (verstorben)' *(áhōros)* steht zumindest in einer bemerkenswerten attischen Defixion des vierten Jahrhunderts ein noch deutlicherer Terminus – wenn er denn unumstritten wäre; der Text muß genauer besprochen werden. Er ist lang, steht auf zwei Seiten eines Blättchens und ist an einer wichtigen Stelle lückenhaft; der Sinn aber ist klar. Die Vorderseite lautet[104]: „Ich binde Theodora hinab zu der, die bei Persephone wohnt [gemeint die Göttin Hekate] und zu den ἀτέλεστοι. ἀτελής soll sie selber sein, wenn sie zu Kallias reden will oder wenn sie zu Charias reden will, ihr Handeln, ihre Reden und ihr Arbeiten [Lücke] ihre Worte, ihre Rede, wann immer sie sie macht; ich binde Theodora, daß sie gegenüber Charias ἀτελής ist, daß Charias Theodora vergißt und das Kind der Theodora, daß Charias auch vergißt den Beischlaf mit Theodora". Die unübersetzt gelassenen Ausdrücke – ἀτέλεστοι/*atélestoi* und ἀτελής/*atelés* – haben die gelehrte Diskussion provoziert. Deutlich ist, daß der Text die beiden Ausdrücke aufeinander bezieht: die unterweltlichen *atélestoi* haben mit dem Zustand zu tun, in den Theodora versetzt werden soll. Wörtlich ist *atelés* (wie *atélestos*) jemand, der nicht an sein Ziel kommt: nicht nur Theodora, auch ihr „Handeln, Reden und Arbeiten" sollen erfolglos bleiben; auch in sizilischen Texten bindet man jemanden ‚zur Erfolglosigkeit'[105]. Unklar ist, inwiefern Theodora ‚nicht ins Ziel gekommen' ist, und was dies mit der besonderen Gruppe von Unterweltswesen, den bloß hier belegten *atélestoi*, zu tun hat[106]. Einen ersten Hinweis gibt die Rückseite desselben Bleitäfelchens[107]:

„Wie diese Leiche *atelés* daliegt, ebenso sollen alle ihre Worte und Taten gegenüber Charias *atélesta* sein" – in der bekannten *similia similibus*-Formel: die kraftlose und starre Leiche kann keine Ziele und keinen Erfolg haben. Die beiden ähnlichen Ausdrücke werden hier mithin synonym verwendet. Konsequenz dieser Verwendung könnte sein, daß die *atélestoi* als Gruppe einfach alle Toten wären. Das ist aber nicht zwingend: näher liegt eigentlich in unserem Kontext, wo es um den Erfolg in der Liebe geht, an jene besondere Gruppe von Toten zu denken, die ihr spezifisches Ziel nicht erreicht haben, an die Ahoroi als die nicht Verheirateten; ein anderer attischer Text wünscht denn auch einer Frau an, sie solle „ohne das Ziel der Ehe" sein, *atelès gámou*/ἀτελὴς γάμου[108]. Die *atélestoi* wären also dieselbe Gruppe wie die *áhōroi*; zur Verhinderung einer Ehe (oder auch nur Liebesbeziehung) der Theodora bieten sie sich an.

Und vielleicht war auch das Grab, in welchem der Text niedergelegt wurde, dasjenige einer unverheiratet Verstorbenen. Ein solcher Nachweis – genereller, daß überhaupt die erhaltenen Defixionen bloß aus den Gräbern von unzeitig oder gewaltsam Gestorbenen stammen würden – ist allerdings kaum zu führen: die archäologische Forschung kann eine solche These weder bestätigen noch widerlegen[109]. Einige Gräber mit Defixionen sind nachweislich Gräber junger Menschen; einige sind es sicher nicht – doch für die weitaus größte Zahl haben die archäologischen Befunde keinen sicheren Hinweis auf das Alter der Bestatteten geben können. Vermutlich ist die Realität wieder einmal weniger sauber abgegrenzt als die präzis definierende Theorie.

Die Anwendungen

Soweit führt die Analyse des ‚wunderbaren Liebeszaubers' aus dem Papyrusbuch der Bibliothèque Nationale; das Buch ist, wir sagten es schon, ein Rezeptbuch, deswegen die Leerstellen bei Verweisen auf Opfer und Angreifer. Doch neben dem Rezept besitzen wir (es war davon bereits die Rede) sechs Texte, in denen das Rezept angewendet worden ist; ein Vergleich drängt sich auf, und er wurde auch schon gemacht. Der erste Eindruck ist der, daß die einzelnen Magier das ‚Grundrezept' mit großer Freiheit benutzt haben. Gewiß haben sie erst einmal die Leerstellen angefüllt und den Bezug auf eine momentane Realität hergestellt, den unbestimmten Personenverweis durch einen konkreten Namen ersetzt. Daneben aber haben sie auch gekürzt und erweitert, umgestellt und anders formuliert: es ist unmöglich nachzuweisen, es ist aber auch nicht sehr wahrscheinlich, daß der uns vorliegende Papyrustext und nicht eine frühere Form Ausgangspunkt für die Anwendungen gewesen ist. Die Situation ist nicht viel anders als bei den drei Varianten des VIII. Buchs Mose: obwohl diese Texte geheim waren, wurden sie ohne philologische Präzision und ohne die Sorgfalt, die man gewöhnlich den literarischen Texten entgegenbrachte, überliefert. Vor allem folgt daraus als vielleicht überraschendste Einsicht, daß die Magier gerade wegen dieser fehlenden Präzision den Ritus aus den Rezeptbüchern nicht einfach unreflektiert und unverändert übernehmen konnten. Das zeigt sich am deutlichsten bei den Statuetten. Ausgrabungen in Ägypten haben bloß weibliche Statuetten zutage gefördert; selbst in einer so gut erforschten Stadt wie Antinoupolis, woher unser schönstes Exemplar stammt, ist keine einzige Aresfigur gefunden worden. Zudem tragen die erhaltenen Statuetten nie eine der vielen verlangten Inschriften. Das versteht man freilich: die Namen auf die kleine Statuette einzuschreiben, ist außerordentlich aufwendig, und der Ritus ist, wie gezeigt, funktionsgleich mit dem Durchstechen; deswegen läßt der Magier das redundante Ritual weg. Das Weglassen des Ares erklärt sich weniger leicht – doch letztlich hätte der mythologische Symbolismus kaum etwas Zusätzliches gebracht, was den Aufwand gelohnt hätte. Im Grunde ist also das Rezept nicht nur redundanter, sondern auch durch die Aufnahme der altägyptischen Gliederweihung und der griechischen mythologischen Szene literarischer und traditioneller als die faßbaren Ausführungen.

Der Ritus im Kontext

Eine letzte Frage, diejenige nach den Gründen, die einen antiken Menschen dazu bringen konnten, eine Defixion gegen einen andern zu richten, bringt uns zurück in den Alltag. Die Frage, von der Forschung lange nicht gestellt, ist von Christopher Faraone ausführlich behandelt worden, dem man weithin zustimmen kann[110].

Seit Audollent werden, wie gezeigt, die Defixionen in fünf Gruppen unterteilt – Prozeßflüche, Liebeszauber, geschäftliche und agonale Defixion, Defixion gegen Diebe und üble Nachrede. Man sieht leicht, daß diese Kategorien nicht alle vergleichbar sind. Immerhin: läßt man die letzte Gruppe weg, setzen die anderen vier alle eine Situation von Auseinandersetzung und Rivalität voraus – eben das, was Faraone den ‚agonistischen Kontext' in einem weiten Sinn nennt. Immer stehen sich zwei Parteien gegenüber, Gegner vor Gericht, Rivalen in der Liebe, dem Geschäftsleben, dem sportlichen Wettkampf. Immer – und darauf kommt es an – greift die Defixion in einem Moment ein, wo das Ergebnis der Auseinandersetzung noch offen ist. Eine Defixion ist mithin kein Racheakt des Unterlegenen, sondern ein Mittel, in einer offenen Konkurrenzsituation das Ergebnis zu beeinflussen.

Deutlich wurde dies bei den Prozeßflüchen, der ‚juridischen Defixion': ihr Ziel war, die Gegner unfähig zu machen, den Prozeß weiterzuführen. Die wissenschaftliche Diskussion, die zu Beginn unseres Jahrhunderts auch von Gelehrten geführt wurde, welche den Griechen eine derart unfaire Handlungsweise nicht zutrauen wollten und die Prozeßflüche als Reaktion der unterlegenen Partei ansahen, läßt sich entscheiden: eine attische Defixion gibt das Prozeßdatum – in der Zukunft[111], und die beiden Fälle, wo plötzliches Verstummen der Anwälte durch die Wirkung einer Defixion erklärt wurde – der Prozeß der Delier gegen den Sarapispriester Apollonios und das unselige Plädoyer des Curio in Rom – sind deutlich[112]. Dasselbe gilt für die erotische Defixion. Der Text des vierten Jahrhunderts, der oben wegen seiner unterirdischen *atélestoi* betrachtet wurde[113], wünscht, daß Theodora „erfolglos ist, wenn sie zu Kallias reden will oder wenn sie zu Charias reden will, ... daß Charias Theodora vergißt und das Kind der Theodora, daß Charias auch vergißt den Beischlaf mit Theodora". Die Konkurrenzsituation ist manifest: damit der Schreiber des Textes Theodora bekommt, darf sie weder bei Kallias noch bei Charias Erfolg haben; Charias, vielleicht der Vater ihres Kindes, muß sie vergessen – dafür sorgt die Defixion. Unser Empfinden stört sich vielleicht daran, daß sich die Defixion nicht gegen die männlichen Rivalen Kallias und Charias, sondern gegen die begehrte Frau richtet; doch das Grundmuster der Konkurrenz ist dasselbe. Auch die Situation im Pariser Liebeszauber läßt sich so verstehen. Auch hier drohen potentielle Rivalen; entsprechend betet der Magier, daß das Opfer keine (anatomisch genau detaillierten) sexuellen Beziehungen zu anderen Männern haben kann; die Anwendungen des Rezeptes nehmen alle diese Passage genau auf – sie war mithin wichtig. Der Papyrustext sorgt auch vor für den Fall, daß die Geliebte verheiratet war – und wieder konzentriert er sich auf die Frau: der Ehemann wird nicht weggezaubert, man betet vielmehr: „Laß NN kein Vergnügen mit irgendeinem anderen Mann suchen, auch nicht mit ihrem Ehemann, sondern nur mit mir"[114]. In den Anwendungen fehlt diese Stelle – offenbar war keine der anvisierten Frauen verheiratet.

Freilich unterscheidet sich der attische Text doch vom späteren ägyptischen: die attische Defixion versucht explizit, einen Keil zwischen Mann und Frau zu treiben. Auch wenn magische Riten existieren, um Zwietracht in allen möglichen Beziehungen zu säen[115], ist doch die Defixion mit diesem Ziel – in einprägsamer Formel: „Ich lenke Euboula von Aineias ab, von seinem Gesicht, von seinen Augen"[116] – bloß im griechischen Mutterland belegt. Das umgekehrte Verfahren, welches auch der Papyrus anwendet, daß der Liebende mit Hilfe eines Dämons eine geliebte Person – des anderen oder desselben Geschlechts – gegen alle denkbaren Widerstände und oft genug gewaltsam an sich zu ziehen versucht, ist anderseits in der ganzen Mittelmeerwelt verbreitet. Das Thema der Rivalität fehlt auch hier nicht, seien die Rivalen nun aktuell vorhanden, etwa als Ehemänner, oder seien sie bloß denkbar als potentielle Freier.

Rivalität ist auch unter Geschäftsleuten nicht selten; Konkurrenz ist ökonomisch erwünscht, subjektiv freilich oft störend. Die Papyri geben denn auch Rezepte, was man tun muß, damit die Geschäfte gut gehen – etwa: „Auf das männliche Ei eines Vogels schreib das folgende und vergrab dann das Ei dort, wo du bist, unter der Türschwelle [es folgt die Formel]"[117]. Die entsprechenden Defixionen sind in der Vergangenheit nicht immer leicht erkennbar gewesen, auch wenn eine ganze Reihe schon von frühen Texten bekannt ist. Immer wieder wird hier das Opfer mit seinem Beruf charakterisiert, die berufliche Tätigkeit in die Bindung einbezogen: „Ich binde die Werkstatt und die Tätigkeit ..."; „ich binde die Helmwerkstatt des Dionysios, sein Haus, seine Arbeit und sein Vermögen"; „ich binde ... seine Kunst und seine Werkzeuge"[118]. Gelehrte, welche die Defixion als Rache der Unterlegenen ansahen, stellten diese Texte mit den Prozeßflüchen zusammen; fällt jene These, läßt sich auch die Zuordnung nicht halten – vielmehr geht es darum, lästige Rivalen im Beruf auszuschalten. Das wird deutlich ausgesprochen im Text eines Bleitäfelchens aus dem dritten vorchristlichen Jahrhundert, das aus einem Grab in Metapont stammt: „Ich binde die erste Werkstatt dieser Leute; ich binde sie so, daß sie nicht arbeiten können, sondern arbeitslos und unglücklich werden", worauf die Namen von siebzehn Ärzten folgen[119]. Der bemerkenswerte Text läßt eigentlich bloß eine Erklärung zu: eine Gruppe von Ärzten hat in Metapont eine Klinik gegründet, die erste am Ort, und damit den Zorn eines längst eingesessenen Arztes provoziert, der ihnen den vollständigen Mißerfolg anhext.

Der Sport schließlich, die Agonistik, lebt vom Wettbewerb; daß auch hier die Defixion als Waffe eingesetzt wurde, überrascht nicht. Es gibt einige schon spätklassische und hellenistische Beispiele dafür, doch die überwiegende Mehrzahl der einschlägigen Texte stammt aus der Kaiserzeit. Die Defixionen, welche die Athleten betreffen – Schnelläufer, Ringer – sind nicht weiter aufregend[120]; interessanter sind die Texte zu den Pferderennen, die aus den Zirkussen von Rom, Karthago und anderen Städten stammen. Sie gehören alle in die mittlere und späte Kaiserzeit[121]; Opfer sind die Wagenlenker oder ihre Pferde, und angerufen sind oft ausführlich benannte Dämonen. Ein typischer Text aus Karthago beginnt mit einer langen Liste der betroffenen Pferde (daher sind die agonistischen Defixionen auch die selten genug genutzte Hauptquelle für antike Pferdenamen), läßt die Anrufung an einen Dämon folgen, der mit zahlreichen griechischen Zauberworten, seinem geheimen Namen, benannt ist; dann folgt, wieder lateinisch, der eigentliche Wunsch[122]:

Ich rufe dich hervor, Dämon, der du hier wohnst [im Grab, aus dem der Text stammt]: ich übergebe dir diese Pferde, damit du sie festhältst und sie sich verwickeln [in ihr Geschirr] und sich nicht bewegen können.

Der Schaden, der hier gewünscht wird, ist vergleichsweise harmlos gegenüber anderen, weit detaillierteren Wünschen[123]:

Binde ihnen [den Pferden] den Lauf, die Beine, den Sieg, die Kraft, den Mut, die Geschwindigkeit, mach sie verrückt, ohne Muskeln, ohne Glieder, damit sie morgen im Hippodrom nicht laufen, nicht gehen, nicht siegen, die Starttore nicht verlassen, die Zielsäule nicht umrunden können, damit sie vielmehr mit ihren Lenkern stürzen ... Binde ihnen [den Lenkern] die Hände, nimm ihnen den Sieg, die Sicht, damit sie ihre Gegner nicht sehen können, reiße sie von ihren Wagen und schleudere sie zu Boden, damit sie überall im Hippodrom stürzen, vor allem aber an den Zielsäulen, zusammen mit ihren Pferden.

Und da vermutlich die meisten Stürze sich tatsächlich in den Kurven um die Zielsäulen ereigneten, wird klar, daß man vom Dämon keine Wunder erwartete.

Diese Defixionen zu den kaiserzeitlichen Pferderennen sind komplexer, als es scheinen mag. Denn sie werden zwar auch von den gegnerischen Wagenlenkern ausgeführt, die als direkte Akteure nicht anders etwa als die Handwerker miteinander in Konkurrenz stehen. Dies ist durchaus belegt: gegen Ende des vierten Jahrhunderts rechnen die christlichen Kaiser mit Wagenlenkern als Auftraggebern und drohen ausdrücklich ihnen den Tod an, wenn sie einen Magier entweder decken oder aber heimlich töten würden, ohne ihn der Justiz auszuliefern[124]. Daneben aber sind es oft auch die Anhänger der Wagenlenker, die Defixionen in Auftrag geben[125]; in einem Sport, der keine Wetten kennt, ist das Motiv anderswo zu suchen[126]. In der Gesellschaft der hohen Kaiserzeit waren die Wagenlenker die Vermittler zwischen der Elite ihrer Patroni und den städtischen Massen ihrer Anhänger: das agonistische Moment wird so von Individuen auf gesellschaftliche Gruppen verlagert. Jedes Wagenrennen stellt Sozialstrukturen in Frage, weil eine Niederlage als Versagen einer sozialen Gruppe wahrgenommen wurde.

Das wird schlagend deutlich dann, wenn die Gruppen in die Konfrontation zwischen Heidentum und Christentum eingespannt sind, wie in einer Geschichte aus der Vita des Hilarion. Die *duumviri* von Gaza, die städtische Elite mithin, organisierten Pferderennen, die immer wieder zu Rivalitäten unter den beiden Machtträgern und ihren Anhängern führten. Im vorliegenden Falle hatte einer der *duumviri*, ein Heide, sich der Hilfe eines Magiers versichert, um die gegnerischen Pferde zu schädigen; der Kollege, ein Christ, sucht Hilfe beim Eremiten. Zögernd stimmt der Heilige schließlich zu und gibt als Abwehrmittel geweihtes Wasser – und das christliche Gespann siegt. Das bringt nicht bloß dem christlichen Magistraten Prestige ein: die Menge deutet es als Sieg des Christengotts über den lokalen paganen Stadtgott Marnes[127].

Gemeinsam in allen diesen Fällen von Defixion ist, daß sie durchgeführt werden, um eine Krise zu bewältigen: jede Konkurrenzsituation ist kritisch[128]. Immer ist unsicher, wie die Zukunft nach Lösung der Krise aussehen wird, und immer verfügen die Akteure bloß über beschränkte Mittel, den Gang der Ereignisse in ihrem Sinn zu beeinflussen. Ankläger und Angeklagte in einem Prozeß, Kaufleute und Handwerker, die mit neuen und unerwarteten Konkurrenten zu rechnen haben, Handwerker, die sich auf Technologien zu verlassen haben, die nicht restlos gesteuert werden können (wie Bronzegießer oder Töpfer, deren Töpfe im Brennofen durch eine Defixion zum Platzen gebracht werden können[129]), Wettkämpfer und ihre Anhänger in den Agonen benötigten eine Strategie, um die Unsicherheit und Hilflosigkeit dem Ausgang gegenüber beherrschen zu können. Der magische Angriff gab ihnen die Initiative zurück und ließ sie hoffen, das Resultat definitiv beeinflussen zu können. So konnten Krisensituationen emotionell bewältigt werden[130].

Die griechisch-römische Kultur kannte andere Strategien, um solche Krisen zu bewältigen, die aus einem Gefühl der Unsicherheit und Hilflosigkeit kamen. Die Divination konnte über den zukünftigen Ausgang informieren, ohne freilich den Ablauf zu manipulieren; immerhin konnte man etwa mit vom Orakel empfohlenen Opfern eingreifen. Die Durchführung magischer Riten – die man positiv nennen könnte – zielte darauf, den Ausgang zu manipulieren und zu beeinflussen, indem sie die persönlichen Kräfte des handelnden Individuums verstärkten (während die Defixion – als negative Magie – die Kräfte des Gegners einschränken oder zerstören sollte). So kennt man denn die Umkehrung der Defixion im Geschäftsleben durch einen Ritus, der Werkstatt und Arbeit schützen konnte; solche Riten, die dem Ausführenden Erfolg und Reichtum versprachen, heißen in den Papyri ,rituelles Erlangen und Herbeirufen in Bezug auf Werkstatt oder Haushalt'[131]. Dem Prozeßfluch und der agonistischen Defixion entsprachen Riten, welche den Sieg verschaffen konnten, oder Amulette zum Schutz gegen den generischen Zauber. Ein Papyrus des British Museum enthält ein ,allgemeines Siegemittel'[132], oder, spezifischer, ein ,Siegemittel für das Pferderennen'[133]. Ein Papyrus aus Oxyrynchos verspricht „Sieg und Sicherheit im Stadion und bei den Massen"[134]. Das Amulett eines Pantomimen schließlich verhieß Anmut, physische Schönheit und den Sieg[135].

Solche mehrfachen Vorteile wie hier – sowohl körperliche (und sexuelle) Anziehungskraft wie beruflichen Erfolg (die bei einem Schauspieler freilich nahe beieinander liegen) – versprechen auch zahlreiche Riten der Papyri. Was die moderne Kategorisierung der Defixionen säuberlich trennt – Sieg vor Gericht oder im Stadion, Erfolg im Geschäft oder bei der Liebe –, läßt sich im Denken der Antike nicht immer leicht sondern. Ein Gebet an Helios in einer Systasis, in welcher der Magier dem Gott persönlich begegnen will, legt so einen ganzen Katalog von Wünschen offen[136]: „Komm zu mir mit freundlicher Miene, auf ein Sofa, das du dir selber gewählt hast, und bring mir, dem

NN, Leben, Gesundheit, Reichtum, schöne Kinder, Wissen, guten Ruf, Wohlwollen, Intelligenz, Ruhm, Gedächtnis, Anmut, gutes Aussehen, Schönheit vor allen Menschen, die mich erblicken; du, der alles hört, was von mir kommt, gib mir, daß meine Worte überreden können, großer Gott, dem [VM], ich bitte dich, Herr, erhöre mein Gebet".

Diese lange Liste zeichnet das Bild des idealen Mannes in der Gesellschaft des kaiserzeitlichen Ägypten. Sie verbindet soziale Tugenden, die zur Erreichung einer gehobenen Position mithelfen (guter Ruf, Wohlwollen, Überredungsgabe), mit rein privaten Eigenschaften wie Gesundheit oder Kindersegen, ohne die körperlichen Vorzüge zu vergessen. Alle diese Eigenschaften zusammen verhelfen zu Erfolg in dieser Gesellschaft – der Sozial- und Mentalitätsforschung bieten sich in diesen Selbstdarstellungen noch weitgehend unbenutzte Daten an.

Es gibt einige wenige Fälle von Defixion, die mit einem agonistischen Modell nicht wirklich verstanden werden können. In einigen Fällen würde man eher von kriminellem Neid reden wollen[137], wie in einem Text aus Cremona, der aus der Zeitenwende stammt. In ihm sendet ein gewisser Q. Domatius mehrere Personen zu den Unterirdischen, um Alleinerbe werden zu können, und er endet mit einer Formel, die man sonst aus den römischen Dedikationen kennt: „Quintus Domatius, der Sohn des Gaius – eine gute Zeit mir und meiner Lebenszeit. Dies trage ich auf als Auftrag, damit diese bei den Toten zugrundegehen und niedergebunden werden, damit ich Erbe bin: das Mündel des Gaius Granius, des Sohns des Gaius, Gaius Publicius Aphrodisius, der auf Staatskosten Freigelassene, Lucius Cornelius. Auf eigene Kosten binde ich sie hinab, damit sie zugrunde gehen"[138]. Das mag krankhafte Übersteigerung des Konkurrenzdenkens sein. Daneben steht jene ganze Gruppe von Defixionen gegen Verleumder und Diebe, die man kaum mehr in einen agonistischen Kontext einbinden kann, und die man auch überhaupt von den Defixionen abtrennen wollte[139]. Doch mit den anderen Defixionen teilen diese Texte die Form des Bleitäfelchens, aber auch die Deposition in Heiligtümern der chthonischen Götter oder in Brunnen[140]; und man kann auch verstehen, weswegen antike Menschen diese Trennung gerade nicht machten. Immer geht es zwar um bereits vergangene Ereignisse und bereits erlittene Schädigungen, deren Urheber aber oft unbekannt[141] oder unerreichbar sind; allen Texten gemeinsam ist wieder das Gefühl der Krise, der Hilflosigkeit nun angesichts eines eingetretenen Schadens, dessen Urheber man zur Rechenschaft ziehen will. In dieser Unsicherheit helfen wiederum die unterirdischen Mächte: sie kennen den Verursacher und können ihn für sein Vergehen bestrafen. Gelegentlich hofft man auch, daß der Magier mit ihrer Hilfe den Dieb finden könne: jedenfalls bieten die Papyri auch Anleitungen dazu an, einen Dieb aufzustöbern[142].

Die ersten derartigen Texte, die bekannt wurden, stammten aus dem Heiligtum der Demeter und Kore in Knidos, das einst durch die Grabungen von Charles Newton berühmt geworden war. Seither hat man aus der ganzen antiken Welt vergleichbare Inschriften gefunden, bis hin zu Bath in Britannien. Das Heiligtum von Knidos – und dieses Mal exklusiv – kennt auch Defixionen, um sich gegen die Anklage der Magie zu verteidigen. Ein typischer Text lautet so: „Antigone weiht der Demeter und der Kore, dem Pluton, allen Göttern und Göttinnen bei Demeter. Wenn ich dem Asklepiades Gift eingegeben habe oder wenn ich in meinem Geist den Beschluß gefaßt habe, ihm zu schaden, oder wenn ich seine Frau ins Heiligtum gerufen habe und ihr drei Halbminen gegeben habe, damit sie ihn aus der Welt der Lebenden entfernt: daß dann Antigone zum Tempel der Demeter kommt, rotglühend vor Fieber, und daß es ihr nicht gelingen möge, die Gunst der Demeter zu bekommen, daß sie vielmehr große Qualen leiden möge. Wenn einer bei Asklepiades gegen mich gesprochen hat, wenn er eine Frau bestochen und ihr Geld gegeben hat..."[143].

Der zweite, nicht vollständig wiedergegebene Teil gehört zur bereits bekannten Gruppe der Riten gegen Diebe und üble Nachrede. Die erste Hälfte enthält die Selbstverteidigung einer Frau, der Antigone, gegen die Anschuldigung, sie habe einen gewissen Asklepiades vergiftet oder eine andere Frau dazu angestiftet. Es geht mithin, römisch gesprochen, um *veneficium*; die heimliche Begegnung im Tempel, um das Gift zu übergeben, hat eine erstaunliche Parallele bei Cicero – das war also antiker Alltag[144]. Die Verteidigung geschieht so, daß die Angeschuldigte sich selber verflucht: sie ruft den Zorn der Göttin auf sich herab, wenn sie lügen sollte[145]. Das ist ein Vorgehen, das mit dem antiken Eid eng verwandt ist, der auch nichts anderes als eine konditionelle Selbstverfluchung war: die Eidgötter sollten den Schwörenden strafen, wenn er einen Meineid schwören oder später den Eid brechen sollte. Wieder sind Defixion und Verfluchung ganz eng beieinander[146].

Die Sicht der Opfer

Es ist Zeit, auch an die Opfer der Defixion zu denken. Wann hielt man sich selber für ein solches Opfer? Und was konnte man unternehmen, um sich zu schützen? Antworten darauf sind für die Antike nicht einfacher als für die Neuzeit[147]. Denn beim Fehlen ausführlicher Selbstaussagen sind drei Anekdoten aus der christlichen Spätantike fast das ergiebigste Material; sie stammen aus Hieronymus' ‚Leben des Heiligen Hilarion' und aus Sophronios ‚Wundererzählungen der Heiligen Kyros und Ioannes Anargyroi'; es wird sich zeigen, wie aussagekräftig diese späten Texte aus einer anderen religiösen Welt für die pagane Religion sein können.

Die beiden Fälle, die Sophronios erzählt, lassen uns ein Geschehen erahnen, das in zwei Schritten abläuft. Alles beginnt mit einer Krankheit, für die die Ärzte keine Erklärung und erst recht keine Therapie haben. Also konsultiert man die heilungsmächtigen Heiligen, die erst noch ohne Lohn heilen, weswegen sie Anargyroi (ἀνάργυροι, ‚geldlos') heißen. Sie diagnostizieren eine Defixion; jetzt gilt es, das magische Objekt zu finden, das die Krankheit verursacht hat, um die Diagnose zu bestätigen und als Therapie die Magie unwirksam zu machen. In einem Fall, demjenigen des Theodoros, findet man die Objekte unter der Türschwelle seines Hauses, im andern, dem des Theophilos, fischt man sie aus dem Meer – beides, versteht sich, ohne große Mühe für die Heiligen[148].

Der Fall der gazensischen *virgo Dei* bei Hieronymus hat uns aus anderen Gründen schon beschäftigt; er ist einfacher und gleichzeitig weniger logisch. Unter dem Einfluß eines Liebeszaubers, den ihr hoffnungslos verliebter junger Nachbar bei Isis in Memphis erlernt hatte, verliert ein Gott geweihtes Mädchen aus Gaza die Haltung, wird von bakchischem Liebeswahnsinn gepackt und läuft mit offenem Haar, den Namen des Geliebten schreiend, aus dem Haus. Der Heilige diagnostiziert Besessenheit durch einen Liebeszauber und vertreibt den Dämon nach einem langen Gespräch. Obwohl Hieronymus das magische Objekt – eine Defixion auf einer Kupferplatte und mit magischen Figuren, die unter der Türschwelle vergraben wird – eingehend beschreibt, hängt der Erfolg der Therapie doch nicht an der Entdeckung und Beseitigung des Objekts. Hieronymus weiß auch, daß der Therapeut hier ungewöhnlich vorgeht: „Der Heilige wollte nicht den Befehl

Die Sicht der Opfer 147

erteilen, den jungen Mann oder die Figuren zu suchen, bevor er das Mädchen rein gemacht hatte, um nicht den Eindruck zu hinterlassen, daß der Dämon weggegangen sei, weil er von der Beschwörung freigekommen sei, oder daß er, Hilarion, den Worten des Dämons geglaubt habe, denn er wußte sehr gut, daß Dämonen Lügner und Betrüger sind"[149].

Hieronymus weiß mithin, wie man eigentlich vorzugehen hat. Doch wenn Hilarion die magischen Objekte gefunden und zerstört hätte, wäre der Dämon nicht anders als bei einem paganen Exorzismus freigekommen, ohne daß der christliche Heilige ihm hätte das Versprechen abnehmen können, nicht wiederzukommen. Diese Abweichung ist letztlich die Folge davon, daß sich zwei Dämonologien überlagern, diejenige der Besessenheit und diejenige der Defixion. Die pagane Welt hält die beiden getrennt; auch wenn ein Dämon in der erotischen Defixion aktiv wird, besitzt er sein Opfer nicht, sondern wendet Gewalt an, um es herzubringen; die Entdeckung und Zerstörung von Text und Statuette genügen als Gegenmaßnahme. Die Christen – wie die Juden – werfen die beiden Dinge zusammen und erweitern so den Bereich des Exorzismus, der nun auch zur Maßnahme gegen die Folgen einer Defixion wird: der Dämon wird mit einem größeren Namen ausgetrieben als dem, mit dem der Magier ihn hineingezwungen hatte – „ich beschwöre euch beim lebenden Gott", heißt es in einem jüdischen Exorzismus[150], „ich beschwöre dich im Namen des Nazareners, des Jesus Christus, und der heiligen Apostel", tönt die christliche Liturgie[151].

Der Fall ist aus einem anderen Grund bemerkenswert. Eine Tochter offensichtlich aus gutem Haus, Gott und der Jungfräulichkeit geweiht (wovon sich die Eltern zumindest Prestige hienieden erwarten konnten), vergißt sich derart, daß sie jedes Decorum aufgibt, nicht nur gegen ihren religiösen, sondern auch ihren gesellschaftlichen Stand verstößt. Dafür kann man nicht sie verantwortlich machen: eine magische Intervention ist die plausibelste Erklärung. Hieronymus freilich hat seine leisen Zweifel: Hilarion habe sie darauf hingewiesen, daß man dem Dämon keine Handhabe bieten dürfe...

In den wenigen Fällen, die aus der paganen Welt bekannt sind, kommt man aber doch noch etwas weiter. Am bekanntesten ist der Tod des Germanicus; Quelle ist Tacitus[152]. Germanicus, erfolgreich und im Vollbesitz seiner Kräfte, erkrankt plötzlich in Antiocheia und stirbt kurz danach; Tacitus läßt die Krankheit unerklärt. Germanicus'

Umgebung vermutet Magie, weiß auch den bösen Rivalen auszumachen, und sucht nach Indizien: „Man fand im Fußboden und in den Wänden die Reste menschlicher Körper, Beschwörungen und Defixionen und den Namen des Germanicus eingeschrieben in Bleitafeln, halbverbrannte Asche voller Verwesung und andere Zauberdinge *(malefica)*, mit denen man nach allgemeinem Glauben Seelen den Unterirdischen weiht". – Der plötzliche Tod nach unerklärlicher Krankheit ist mithin Auslöser des Verdachts auf *venenum*; die unheimlichen Funde bestätigen den Verdacht und lassen die präzisere Diagnose der Defixion, der Weihung an die Unterirdischen, zu. Tacitus ist explizit: er umschreibt die *tabellae defixionum* mit *nomen plumbeis tabulis insculptum*, nennt die *materia magica*, die Reste jenes Toten, der als Nekydaimon den Magier unterstützte, und er definiert den Zweck der Defixion damit, daß dadurch eine Seele den Unterirdischen geweiht werden sollte. Wir sahen bei der Analyse der Terminologie, daß diese Definition zutrifft: statt den Vorgang mit einem Verbum des Bindens auszudrücken, können in den inschriftlichen Formeln funktionsgleich Verben des Weihens benutzt werden.

Der Religionswissenschaftler könnte dennoch versucht sein, Tacitus' Bericht mit dem Mißtrauen zu betrachten, das man einem literarischen Text entgegenbringen darf. Doch sind uns einige kaiserzeitliche Inschriften erhalten, welche einen unerwarteten Tod als Resultat magischer Intervention verstehen; in vielen wird Helios gebeten, den unbekannten Zauberer zu bestrafen[153]. Einer der Texte, die Grabinschrift für eine achtundzwanzigjährige Offiziersfrau, nennt eine lange Stummheit, die durch Defixion verursacht wurde und schließlich im Tod endete („gebannt durch Zaubersprüche, lag sie lange Zeit stumm") – ein komatöser, von den zeitgenössischen Ärzten unverstandener Zustand[154]? Wer den Zauber gesandt hatte, blieb ungewiß: jedenfalls werden die Götter des Himmels oder der Unterwelt den Schuldigen strafen[155]. Noch bestürzender ist eine metrische Grabinschrift für einen Knaben namens Iucundus, dessen Eltern mit dem Kaiserhaus verbunden waren[156]:

In mein viertes Jahr heranwachsend, wurde ich gepackt und getötet, wo ich doch der Liebling von Mutter und Vater hätte sein können. Es holte mich einer Hexe Hand, überall grausam, solange sie auf Erden weilt und durch ihre Tätigkeit schadet. Eltern, hütet eure Kinder, damit nicht am Ende Schmerz das ganze Herz erfüllt.

Wieder ist die Situation nicht völlig klar. Man nähme gerne an, daß wiederum ein plötzlicher und sonst unerklärlicher Tod eines Kindes der Einwirkung von Magie zugeschrieben wird; ob die ‚grausame Hexe' dabei gefaßt und bestraft wurde, entgeht uns; das Fehlen eines Rachewunsches mag darauf weisen. Die (allerdings nur literarischen) Berichte über magische Kinderopfer tun freilich noch weitere, unangenehmere Möglichkeiten auf; das scheint allerdings doch eher unwahrscheinlich gegenüber dem festen Muster, daß ein unerklärlicher Todesfall mit Hexerei erklärt wird.

Daneben stehen andere Fälle. Von Curio und seinem schlechten Gedächtnis war bereits die Rede; Curio verstand sich als Opfer eines Prozeßfluchs. Die Geschichte wurde allerdings nicht ganz ernst genommen, war vielleicht auch nicht ganz ernst gemeint; der Erzähler Cicero bleibt jedenfalls skeptisch. Immerhin bleibt der Umstand, daß Curio eine derartige Erklärung überhaupt versuchen konnte: das ist bloß vor einem ernsthaften Hintergrund möglich. Und wie die Eltern der *virgo Dei* aus Gaza versucht Curio, einen eklatanten Verstoß gegen soziale Normen aus der eigenen Verantwortung wegzuschieben.

Ernsthafter war der Fall eines anderen Redners, einige Jahrhunderte später, des Libanios in Antiocheia. Er redet in seiner Autobiographie davon[157]. Mitten in einer erfolgreichen Karriere befielen ihn plötzlich derartige Kopfschmerzen, daß er sich den Tod wünschte: „Ich wandte mich von der Lektüre der Bücher ab, welche die Gedanken der Alten enthielten, ich hörte auf, zu schreiben und Reden zu verfassen, ich hörte mit meinen Vorträgen auf, obwohl mich die Studenten laut darum baten"[158]. An die Kopfschmerzen schloß sich bald eine schmerzhafte Arthritis an, die jede Bewegung zur Qual machte. Die Heilung erfolgte in zwei Phasen. Erst offenbarte ein Traum dem Libanios, daß er Opfer einer Defixion sei[159]. Dann rieten ihm die Freunde, auf die Suche nach Spuren der Magie zu gehen. Libanius sperrte sich erst, er glaube nicht an Magie; doch er mußte klein beigeben: „Jedoch fand man ein Chamäleon, das von ich weiß nicht woher in meinen Hörsaal geraten war. Es war ein altes Chamäleon, und es war seit Monaten tot, doch ich habe selber gesehen, daß sein Kopf zwischen die Hinterbeine gesteckt war, daß eines der Vorderbeine fehlte, während das andere sein Maul verschloß." Auch wenn kein Bleitäfelchen zum Vorschein kam, verstanden die Finder dies doch als Defixion: dem Chamäleon war, wie dem Kater bei den Santonen, der Kopf umgedreht worden, um all die Widerwärtigkeiten, die das Opfer gewärtigen mußte, symbolisch auszudrücken. Das fehlende Bein und das andere, welches das Maul verschloß, spezifizierten diese Widerwärtigkeiten – Arthritis mit fast völliger Unbeweglichkeit und Unfähigkeit zum Reden wegen der Kopfschmerzen. Der Symbolismus war bestechend, auch für den angeblich so skeptischen Rhetor; in einer anderen Rede schiebt er ausdrücklich neidischen Kollegen die Schuld für diesen Angriff zu – daß diese Kollegen ihrerseits ihn als Magier ansahen, sei nur am Rand bemerkt; diese Fama mag auch erklären, weswegen er selber sich so skeptisch gab[160]. Nachdem das Chamäleon einmal entdeckt war, ließ die Heilung nicht auf sich warten.

Ein letzter Fall führt in einen ganz andren Bereich; es handelt sich um ein letzthin publiziertes Orakel, das religionsgeschichtlich interessante Fragen aufwirft. Der Text wurde bei den Grabungen in Ephesos entdeckt, betrifft aber eine andere westkleinasiatische Stadt, möglicherweise Sardes. Die Stadt fiel – wie ein großer Teil des Reichs – der Seuche zum Opfer, die die Armeen des Lucius Verus 165 aus Mesopotamien mitgebracht hatten. Wie üblich in solcher Not, konsultierte die Stadt ein Orakel, vermutlich dasjenige des Apollon von Klaros, das in der Nähe lag, damals berühmt war und auch anderen Städten während der selben Epidemie Rat gab. Apollon schlug eine bemerkenswerte Therapie vor: man solle eine Statue der Artemis aus Ephesos mit zwei Fackeln in den Händen (also nicht die heute so berühmte vielbrüstige Statue) bringen und ihr als Artemis Soteira, ‚Retterin', einen Kult einrichten. Das Feuer der göttlichen Fackeln würde die wächsernen Statuetten, die ein böswilliger Magier verfertigt habe, zum Schmelzen bringen und damit die Krankheit vertreiben[161].

Die Seuche wurde mithin als Folge einer Defixion verstanden – Magier konnten also auch gegen ganze Städte vorgehen; während einer Versorgungskrise in Konstantinopel ließ Konstantin den Philosophen Sopatros hinrichten, weil dieser die Winde, welche die Kornflotte nach Konstantinopel bringen sollten, „durch ein Übermaß an Weisheit gebunden" haben soll[162] – eine andere stadtweite Krise, zu der Magie die Erklärung lieferte. Bemerkenswert ist, daß in Sardes (wenn es denn Sardes war) allein der Umstand der Epidemie auf die Diagnose führte. Man hatte weder Zauberpuppen noch andere Indizien für Magie gefunden – und doch mußten, wie immer, die magischen Objekte beseitigt werden. Dies geschah nicht dadurch, daß man sie aufzuspüren suchte (Apollon hätte das auch tun können, wie später die christlichen Heiligen), sondern daß man ein Ritual durchführte, in dessen Verlauf die Göttin Artemis selber heilend eingriff. Die Heilung läuft vollständig auf dem Niveau des städtischen Kultes ab – und hat den Vorteil, daß man die Diagnose nicht durch physische Objekte zu bestätigen brauchte.

Die Diagnose

Die bisherige Analyse lehrt, daß antike Menschen vor allem in zwei Fällen an magische Intervention, an Defixion dachten: einerseits bei Krankheits- und Todesfällen, die völlig unerwartet und unerklärlich waren, anderseits bei beruflichem Versagen, das in den Kategorien des Berufswissens ebenso unerklärlich bleiben mußte; ob man den Fall der gazensischen Virgo eher zur einen oder zur anderen Gruppe schlagen soll, mag offen bleiben. Entscheidend ist, daß nicht alle Krankheiten und nicht alle Berufsprobleme so erklärt werden, sondern bloß jene, deren Erklärung die betreffende professionelle Rationalität hilflos läßt. In anderen Orakeln wird die Epidemie unter Lucius Verus durch den Haß der Götter oder von unterweltlichen Heroen erklärt – das ist ein anderer Ausdruck für die Hilflosigkeit der Mediziner. Die Krankheiten, die Libanios befielen, Kopfschmerzen und Gliederschmerzen, sind auch diejenigen, gegen die man sich mit Amuletten schützen konnte, wie gegen Epilepsie, Fieber oder Zahnschmerzen[163]. Wie schon zu Hippokrates' Zeiten ist Zauberei immer wieder die Erklärung für Krankheiten, deren Aitiologie und Therapie die wissenschaftliche Medizin ratlos läßt – selbst der eher skeptische Plinius rät, bei Quartan-Fiebern, in denen die klinische Medizin hilflos ist, sich auf die Mittel der Magier zu verlassen[164].

Das professionelle Versagen zeigt noch deutlicher, was in antiker Vorstellung Magie ist. Der Redner, der sein Plädoyer vergißt, der Professor, der seine Vorlesungen nicht mehr halten kann, die Gott geweihte Jungfrau, die mit offenen Haaren durch die Straßen läuft und nach einem jungen Mann schreit: sie alle handeln der gesellschaftlichen Norm eklatant zuwider. Müßten sie für dieses Verhalten die volle Verantwortung tragen, würde ihre privilegierte soziale Stellung in Frage gestellt; die Magieanklage ist, so gesehen, eine Strategie, um diese Position halten zu können.

Allerdings: die Gesellschaft akzeptiert diese Strategie. Es ist keine individuelle Zuflucht für momentane Versager, um die Konsequenzen nicht tragen zu müssen (das gilt auch für die Virgo aus Gaza, wiewohl

Hilarion ihr nicht alle Verantwortung abnehmen will). Es ist eine Strategie, welche die Gesellschaft insbesondere den herausgehobenen Mitgliedern zur Verfügung stellt, um eine momentane Krise zu lösen – eine Krise, die das ganze soziale Gefüge in Mitleidenschaft zöge. Fast ist man versucht, einen Schritt weiter zu gehen: es ist auch eine wirksame Strategie, um die Existenz unheilbarer Krankheiten zu erklären, ohne die gesamte wissenschaftliche Medizin in Frage stellen zu müssen. Das heißt nicht, daß der einzelne – Arzt, Redner oder wer auch immer – nicht gelegentlich hätte Mißbrauch treiben können mit dieser Erklärung: Curio scheint nahe daran zu sein.

Die Gegenmaßnahmen

Ob sich Curio auf die Suche nach magischen Objekten machte, ist nicht überliefert; es ist unwahrscheinlich. Doch aus den seltenen Informationen darüber, wie eine Defixion unschädlich zu machen sei, geht dies eine, schon oben Betonte deutlich hervor: die wichtigste Maßnahme war, die entsprechenden Objekte zu finden und zu beseitigen. Das wird nicht bloß aus den drei christlichen Geschichten klar, sondern auch aus Libanios und dem ephesischen Orakel, und die Papyri wie die Defixionen bestätigen dies: die Macht der Bindung ist gebrochen, sobald etwa der bindende Ring oder das Bleitäfelchen beseitigt werden – einmal wird geraten, das Bleitäfelchen an einer Schnur in Fluß oder Meer zu hängen, damit man es auch wieder herausholen kann, um den Bann zu lösen[165]. Deswegen ist es so wichtig, diese Dinge gut zu verbergen, sie gar ins Meer zu versenken wie in der Geschichte des Theophilos – die an diejenige von Polykrates' Ring erinnert (daß die Statuette dann doch gefunden wird, ist göttlichem Eingreifen zuzuschreiben) –; doch ein Papyrus kennt dieselbe Vorschrift[166], und wenigstens eines der Bleitäfelchen fand sich im Sand des Mittelmeers[167]. Ob eine anschließende Zerstörung immer nötig war, ist unsicher – bei Libanios scheint es zu genügen, daß das Chamäleon überhaupt gefunden wurde, und ähnlich sieht es im Fall des Theodoros bei Sophronios aus; die Seuche unter Lucius Verus freilich hört erst auf, wenn die wächsernen Statuetten geschmolzen sind.

Manchmal war es nicht einmal nötig, die Defixio zu finden: wenigstens die Berichte über ‚göttliche' Philosophen reden vor allem von einem Kampf geistiger Mächte. Plotin wehrt die magischen Angriffe eines andern Philosophen (bezeichnenderweise eines Ägypters) allein durch die Kraft seiner Seele ab, und Maximos von Ephesos, der Lehrer des Kaisers Julian, rettete auf ähnliche Weise eine Schülerin, die Philosophin Sosipatra, nachdem er durch Opfer erfahren hatte, daß sie von erotischer Magie bedrängt wurde[168]. In der vergeistigten Welt der Theurgie drückt sich die Abwehr des Schadenzaubers in theologischen und philosophischen Formen aus. Wenn der heilige Hilarion in Hieronymus' Erzählung erst mit dem Dämon redet und ihn dazu bringt, nach Ägypten auszufahren, bevor die magischen Gegenstände gefunden werden, steht eine ähnliche Vergeistigung dahinter, jetzt aber im Interesse des christlichen Machterweises[169].

Für die klassischen Jahrhunderte fehlen derartige präzise Informationen. Es scheint aber, daß die Gegenmaßnahmen komplexer waren: wer rituell ‚gebunden' worden war, mußte auch rituell gelöst werden. Das war nicht einfach; eine (spätrepublikanische?) Defixion aus Rom behauptet gar: „Niemand soll mich lösen außer uns, die wir das getan haben"[170]. Für diese Riten gab es Spezialisten: der Komiker Magnes, Zeitgenosse des Aristophanes, verbindet Traumdeuter und ‚Löser'[171], und ein spätes Lexikon, das aber den Wortgebrauch der Klassiker erläutern will, behauptet, „rituell reinigen" bedeute „einen verzauberten oder verhexten Menschen lösen"[172]. Diese Lösung war mithin ein kathartisches Ritual, das Heilung brachte – Heilung, wie sie auch durch einen Traum mitgeteilt werden konnte, deswegen die Verbindung dieser Exorzisten mit den Traumdeutern.

Demgegenüber ist auf einen auf den ersten Blick spektakulären archäologischen Befund kein Verlaß[173]. Im spätklassischen Grab des Kerameikos, das die Bleischachtel mit dem gefesselten Männchen enthielt und das seit der Schließung des Grabs im frühen vierten Jahrhundert unberührt geblieben war, schienen dem ersten Interpreten die Knochen so eigentümlich verteilt, daß er darauf schloß, die Leiche sei zerteilt worden; die Bleischachtel, ihr Deckel und die Statuette seien überdies bewußt getrennt worden. Daraus schloß er, daß unmittelbar nach der Bestattung die verschlossene Schachtel mit der Statuette ins Grab gegeben, dies aber bemerkt worden sei; als Gegenmaßnahme sei die Schachtel geöffnet und die Leiche zerschnitten worden, um sie machtlos zu machen. Diese Gegenmaßnahme ist allerdings im Licht aller anderen Parallelen außerordentlich eigenartig – insbesondere erstaunt, daß die Defixion nicht ans Licht gehoben wurde. In der neueren Publikation des Grabs ist denn auch von einer massiven Störung nicht mehr die Rede: zwar ist das Skelett etwas verschoben, doch nicht so, daß man zwingend mit einer Zerteilung zu rechnen hat; zwar ist die Schachtel geöffnet, aber nicht so, daß man ein bewußtes Verstreuen des Inhalts annehmen muß[174]. In dieser Situation ist es besser, mit diesem Grab und dem eigenartigen, erschlossenen und isolierten Ritus nicht mehr zu argumentieren[175].

Vorspiel im Orient

Die Magie, dies die einhellige Überzeugung der Griechen und der Römer, kommt aus dem Orient, von den Persern, wenn man auf die Bezeichnung des Spezialisten, aus Ägypten, wenn man auf religiöse Traditionen abstellt. Wir sahen, daß dies nicht als historisch korrekte Herleitung zu lesen ist, sondern daß sich darin die marginale Position, die Fremdheit der Magie im religiösen System Griechenlands und Roms ausdrückt. Eine solche Erklärung reicht freilich niemals aus, um die Frage nach der historischen Herkunft der Magie völlig zu erledigen[176]. Immerhin taucht der Magos zum erstenmal bei einem griechischen Untertanen des Perserkönigs, bei Heraklit aus Ephesos, auf, und insbesondere bei der Praxis der Defixion finden sich zahlreiche Beziehungen zum Nahen Osten, die diachronische Herleitungen nahelegen[177].

Entscheidend sind freilich weder Persien noch Ägypten, sondern Mesopotamien. Hier läßt sich Magie in langer Tradition fassen. Die meisten einschlägigen Textsammlungen stammen zwar erst aus der Bibliothek Assurbanipals in Niniveh, doch tut sich hinter ihnen eine lange und gelehrte Traditionslinie auf, die auch mindestens bis in seleukidische Zeit weiterverfolgt werden kann, wenn nicht bis in die Spätantike[178]. Doch ist die Geschichte dieser Tradition weithin erst zu schreiben. Immerhin sind Einzelheiten faßbar, die aufmerken und an einen ununterbrochenen Traditionsstrom im Nahen Osten denken lassen. In den Wänden und im Fußboden des Raumes, in dem Germanicus in Antiocheia Opfer einer Defixion geworden sein soll, fanden sich magische Objekte; in derselben Stadt wurde das Chamäleon irgendwo in Libanios' Hörsaal, in Wand oder Fußboden, gefunden. Die akkadischen Texte, welche detaillierte magische Interventionen beschreiben, erwähnen mehrfach die Deponierung der magischen Gegenstände in den Hauswänden – im Westen findet sich nichts davon[179]. In einer Vorschrift eines der Papyri heißt es, man müsse ein Ritual durchführen „am Ufer des Flusses, wo noch keines Menschen Fuß durchgegangen ist": das findet sich fast wörtlich in einem auch sonst eng verwandten assyrischen Ritual wieder[180]. Noch aufschlußreicher ist, daß der Name der Ereškigal, der sumerischen Unterweltskönigin, für etwa zwei Jahrtausende verschwindet, um dann mehrfach etwa als Beiname der Persephone in den ägyptischen Zauberbüchern wieder aufzutauchen[181]. Und auch das (klarische) Orakel, das die Verbrennung der magischen Wachsstatuetten durch Artemis vorschrieb, hat aus dieser Tradition geschöpft: Verbrennen von Statuetten ist das gängige mesopotamische Ritual, nach dem auch die beiden wichtigen Exorzismusbücher ‚Brennen' im Titel tragen; und wenigstens Asphaltstatuetten werden in einem Ritual eines dieser Bücher, des Maqlû, ebenfalls zum Schmelzen gebracht[182].

Wer die beiden magischen Kulturen, diejenige des Zweistromlandes in der Spiegelung der assyrischen Texte und diejenige der griechischen Welt, betrachtet, ist erstaunt über die vielen Übereinstimmungen gerade im Bereich der rituellen Defixion. Gewiß sind manche dieser Parallelen nicht sehr spezifisch. Es ist in manchen Kulturen geläufig, Statuetten als Repräsentanten der Opfer herzustellen[183], ihre Identität durch das, was die griechischen Texte *ousía* nennen, zu bestimmen, durch Haare oder ein Gewandstück des Opfers[184], die Opfer durch Knoten zu binden[185]. Bereits weniger verbreitet ist es, die Statuetten in Gräbern zu deponieren[186]; daß es die Gräber eng Verwandter sein sollen, hören wir bloß bei Platon und im Maqlû[187]. Es ist auch selten, daß die Namen der Opfer auf den Schenkel der Statuette geschrieben werden: dies findet sich (für den linken oder rechten Schenkel) in mehreren assyrischen Texten, dann wieder (auf dem rechten) bei einem attischen und zwei etruskischen Figürchen[188]. Seltener noch werden Defixionen unter der Türschwelle des Opfers niedergelegt, um so den Kontakt zwischen Opfer und Defixion herzustellen; das Maqlû kennt die Niederlegung ‚auf die Schwelle', Platon und die Christen unter sie[189]. Die Liste der Funktionen, die Defixionen haben sollen, ist ebenfalls überraschend eng verwandt[190]: sieht man davon ab, daß im Assyrischen der Schutz gegen böse Dämonen eine weit größere Rolle spielt und daß in einer Gesellschaft, die den sportlichen Wettkampf nicht kennt, die agonistische Defixion fehlt, stimmen die Listen überein – Hilfe bei amourösen Unternehmungen, um eine geliebte Person zu erobern oder wieder an sich zu binden, Hilfe bei geschäftlichen Unternehmungen, zudem in der sehr stark hierarchisierten Gesellschaft Babylons Hilfe, um den Zorn eines Vorgesetzten zu beruhigen, was erst in den graeco-ägyptischen Papyri wiederkehrt[191].

Die Ähnlichkeiten sind zu groß und zu zahlreich, um alle bloß das Ergebnis von Parallelentwicklungen zu sein. Die babylonische und assyrische Magie ist das Werk von Spezialisten, die gut ausgebildet werden, eine lange und reiche Tradition in festen Traditionslinien aufbewahren und sozial hoch stehend: sie verkehren am Hof, auch an dem der Seleukiden[192]. Doch sind solche Spezialisten auch oft unterwegs, und für das archaische Griechenland hat Walter Burkert ihre Rolle im Ritual- und Kulturtransfer zu erschließen versucht. Im Bereich der Magie freilich beginnen die Übereinstimmungen erst im späten fünften und im vierten Jahrhundert – in eben der Zeit, in der Platon auf die Aktivitäten solcher Wanderpriester in Athen verweist und ihre Rolle im Schadenzauber beschreibt[193]. Eingangs haben wir diese Priester bis zu Heraklit zurückverfolgt, also in eben die Epoche, in der das Perserreich eine politisch geeinte Brücke von Mesopotamien bis an die ionische Küste Kleinasiens bildete. Nichts einfacher als die Vorstellung, daß auch die wandernden Magier sich die Vorteile der ausgebauten persischen Straßenverbindungen zunutze machten.

Freilich darf ein ganz wichtiger Unterschied nicht unterschlagen werden. In der mesopotamischen Welt finden sich zwei Arten magischer Texte, die aktive Magie und die ‚Exorzismen', welche von einer Magieanklage ausgehen und die Folgen eines solchen magischen Angriffs beseitigen wollen, die also von passiver Magie handeln. Beide Typen sind scharf geschieden. Der Exorzismus ist durch einige große Sammlungen wie das Maqlû und das Šurpu repräsentiert, und er dient allein zum Schutz und zur Heilung[194]. Das Ritual heilt Krankheiten, macht aber auch soziale und andere Mißerfolge wieder gut, welche ein Hexer oder eine Hexe durch dämonische Intervention verursacht hatten. Zudem kann es vorbeugend solche Interventionen abwehren, wenn man sie divinatorisch vorausgesehen hat. In der Vorstellung der neo-assyrischen Texte zerstört die Intervention der Hexer den göttlichen Schutz, der den Menschen an sich gegen böse dämonische Einflüsse abschirmt; Aufgabe der Riten war es also, diesen Schutz wiederherzustellen, das Wohlwollen der Götter wiederzugewinnen. Die aktive Magie, die in einer großen Zahl noch kaum gesammelter Texte faßbar ist[195], bringt Hilfe bei vielen Lebensproblemen, in der Liebe[196], im Geschäftsleben[197], beim sozialen Aufstieg[198]. Während die Gesetze den Schadenzauber mit dem Tod bestrafen, sind alle diese Praktiken nach assyrischer Gesetzgebung straffrei[199]. Der Schadenzauber ist freilich nur in den Anklagen der exorzistischen Texte wirklich belegt, und diese Texte zeichnen ein völlig fiktives, phantastisches Bild von den Hexern und Hexen – ein Bild, das man kaum in eine gelebte Realität umsetzen kann; es entsteht der Eindruck, Schadenzauber existiere allein in der Fiktion des Exorzismus, aber nicht in der realen Gesellschaft Babylons.

Die assyro-babylonische Welt kennt also die schadende Defixion nur in der Theorie der Magieanklage, die griechisch-römische Welt hingegen praktiziert sie. Diesen kapitalen Unterschied kann man sich eigentlich bloß durch die Mechanismen des Ritualtransfers verständlich machen. In der babylonischen Gesellschaft erdachte man sich eine Vielzahl von Ritualen des Schadenzaubers, doch aus Angst vor den Sanktionen übte man sie nicht aus; das hinderte nicht, daß man annahm, daß andere – die bösen Hexer und Hexen – sie ausübten; ihre Wirkung wurde nie angezweifelt. Als diese Ritualszenarien in eine Gesellschaft gebracht wurden, in der die Sanktionen weit geringer waren (was Platon für Athen ausdrücklich belegt), war die Versuchung, diese Riten anzuwenden, äußerst groß, und der ausgesprochen konkurrenzbetonte und wenig hierarchisierte Charakter der griechischen Gesellschaft tat ein übriges, solche Riten als Instrument der Konkurrenz einzusetzen. Offen bleibt allein die Chronologie des Ritualtransfers – und damit des Beginns der Praxis in Attika. In Sizilien und Großgriechenland setzen die Zeugnisse bereits im späten sechsten Jahrhundert ein, deutlich früher als in Attika[200]. Denkbar ist mithin, daß die attische Praxis sich erst später der Bleitäfelchen bediente, früher auf leicht verderblichen Textträgern schrieb: Wachstäfelchen und Papyrusblätter sind ja gut belegt. Nicht undenkbar ist freilich auch, daß die Praxis überhaupt aus dem Westen nach dem Mutterland wanderte, genau wie manche andere eschatologische Einzelheit aus dem pythagoreischen Westen nach dem Mutterland kam[201]. Hier können nur weitere Funde weiterhelfen. Jedenfalls aber ist die archäologische Bezeugung der Defixion auch in Attika im späteren fünften Jahrhundert so gut, daß man weit davon entfernt ist, einen Beginn erst im vierten Jahrhundert anzunehmen und dies als Zerfall der griechischen Aufklärung zu deuten[202].

6. Liebeszauber und magische Divination im Spiegel der Literatur

Die Nachrichten über die antike Magie und ihre Riten setzen im fünften Jahrhundert ein. Die inschriftliche Bezeugung durch die *Tabulae defixionum* erreicht im späteren Teil dieses und im nächsten Jahrhundert einen ersten Höchpunkt, besonders wegen der Schreibfreudigkeit der Athener. In den hellenistischen Jahrhunderten sind erhaltene Defixionen seltener, um dann in der Kaiserzeit in um so größerer Zahl im gesamten Imperium Romanum einzusetzen, von Arabien bis Britannien. In dieselbe Zeit fallen die ägyptischen Funde – die großen Papyrusbücher und die vielen einzelnen Defixionen auf Papyrus, deren Zahl noch immer wächst. Auch die literarischen Anspielungen auf magische Praktiken setzen im fünften Jahrhundert ein, und es sind dann vor allem literarische Texte, welche im Hellenismus die Magie dokumentieren, und dies in einer Ausführlichkeit, wie sie erst von den Papyrusbüchern wieder erreicht wird. Die Versuchung für den Religionshistoriker ist mithin groß, diese literarischen Texte als Dokumente zur antiken Magie zu behandeln[1].

Doch das ist nicht ganz problemlos. Literarische Werke haben ihre eigenen Gesetze, die man nicht ungestraft mißachten darf. Freilich leisten die Literaturgeschichtler hier durchaus Schützenhilfe mit ihrer Neigung, die religiösen Aussagen ihrer Texte als bare Münze zu nehmen[2]. Dabei sind diese Texte, von Theokrit bis Lucan (oder, will man weitergehen, bis Heliodor), hochinteressant – aber nicht so sehr für die Geschichte der Magie wie für die Interpretation von Literatur. Zwei Fragen stehen dabei im Vordergrund – die Frage danach, wie die Autoren Elemente der magischen Praxis eingesetzt haben zu ihren eigenen, dichterischen und gelegentlich psychagogischen Zwecken, und die Frage, wie in der geschlossenen Welt der hellenistischen und augusteischen Dichtung die Autoren und ihre Texte aufeinander reagierten. Auch wenn ein Autor ein neues Element einbringt, antwortet er damit kaum auf religiöse und kultische Realitäten, er sucht vielmehr einen neuen und originellen Beitrag zum intertextuellen Dialog. Der Unterschied zwischen Theokrits Simaitha und Lucans Erictho ist kein

Hinweis auf Veränderungen in der magischen Praxis zwischen 250 v. Chr. und 50 n. Chr.[3]. So interessant diese zweite Frage ist, kann sie doch in diesem Rahmen nicht behandelt werden; die Aufmerksamkeit gilt vor allem dem ersten Problem.

Theokrit und die erotische Magie

Die erotische Magie, der Liebeszauber, der im letzten Kapitel so wichtig war, kann auch für das Verhältnis von Literatur und Magie aufschlußreich sein. Schließlich ist er in der Literatur durchaus präsent, in Theokrit ebenso wie dann bei Vergil und besonders den römischen Elegikern.

Dabei ist für die Römer das zweite Idyll Theokrits ‚Die Zauberinnen' (Φαρμακεύτριαι), ein Schlüsseltext. Seine erste Hälfte, die Verse 1–62, inszeniert ein magisches Ritual. Mitten in der Nacht, bei hellem Mondlicht, praktizieren zwei Frauen, Simaitha und ihre Sklavin Thestylis, einen Ritus, der Simaithas Geliebten wieder zurückbringen soll: der junge Mann, Delphis, hat sich anderen Liebschaften zugewandt.

Die Riten Theokrits

Das von Theokrit beschriebene Ritual folgt einem klaren Ablauf. In neun vierzeiligen Strophen, die durch den refrainartigen Anruf an die Iynx getrennt werden („Iynx, bring mir nach Hause diesen Mann, den geliebten"), stellt der Dichter die einzelnen Schritte dar.

Das Gedicht beginnt mit der Vorbereitung zum Ritual. Man braucht Lorbeer und φίλτρα/*phíltra* (ein vager Terminus, der hier einfach die Zutaten zum Liebeszauber meint), und man muß ein Gefäß mit purpurroter Wolle bekränzen (v. 1–2). Dann läuft das eigentliche Ritual in seinen einzelnen Schritten ab.

Der erste Schritt führt uns bis zur Erscheinung der Hekate. Simaitha verbrennt drei Substanzen – Opfergerste, die sie mit den Worten „ich verstreue die Gebeine des Delphis" auf die Flammen streut, Lorbeerblätter, die mit dem Wunsch „genauso soll sein Fleisch brennen" in die Flammen gelegt werden, schließlich Weizenkleie. Dann beginnt Simaitha ein Gebet an Hekate – worin sie unterbrochen wird: man hört Hunde heulen, Hekate ist mithin an der Wegkreuzung angekommen, und um sich zu schützen, schlägt Simaitha einen Gong.

Eine Strophe unterbricht die Ritualbeschreibung, um den Übergang zum zweiten Schritt zu markieren. Hatte der erste Schritt zum Ziel gehabt, die Liebe (als Feuer) in Delphis' Körper wieder zu entzünden, so muß jetzt sein Widerstand gebrochen, muß er herangeholt werden. Simaitha schmilzt Wachs – „genauso soll er schmelzen": ‚schmelzen' ist Metapher für eine Liebe ohne Widerstand[4] –, sie dreht einen Kreisel – „genauso soll er sich zu meiner Türe drehen" –, sie bringt drei Opferspenden dar und bittet jedesmal, er solle jede andere Liebe vergessen. Eine weitere Strophe unterbricht die Inszenierung des Rituals.

Bisher war Delphis durch die rituelle Symbolik und Metaphorik nur sehr indirekt betroffen worden. In der dritten Phase wird er ins Ritual stärker hineingezogen. Simaitha zerreißt ein Stoffstück seines Mantels und wirft es ins Feuer, dann heißt sie Thestylis, θρόνα/*thróna* an der Schwelle seines Hauses zu zerstampfen und dazu zu sagen: „Genauso sollen seine Gebeine zerstampft werden". Die antiken Kommentare erklären, die *thróna* seien *phármaka*; soviel hätten wir auch erraten. Simaitha macht sich daran, eine Echse zu sieden und daraus einen Liebestrank für Delphis herzustellen.

Damit scheint das Ritual abgeschlossen; es folgt eine lange Passage, in der sich Simaitha wehmütig an die vergangene Liebe erinnert. Am Ende des Gedichts freilich, aus ihrer Träumerei aufgeschreckt, kündet sie weit schrecklichere Riten an, falls Delphis sich jetzt nicht wieder erobern läßt.

Die Riten der Papyri

Theokrit gibt dem gesamten Ritual einen klaren und technischen Namen. Dreimal verwendet Simaitha das Verbum ‚binden' (καταδέομαι/ *katadéomai*) – als sie das Ritual einführt (v. 3), als sie nach den Vorbereitungen beginnt (v. 10), und als sie am Ende zusammenfaßt (v. 159). Für Theokrit liegt mithin ein *katadesmós* vor, eine *defixio*[5].

Da liegt freilich ein Problem. Was Theokrit so ausführlich beschreibt, kann nicht zu den *defixiones amatoriae* gehören. Zwar benutzt sie einen roten Wollfaden, doch der bindet nichts, er bekränzt ein Gefäß. Simaitha redet von Wachs, was zwar eine Wachspuppe meinen kann, auch wenn der Text das nicht ausspricht; das Wachs wird aber nicht gebunden oder durchstochen, wie dies den magischen Statuetten als Symbolen beständiger Unterwerfung sonst zustößt, sondern im Feuer geschmolzen – eine solche Zerstörung der Statuette bewirkt sonst das Gegenteil, die Auflösung des Zaubers⁶. Wiewohl Simaitha eine ganze Reihe von *similia similibus*-Formeln verwendet, passen diese in kein geläufiges Schema. Und schließlich (am banalsten) wird keiner der Logoi auf ein Bleitäfelchen (oder ein Papyrusblatt) geschrieben, wie dies von der Defixion zu erwarten ist.

Ein besonderes Problem stellen die Instrumente, die Simaitha verwendet. Das Gedicht nennt zwei, Rhombos (ῥόμβος) und Iynx (ἴυγξ), letztere im Refrain, ersteren im Zusammenhang eines ‚sympathetischen' Rituals: „Wie sich dieser Rhombos aus Bronze dreht durch Aphrodites Macht, genauso soll er sich zu meiner Türe hindrehen" (v. 30). Seit den antiken Theokritkommentaren diskutiert man, ob nun die beiden Wörter dasselbe Gerät meinen oder zwei verschiedene magische Instrumente. Die Scholien identifizieren beide, die Modernen trennen sie als ‚Kreisel' (Rhombos) und ‚Rädchen' (Iynx): das scheint die bessere Lösung, es ist nicht einzusehen, weswegen Theokrit dasselbe Gerät mit zwei Namen bezeichnen soll. Simaitha dreht also in regelmäßigen Abständen die Iynx, das magische Rädchen, wohl um es während des ganzen Rituals in gleichförmiger Bewegung zu halten; einmal dreht sie den Rhombos, einen Kreisel, der einen bestimmten Ton von sich gibt und verwandt ist mit dem, was die Ethnologen ‚bull-roarer' nennen⁷. – Dies ist freilich das kleinere Problem. Schwieriger ist, daß weder der eine noch der andere Ausdruck sich in den Papyri findet. Der Rhombos ist überhaupt in der Antike schlecht bezeugt, die Iynx hingegen findet sich seit Pindar in zahlreichen literarischen Texten; ein Gerät, das man mit ihr identifiziert, ist auch auf attischen Vasenbildern in den Händen des Eros dargestellt, und Eroten mit einer Iynx sind in der Ikonographie des klassischen Goldschmucks, der ja auch der erotischen Verführung dient, öfters belegt⁸. Da freilich nach dem vierten Jahrhundert die Iynx nur noch literarisch belegt ist, kann man vermuten, sie sei zur Zeit der Papyri außer Gebrauch gekommen. Was dann eine unbeantwortbare Frage aufwirft: stützt sich Theokrit wirklich auf aktuelle Praxis ab, oder kennt auch er schon die Instrumente nur noch aus der Literatur?

Neben den Riten, welche die Papyri ‚Liebesbindezauber' (φιλτροκατάδεσμοι, *defixiones amatoriae*) nennen, steht eine zweite Gruppe erotischer Riten, die in den Papyri ‚Heranführungen' (ἀγωγαί/*agōgaí*) heißen, seltener einfach *phíltra*, ‚Liebeszauber'; Jack Winkler hat sie inventarisiert⁹. Die Agoge hat dasselbe Ziel wie der Liebesbindezauber, eine geliebte Frau mit rituellen Mitteln heranzuführen.

Doch nur in einem einzigen Fall stellt man sich vor, die Agogai könnten auch ‚binden'. Zwar ist diese Gruppe näher bei den Riten, die Theokrit beschreibt, doch bleiben auch da beträchtliche Unterschiede. Zahlreiche Agogai verwenden Feuer, um Rauchopfer darzubringen. Verbrannt wird alles mögliche, von einfacher Myrrhe[10] bis zu komplexen Mischungen, wie in diesem Rezept[11]: „Nimm eine Spitzmaus und ‚vergotte' sie in Quellwasser; nimm zwei Mondskarabäen und ‚vergotte' sie in Flußwasser; dann einen Flußkrebs, Talg einer gefleckten jungfräulichen Ziege, Paviansmist, 2 Ibiseier, Styraxharz für 2 Drachmen, Myrrhe für 2 Drachmen, Safran für 2 Drachmen, italisches Cypergras für 4 Drachmen, ungeschnittenen Weihrauch für 4 Drachmen, eine Zwiebel mit einem Sproß. All das gib in einen Mörser zusammen mit der Spitzmaus und dem Rest und stampfe es sehr fein."

Dies ist das übliche Vorgehen. Wenn ein Zauberer eine Liste von Dingen aufzeichnet, die man verbrennen soll, werden die Ingredienzien nie getrennt und nacheinander verbrannt, wie Simaitha dies tut; man stellt vielmehr aus ihnen einen einheitlichen Stoff her, den man oft zu Pillen formt. Zudem sind die von Simaitha verbrannten Dinge (Opfergerste, Lorbeer, Kleie, Stoff) in den Zauberbüchern selten bis gar nicht belegt; in den Räucheropfern der Papyri findet sich nur der Lorbeer, und auch der nur in einem Gebet an Apollon[12]. Allerdings ist auch das erste Ritual, in dem Opfergerste auf die Flammen gestreut wird, durchaus geläufig – doch nicht in der Magie: mit diesem Ritus eröffnen Griechen das olympische Opfer. Simaitha gibt ihrem Ritual von Anfang an den Charakter eines Opfers, und nach eben diesem Modell agiert auch ihre Sklavin als Opferdienerin.

Ein Stück Stoff vom Mantel des Geliebten zu verbrennen (doch wohl, um ihn vom metaphorischen Feuer der Liebe ebenso verzehren zu lassen), ist fast noch seltsamer. In der Magie der Papyri (und auch sonst) gehört ein solches Stück Kleid zur Materia magica, die den Weg zum Opfer oder zum Dämon weist [13] – aber nie wird die Materia magica in einem ‚sympathetischen' Ritual als Substitut des Besitzers verbrannt. Wenn Theokrit diese Materia, deren Verwendung in der Magie bekannt ist, einbaut in die Serie seiner ‚sympathetischen' Riten, folgt er einer volkstümlichen, aber oberflächlichen Vorstellung von Magie als ‚sympathetisch' und zerstörerisch.

Verleumdungsriten (Diabolai)

Unter allen Riten, die Simaitha ausführt, paßt eigentlich nur einer nicht in das überstrapazierte Schema der *similia similibus*, das ist das Opfer der Spreu. Hier inszeniert Theokrit ein kleines Drama: während Simaitha die Spreu verbrennt, murmelt sie diesmal keinen ‚sympathetischen' Spruch, sondern beginnt, Artemis-Hekate anzurufen. Doch schon nach eineinhalb Versen bricht sie erschreckt ab: das Gebet hat gewirkt, Hekate ist bereits draußen an der Wegkreuzung angekommen, man muß sich vor ihr schützen.

Simaitha beginnt also ein Gebet, führt es aber nicht zu Ende: „Du, Artemis, die du auch die Tore des Hades bewegst und was sonst ebenso stark ist..." – mitten im Satz bricht Simaitha ab, nach antikem Gebetsstil müßten weitere Prädikationen der Göttin (in Relativsatz oder Partizip) folgen, bevor die Beterin zum zweiten Teil kommt, der *narratio*, in der sie der Göttin andere Gelegenheiten in Erinnerung ruft, in der sie schon geholfen hat, um schließlich mit den *preces*, dem eigentlichen Wunsch, zu enden; das ist die feste Form[14]. Von diesen drei kanonischen Teilen des Gebets, die auch in magischen Gebeten durchaus zu finden sind, kommt Simaitha nicht dazu, auch nur den ersten vollständig zu beten. Theokrit setzt seine Kenntnis traditioneller Formen effizient zur Dramatisierung ein.

Überhaupt zeigt der Vergleich nun vor allem mit den Papyri, wie Theokrit informiert und geschickt mit der Tradition spielt. Das Opfer von Weizenspreu findet sich in den Agogai der Papyrusbücher bloß einmal genannt, zudem in einem besonderen Untertypus, einer διαβολή/*diabolé*, einem ‚Verleumdungsritus'. Statt ein Gebet oder ein richtiges Opfer auszuführen, beschuldigt man die Person, die man anziehen will, diverser Übeltaten gegen die Gottheit. Darauf ist die erzürnte Gottheit nur zu bereit, dieser Feindin zu schaden, und bringt sie dem Magier. Entsprechend findet sich das Spreuopfer in einer langen Liste perverser Räucheropfer: „Die NN bringt dir, Göttin, ein schreckliches Räucheropfer – einer bunten Ziege Fett und Blut und Unrat, Leichenflüssigkeit einer toten Jungfrau, das Herz eines zu früh Verstorbenen..."[15]. All das ist, wie der Text deutlich sagt, die Perversion eines normalen Räucheropfers, bestimmt, die Göttin gegen die Opfernde aufzubringen – Spreu ist die Verkehrung der Opfergerste: geopfert wird, was man sonst wegwirft. Will man psychologisierend deuten, kann man in dieser Art Ritual das schlechte Gewissen des zaubernden

Mannes sehen, der indirekt zugibt, daß diese Liebe nur durch den Zorn einer Gottheit möglich wird – vielleicht wichtiger ist, daß sich die Magie hier einer alten ägyptischen Technik bedient[16]. Die Inhalte solcher Verleumdungsriten sind im übrigen sehr bunt und erschöpfen sich nicht in der phantastischen Schilderung perverser Riten; im selben Text heißt es etwas später: „Sie sagt, du habest einen Menschen getötet und sein Blut getrunken, sein Fleisch gegessen; seine Eingeweide seien dein Kopfschmuck;... und du würdest das Blut eines Sperbers trinken und dich ernähren von Mistkäfern[17]". Anderswo heißt es: „Ich werde dir, Isis-Hekate, die Untaten dieser verbrecherischen und gottlosen NN enthüllen, denn sie hat deine heiligen Mysterien verraten, damit alle Menschen sie kennen. Sie, die NN, nicht ich, hat gesagt, du habest den Himmelspol verlassen, um zur Erde zu gehen, ohne Sandalen und mit einem Schwert und indem du einen unanständigen Namen gerufen habest. Sie hat auch gesagt: ‚Ich habe die Göttin Blut schlürfen sehen.'"[18] – Im übrigen findet sich eine Spur solcher Diabolai auch außerhalb der Papyri: wenn Libanios von einem Kinderopfer träumt, bei dem die Leichen im Zeustempel vergraben worden seien, und ihm das ein klares Indiz für Magie ist, wird dies nur als perverses Opfer verständlich, das den Zorn des Zeus provozieren soll[19].

Wenn also Theokrit seine Simaitha ein Opfer von Spreu darbringen läßt, übernimmt er ein Element der (erotischen) Diabole, ohne dies freilich zu erklären: es fehlt das erklärende Gebet. Immerhin ist die Diabole das wirksamste und zugleich das amoralischste Mittel, eine Gottheit zu beeinflussen – und das gefährlichste: die Gottheit kommt im Zorn. Man darf mit diesem Ritual nicht spielen: „Du darfst dies nie leichthin durchführen, sondern bloß in der Not. Und es gibt auch ein Schutzmittel gegen einen Sturz aus der Höhe, denn die Göttin pflegt diejenigen, die es ohne Schutzmittel durchführen, in die Luft zu heben und aus der Höhe auf die Erde zu schleudern", heißt es in der Einleitung zum Ritus[20]; ein anderer Text warnt: „Versieh dich vor allem mit einem Schutzmittel und geh nicht nachlässig an das Ritual heran, sonst zürnt die Göttin"[21]. Jetzt versteht man die Unruhe der Simaitha: sie hat nach dem Spreuopfer zum Gebet ausgeholt, doch die Göttin kommt schon; höchste Zeit, sich zu schützen.

Die Schutzmittel freilich unterscheiden sich dann wieder. Die Papyri schreiben die Herstellung eines ganz bestimmten Amuletts vor; man kann es schon vorher herstellen und in allen möglichen rituellen Situationen verwenden, man kann es auch – wie im betrachteten Ritual, wo die Gefahr besonders groß ist – speziell zu diesem Anlaß herstellen; hier wird es dann unter dem rechten Arm festgebunden. Bei Theokrit ist es der Gongschlag, der Hekate einschüchtern soll. Der Gong gehört eng mit der Anwesenheit unterweltlicher Mächte zusammen: wie die Trompete ist er ein Instrument, das in marginale Situationen gehört. In den eleusinischen Mysterien schlug man den Gong, wenn Persephone aus der Unterwelt heraufgerufen wurde; in Rom benutzte man ihn bei Mond- und Sonnenfinsternissen, ebenfalls marginalen Situationen[22]. Gegen Hekate den Gong zu verwenden, fügt sich in Bekanntes ein – allerdings nichts, was mit Magie zu tun hat. Angesichts der Verwendung in den weithin bekannten eleusinischen Mysterien kann man sich fragen, ob Theokrit den Gedanken nicht von dort übernommen hat.

Der Verleumdungsritus endet mit einem Trennungsritus. Im betrachteten Szenario aus dem großen Pariser Papyrus muß der Magier den Ort, an dem er sein Ritual durchführte, das Dach, verlassen, indem er rückwärts geht; er muß zudem die Haustüre offenhalten: das Ritual ist so wirksam, daß die ersehnte Frau sehr rasch kommen und vor lauter Liebesverlangen sterben könnte, wenn sie vor einer geschlossenen Tür zu warten hätte. Nichts dergleichen findet sich bei Theokrit: stattdessen schmilzt Simaitha das Wachs und gießt eine dreifache Spende aus. Vom Wachs – möglicherweise Wachsfigürchen – war schon die Rede: es findet sich in anderen Riten, die nicht zwingend erotisch sind, kommt aber in einer Diabole nicht vor. Die Opferspende schließlich ist wie das Verbrennen von Opfergerste ein geläufiges Element des Kults; magisch wird sie bloß durch die dreimalige Wiederholung. Ähnliches gilt für die Schlußriten: man kann Defixionen – nicht nur erotische – an Türschwellen durchführen, und es gibt sogar eine Agoge, die man an der Haustüre des Magiers vollziehen muß[23]. Die gesottene Echse kann man mit Herbeiführungsriten verbinden, auch wenn die Papyri schweigen: die Echse hat eine ganze Reihe von Beziehungen zur erotischen Magie – nach dem ‚Kyranides', einer Sammlung magischer Steine, eignet sich der ‚Echsenstein' ausgezeichnet für Agogai, und ein Papyrus des dritten Jahrhunderts, der heute in Leipzig ist, gibt immerhin das Rezept einer Agoge, in der ein getrockneter und verbrannter Gecko verwendet wird[24]. Simaitha kocht ihre Echse, um daraus einen Liebestrank zu brauen, einen ‚üblen' – das findet sich so in keinem magischen Text. Immerhin sind im Rezept eines ‚trinkbaren Liebeszaubers' in einem Leidener Papyrus zerstoßene Wespen, die man aus einem Spinnennetz gesammelt hat, die wichtigste Zutat; das ist die nächste Parallele zu Theokrit[25]. Der Symbolismus ist hübsch: das Netz hat sogar so große Insekten fangen können.

Die Göttin

Hekates Erscheinen, wir sahen es, verstört Simaitha: kaum ist die Göttin in der Nähe, schützt sie sich und läßt die Göttin nicht nahe kommen. Das kann sich in die Gedankenwelt der Verleumdungsriten nur teilweise einfügen: der Magier läßt die Gottheit wirklich kommen, damit sie ihm hilft. Doch ist es nicht Hekate oder eine der oberen Gottheiten, die erscheinen, sondern es sind gewöhnlich niedrigere Dämonen. Bezeichnend ist ein Gebet an Selene, in dem der Magier die Göttin bittet, ihm einen Boten und Helfer *(ángelos)* zu senden, der die geliebte Frau bringen soll. Wenn in diesem Augenblick der Mond rot wird, hat die Göttin den Boten losgeschickt: „Doch sag das Gebet mehrmals auf, und er wird sie dir bringen und sie binden, und sie wird dich ihr ganzes Leben lang lieben"[26].

Die Folgerungen sind klar[27]. Theokrit beschreibt kein realistisches Ritualszenario, er spielt nicht den Ethnologen, er baut vielmehr mosaikartig eine Art Super-Ritual auf, das in seinen Lesern alle möglichen Assoziationen zur Magie wachruft. Er benutzt zu dieser Konstruktion Einzelheiten, die in tatsächlichen magischen Riten vorkommen, und erweitert sie um andere Elemente, die einfach ins Assoziationsfeld des Kults gehören. Was er aus diesen Elementen zusammenbaut, kann als Ritual nicht funktionieren. Man kann das 2. Idyll nicht als Quelle für hellenistische, alexandrinische Magie verwenden. Das gilt auch für jene Einzelheiten, deren rituelle Bedeutung uns entgeht, wie die Iynx: ihre Verwendung kann aus dem gelebten Ritual stammen, sie kann genausogut eine literarische Reminiszenz sein. Schließlich wissen die Scholiasten, daß Theokrit ein Gedicht des Sophron als Vorlage verwendet hat; vom Autor, der im 4. Jahrhundert gelebt hat, wissen wir wenig, vom Gedicht, auf das Theokrit sich bezieht, nichts – auch wenn die Spezialisten diskutieren, welche Fragmente des Sophron möglicherweise mit dem 2. Idyll zusammengehen könnten.

Das bedeutet nicht, daß Theokrits 2. Idyll für die Geschichte der antiken Magie völlig bedeutunglos ist. Das Gedicht führt vor, wie Theokrits Leser – die *litterati* von Alexandria – sich Magie vorstellten, ohne daß sie wirklich präzise Vorstellungen besaßen. Magie hatte zu tun mit Hekate, mit Analogiezauber und mit allen möglichen Räucheropfern: es sind die Räucheropfer mit seltsamen Substanzen, die das Gesamtbild der theokriteischen Riten prägen und in den Papyri nie in dieser Dichte verwendet werden, und es ist der ‚sympathetische' Zauber, der ebenfalls in diesem Umfang in den Papyrusbüchern nicht vorkommt. Und das ganze ist das Werk von Frauen aus einer nicht allzu gebildeten Schicht, dem städtischen Kleinbürgertum in heutigen Kategorien, die damit ihre Liebesprobleme lösen wollen.

Frauen und Männer

Das führt nun allerdings zu einem bisher noch nicht angesprochenen Problem: wer führt denn nun eigentlich in der antiken Realität diese Riten aus, Männer oder Frauen? Bei Theokrit wie bei Vergil oder bei den Elegikern und überhaupt in den literarischen Texten sind es immer wieder Frauen, die sich mit Magie abgeben, mit erotischer wie mit anderer; tauchen zaubernde Männer auf, sind es ausnahmslos exotische Spezialisten[28]. Das stellt aber den Befund aus Papyri und Inschriften radikal auf den Kopf. In den Rezepten zum Liebeszauber der Papyrusbücher ist die Situation immer die, daß ein Mann versucht, eine Frau an sich zu binden. Fast immer ist entsprechend die Leerformel für die agierende Person maskulin, diejenige für das Opfer des Liebeszaubers feminin gekennzeichnet[29]. Trifft dies nicht zu, dann setzen – selten genug – die Papyri eine homosexuelle Situation voraus, nicht die Umkehrung des heterosexuellen Verhältnisses, zudem immer unter Männern, nie unter Frauen. Dasselbe gilt für die aktuellen erotischen Defixionen der Bleitäfelchen und Papyri: fast immer sind es Männer, die eine Frau erreichen wollen, sei es, daß sie sie direkt an sich fesseln möchten, sei es, daß sie, wenn das Ritual eine bestehende Bindung sprengen soll, eine Frau einem andern Mann abspenstig machen wollen. Ein kleiner Trost (wenn es ein Trost ist): die Möglichkeit im großen Bindeliebeszauber des Pariser Zauberbuchs, in die Leerstellen des Rituals den Namen eines fremden Ehemannes einzuschieben, wird in den aktuellen Defixionen nie wahrgenommen. Man sucht in der realen Welt nicht verheiratete Frauen, sondern (wie die Papyri sagen) „Frauen für das ganze Leben".

Dieses bemerkenswerte Detail hilft, die Frage zu beantworten, die jetzt drängend wird. Wie soll man sich erklären, daß in den Rezepten und in der Anwendung dieser Rezepte fast immer Männer auf der heimlichen Suche nach Frauen sind, und dies nicht für eine Nacht, sondern für eine feste Verbindung, daß aber antike Männer, falls sie Literaten sind, sich die Sache umgekehrt zurechtlegen und Frauen auf die magische Suche nach Männern senden?

Die Frage hat zwei Teile; der erste – weswegen treiben antike Männer erotische Magie mit dem Ziel der Heirat? – läßt zwei Antworten zu, von denen die zweite die erste modifiziert. Die erotischen Defixionen gehören in den weiteren Rahmen der Auseinandersetzung um wichtige Güter, um Besitz und um Ansehen in der antiken Gesellschaft, wie die Prozeßflüche und die kommerziellen Defixionen auch. In dieser Auseinandersetzung hatte in der griechischen wie der römischen Gesellschaft die Frau eine klar umrissene Rolle: sie durfte nicht selber in die Auseinandersetzung eingreifen. Sie war vielmehr Vermittlerin zwischen zwei Familien, der ihrer Eltern und der ihres Mannes, und bot als solche einem Mann die Möglichkeit, Zugang zu einer andern Familie und ihren Gütern zu erhalten. Mithin war sie Quelle von Vermögen und Macht, wurde entsprechend sorgfältig gehütet, vor allem vor ihrer Heirat: der Zugang zu unverheirateten Töchtern war, wenigstens in den begüterten Schichten, nie leicht. Die erotische Magie gab eine Möglichkeit, sich diesen Zugang zu erzwingen – eine geheime Möglichkeit zugegebenermaßen, aber doch eine, die man für effizient hielt. Deswegen, weil Frauen hier gar nicht Akteure sein konnten, sind sie nicht unter den Akteuren der erotischen Defixion zu finden, und deswegen, weil es nicht nur um die Frau als Objekt sexuellen Begehrens ging, sondern auch als Quelle von Macht und Vermögen, ist eine dauernde Verbindung gesucht.

Apuleius' Schwierigkeiten in Oea sind in dieser Beleuchtung typisch. Seine Verteidigungsrede legt mit aller wünschenswerten Deutlichkeit klar, daß an der Wurzel der ganzen Probleme die Millionen der Pudentilla lagen. Wer die Witwe heiratete, bekam Zugang zu ihrem Vermögen – und damit zu einem entsprechend hohen Sozialprestige in der Kleinstadt, wenn nicht darüberhinaus. Deswegen legt Apuleius ganz früh in seiner Rede klar, daß er diesen Geld- und Prestigezuwachs gar nicht nötig hatte, daß er selber aus einer reichen und angesehenen Familie der Provinz stammte, daß sein eigenes Vermögen weit größer war, als der dürftige Aufzug des professionellen Philosophen ahnen ließ: es ging in Sabratha vor dem Proconsul nicht um den Kampf einer romantischen Liebe gegen eine aus Geldgier geborene Vernunftheirat. Das erklärt auch, weswegen Apuleius sich solche Mühe gibt, den sozialen Status seiner Gegner möglichst niedrig anzusetzen: je mehr sie aus einer Heirat mit Pudentilla zu gewinnen haben, desto deutlicher wird, daß nur Gewinnsucht und Neid hinter ihrer Anschuldigung stehen können. Und man versteht so, weswegen sie Apuleius beschuldigten, ein ‚schöner Philosoph', *formosum philosophum,* zu sein: männliche Schönheit als sexuelle Attraktion ist, das ergibt sich auch aus einigen Wünschen in den Papyri[30], eine Waffe in diesem Kampf um Status und Ansehen.

Dennoch bleibt der Liebeszauber eine geheime Waffe, in der kriegerischen Wertewelt der Männer als eine Form der List immer gering geschätzt und verdeckt benutzt. Eine Geschichte – wieder aus Lukians ‚Lügenfreund' – zeigt, wie Männer darüber reden konnten[31]. Ein achtzehnjähriger Mann, Glaukias, durch den Tod seines Vaters Erbe eines beträchtlichen Gutes, verliebt sich Hals über Kopf in die Frau seines Nachbarn, Chrysis. Sein Hausphilosoph heilt ihn auf eher unphilosophische Art: er läßt einen hyperboreischen Magier eine Agoge durchführen. Der Magier ruft erst den Geist des Vaters aus der Unterwelt, um seine Einwilligung zu bekommen; dann betet er zu Hekate und holt den Mond herunter (das ist das Markenzeichen aller professionellen Magier), formt dann einen kleinen Eros und schickt ihn, Chrysis zu holen. Der Gott fliegt los, und Chrysis kommt, voll ungestillter Liebe – und zieht sich bei Morgengrauen diskret in den Gynaikon ihres Ehemannes zurück.

Es ist eine galante Geschichte, wie sie Boccaccio wohl anstünde. Der junge Glaukias kommt zu einer Liebesnacht, nicht zu einer Ehefrau – mehr will er auch gar nicht; und Lukian macht deutlich, daß Chrysis ihrerseits weder die Neigungen noch die Möglichkeiten zu einer dauerhaften Verbindung gehabt hätte. In diesem Ton, dem Ton von Männerabenden und Offiziersclubs, wo man mit schnellen Eroberungen und ‚one-night-stands' prahlt, können griechische Männer über männlichen Liebeszauber reden.

Die Spannung zwischen den gesellschaftlichen Normen und Wertvorstellungen, wo Ehe und Magie nicht zusammengehen können, und der heimlichen Realität der magischen Praxis ist evident. Die Erklärung muß aber doch nuanciert werden: das soziologische Modell des Gütertransfers über die Frauen erklärt nicht ganz alle Einzelheiten. Nach diesem Modell haben die Frauen eigentlich gar nichts zu sagen; der Transfer erfolgt, wenn die beiden männlichen Vertreter der beteiligten Familien einig geworden sind. Anders in den Papyri und Inschriften: da wird nicht bloß die Liebe der Frauen, sondern ihre leidenschaftliche Hingabe gesucht. Keine Defixion gilt den Vätern, die starrsinnig und uneinsichtig eine Liebesheirat verhindern wollen. Noch störender sind jene (zugegeben wenigen und späten) Defixionen, in denen eine Frau die Liebe eines Mannes zu gewinnen sucht, und vollends unverständlich sind die homosexuellen Defixionen beider Geschlechter. Zwar konnte wenigstens im klassischen Athen eine homoerotische Beziehung durchaus auch Sozialprestige schaffen, wenigstens für den jüngeren Partner[32]. Doch stammen die einschlägigen Texte nicht aus Athen und nicht aus klassischer Zeit, sondern fast ausschließlich aus dem römischen Ägypten, wo solche Beziehungen kaum Ansehen bringen konnten[33]. Man muß mithin einräumen, daß die erotischen Defixionen nicht alle in den agonistischen Kontext des Kampfs um Ansehen und Güter gehören, auch wenn dies sicher ein sehr wichtiger Grund ist; sie können auch das Resultat einer persönlichen emotionellen Krise sein, Folge einer verzweifelten Liebe zu einer unerreichbaren Person. Die erotische Magie ist immer auch Mittel, eine solche intime Krise überwinden zu helfen – deswegen wird sie auch für das benutzt, was der christliche Kritiker einen *amor inconcessus*, ‚unerlaubte Liebschaft' nennt[34].

Man beginnt, die Antwort auf die zweite Teilfrage – weswegen zaubern in der Literatur nur Frauen? – zu ahnen, oder wenigstens einen Teil der Antwort. Diese Geschichten schieben die erotische Magie noch weiter aus der Männerwelt weg: so entledigt man sich einer Sache, die es eigentlich gar nicht geben dürfte. Doch belegen sie gleichzeitig die reale Existenz dieser Sache – nur eben: zwar wird sie realiter von Männern praktiziert, doch gehört sie in die Welt der Frauen. Ein zaubernder Mann überschreitet die Grenzen seines Geschlechts, und ein wirklicher Mann zaubert nicht. Ausnahmen sind eben jene exotischen Spezialisten, die (als Männer) ein Spezialwissen tragen, zugleich aber (als Exoten) aus der eigentlichen Männerwelt ausgeschlossen sind. Das ist aber nur die eine Seite der Antwort. Die andere schließt an längst Bekanntes an: man erinnert sich an jene römischen Matronen, die giftkochend unter den Senatoren ein Massensterben anrichteten. Die Frauen, marginalisiert und aus der Männergesellschaft ausgeschlossen, sind gefährlich (auch da gehen sie mit den Exoten zusammen, von denen die Frauen ja ihre Kunst auch lernen können). Sie sind zu allen möglichen geheimen Angriffen auf das Leben ihrer Ehemänner oder auch die Gefühle unbescholtener anderer Männer fähig.

Daher reden diese literarischen Berichte auch über die Gefahr, welche die Liebe der Frauen für die männliche Autonomie darstellt. Eine Schlußbemerkung drängt sich auf. Man könnte denken, daß diese Geschichten von weiblichem Liebeszauber eine weitere Funktion hätten; sie könnten die wahnsinnige und irrationale Liebe eines Mannes zu einer Frau erklären – eine Liebe, die beunruhigt, weil sie sozialen Normen zuwiderläuft. Die Erklärung durch erotische Magie würde dann zu einer Strategie, um einen solchen Normenverstoß aus der Verantwortung des Verstoßenden zu lösen, wie wir dies in anderen Fällen gesehen haben. Tatsächlich findet sich dafür kein einziger Beleg in der Antike, im Gegensatz etwa zum modernen Griechenland[35]. Eine Erklärung ist schwer zu finden – ist es etwa bloß eine Lücke in unserer Dokumentation? Oder geht die Asymmetrie der Geschlechter in den antiken Gesellschaften so weit, daß den Männern verziehen wurde, was bei den Frauen Erklärung brauchte?

Die magische Divination: Lucan und die rituelle Realität

Ein anderer Text, der wohl noch mehr als Theokrit (oder Vergil) zum Bild beigetragen hat, das sich die antike und nachantike Literatur von der Zauberin machte, ist Lucans Beschreibung der Hexe Erictho und ihrer Leichenbefragung für Sextus Pompeius[36]. Es kann dabei hier nur darum gehen, den Ritus zu analysieren, ohne die weitergehenden literaturwissenschaftlichen Fragen zu verfolgen.

Der Text

Lucan beginnt die lange Passage mit einer eigentlichen Abhandlung über die Divination, an deren Ende die magische Divination der thessalischen Zauberinnen steht (6,425–506). Doch geht er auf sie gar nicht ein: im Vergleich zu den Künsten der Erictho ist sie banal, und so stehen die Fähigkeiten der Überhexe Erictho im Zentrum der Darstellung (506–560). Sie lebt, extrem marginalisiert, außerhalb von Städten und Häusern in leeren Gräbern, in direktem Kontakt mit der Totenwelt, und sammelt interessante Leichen, von Gehängten und von früh Verstorbenen; notfalls tötet sie auch selber. Obwohl Mittlerin zwischen der Welt der Menschen und derjenigen der Toten, gehört sie fast eher auf die Seite der Toten. Sie bringt denn auch den Tod: unter ihren Schritten verdorren die frischen Triebe auf den Feldern, und sie haucht Gift aus, wo immer sie geht. Entsprechend steht sie außerhalb der Riten der Menschen, ja, sie haßt sie: sie betet nie, opfert nie, stört im Gegenteil immer wieder den menschlichen Kult. Sie mischt ins reine Feuer der olympischen Altäre Feuer von den Scheiterhaufen der Friedhöfe und beschmutzt so die Opfer an die Himmlischen, sie stört aber auch die Totenfeiern, indem sie den Weihrauch von den Grabaltären stiehlt. Auch da nimmt sie nicht eine Mitte zwischen Oben und Unten ein, sondern schlägt sich zu den Mächten der Unterwelt. Die himmlischen Götter hassen und fürchten sie denn auch nicht anders, als sie alle Mächte des Jenseits fürchten, und in ihrer Furcht geben sie ihr immer nach[37].

Auf die Beschreibung folgt die Handlung: Sextus Pompeius, der Sohn des großen Pompeius, *Pompei indigna propago* (588), begrüßt Erictho und bringt sie durch seine Schmeichelei dazu, für ihn eine Totenbeschwörung durchzuführen (6,569–623). Die Beschreibung dieses Rituals steht im Zentrum von Lucans Interesse (6,624–830). Erictho sucht sich auf dem Schlachtfeld einen geeigneten Toten – er muß reden können, darf also keine Verletzungen an Lungen und Sprechorganen haben. Sie bringt ihn in eine dunkle Senke mitten in einem düsteren Wald, der das Sonnenlicht nicht durch seine Äste einläßt, auf der Schwelle zwischen der Welt der Lebenden und der Toten, wieder eher auf jener Seite (6,649f.). In einem Kleid in verschiedenen Farben[38], mit Schlangen im Haar, macht sie sich daran, das gestockte Blut im toten Körper wieder fließen zu lassen, wäscht ihn und bestreicht ihn mit ‚Mondgift‘, *virus lunare*, dessen Zutaten – vom Geifer tollwütiger Hunde bis zu von ihr selber erfundenen Giften – Lucan in einem langen Katalog ausbreitet[39]. Dann rezitiert sie ihre Beschwörung *(carmen)*. Sie beginnt mit Lauten jenseits menschlicher Sprache, mit den Schreien unheimlicher, nächtlicher Tiere (Hunde, Eulen, Schlangen, andere wilde Tiere) und den Lauten der wilden Natur (Meer, Winde, Donner), dann wendet sie sich ‚in thessalischem Lied‘ an die Mächte der Unterwelt, von den Eumeniden bis zu Charon, mit Persephone und Hekate in der Mitte; ihnen ruft sie ihre bisherigen Wohltaten in Erinnerung, ihre Gebete ‚mit gottlosem und unreinem Mund‘ und ihre Menschenopfer, vor allem von Kindern, und gebietet ihnen, ihr nun zu helfen. Sie sollen dem Toten das nötige Zukunftswissen verleihen, damit er Pompeius anworten kann.

Dieses Gebet hatte die Aufgabe, den Toten durch die Macht der Unterirdischen zum Leben zu erwecken und ihn zum Sprechen zu bringen. Doch die Seele zögert, wieder in den Körper zurückzukehren. Erictho braucht eine zweite, stärkere Beschwörung: sie droht, die verborgensten Geheimnisse des Tartaros zu enthüllen, wenn die Götter diesen störrischen Toten nicht zwingen, ihr gefügig zu sein. Die Drohung erfüllt ihren Zweck, der Tote beginnt zu leben, er ist bereit, auf die Fragen der Zauberin zu antworten. Bevor sie die Unterredung beginnt, verspricht sie ihm ein Begräbnis, das ihn für weitere magische Interventionen unangreifbar machen werde, falls er wahrheitsgemäß antworten sollte: man braucht das Wohlwollen des Toten, um vor Täuschungen sicher zu sein. Nach einem weiteren, etwas vagen Carmen der Erictho beginnt der Tote zu prophezeien. Er erzählt, was man in seiner Welt, derjenigen der Toten, über die Zukunft weiß: Lucan macht daraus eine Verkehrung des vergilianischen Römerkatalogs. Als er geendet hat, hält auch Erictho ihr Versprechen und verbrennt die Leiche.

Das Ritual

Der Ablauf des Rituals ist einsichtig. Nach den Vorbereitungen – der Suche nach dem geeigneten Leichnam, seinem Transport an den geeigneten Ort, dem Kleiderwechsel der Erictho – beginnt das eigentliche divinatorische Ritual. Der Leichnam wird mit dem Mondgift vorbereitet, er soll bereit sein, seine Seele wieder aufzunehmen. Dann folgt das lange erste Gebet an die unterirdischen Mächte, in klarem Aufbau. Der erste Teil benutzt die Sprache der wilden Natur, der Nacht- und Raubtiere, der Naturgewalten; der zweite Teil folgt fast pedantisch der kanonischen dreiteiligen Gebetsstruktur[40]. Er beginnt mit der *invocatio*, der Anrufung der Mächte mit ihren Namen, ihren Kultorten und ihren Funktionen, ausgedrückt in Anaphern und Relativsätzen; am Ende steht die Aufforderung, zu kommen und das Gebet zu erhören. Es folgt die *narratio*, derjenige Teil, welcher die Legitimation des Betenden darlegt und begründet, weswegen die angerufenen Mächte auf die Bitten eingehen sollten; sehr oft wird dabei auf früher dargebrachte Opfer verwiesen, die das Recht auf weitere Hilfe geben, und auf frühere Hilfeleistungen der Angerufenen. Erictho erinnert an ihre bisherigen Gebete und Opfer, in einem sehr geläufigem *si*-Satz. Am Ende steht die eigentliche aktuelle Bitte, die *preces*.

Lucan hebt so die fast banale religiöse Traditionalität hervor, derer sich Erictho bedient. Allerdings füllt sie in die traditionelle Form perverse Inhalte. Die angerufenen Mächte sind diejenigen der Totenwelt. Sie beginnt mit den drohenden und zerstörerischen Mächten – „Eumeniden, höllische Untat, Strafmächte der Frevler und du, Chaos, gierig, unzählige Welten zu vermischen"[41]: nicht nur unseren Kosmos, das ganze Universum. Es folgen die großen Götter, Dis ‚Herr der Unterwelt', Styx, Elysium, Persephone, ‚die Himmel und Mutter haßt', die unterweltliche Hekate, beschrieben als Vermittlerin zwischen Erictho und den Manen; am Ende stehen die mythologischen Gestalten Cerberus und Charon. Ihre Gebete und Opfer sind bewußte Verdrehungen des alltäglichen Kults: sie betet „mit frevlerischem und beflecktem Mund", bringt Menschenopfer dar und libiert mit Menschenblut. Am Ende steht nicht ein zurückhaltend formulierter Wunsch, sondern ein Befehl: „Gehorcht meinem Gebet!" *(parete precanti)*.

Wie dieses Gebet sein Ziel nicht ereicht, holt sie zu einer zweiten Anrufung aus, die ausdrücklich als ‚Beschwörung' *(carmen)* gekennzeichnet wird, in drohendem und wütendem Ton – „sie bellt die Toten an und zerreißt die Stille ihres Reichs"[42]. Jetzt erreicht sie ihren Zweck. Man erinnert sich, daß die Himmelsgötter sich erst gar nicht auf ein zweites Carmen der Erictho einlassen wollten (527 f.) – jetzt versteht man, weswegen.

Die Divination in den Papyri

Was Lucan darstellt, ist eine der bemerkenswertesten Nekromantie-Szenen der Literatur. Wie präzise er mit rituellen Einzelheiten umgeht, ist bereits deutlich geworden. Er beschreibt ein Ritual, das von unserer Welt aus einen Kontakt mit der Unterwelt der Toten sucht. Zwei Vermittler agieren zusammen: die Zauberin, die, als lebender Mensch, aus unserer Welt kommt, und ein jung und gewaltsam Verstorbener, ein gefallener Soldat, dessen Seele aus der Unterwelt zurückkommt und ihr neuerworbenes Wissen mitbringt. Man versteht jetzt, weswegen Lucan die Gestalt der Erictho als Vermittlerin in zwei leicht disparaten Formen darstellt: in den narrativen Partien war sie eher auf der Seite der Unterwelt, in der Ritualbeschreibung ist sie auf Seiten der Lebenden, von wo aus sie auf die Suche nach dem Toten, seinem Körper und seiner Seele, geht. Die Absicht Lucans, seine ‚Heldin' als übermenschliches Wesen zu stilisieren, das die Menschenwelt schon fast hinter sich gelassen hat, und der Anspruch des Rituals, von unserer Welt auszugehen, können nicht spannungslos vereint werden.

Die griechische und römische Literatur kennt eine ganze Reihe solcher Nekromantie-Szenen, von der homerischen ‚Nekyia' (die im übrigen ebenfalls in den divinatorischen Texten der Zauberpapyri auftaucht[43]) und der aischyleischen Totenbefragung der ‚Perser' bis zu den Parodien Lukians und den Fiktionen der Romane; doch keine ist so ausführlich[44]. Was uns hier interessiert, ist nicht die Intertextualität all dieser Texte, die im übrigen noch der Erforschung harrt[45], sondern das Verhältnis von Lucans Beschreibung zu den vergleichbaren Anleitungen der Zauberbücher[46]. Das wird zu einem hier noch kaum berührten Bereich führen, der magischen Divination.

Die Riten

Wir verstanden die Defixionen als Resultat einer persönlichen Krise, die durch eine Rivalität oder einen Konflikt – einen Prozeß, geschäftliche Konkurrenz, unerwiderte Liebe, einen sportlichen Wettkampf – provoziert wurde: der Ausgang war ungewiß, die Defixion sollte ihn beeinflussen und damit die ungewisse Zukunft handhabbar machen. Ein anderes, viel weiter verbreitetes Mittel, um mit den Ungewißheiten der Zukunft umzugehen, war in den antiken Kulturen die Divination: ihre magische Spielart nimmt sowohl in den Rezepten der Zauberbücher wie in der kollektiven Vorstellung und literarischen Spiegelung der Magie einen beträchtlichen Raum ein. Gelegentlich haben wir schon auf die lange Liste zurückgegriffen, in der Arnobius, der christliche Polemiker des vierten Jahrhunderts, die Aufgaben der antiken Magie zusammenstellte[47]:

> Wer denn wüßte nicht, worum sich diese Leute bemühen: vorherzuwissen, was unmittelbar bevorsteht, wo es doch notwendig – ob sie es wollen oder nicht – eintrifft nach der Ordnung der Dinge; eine todbringende Krankheit zu senden, wem immer sie wollen; die liebende Verbindung von Familienangehörigen zu zerreißen; ohne Schlüssel zu öffnen, was verschlossen ist; Münder in Schweigen zu binden; auf den Rennbahnen die Pferde zu schwächen, anzutreiben oder zu hemmen; Frauen und Kindern (ob männlich oder weiblichen Geschlechts) das Feuer und die höllische Gier verbotener Liebe einzuflößen; und wenn sie etwas Nützliches anpacken, dies nicht aus eigener Kraft zu tun, sondern durch die Kraft der Mächte, die sie anrufen.

Er beginnt mit dem Allgemeinsten: die Magier beschäftigen sich mit der Voraussage der unmittelbaren Zukunft – ihr Ziel ist mithin erst einmal ein praktisches (sie wollen das morgige Wetter kennen oder den Ölpreis in zwei Monaten); bedenklicher ist, daß sie auf diese Zukunft auch Einfluß nehmen wollen: hier setzt der harte Spott des Christen ein. Noch bedenklicher ist, daß sie auch schaden wollen, Tod und Krankheit verursachen oder Ehen auseinanderbringen: da bedient sich der Christ erst des gängigen Bildes des *veneficus* in römischer Tradition, verweist dann auf die schon angesprochenen ‚Entzweiungszauber' der Papyri[48]. Dann fügt Arnobius spezifischere Taten der Magier an. Sie können ohne Schlüssel überall eintreten – bei Philostrat ist dies ein Zeichen für die übernatürliche Macht des Apollonios von Tyana, der ohne Hilfe das Gefängnis verläßt, in den Papyri findet sich die Türöffnung als Wundertat der Zauberer auf dem Marktplatz[49]. Sie können „Münder verschließen und sie zum Schweigen bringen", sie können „Rennpferde schwächen, anstacheln, verlangsamen": das sind die Defixionen bei Prozeßen und Pferderennen. Die erotische Defixion ist ebenfalls aufgezählt, in einer Definition, die Bindezauber und Agoge verbindet: die Magier erregen bei Ehefrauen und Kindern der andern, Knaben wie Mädchen, Begierde und wahnsinnige Lust nach verbotener Liebe. – Anderswo wird noch mehr Gewicht auf die magische Divination gelegt: derselbe Arnobius nennt den Magier „Bruder des Haruspex"[50], im einflußreichen Lexikon des Isidor von Sevilla ist die Divination fast die ausschließliche Tätigkeit der Magier[51] – und die Magi hatten neben den Chaldäern ja schon in der julisch-claudischen Zeit auch als Wahrsager eine Rolle gespielt[52].

In den Papyri erscheint die divinatorische Magie in verschiedenen Formen. Zum einen gibt es Riten, die dem Magier Fähigkeiten zu ganz verschiedenen Dingen geben: wenn er sich einen dämonischen (oder göttlichen) Parhedros verschafft hat, kann er diesen fast zu allem einsetzen, was er sich vorstellt. Und neben den Parhedros treten andere Mittel, um sich solche Macht zu verschaffen, beispielsweise die drei homerischen Verse, die im großen Pariser Zauberbuch die Rolle eines Parhedros übernehmen: wenn man sie mit den entsprechenden Riten auf ein Eisentäfelchen schreibt, erreichen sie fast alles – sie bringen einen entlaufenen Sklaven zurück, können einen Toten zum Prophezeien bringen, sichern Erfolg vor Gericht und in der Liebe…; der Papyrus präsentiert eine lange Liste[53]. Daneben stehen die spezifischen, divinatorischen Riten. Es gibt darunter ganz einfache: um die Reaktionen und Gedanken eines anderen Menschen voraussehen zu können, muß man einen Finger unter die Zunge legen und ein Gebet an Helios murmeln, bevor man mit ihm redet[54]. Die meisten sind weit komplizierter, haben aber dieselbe Grundstruktur: immer muß man mit einem übergeordneten Wesen – einem Toten, einem Dämon, einem Gott – in Kontakt treten, um von seinem Zukunftswissen profitieren zu können. Je nach der Art, wie dieser Kontakt hergestellt wird, kann man etwas vereinfachend folgende fünf Gruppen unterscheiden:

(1) Riten, die den direkten Kontakt ohne jede Vermittlung herstellen. Die Papyri nennen sie ‚direkte Visionen'[55].

(2) Riten, die den Kontakt über die Besessenheit herstellen, sich also eines Mediums, in der Regel eines Knaben, bedienen[56].

(3) Riten, die den Kontakt durch Träume herstellen, die oft zur Auslösung eine Lampe, einmal auch eine Statuette verwenden. Einen solchen Ritus nennen die Papyri ‚Traumforderung', einmal auch rätselhafter ‚direkte Traumvision im Schlaf'[57]. Einer der Papyri des British Museum, PGM VII, hat eine große Anzahl solcher Rezepte versammelt, darunter eines, das von Pythagoras und Demokrit herkommen soll und Magie mit Astrologie verbindet, Werk eines gelehrten Magiers[58].

(4) Riten, die den Kontakt mit Hilfe eines bestimmten Objekts herstellen, vor allem einer Schale voller Wasser mit einer dünnen Ölschicht darauf (Lekanomantie) oder einer Lampe, wie dies die zauberkundige Gastgeberin in Apuleius' ‚Metamorphosen' vorführt. Die Gruppe ist kompliziert und schwer abzugrenzen, denn Schalen und Lampen können auch bei Traummantik, medialer Mantik und direkten Visionen miteinbezogen werden[59].

(5) Riten, die den Kontakt mit einem Toten suchen und sein Wissen ausbeuten wollen. Technisch handelt es sich um eine Unterart der direkten Visionen, praktisch sind diese Riten schon immer als die geschlossene Kategorie der Nekromantie wahrgenommen worden.

Tote und Divination

Ericthos Ritual wäre mithin in dieser letzten Gruppe anzusiedeln. In den Papyri nehmen aber nur wenige divinatorische Rituale Zuflucht zu einem Toten. Der wohl wichtigste ist wiederum ein Text aus dem großen Pariser Zauberbuch der Bibliothèque Nationale. Er ist in drei Redaktionen erhalten, die nacheinander in die Pariser Sammlung kopiert wurden. Die erste Redaktion nennt sich ‚Agoge des Königs Pitys'; auf sie folgt eine weitere Agoge des Pitys, die wesentlich länger und ausführlicher ist und die Form eines Briefs des ‚Perserkönigs' Ostanes an den König Pitys hat; unter dem Titel ‚Schädelbefragung nach Pitys aus Thessalien' schließt sich eine extreme, aber erkennbare Verkürzung dieses Briefs an[60]. Während der dritte Text deutlich eine Art Epitome ist, ist das Verhältnis der beiden anderen Texte weniger eindeutig; es wird darauf zurückzukommen sein. Die genannten Könige hingegen verdienen nur eine kurze Bemerkung. Der historische Ostanes war nie König, sondern Berater des Xerxes, den er bei seiner Invasion Griechenlands begleitete; dabei, so Plinius, habe er den Griechen die Magie gebracht[61]. Eine Identifikation des Pitys ist weniger leicht; vielleicht handelt es sich um einen gewissen Bithus aus Dyrrhachium, einen von Plinius genannten Magier, der bei Iamblichos als der ägyptische Priester Bitys wieder erscheint[62]. Bemerkenswerter ist, daß Pitys (trotz seines ungriechischen Namens) als Thessaler gilt, die Thessaler bei Xerxes' Einfall mit den Persern kollaboriert hatten: falls er nicht einfach Thessaler ist, weil Hexer nun einmal Thessaler zu sein haben, gibt sich die Fiktion Mühe, historische Plausibilität zu wahren[63]. Man ist versucht, daraus eine Entstehung des Urtexts noch in hellenistischer Zeit zu erschließen, als solche Dinge noch präsent waren; das ist allerdings bloße Vermutung.

Die Benutzung eines Schädels als magisches Instrument spielt in diesen Texten eine große Rolle; man erwartet eigentlich ein nekromantisches Ritual. Doch anders als in diesen Ritualen geht es nicht darum, einen Toten zum Reden zu bringen. Der erste Text schreibt vor, den Helios in einem Gebet darum zu bitten, dem Magier einen Daimon zu senden, eben den Totengeist, dessen Schädel er besitzt. Er wird ihn dann befragen können, allerdings nicht direkt, sondern im Traum: deswegen muß er vor dem Schlafengehen die Fragen auf die Blätter von schwarzem Efeu, der Pflanze des Osiris-Dionysos, schreiben und diese im Schädel niederlegen. Der Ritus des Briefs ist ähnlich, außer daß das vorbereitende Ritual weit ausführlicher ist und daß der Daimon alle Dienste anbieten kann, die man von einem Parhedros erwartet; unter diesen Diensten ist die erotische Hilfestellung so wichtig, daß sie dem Ritual den Titel Agoge eingebracht hat.

Die Rolle des Schädels wird damit einsichtig: er spielt die Rolle der *materia magica*, welche Helios als Hinweis auf den Toten dient, den er zu bringen hat; wir sahen, wie im großen Liebeszauber desselben

Pariser Zauberbuchs der Betende bei seiner Anrufung des Helios auf den ‚Zauberstoff vom Grab' verwies: „Sende den Daimon, von dessen Leib ich diesen Rest in meinen Händen halte"[64]. Doch da es nicht ganz einfach ist, den Schädel eines geeigneten Nekydaimon zu finden, bietet der Brief des Pitys auch eine nützliche Formel an, die man dann benutzen soll, wenn man einen unpassenden Schädel zur Verfügung hat[65].

Jetzt läßt sich die Beziehung der ersten beiden Texte zueinander verstehen. Festzuhalten ist, daß die Bezeichnung des ersten Textes als Agoge, ‚heranführender Liebeszauber', nicht zutrifft: er hat mit erotischer Magie gar nichts zu schaffen. Das weist darauf, daß Ausgangspunkt der Überlieferung ein Ritual wie das des zweiten Texts war, das vielfältiger einsetzbar war, wo aber die erotische Verwendung ins Zentrum gerückt wurde; deswegen wurde es ‚Heranführung' genannt: der zweite Text, der auch noch die Briefform wahrt, reflektiert den Urtext genauer (ohne daß man es in dieser Art wilder Überlieferung wagen würde, ihn als Urtext anzusehen). Der (publikumswirksame?) Titel blieb erhalten, als das Ritual so abgekürzt und eingeschränkt wurde wie im ersten Text, der aus dem Urtext eine Traumdivination macht. Im übrigen ist in seinem Titel noch ein anderer Rest eines umfassenderen Titels stehen geblieben. Denn es wird nicht bloß irreführend als ‚Heranführung' beschrieben, sondern auch als ein Ritual, das mit jedem Schädel, auch einem nicht passenden, ausgeführt werden könne. Das Ritual, um den unpassenden Schädel einzupassen, fehlt aber: es steht bloß im zweiten, langen Text.

Wenn jetzt betont wurde, daß die Papyri die Nekromantie praktisch nicht kennen, heißt das nicht, daß eine Auferweckung von Toten in ihnen nicht vorkommt; nur dient sie nicht der Divination. Das VIII. Buche Mose enthält auch einen sehr knappen Spruch, der dazu dienen soll, einen Toten zum Gehen zu bringen; doch weder das zugehörige Ritual noch der Sinn eines solchen Wunders werden mitgeteilt – vielleicht geht es allein um das Wunder[66]. Näher liegt ein Ritus des großen Pariser Zauberbuchs, der auf die schon erwähnten Homerverse zurückgreift: hängt man das mit ihnen beschriebene Eisentäfelchen einem Hingerichteten um den Hals und flüstert ihm einen Spruch ins Ohr, „dann wird er dir alles sagen, was du willst"[67]. Es handelt sich also um einen vorzeitig und gewaltsam Verstorbenen, wie bei Lucans Soldaten, doch die Wiedererweckung ist weitaus unspektakulärer. Immerhin hat die rituelle Weihe doch die Folge, daß der Hingerichtete noch drei Tage leben und während dieser Zeit dem Magier als Parhedros dienen wird.

Im Grunde darf man auch nicht mehr erwarten. Denn die Riten der Zauberbücher sind (so seltsam dies scheinen mag) mit dem Ziel geschrieben worden, in einer empirischen Welt erfolgreich zu funktionieren. In der empirischen Welt aber beginnen Tote nur selten zu gehen und zu reden. So läßt man denn gewöhnlich die Toten in ihren Gräbern und bedient sich bloß ihrer Materia magica, eines Schädels oder sonst eines ihnen gehörenden Gegenstands, und läßt in symbolischem Handeln einen Parhedros kommen. Daß dieser dann so oft bloß im Traum prophezeit, ist auch nicht erstaunlich: jeder antike Mensch weiß, daß Götter, Dämonen und Verstorbene eigentlich bloß im Traum zu erscheinen pflegen.

Lucan und die magischen Riten

Wenn also der von Lucan beschriebene Ritus, die Auferweckung eines Toten zu divinatorischen Zwecken, in den Papyri keine Entsprechung findet, gibt es doch in Einzelheiten bemerkenswerte Übereinstimmungen. Erictho beginnt ihr erstes Gebet mit „Murmeln von dissonanten Lauten, die weit von menschlicher Sprache abliegen"[68], Lauten von Nacht- und Raubtieren und von Elementarkräften. Das mag erst einmal phantastisch erscheinen – und doch spielt es in einigen vokalen Riten der Papyri eine Rolle. In der ersten Anrufung von Moses VIII muß der Magier pfeifen, mit der Zunge schnalzen und Vogelstimmen imitieren. Und wenigstens für die Vogelstimmen gibt der Text auch eine Erklärung: sie sind der Name der angerufenen Gottheit in der Sprache der Vögel[69]. Damit aber sind sie lediglich eine Erweiterung der Zauberworte, die schon antiken Autoren als seltsam und barbarisch aufgefallen sind[70]: für den Magier sind es zwar ‚barbarische Namen', doch nur in dem Sinn, daß es Götternamen in einer fremden, uns nicht vertrauten Sprache sind; wenn der Magier sie ausspricht, beweist er sein überragendes Wissen (ein ‚Mehr wissen wollen', das schon den unbekannten Hippokratiker geärgert hatte), aber auch seine Berechtigung, mit den Trägern dieser Namen reden zu dürfen. Er kennt eben alle Namen Gottes, selbst die in den entlegensten Sprachen, Tiersprachen eingeschlossen. Dieselbe Erklärung läßt sich für die anderen Töne finden: das bestätigt die Fortsetzung des Textes in Moses VIII. Der Schöpfergott stieß einen Pfiff aus: darauf rundete sich die Erde, es wurde die pythische Schlange geboren. Darüber erschreckt, schnalzte er mit der Zunge, worauf ein bewaffneter Gott erschien. Schließlich rief er IAΩ, und es erschien ein dritter Gott, „der aller Herr ist". Diese Urlaute des Schöpfers werden vom Magier imitiert; indem er dies tut, zeigt er, daß er die Urtaten des Schöpfers kennt. Diese Laute sind mithin funktionell, wenn auch in einem ganz anderen Sinn und Zusammenhang als dem Lucans: Lucan scheint nur zu wissen, daß Zauberer gelegentlich solche Laute von sich geben, und er benutzt sie, um Erictho als fast außermenschliches Wesen zu charakterisieren, das mit den dunklen und zerstörerischen Mächten der Natur, der Tierwelt ebenso wie der Elemente, in Kontakt steht und sich damit den perennen Gegnern des Menschen zuschlägt.

Nach dem Mißerfolg des ersten Gebets holt Erictho zu Drohungen aus, die dann wirken. Auch dies unterstreicht vor allem ihren diabolischen Charakter, der selbst die Unterweltsgötter in Schrecken versetzen kann (die Götter des Himmels gaben schon vorher klein bei). Und doch gibt es auch dazu in den Papyri eine Entsprechung in den Beschwörungen, die ‚Zwangsformeln' heißen (ἐπάναγκοι/epánankoi). Diese Formeln haben eine präzise Aufgabe: sie müssen die Gottheit oder den Dämon in jenen seltenen Fällen zu etwas zwingen, wo das Ritual deswegen nicht sofort erfolgreich ist, weil der angerufene Gott oder Dämon zögert zu kommen. Nicht alle Zwangsformeln sind Drohungen; manche sind geradezu liebenswürdig. „Wenn er zögert, sag nach dem Gebet an die Götter folgendes, und zwar zwei- oder dreimal: ‚Es befiehlt dies der große Gott, derjenige, der lebt, der in alle Ewigkeiten ist, der alles erschüttert, der donnert, der jede Seele und jedes Werden erschuf, IAΩ ...: komm herein, erscheine mir, Herr, heiter, gnädig, mild, ruhmreich, ohne Zorn'"[71]. Der Verweis auf den obersten Gott, mit dem der Magier offenbar intim vertraut ist, soll hier den Dämon zum Erscheinen bringen. Drohungen fehlen allerdings auch bei freundlichem Ton nicht: „In einem anderen Exemplar habe ich [die folgende Version] gefunden: Wenn er aber so nicht gehorcht, wickle die Statuette in denselben Lappen und wirf sie in den Heizofen einer Badeanlage, am fünften Tag nach der Anrufung. Sag dazu: ‚Abri und Abro, Exantiabil, Gott der Götter, König der Könige, zwing jetzt einen freundlichen wahrsagenden Dämon, zu mir zu kommen, damit ich nicht zu den gräßlicheren Torturen übergehe, die in den Blättern aufgezeichnet sind'"[72]. Es handelt sich auch hier um ein divinatorisches Ritual, zu dem ein Dämon verhilft (da der Anfang des Papyrus zerstört ist, läßt sich sein Charakter nicht mehr genau bestimmen); die Parallele zu Lucan ist eng.

Diese Übersicht über das Ritual, das Lucan zeichnet, zeigt gegenüber Theokrit zwei grundlegende Unterschiede auf. Der eine betrifft den Ablauf des Rituals. Wir sahen, daß das Ritual Theokrits in der Realität nie durchgeführt werden könnte: es hat keinen bruchlosen, eigengesetzlichen Ablauf, sondern ist aus Elementen verschiedener Herkunft zusammengebaut. Lucans Ritual hingegen hat eine überzeugende innere Logik, die mit der Gesetzlichkeit existierender Riten zusammengeht. Natürlich ist auch Lucans Ritual eine Fiktion, und auch sein Text gehört in das Netzwerk der intertextuellen Bezüge seit der homerischen Nekyia. Dennoch ist für die Religionswissenschaft aufschlußreich, daß zahlreiche Einzelheiten sich zu den Riten der Papyri fügen. Lucan muß sein Szenario in intimer Kenntnis magischer Riten gestaltet haben; man kann vermuten, daß er Zugang zu solchen Büchern oder zum mündlich tradierten Wissen der Chaldaei in Rom gehabt hat[73]. Gewiß kann man auch Lucan deswegen nicht als Quelle zur antiken Magie und ihrem Ritual benutzen – wohl aber für eine Geschichte der Magie als Anregerin für Literatur.

Der andere Unterschied zwischen den beiden Texten betrifft die Art, wie das Ritual verstanden wird. Bei Theokrit ist Magie bürgerliches, ja kleinbürgerliches Treiben, dem der Dichter, der es in Szene gesetzt hat, von oben herab und nicht ohne Amüsement zuschaut. Bezeichnend für die Atmosphäre ist, daß Theokrit sich auffällig häufig der Küchensprache bedient. Man muß den Altar mit Mehl ‚bestäuben', das Wachs ‚schmelzen', die Echse ‚sieden', die *thróna* ‚zerstampfen' – alles Aktionen, die in die Küche gehören. Zwar hat jedes Opfer eine gewisse Nähe zur Küche (schließlich geht es auch um Nahrungsbereitung), doch ist die Dichte des einschlägigen Vokabulars bei Theokrit als Charakterisierung der Zauberinnen zu lesen. Lucan auf der anderen Seite inszeniert die Schrecken der Magie, benutzt in seiner Darstellung die Ausdrucksmittel der Religion. Schon die lange Einleitung lenkt den Leser in diese Richtung (6,424 ff.): Lucan gibt eine Liste der Orakel, welche Sextus Pompeius nicht konsultiert, die zu konsultieren jedoch *fas* gewesen wäre – Pompeius sucht eben *nefas*, die unterweltlichen Mächte. Ericktho ist dann als Gegnerin der himmlischen Götter, der *superi*, beschrieben; ihre Riten sind eine Perversion der staatlichen und privaten Riten; sie selber gehört völlig in die Welt jener unheimlichen Mächte. Lucan benutzt sie also, um die Magie als eine radikale Verkeh-

Bitte
freimachen

Postkarte

Verlag C.H. Beck

Vertrieb/Werbung Allgemeiner Verlag

Postfach 40 03 40

80703 München

Liebe Leserin, lieber Leser,

gerne informieren wir Sie regelmäßig über unser Verlagsprogramm.
Schicken Sie einfach diese Karte ausgefüllt an uns zurück!

Ihr Verlag C.H. Beck

PS: Wenn Sie Zeit und Lust haben, beantworten Sie doch die Fragen auf der Rückseite dieser Karte!
Sie würden uns damit helfen, unsere Arbeit noch besser auf unsere Leser abzustimmen.

Als kleines Dankeschön verlosen wir unter den Einsendern monatlich 10 interessante Titel aus unserer Beck'schen Reihe !

_____
Vorname/Name o. Institution

_____
Straße, Nr.

_____
PLZ/Wohnort

Diese Karte entnahm ich dem Buch

___

Haben Sie dieses Buch
☐ gekauft ☐ geschenkt bekommen?

Was war für Ihre Kaufentscheidung ausschlaggebend?
(Mehrfachnennungen möglich)

☐ Beratung in der Buchhandlung
☐ Präsentation des Titels in der Buchhandlung
☐ Prospekte/Verzeichnisse
☐ Rezensionen/Bücherlisten
☐ Empfehlung durch Freunde u. Bekannte
☐ Umschlag/Ausstattung
☐ Themen
☐ Werbung/Anzeigen, und zwar in

___

Ihre Altersgruppe?
☐ bis 30 Jahre ☐ 30 - 45 Jahre
☐ 46 - 60 Jahre ☐ über 60 Jahre

Welche Zeitungen/Zeitschriften lesen Sie regelmäßig?

___

Welche Themen unseres Programms interessieren Sie ?

☐ Geschichte (1019) ☐ Literatur/Literatur-
☐ Theologie/ geschichte (1013)
☐ Philosophie(1012) ☐ Islam (1016)
☐ Kunst/Kunst- ☐ Judaica (1017)
geschichte (1015)

rung der normalen Religionsübung darzustellen, und radikalisiert weit über das hinaus, was die Papyri als Realität antiker Magie belegen. Denn während Lucan Pluton, Persephone und die anderen Jenseitsgötter zu Schutzgottheiten der Erictho macht, ist es in den Papyri immer eine übergeordnete Gottheit wie Helios, Aion oder der (jüdische) IAΩ, die den Zauberer in letzter Instanz beschützt: der scharfe Gegensatz zwischen Magie und ‚Religion', den Lucan konstruiert, wird von der Mentalität und der Praxis der Magier nicht bestätigt. Es ist auch nicht Magiekritik, was Lucan betreibt; die Radikalisierung dient letztlich der Charakterisierung des jüngeren Pompeius. Der ‚unwürdige Sproß des Großen' Pompeius, *Magno proles indigna*, handelt mit seiner Neugier nicht nur jener Pietas zuwider, die ein Sohn dem Vater schuldet, er wird bald auch die Republik auf den Kopf stellen und die Triumphe beschmutzen (6, 422) – wiederum mit einem religiös aufgeladenen Terminus. Narrativer Höhepunkt dieser perversen Karriere ist die Nekromantie bei Erictho.

7. Worte und Taten

Magie hat sich, wenigstens in der Sicht ihrer Praktiker, vor allem als ein System von Riten erwiesen, Riten, die in der Außensicht denen des städtischen und privaten Götterkults teilweise ähnlich sahen, teilweise als ihre radikale Verkehrung haben verstanden werden können. So soll am Schluß dieses Gangs durch die antike Magie gefragt werden, was eigentlich das Spezifische des magischen Rituals ist, und, in einer umfassenderen Sicht, was es ist, das Magie als etwas Besonderes und Eigenständiges erscheinen läßt. Das soll nicht zu einer generellen Theorie der Magie führen – wie problematisch solche Theorien sind, hat sich im ersten Kapitel gezeigt –, es kann aber doch als Beitrag zu einer umfassenderen Diskussion dienen.

Sympatheia

Schon für Theokrit war einer der auffallendsten Züge des magischen Rituals das, was man gemeinhin, aus Konvention, aus Trägheit oder weil ein besserer Ausdruck fehlt, die ‚sympathetische' Magie nennt. Der Ausdruck, der vor allem durch Frazers nachhaltigen Einfluß in das wissenschaftliche Vokabular eingegangen ist, war schon immer problematisch. Er ist auch weit älter als Frazers ‚Golden Bough': er geht letztlich auf die antike Stoa zurück. Die Stoiker erklärten das Funktionieren der Astrologie durch die Sympatheia, den grundlegenden, in der Entstehung des Kosmos begründeten Zusammenklang aller seiner Teile; die Sympatheia erklärte im stoischen System die Wirkung des alles umfassenden Geschicks und stellte den Gang der Planeten und unser tägliches Leben in einen intimen Zusammenhang[1]. Doch es waren dann zum einen die Neuplatoniker, dann die von ihnen angeregten Magier und Alchemisten der Kaiserzeit, welche damit „den Zusammenhang zwischen den Gestirnen und den verborgenen Kräften der Welt" erklären konnten, „welcher die entlegensten Bereiche der Natur durch Anziehung und Abstoßung untereinander verband"[2]. Oder, um Plotin, den Kenner der Theurgie und entschiedenen Gegner der Magier, zu zitieren³: „Magische Handlungen, wie soll man sie erklären? Doch durch Sympatheia, sowohl dadurch, daß eine Harmonie zwischen ähnlichen Dingen ist und Abstoßung zwischen unähnlichen, als auch durch die Vielfalt der vielen Kräfte, die in ein einziges Lebewesen zusammenlaufen. Denn ohne daß jemand es in Bewegung setzt, wird vieles angezogen und behext: denn die wahre Magie ist die Liebe im All und ihr Gegenteil, der Haß." Frazer nahm also einen Begriff auf, der schon in der Kaiserzeit bei den Theoretikern von Magie und Theurgie geläufig war, und machte ihn seinen eigenen Zwecken dienstbar – er übertrug ihn auf die Weltsicht des ‚Primitiven', dessen ‚magisches Denken' die Dinge seiner Welt in sympathetische Beziehung zueinander gesetzt habe; darauf baute dann das Modell von Lucien Lévy-Bruhl und seiner ‚mentalité primitive' (1921) auf. Doch seitdem die Hypothese eines solchen ‚magischen Denkens' wie Schnee an der Sonne sich aufgelöst hat (wenigstens in Ethnologie und Kulturanthropologie), hätte eigentlich auch der Sympatheia-Begriff keine Existenzberechtigung mehr. Umso dringender bleibt eine alternative Erklärung für das, was er offenbar so einleuchtend verständlich machen konnte – schon Theokrit zeigt ja, daß es Riten gibt, die sich für ein sympathetisches Erklärungsmodell anbieten.

Performativität

Unter den neueren Theorien hat eine besondere Aufmerksamkeit geweckt, diejenige des Ethnologen Stanley Jeyaraja Tambiah. Tambiah hat sich intensiv mit dem (in der jüngeren Ethnologie häufig diskutierten) Problem des Rituals auseinandergesetzt und hat in diese Diskussion den Begriff der ‚Performativität' eingeführt⁴. Der Ausdruck stammt eigentlich aus der Linguistik, wo er eine besondere Verwendung von Verben bezeichnet, bei der das Verbum nicht eine Handlung beschreibt („die Zeugen schworen auf die Bibel"), sondern die Handlung durch die Äußerung vollzogen wird (wenn der Zeuge, die Hand auf der Bibel, sagt: „ich schwöre"); in die ethnologische Debatte ist er durch Ludwig Wittgensteins Kritik an Frazers ‚Golden Bough' eingeführt worden⁵. Riten sind Handlungen, haben in Tambiahs Augen auch eine theatralische Seite: es ist für die Teilnehmer wichtig, welche Rolle sie spielen und wie gut die Rollen gespielt werden (dieses Interesse an der theatralischen Seite des Rituals verbindet Tambiah, der in mancher Hinsicht als ein Erbe Frazers gelten kann, eng mit Victor Turner[6]). In einem äußerst anregenden Artikel hat sich Tambiah besonders mit der Magie des Wortes beschäftigt und die Aufmerksamkeit der Ethnologen auf die unauflösliche Verbindung von Wort und Akt im magischen Ritual gelenkt[7]. Für die sympathetischen Riten hat er die Frazersche Terminologie neu überdacht und eine Unterscheidung zwischen ‚empirischer Analogie' und ‚persuasiver Analogie' postuliert: die erstere ist bezeichnend für die Wissenschaft, die mit ihrer Hilfe zukünftiges Geschehen voraussagen kann, die zweite gehört zur Magie und ihrem Ziel, zukünftiges Geschehen zu beeinflussen[8]. Es bleibt zu sehen, inwieweit diese Überlegungen auf die Antike übertragen werden können.

Magie und Eid

Die Texte der Defixionen auf den Bleitäfelchen ebenso wie auf den Papyrusblättern sind Gebete im weitesten Sinn, rituelle Äußerungen, denen die Niederschrift und anschließende Niederlegung eine unveränderliche Dauer geben sollte – so, wie die Texte der sogenannten ‚orphischen', aber eigentlich bakchischen Goldblättchen rituelle Verse sind, die durch das Aufschreiben auf Gold dauerhaft gemacht und dem Toten mitgegeben wurden, damit sie ihm in der Unterwelt bei der entscheidenden Konfrontation mit den Unterweltsherren zur Verfügung stehen würden[9]. Im Moment, in dem man die Worte der Defixion auf Blei oder Papyrus schrieb, rezitierte man sie. Die einfache Aussage „Ich binde den NN hinab (zu Persephone usw.)", das Gebet „Persephone, binde den NN hinab, damit er nicht vor Gericht reden kann", oder die *similia similibus*-Formel „NN soll so verkehrt sein wie diese Schrift, so kalt und nutzlos wie dieses Blei": all dies sind mündliche Riten, die eine rituelle Aktion begleiten und beschreiben.

Man kennt formal verwandte antike Riten, die nach geläufiger Ansicht mit Magie nichts zu tun haben[10]. Als die Besiedler von Kyrene ihre Stadt gründeten, schworen sie, nie wieder nach Thera zurückzukehren, von wo sie gekommen waren. Als später politische Schwierigkeiten die Rückwanderung für einige Kyrenäer wieder attraktiv machen konnten, wiederholten sie den Eid; eine Inschrift des vierten Jahrhunderts hat sie aufbewahrt. Das zentrale Ritual wird so beschrieben: „Man stellte Figuren aus Wachs her und verbrannte sie dann, indem man gemeinsam einen Eid schwor und ein Opfer darbrachte, Männer,

Frauen, Knaben und Mädchen: ‚Wer diesen Eid bricht und dagegen handelt, der soll schmelzen und zerfließen wie diese Figuren hier, er und seine Nachfahren und sein Vermögen'"[11]. Livius erzählt, wie die Römer ein Bündnis schlossen. Man opferte ein Schwein; während der Priester es mit seinem Opfermesser erstach, sagte er:„Wer dieses Bündnis bricht, soll getötet werden wie dieses Schwein hier"[12]. Das sind bloß zwei von viel mehr Beispielen, die eine identische Auffassung des Eids belegen, wie sie auch außerhalb Griechenlands und Roms insbesondere im Alten Orient faßbar ist.

In allen Fällen handelt es sich um einen feierlichen Eidschwur. Der Eid ist immer verstanden als Fluch gegen den, der ihn bricht, und gegen seine ganze Gruppe. Diese Verfluchung wird immer von einer rituellen Handlung begleitet, deren Bedeutung durch die Worte erklärt wird: was dem Objekt des Rituals zustößt, soll auch dem Eidbrüchigen zustoßen. Man ist versucht, von einer rituellen Handlung an einem Objekt zu sprechen, das den Menschen vertritt. Das hat man etwa im Fall von Kyrene getan: die Wachsfiguren seien Substitute der Bürger Kyrenes[13]. Doch das Schwein bei den Römern oder das Schaf im Eidritual, das im 3. Buch der ‚Ilias' erzählt wird, erklären sich weniger leicht auf diese Art, ganz zu schweigen von der Zwiebel in einem hethitischen Eidritual, die man zerlegt und dazu sagt: „Genau so soll der Eidbrüchige zergliedert werden"[14]. Nicht das Objekt der Handlung ist entscheidend, sondern die Handlung selber: man sticht tot, schmilzt, zergliedert. Sieht man von den Opfertieren ab, die eben als Opfertiere anwesend sind, wird das Objekt oft wegen seiner spezifischen Eignung für die Handlung gewählt, die man an ihm ausführt: eine Zwiebel läßt sich leicht zergliedern, Wachs schmilzt bei niederen Temperaturen. Wenn in einer Variante des kyrenäischen Rituals die Figuren ausgesetzt werden in der Wildnis, werden sie aus Lehm hergestellt; das ist einfacher und billiger als Wachsfiguren, und sie werden dort auch rasch so zerfallen, wie das Ritual das wünscht[15].

Im übrigen funktionieren nicht alle diese Akte auf dieselbe Weise. Es gibt solche, bei denen der Schritt vom Ritus, der Ebene des Zeichens (,signifiant'), zur Konsequenz der verbotenen Handlung, der Ebene des Bezeichneten (,signifié'), leicht nachvollziehbar ist: das Totstechen des Schweins im römischen Bundschwur ist im Grunde eine Allegorie. Bei anderen Riten ist der Schritt schwieriger nachvollziehbar, und ,schmelzen' im kyrenäischen Ritus ist eigentlich eine Metapher. Diese metaphorische Bedeutung von ,schmelzen' ist außerhalb des Ritus nicht üblich, also den Akteuren nicht geläufig: sie erfahren nur aus dem Kontext des Rituals, was damit gemeint ist.

In allen diesen Fällen hätte man sich leicht auch damit begnügen können, ohne begleitende Handlung nur eine (durchaus auch belegte) Eidformel herzusagen: „Wer diesen Eid bricht, soll von dem und dem Übel heimgesucht werden, er selber und seine Kinder und alle seine Nachfahren". Doch ist klar, was der zusätzliche Aufwand des Rituals, das eng mit den Worten zusammengeht, bringen kann: die Botschaft des Rituals erhält eine ganz neue Intensität, ihre Empfänger empfangen sie nicht bloß auf sprachlicher Ebene. Sie müssen auch die Metapher entziffern, und sie sehen, hören und riechen, wie das Wachs im Feuer schmilzt, wie das Schwein erstochen wird und ausblutet. Die Botschaft, die sie erhalten, ist äußerst redundant, und die Redundanz bedient sich affektiver Mittel. Eine solche Botschaft bleibt viel besser haften.

In diesem Sinn muß man erst einmal den Begriff der persuasiven Analogie präzisieren. Jede Persuasion braucht einen Empfänger: man überredet jemanden. In unseren Beispielen wird die Gruppe überredet, besser: sie überredet sich selber. Riten sind Kommunikationsakte, die man nach den Regeln der Kommunikation verstehen muß. Wie häufig in der Kunst der Überredung spielt man auf verschiedenen Registern, um die Botschaft anbringen zu können. Es genügt, Quintilian zu lesen, um zu sehen, mit welcher Komplexität man Botschaften mitteilen kann – und oft muß.

Ritus und Kommunikation

Das Schema ritueller Kommunikation folgt demjenigen jeder Kommunikation – es gibt Sender, Empfänger und eine Botschaft. Gewöhnlich sind die Sender ritueller Botschaften die Akteure des Rituals, Empfänger ist die ganze Gruppe, die am Ritual teilnimmt; die Botschaft hat also kollektive Bedeutung. In dieses Schema ritueller Kommunikation bringt nun freilich die antike Magie eine Besonderheit: es fehlt die Gruppe. Es ist jetzt nicht die Rede von Heilungsriten wie dem bei Cato, den wir ebensowenig zur Magie rechnen, wie Cato dies tut, es ist die Rede von den Riten etwa der Papyri. Dort ist es fast immer der einsame Magier, der sein Ritual durchführt; die Fälle, in denen er einen Kollegen als Helfer heranzieht, sind zu selten, als daß sie das grundsätzlich ändern. Schlechter sind wir über die Defixionen der früheren Zeit informiert; doch widerspricht im Grunde nichts dem Eindruck, daß auch hier der *Defigens* ganz allein agiert hat. Das magische Ritual schließt also die Kommunikation kurz: Sender und Empfänger sind identisch; das Korollar dazu ist, daß die Botschaft nur für das eine agierende Individuum bedeutsam ist. Zwar findet man auch in den Riten der städtischen Gruppen nicht immer eine klare Unterscheidung zwischen Sender und Empfänger, denn der Ritus trennt nicht sauber in Handelnde und Zuschauer: Ovids *spectandum veniunt, veniunt spectentur ut ipsae* umschreibt den Tatbestand wohl zutreffender, nicht bloß für die Frauen im Theater. Es bleibt aber doch, daß die Botschaft des kollektiven Rituals für die ganze Gruppe, diejenige des Magiers allein für ihn von Bedeutung ist.

Aus diesem Umstand hat man auch eine psychologisierende Erklärung der Magie hergeleitet. Der Magier rede bloß mit sich und von sich: er sei der ewige Narziss. Wenn er sein Bleitäfelchen durchstoße und dazu sage: „Die alle nagle ich in die Tiefe", dann demonstriere er keiner Gruppe das künftige Los der Betroffenen, er reagiere sich für sich ab. Über die Probleme dieser Auffassung haben wir schon gesprochen – die Riten sind zu komplex, als daß sie spontane Abreaktionen sein können, und außerdem handelt der Magier oft genug als Professioneller im Auftrag eines Betroffenen. Solche Einwände haben zu einer weiteren Theorie geführt, daß nämlich die magischen Riten nichts als abgesunkene religiöse Riten seien – das prachtvolle Stieropfer degeneriert in der Magie zum lächerlichen Katzenopfer[16]. Auch das ist nicht zu halten: da deutet man lediglich Strukturunterschiede ohne guten Grund als historische Entwicklungen.

Das führt noch einmal zurück zum Eidritual und den *similia similibus*-Formeln. Die eben zitierte attische Formel – „die alle nagle ich in die Tiefe" – kommt der Eidsituation etwa im römischen Bündnis-Ritual doch recht nahe. Der Unterschied ist der, daß im magischen Ritual der Vergleich nicht ausgesprochen wird: ‚nageln' bleibt unerklärt. Doch das ist vielleicht nicht so wichtig. Wichtiger ist, daß zumeist die semantischen Strukturen der magischen Riten und der als Selbstverfluchungen aufgefaßten Eidrituale nicht übereinstimmen. Denn das Eidritual hebt die Handlung heraus, während das Objekt, an dem die Handlung vollzogen wird, nicht wichtig ist; das magische Ritual betont umgekehrt das Objekt: „Wie dieses Blei glanzlos und unnütz ist, so soll NN glanzlos und unnütz sein". Nur Theokrits Riten machen eine

Ausnahme und betonen die Handlung: „Delphis soll brennen, schmelzen, sich wenden wie der Lorbeer, das Wachs, der Kreisel". Das hat wieder mit der Kommunikationssituation zu tun, die in der literarischen Magie sich grundlegend von derjenigen der aktuell ausgeführten Magie unterscheidet: die literarische Darstellung eines magischen Aktes wendet sich an eine Gruppe von Zuhörern oder Lesern, so wie sich das Eidritual an eine Gruppe wendet.

Die eigentümliche Kommunikationssituation der Magie hat auch andere Folgen. In kollektiven Riten wie Hochzeit oder Begräbnis macht die rituelle Botschaft eine Aussage über ein Faktum, eine mit dem Ritual vollzogene Statusänderung; in den magischen Riten ebenso wie in den Eidriten hingegen geht es um eine Aussage, die die Zukunft beeinflussen soll. Wie können die Worte und die Handlungen nach dem Ritual aktiv und wirksam erhalten werden? Das Eidritual bedient sich, wie wir sahen, einer großen, affektiv wirkenden Redundanz; dadurch bleibt das Ritual im Gedächtnis der Teilnehmer haften – schließlich haben sie sich selber verflucht für den Fall, daß sie eidbrüchig würden, und sie haben gesehen, was geschehen könnte. Außerdem ist es ein kollektives Ritual und wird durch die akkumulierten Gedächtnisse aller Teilnehmer gespeichert. Erst im Laufe der Zeit vertraut man sich der Schrift an, weil man dem kollektiven Gedächtnis weniger vertraut; nicht zufällig ist der kyrenäische Eid im selben Jahrhundert aufgeschrieben worden, in dem Platon die Antinomie von Schrift und Gedächtnis formulierte. Die Lage des Magiers ist ungleich prekärer: auch er will auf die Zukunft einwirken, doch besitzt er nur sein eigenes Gedächtnis, um Worte und Riten weiterleben zu lassen. So hilft er sich damit, daß er die Statuetten, die sein Opfer repräsentieren, aus dauerhaftem Material herstellt und niederlegt und daß er vor allem seinen vokalen Ritus gleichzeitig in Schrift permanent macht, auf Bleitäfelchen, Wachstafeln oder Papyrusblättern: auch da ist es kein Zufall, daß diese Verschriftlichungen erst im späteren fünften Jahrhundert aufzutauchen beginnen, etwa gleichzeitig mit der Verschriftlichung der Verhaltensanweisungen nach dem Tode auf den bakchischen Goldblättchen[17]. Dabei wird nicht einfach der Ritus perpetuiert: „Ich binde den NN", es wird in der *similia similibus*-Formel explizit gemacht, was man will, und zwar in einer Form, die ebenso Dauer gewährleistet: „Wie dieses Blei glanzlos und unnütz ist, soll NN glanzlos und unnütz sein", oder indem der Tote, in dessen Grab der Text deponiert wird, herangezogen wird: „Wie dieser Tote unbeweglich ist, so soll NN unbeweglich sein". Und Statuette oder Täfelchen werden mit einem Nagel durchstochen, der Nagel stecken gelassen (auch wenn wegen der schnelleren Zerstörung von Eisen in archäologischen Kontexten oft nur noch die Löcher geblieben sind): „Ich nagle den NN hinab...". Das soll nicht töten, ein Nagel ist keine Waffe, eine Bronzenadel auch nicht, sondern ein Instrument, um etwas festzuhalten: so soll das Opfer unbeweglich gemacht werden. Diese permanent gemachten Rituale werden dann menschlicher Zerstörung soweit wie möglich entzogen und so nahe wie möglich an die Unterwelt gebracht. Daß Permanenz tatsächlich Ziel dieser Umstände ist, zeigen die Varianten der Formeln. In Attika steht, wie gezeigt, neben dem häufigen ‚ich binde' das seltenere ‚ich schreibe ein', eine juristische Formel, mit der eine Anklage deponiert wird – nur nicht bei den Magistraten, sondern bei den Unterirdischen. In späteren zypriotischen Texten heißt die Defixion dann explizit ‚Depositum', wird der Tote, in dessen Grab der Text niederlegt wird, gebeten, ihn an seinem Ziel zu deponieren: bei den Herrschern der Unterwelt[18]. – So zeigen gerade die Überlegungen zur Kommunikationssituation, daß sowohl die *similia similibus*-Riten wie die Existenz der schriftlichen Defixionen eine Konsequenz davon sind, daß der Magier seine Riten isoliert von allen andern Menschen durchführt.

Diese Überlegungen können noch einen Aspekt klären helfen. In der rituellen Kommunikation lassen sich zwei Achsen unterscheiden – die horizontale, welche die agierenden und empfangenden Menschen, und die vertikale, welche die Menschen mit den Göttern als Adressaten des Rituals verbindet. Zwar sind die beiden Achsen von außen gesehen nicht gleichwertig, denn nur die horizontale transportiert eine wirkliche Botschaft, während die Götter symbolische Objekte sind, welche dem Ritual seine Legitimation geben; doch in der Innensicht, in der theatralischen Fiktion des Rituals stehen beide Achsen nebeneinander. Der Mensch kommuniziert mit den Göttern durch Gebete und Opfer, durch den aufsteigenden Rauch, durch das niederrinnende Blut und die ausgegossenen Libationen, und man erwartet von den Empfängern eine Reaktion – ein Zeichen, daß das Opfer angenommen worden ist, was die Beobachtung der Flamme und der Eingeweide anzeigt, und in der Zukunft Hilfe, Wohlwollen, Schutz und Segen.

Der Magier freilich ist auf der horizontalen Achse gleichzeitig Sender und Empfänger: er schließt beide sozusagen kurz. Damit versteht man, weswegen für die Magie die Vertikale so große Bedeutung bekommen kann – schließlich braucht man, in der Binnensicht, ein Gegenüber. Das wird durch die kaiserzeitliche Reflexion über die Magie bei Apuleius und Iamblich bestätigt. Magie ist die Suche nach der ‚Gemeinschaft des Gesprächs mit den Göttern' *(communio loquendi cum dis)*, sagt Apuleius, sie sucht die ‚Teilhabe an den Göttern', ist Iamblichs Formulierung: so entsteht der magische Dialog zwischen dem isolierten Menschen und seinen Göttern[19]. – Die Konsequenz der theoretischen Konstruktion, die Trennung von indigenem Akteur und externem Beobachter, ist also nicht so scharf, wie die Theorie das gerne haben möchte. In einer Überlagerung, die an Magritte oder Escher erinnert, treten die beiden Räume dann doch in Kommunikation.

Das Gebet des Magiers

Im autobiographischen Bericht über seine Schwierigkeiten macht der Redner Libanios eine seltsame Bemerkung: er habe sich gegen das Ansinnen seiner Freunde gewehrt, die üblichen Abwehrmaßnahmen gegen die magischen Angriffe seiner Gegner zu ergreifen, und sich mit Gebeten begnügt. Er kannte also Riten gegen die Magie, doch wohl exorzistischer Art, doch ihnen gegenüber hat Libanios Skrupel. Man ahnt so eine Opposition zwischen zwei Typen ritueller Aktion, und dabei ist das Gebet auf der Seite der akzeptierten, ‚religiösen' Formen, am weitesten von dem gerade einem philosophisch Gebildeten anstößigen Aberglauben – eigentlich: der übertriebenen Furcht vor dem Göttlichen (δεισιδαιμονία/*deisidaimonía*) – entfernt: viel früher schon hatte der Platoniker Plutarch die Magie in seinem Traktat ‚Über den Aberglauben' angegriffen[20].

Kurze Problemgeschichte

Ähnlich hat die neuzeitliche Altertumswissenschaft gelegentlich auf die Zauberpapyri reagiert. Die Papyri enthalten eine Anzahl von hexametrischen Hymnen, bedeutende Dokumente der kaiserzeitlichen religiösen Dichtung und als solche seit Albrecht Dieterich erkannt, wenn auch seither wenig getan wurde[21]. Für die Generation Dieterichs hatten diese Hymnen einen derart religiösen Ton, daß sie annahm, sie seien nicht in einem magischen, sondern in einem ‚genuin religiösen' Kontext entstanden und sekundär von den Magiern in ihre Riten eingebaut worden – diese hätten die Texte einigermaßen unverändert übernommen und sie bloß um die seltsamen *Voces magicae* erweitert[22]. Es schien diesen Gelehrten undenkbar, daß die Magier in ihrer Befangenheit in Aberglauben und barbarischer Halbbildung solche Zeugnisse vergeistigter Religiosität hätten verfassen können. Daß dies zusammengeht mit der Frazerschen Identifikation von Magie und ‚primitivem Denken', versteht sich.

Die gleiche methodische Grundannahme liegt der berühmten These von Dieterich zugrunde, daß die Magier eine ganze Mysterienliturgie in ihre Riten übernommen hätten, die berühmte ‚Mithrasliturgie' – ein Text, dessen Gebete ein tiefes religiöses Suchen bezeugten, das man den Magiern absprach[23]. Umso mehr überrascht, daß zumindest der Père Festugière sich dagegen wandte, die ‚Mithrasliturgie' als Mysterientext anzusehen: er stamme aus magischen Riten um Osiris, die mit etwas Hermetismus angereichert worden seien[24]. Das stellt sich freilich in das Bemühen Festugières, alle jene – wie Dieterich oder Reitzenstein – zu widerlegen, die in den magischen Papyri irgendwelche Spuren von Religion zu finden glaubten: die Papyri würden reine Magie enthalten, in ihnen eine ‚höhere', ‚geläuterte' Religiosität zu finden, sei unmöglich. Für diese Position hat man Verständnis: für den Père Festugière, der in einem religiösen System lebte, das an den Exorzismus glaubt und ihn bis in die unmittelbare Gegenwart praktiziert, mußte die Magie weit störender sein als für seine Kollegen im protestantischen Deutschland.

Gebet und Defixion

Nur: daß die Magier beteten, ist unzweifelhaft. Die Antike zweifelte jedenfalls nicht daran. Erictho bei Lucan formuliert ein Gebet, das in seiner präzisen Struktur einem Handbuch zur antiken Religionsgeschichte abgeschaut sein könnte, und – wichtiger – Platon schreibt seinen Bettelpriestern und Sehern nicht bloß Beschwörungen (ἐπῳδαί/ *epōdaí*), sondern auch Gebete (εὐχαί/*eukhaí*) zu. Und vor allem finden sich solche Gebete ebenso in den Defixionen wie in den Zauberpapyri; auch wenn dort die geläufigste Bezeichnung für diese vokalen Riten das allgemeine ‚Wort, Formel' ist, sind ‚Gebet' und ‚beten' gut bezeugt[25]. Die handelnden Menschen sind sich also dieser Gebetshaltung durchaus bewußt, benutzen oft genug Formeln, die in jedem Gebet wiederkehren[26].

Ein Beispiel genügt, um die Eigenheiten des magischen Gebets zu erkennen; es ist eine Defixion des dritten nachchristlichen Jahrhunderts, die aus einem zypriotischen Grab kommt[27]. Der Text beginnt mit einer Anrufung an die Toten in mehr oder minder guten Hexametern: „Dämonen, die ihr auf der Erde lebt, die ihr die Väter der Väter und der Mütter seid, menschengleiche, die ihr hier wohnt und haust, die ihr früher in eurem Herzen einen Geist voller Schmerz erhalten habt...". Das Gebet wendet sich also an die Toten, die zu Dämonen geworden sind; es setzt mit allen Toten ein, engt dann ein auf diejenigen, die in diesem Friedhof leben, und schließlich auf diejenigen, die mehr als andere noch an ihrem Tod leiden, die Ahoroi.

Auf diesen formal traditionellen Anfang folgt nicht der zweite kanonische Gebetsteil, die *narratio*, sondern der dritte, die *preces*. Diese Umstellung ist freilich durchaus geläufig und legitim: um die Dringlichkeit des Anliegens herauszustellen, kann man erst einmal die lange narrative Partie überspringen: „Nehmt zu euch den Zorn und den Haß, den Ariston gegen mich empfindet, den Soteirianos, der auch Limbaros heißt, nehmt ihm seine Kraft und seine Stärke, macht ihn kalt, stumm und ohne Atem, kalt gegen mich, den Soteirianos, der auch Limbaros heißt." Die Kälte, die hier erbeten wird, ist nicht die Kälte des Todes, sondern diejenige, die das Verschwinden des Zorns hinterläßt. Die Folge zeigt, daß es sich um einen Prozeßfluch handelt.

Jetzt erst folgt die *narratio*, um den Beter zu legitimieren. „Ich beschwöre euch im Namen der großen Götter..." – es schließen sich Zauberworte an. Dann folgen neue *preces* in derselben Form, die einen anderen Gegner anvisieren. Die *narratio* besteht in unserem Text also ausschließlich aus der langen Reihe der Zauberworte, nicht aus einem Verweis auf früheren Kult, wie er in Ericthos Gebet zu finden ist, auch nicht in der Erinnerung an frühere Hilfestellung wie im berühmten Gebet der Sappho[28]. Ähnliches findet sich gelegentlich in den Papyri. Die Zauberworte sind die geheimen, fremdartigen ‚barbarischen Namen' der ‚großen Götter'; indem der Magier sie nennt, beweist er den Dämonen seine Vertrautheit mit ihnen, denen auch sie gehorchen müssen[29]. Ein eindrückliches Beispiel gibt ein Gebet im ‚Philtrokatadesmos des Astrampsukos', einem Ritual, das Erfolg und Glück bringen soll[30]. Das Gebet setzt mit einer schönen Anrufung ein: „Komm zu mir, Herr Hermes, wie die Kinder in den Leib der Frauen[31], komm zu mir, Herr Hermes, der du die Nahrung der Götter und Menschen sammelst, komm zu mir, dem NN, Herr Hermes". Es folgt der

Wunsch des Beters: „Gib mir Gunst, Nahrung, Sieg, Glück, Sex Appeal, ein gutes Aussehen, Kraft von allen Männern und allen Frauen". Dann schließt sich eine eigentümliche *narratio* an: erst gibt der Beter die Namen der Gottheit ‚im Himmel', eine Reihe von Zauberworten, dann folgt eine ausführliche Liste, in der der Zauberer die verschiedenen Gestalten des Gottes („ich kenne auch deine Gestalten....."), seine heiligen Pflanzen, sein ihm geweihtes Holz („Ich kenne auch dein Holz"[32]), seine Herkunft („Ich weiß, wer du bist und woher du bist und welches deine Stadt ist") auflistet. Nachdem die Anrufung wiederholt wurde, endet das Gebet mit der Versicherung: „Ich kenne auch deine barbarischen Namen". Es ist der wohl umfassendste Beweis eines Magiers, mit seinem Gott intim vertraut zu sein.

Barbarische Namen

Die Erwähnung der ‚barbarischen Namen' führt zu einem schon mehrfach berührten Thema. Ihre Verwendung in der Magie ist zum erstenmal durch Euripides im späten fünften Jahrhundert belegt. Als Iphigenie im Taurerland das Opfer ihres Bruders Orest vorbereitete, habe sie „barbarische Lieder geheult, eine wirkliche Zauberin"; ironischerweise legt Euripides dies einem Erzbarbaren, einem taurischen Boten, in den Mund[33]. Viel später erst fassen wir die theoretische Reflexion. Plinius, der Skeptiker, versucht eine psychologische Begründung: „Es ist nicht leicht zu sagen, ob fremde und unaussprechliche Wörter eher den Glauben an die Magie nehmen oder die unerwarteten lateinischen, die einem lächerlich vorkommen, weil man ja immer etwas Unermeßliches erwartet und etwas, das die Götter beeinflussen oder viel eher ihnen befehlen kann"[34]. Ausführlicher und ernsthafter wird die Theorie beim Neuplatoniker Iamblich; in seinen ‚Mysterien der Ägypter', einer Verteidigung der (theurgischen) Magie, muß er auch die seltsamen Wörter gegen Angriffe verteidigen[35]. Es seien nicht eigentlich barbarische Wörter, erst recht nicht Wörter ohne Bedeutung, wie behauptet werde, sondern die Namen der Götter in assyrischer oder ägyptischer Sprache[36]. Die Götter würden es vorziehen, mit diesen Namen angerufen zu werden, da sie ihnen wesensverwandt seien. Es seien die ältesten Götternamen, die sich unverändert gehalten hätten; was aber unveränderlich und rein sei, das stimme zu den Göttern, die selber ewig und unveränderlich seien. Dann folgt etwas Sprachtheorie. „Wenn die Bedeutung der Wörter/Namen (griechisch ὄνομα/*ónoma* hat beide Bedeutungen)

konventionell festgelegt worden wäre, könnte man leicht die einen anstelle der anderen verwenden. Aber wenn diese Wörter/Namen mit dem Wesen des Benannten verbunden sind, so sind die, welche ihm am nächsten stehen, den Göttern auch am angenehmsten, denke ich. Das zeigt, wie richtig es ist, die Sprachen der heiligen Völker zu verwenden anstatt der anderer Menschen, denn in der Übersetzung behalten die Wörter/Namen ihre Bedeutung nicht ganz."
Der Text erinnert an eine Stelle aus Origenes, die schon oben diskutiert wurde[37]. Wie Origenes wehrt sich auch der Neuplatoniker gegen die geläufige Praxis der sogenannten *Interpretatio Graeca* (oder *Latina*) der Götternamen, der (aus unserer Sicht) Identifikation fremder Götter mit denen der Griechen und Römer; Iamblich glaubt nicht an eine willkürliche und zufällige Beziehung zwischen Bezeichnetem und Zeichen. Er präzisiert[38]: „Glaub nur nicht an Ideen, die mit der Wahrheit nichts zu tun haben. Wie wenn der Gott, den man anruft, ein Ägypter wäre und ägyptisch redete! Sag dir vielmehr: da die Ägypter als erste mit der Gabe beschenkt worden sind, mit den Göttern verkehren zu können, lieben es die Götter, daß man sie nach den Sprachregeln dieses Volkes anruft. Es ist jedenfalls kein Betrug der Magier." Da die Götter absolute Wesen sind, kann man nicht von den ‚Göttern der Ägypter' oder von den ‚Göttern der Griechen' sprechen, und da sie jenseits jeder Menschennatur sind, sprechen sie auch keine menschliche Sprache – das ist auch die Überzeugung der Magier, die freilich nicht so präzis begründen würden.

Denn wir haben hier in philosophischer Ausformulierung die Begründung für etwas, was in der Magie – die Iamblich, wie sein eben zitierter letzter Satz zeigt, gegen Angriffe verteidigt – nicht selten ist: die Verwendung einer für älter angesehenen Sprache in den magischen Anrufungen. Tambiah hat Beispiele aus Indien gesammelt, in denen in den Götteranrufungen ein komplexes, vielschichtiges System von früheren Sprachen verwendet wird[39]. Die Verwendung des Koptischen in griechischen, des Griechischen in lateinischen Zaubertexten[40] gehört ebenso hierher wie die des Lateinischen im England des 17. Jahrhunderts, wo einem umgekehrt ein lateinisches Gebet den Ruf eines Magiers einbringen konnte[41]: eng verwandt ist die Verwendung ganzer griechischer Defixionstexte im lateinischen Westen[42]. Die Papyri bezeichnen dabei durchgehend die fremde Sprachschicht sehr verallgemeinernd als ‚barbarische Namen', während der gelehrte Iamblich präzisieren kann, daß es assyrische und ägyptische Wörter seien (womit er teilweise recht hat); Hieronymus fügt die Theorie hebräischer Herkunft an (was auch nicht so falsch ist[43]). Strukturell gesehen allerdings handelt es sich wieder um eine rituelle Inversion der sprachlichen Normalität: in die einheimische Sprache des Betenden werden fremde Wörter eingemischt. Zaubertexte in lateinischer Sprache mit griechischen Buchstaben zu schreiben, ist strukturell identisch, in der Sache auch nicht weit weg[44].

Es kommt noch etwas dazu. Im ‚gewöhnlichen' Gebet, dem des alltäglichen Kults, gibt letztlich das Opfer die Berechtigung für göttliche Gunst; deswegen erinnert man die Gottheit an solche früheren Leistungen. In den Papyri erlaubt etwas radikal anderes die Kommunikation mit den Göttern: das besondere Wissen des Magiers. Wer zeigen kann, wieviel intime Geheimnisse einer Gottheit er kennt, beweist damit, wie vertraut er mit ihr ist. Die Magie hat deswegen eine intellektuelle, theologische Seite, wie sie im Kult nicht bekannt ist, wo höchstens die Spezialisten über solches Wissen verfügen – zu anderem Zweck allerdings. Man könnte sich denken, daß dies eine späte Entwicklung sei, Resultat von gnostischen und hermetischen Einflüssen: das mag im einzelnen zutreffen. Doch darf man nicht vergessen, daß schon der Autor der Schrift ‚Über die Heilige Krankheit' den Magiern vorwarf, sie maßten sich ein besonderes Wissen an. Damit ist in diesem zentralen Bereich der Abstand zwischen Magie und öffentlichem Kult schon sehr früh festzustellen. Umgekehrt nähert dies die Magie den Mysterienkulten an. Auch die Mysten erheben Anspruch auf ein besonderes Wissen, um mit seiner Hilfe Zugang zur Gottheit zu erhalten. Man denke an die Träger der bakchischen Goldblättchen: das besondere Schicksal dieser Mysten im Jenseits hing allein davon ab, daß sie bei ihrem Eintritt in die Unterwelt und vor dem Thron der Persephone die richtige Antwort geben konnten – eine Antwort, die intim mit der orphischen Mythologie zusammenhing.

Jetzt wird verständlich, weswegen die Zauberpapyri, wie gezeigt, immer wieder die Terminologie der Mysterien beanspruchen. Es ist keine oberflächliche Anmaßung, erst recht keine unverstandene Übernahme aus anderen Texten, aber auch nicht bloß die Folge davon, daß die Einweihung des Magiers und diejenige des Mysten strukturell eng verwandt waren. Die Geistigkeit der Magier ist mit derjenigen der Mysten verwandt: beide sind Ausdruck jener intensivierten Suche nach dem persönlichen Gotteserlebnis, das für die mittlere und späte Kaiserzeit so charakteristisch war.

So trifft man denn in den Papyri durchaus, was die Frazerianer als ein Charakteristikum der Religion ansahen: die hingebungsvolle Unterwerfung unter den göttlichen Willen. Eine Gottheit als ‚Herr', κύριε, anzurufen, ist nicht selten; das drückt klare hierarchische Unterordnung aus. Die Konsequenz daraus, sich selber als Sklaven zu sehen, findet man ebenfalls[45]: „Ihr Herren Götter, gebt mir über die betreffende Sache ein Orakel, in dieser Nacht, in den kommenden Stunden. Aus ganzem Herzen bitte ich, flehe ich, euer Sklave, für euch auf den Thron gesetzt". Letzteres ist ein etwas rätselhafter Ausdruck, der auch in den Mysterien der Daktylen in ihrem Initiationsritual auf dem Thron, dem Thronismos, begegnet: er heißt wohl, daß sich der Magier als Myste bezeichnet, um Anspruch auf die Intimität zu erheben, die zwischen Gottheit und Mysten herrscht.

Eine solche Intimität drückt sich auch gelegentlich zwischen Gottheit und Magier direkt aus. Die Bitte im ‚Philtrokatadesmos des Astrampsukos' – „Herr Hermes, komm zu mir wie die Kinder in den Leib der Frauen"[46] – hatten wir schon betrachtet, ebenso das Ende jener ‚Einführung zu Helios', in dem sich Magier und Gott beim Mahl gegenübersitzen, Gesicht gegen Gesicht[47]. Und im Papyrus Mimaut des Louvre liest man, ebenfalls in einer Einführung zu Helios[48]: „Nähere dich mir mit heiterem Gesicht, auf ein selbstgewähltes Lager [zum gemeinsamen Mahl] ... ich bitte dich, Herr, nimm mein Gebet an".

Man kann also die Hymnen nicht einfach als besonders religiös aus dem Rest des Corpus aussondern und damit eine Dichotomie zwischen Magie und Religion herstellen. Grenzen – wenn es denn solche gibt – liegen anderswo.

Magie und Zwang

Eine ganze Reihe von kaiserzeitlichen Defixionen benutzt in ihren Anrufungen die Formel: ‚Ich beschwöre (euch, dich)'. Hier geht es nicht darum, die Götter durch ein besonderes Wissen zu überzeugen, sondern sie durch eine rituelle Anrufung herbeizuzwingen. Dies führt zu einer schon gelegentlich berührten, aber noch nicht ausführlich diskutierten Frage: ist es richtig, daß der Götterzwang ein Charakteristikum der Magie ist? Und woher stammt diese These, die heute fest mit dem Namen Frazers verbunden scheint[49]?

Einen Gott zwingen

Bereits in den Papyri trifft man Formeln, welche ihre Autoren ‚Zwangsformeln' (ἐπάναγκοι/*epánankoi*) genannt haben: der Gedanke, eine Gottheit zu zwingen, liegt den Magiern nicht völlig fern. Freilich haben wir bei Lucan wie in den Papyri auch gesehen, daß ein solcher Zwang erst dann eingesetzt wurde, wenn eine weniger drastische Anrufung keinen Erfolg hatte. Die Magier reflektierten offenbar über die Verwendung des Zwangs, und sie zogen es vor, ihn nicht zu strapazieren.

Man kann im übrigen eine Gottheit auf verschiedene Arten zwingen. Zum Beispiel durch eine List: es war die Rede von jenem Ritual, in dem der Magier vorgibt, ein Gefolgsmann des Seth und Opfer von Isis und Horus zu sein, um Seth herbeizulocken[50]. Es war auch die Rede von den ‚Verleumdungsgebeten' (διαβολαί/*diabolai*), durch die man den Zorn einer Gottheit auf eine andere Person lenkt, indem man ihr ein übles Verhalten der Gottheit gegenüber andichtet. Weiterhin gibt es den Zwang durch Erpressung. Nach einem Rezept des großen Pariser Buchs kann man einen ungenannten Dämon zwingen, indem man ihm eine Falle stellt[51]. Der Magier legt die Reste seines Essens in einem Kreis aus: das soll den Dämon zu einer gemeinsamen Mahlzeit anlocken. In der Kreismitte hängt er einen Mistkäfer (Skarabäus) über eine brennende Lampe, gerade so, daß die Flamme den Käfer nicht erreicht. „Bleib unerschrocken stehen, nachdem du die Essensstücke ausgelegt hast, ins Haus eingetreten bist und abgeschlossen hast: der, den du gerufen hast, wird kommen, dich mit seinen Waffen bedrohen und zwingen wollen, den Käfer zu lösen. Laß dich aber nicht erschrecken und löse ihn nicht, bis er dir sein Orakel gegeben hat – dann aber löse ihn rasch!" Der Mistkäfer ist das heilige Tier des Helios, des Herrn über alle Dämonen – von daher das Interesse des Dämons am Käfer. Im übrigen ist eine solche Erpressung einer Gottheit, meist um ein Orakel zu erhalten, ein häufiges mythisches Thema in Griechenland und Rom – Menelaos, später Aristaeus nehmen Proteus, Numa nimmt Picus und Faunus gefangen, um in einer Notsituation die Zukunft zu erfahren[52]. Erzählstruktur und Ritualstruktur sind sich sehr nahe; einen Zusammenhang kann man freilich nicht herstellen. Ein anderes Ritual erlaubt, Kore zu fangen: der Magier ruft sie an, doch wenn sie mit ihren zwei Fackeln kommt, löscht er mit einer Formel die Fackeln aus. „Die Göttin ist traurig und wird sich beklagen": der Magier verspricht, die Fackeln wieder anzuzünden, wenn sie ihm einen Traum sendet oder einen Feind tötet[53]. Nebenbei wird deutlich, wie leicht sich die Magier in der ägyptischen wie in der griechischen Vorstellungswelt bewegen: die Rolle des Skarabäus ist bloß aus der ägyptischen Religion verständlich, Kore mit ihren beiden Fackeln hingegen folgt geläufigster griechischer Ikonographie. Eine Ableitung der Zauberpapyri allein aus dem Ägyptischen (so, daß die Papyri „nichts anderes [seien] als ägyptische Texte in griechischer Sprache") ist ebenso falsch wie eine solche nur aus dem Griechischen[54].

Und schließlich gibt es die rein verbale Drohung – eben die *epánankoi*. Gewöhnlich sind aber auch diese ‚Drohworte' von Riten begleitet, die gelegentlich die angedrohten Torturen symbolisch vorführen. Man zeichnet etwa ein Porträt des Dämons, wickelt es in ein Stück Stoff und wirft das ganze in einen Badeofen oder hängt es über eine brennende Lampe[55]. Andere Riten verkehren das Normalopfer: man opfert das Hirn eines schwarzen Widders[56], man räuchert mit den Exkrementen einer schwarzen Kuh[57] – kurz: als *ultima ratio* hebt man die Regeln des normalen Kults auf. Verbale Äußerung ist auch der Mythos: er kann die direkte Drohung ersetzen. Eine Zwangsformel des großen Pariser Zauberbuchs beschwört eine lange Reihe von Göttern und Dämonen, sie sollten ‚Gladiatoren und Heroen', also gewaltsam umgekommene Menschen, heraufsenden[58]. Dann folgt eine Geschichte: „Isis ging und trug auf ihren Schultern ihren Bettgenossen, ihren Bruder. Zeus stieg vom Olymp herunter, blieb stehen und erwartete die Geister der Toten, die zur NN gingen und die betreffende Sache machten. ... Es kamen alle unsterblichen Götter und alle Göttinnen, um die Geister dieser Toten anzusehen. Zögert jetzt nicht und säumt nicht, sondern sendet, Götter, die Geister dieser Toten, damit sie zur NN gehen und die betreffende Sache tun." Der kleine Mythos (eine sogenannte *Historiola*, eine ‚kleine Geschichte') ist teilweise nach dem Vorbild der ‚Odyssee' gebildet, wo die Götter heranströmten, um Ares und Aphrodite in ihrer Falle zu belachen[59]. Da im Mythos die (himmlischen) Götter gekommen sind, um die Geister zu sehen, die (im Gefolge der Isis mit dem toten Osiris) sich aufmachten, eine Frau anzugreifen, muß dieses Vorbild die unterirdischen Götter reizen, es ihnen jetzt gleichzutun. Die Zwangsformel benutzt mithin hier nicht eigentlichen Zwang, sondern eher Überredung durch ein Exemplum: das ist geläufige rhetorische Strategie, der die *Historiolae* als oft verwendetes Mittel magischer Überredung ihre Verbreitung verdanken[60]. – Diese

Historiola mischt Ägyptisches und Griechisches, anders als eine weitere Zwangsformel des Pariser Buchs. Der Magier bedroht die Aphrodite⁶¹: „Wenn du aber, obwohl du Göttin bist, zögerlich handelst, wirst du den Adonis nicht aus der Unterwelt heraufkommen sehen: ich werde schnell laufen und ihn in stählerne Fesseln legen; ich werde ihn gefangen halten und auf ein zweites Ixionsrad binden... Deswegen mach schnell, Göttin, ich flehe dich an." Das ist, man muß es nicht betonen, eine rein griechische Unterwelt.

Göttliche Hierarchien

Zweifellos gehört der Zwang zur Magie⁶². Doch ist er nur ein Teil in einer umfassenden Palette von Haltungen des Magiers, die von der rücksichtslosesten Erpressung bis zur völligen Unterwerfung reicht. Die einzelnen Haltungen sind dabei nicht frei gewählt, sie gehorchen vielmehr einer präzisen Strukturierung der übernatürlichen Welt, mit welcher der Magier umgeht. Eine weitere Zwangsformel führt sie vor⁶³: „Höre mich, ich werde den großen Namen sagen, ΑΩΘ, den jeder Gott verehrt und jeder Dämon fürchtet, dem jeder ,Bote' *(ángelos)* gehorcht." Die Abstufung ist klar: zuoberst steht der große Gott, dem alle anderen untergeordnet sind, in klarer Stufung: die niedrigeren Götter, die Dämonen, dann die Botenwesen. Um in dieser Hierarchie Macht zu haben, braucht der Zauberer bloß zu beweisen, daß er mit dem obersten Gott vertraut ist – gewöhnlich eben dadurch, daß er seinen geheimsten Namen kennt. Eine andere Möglichkeit zeigt eine andere Zwangsformel des Pariser Zauberbuchs⁶⁴: „Wenn er zögert, sprich nach dem Gebet an die Götter folgende Worte einmal oder dreimal: ,Der große Gott, der das Leben hat, der dir befiehlt, der von Ewigkeit zu Ewigkeit lebt'". Der Magier kann sich mithin auch die Macht des obersten Gottes selber zuschreiben. Dämonen sind dumm.

Die Hierarchie der übermenschlichen Potenzen ist mithin völlig funktional in der Welt des Magiers. Doch sie gehört nicht ihm allein: sie findet sich, oft weit komplexer, in den Systemen der Neuplatoniker, von Plotin bis Proklos. Von hier aus ist sie in die Religion der Epoche gelangt, als theologische Antwort auf die steigende Hierarchisierung des politischen Systems. Für die Magier, deren Theologie aus derselben Quelle stammt und schon in relativ frühen Texten wie Moses VIII sich ausgeprägt hat, sind im Grunde bloß zwei Ebenen wirklich relevant. Auf der einen Seite steht der höchste Gott mit seinen verschiedenen

Namen (unter denen ΙΑΩ, der israelitische Iahweh, nicht unwichtig ist): zu ihm wollen sie alle aufsteigen, seine Schützlinge und intimen Vertrauten wollen sie werden; ihn zwingen sie niemals. Auf der anderen Seite stehen die Dämonen und Botenwesen, die sich die Magier unter Berufung auf den höchsten Gott dienstbar machen; ihnen können sie gelegentlich drohen. Dazwischen liegt die schlecht definierte Zone der niedrigeren Götter, zu denen das Verhältnis der Magier etwas unklar ist. Kore, Aphrodite können sie erpressen, Hermes, der Träger großer Weisheit, wird meist besser behandelt.

Eine neuere Untersuchung verweist zum Verständnis dieser Hierarchie auf afrikanische Systeme, die Clifford Geertz untersucht hat und in deren magischer Theologie zwei Ebenen übermenschlicher Wesen unterschieden werden[65]. Die Parallele entspricht aber nur scheinbar dem antiken Befund. Denn die afrikanische Dichotomie ist ausgerichtet auf das Ziel der Magie: die untere Ebene umfaßt jene Dämonen und niedrigen Wesenheiten, die in der alltäglichen Magie und für kleinere Probleme angerufen werden, während der oberen Ebene, den eigentlichen Göttern, seltenere und wichtigere Probleme vorbehalten bleiben. Dieses klar zweckbezogene Modell findet in der griechisch-ägyptischen Magie keine Entsprechung.

Polemik als Ursprung

Der Zwang ist mithin kein konstitutiver Zug der antiken Magie, sondern Teil eines viel komplexeren Systems. Weswegen ist er dann in der europäischen Magiediskussion so sehr ins Zentrum gerückt?

Zum erstenmal geschieht dies beim Autor des Traktats ‚Über die heilige Krankheit'. Er wirft den Katharten vor, sie maßten sich Kräfte an, die nur den Göttern zustehen würden, sie behaupteten, größere Kräfte als die Götter zu besitzen, die sie zwingen und als Sklaven benutzen könnten. Das vernichte das Göttliche, das sich ja eben durch seine absolute Überlegenheit definiere[66]. Es ist mithin die Religionsphilosophie der Sophistenzeit, welche die Äußerungen der Magier in diesem Sinn interpretiert und daraus ein Argument gegen sie macht. Ein weiteres Echo davon liest man bei Platon: er behauptet zwar nicht, die Magier würden die Götter zwingen, aber doch, sie würden sie überreden. Überredung aber ist nichts anderes als ein diskreterer Zwang, der durch Worte ausgeübt wird. Gut gewählte Exempla, wir sahen es, können durchaus in eine Zwangsformel aufgenommen werden.

Die Späteren wiederholen diese Anschuldigung, Heiden etwas nuancierter als Christen[67]. So erstaunt nicht, daß der Verteidiger der Magie, Iamblichos, in seinen ‚Mysterien der Ägypter' dem Götterzwang einen ganzen Paragraphen widmet, um seinen Gesprächspartner zu widerlegen, der behauptet hatte (wie schon der aufgeklärte Hippokratiker), Zwang nachzugeben sei mit der Natur des Göttlichen unvereinbar – ein offenbar geläufiges Argument in der Polemik gegen die Magie. Iamblichs Antwort ist erhellend[68]: „Der sogenannte Götterzwang ist genau dies, ein Zwang für die Götter, der sich in der Form äußert, die den Göttern zusteht. Denn nicht von außen und nicht durch Gewalt dazu gebracht, benützen die Götter ihre Eigenschaften, die unveränderlich sind, sondern weil das Gute gezwungenermaßen immer nützlich ist". Iamblich streitet also gar nicht ab, daß es den Götterzwang gebe (dazu kennt er die Materie zu genau), aber er stellt die Interpretation auf den Kopf. Nicht der Magier zwingt die Götter; das Gute, das ihre eigentliche Natur ist, zwingt sie, den Magier zu unterstützen. Man denkt an Seth, der hilfsbereit auf den Betrug des Magiers hereinfällt, oder an den Dämon, der aus Mitleid mit dem gequälten Skarabäus herbeieilt.

Es gab mithin seit der Entstehung der Magie als eigener Domäne eine Polemik, welche den Götterzwang als Argument gegen die Magier benutzte. Sie war erst im Platonismus wichtig, wurde dann vor allem von den Christen aufgenommen: dem christlichen Gottesbild mit seinem barmherzigen Gott mußte diese Magie besonders zuwiderlaufen. Es erstaunt nicht, daß Frazer und daß der Père Festugière sich diese Definition zu eigen machten. Dabei fiel jene andere, positivere Definition in Vergessenheit, die Apuleius gegeben hatte, daß der Magier eine ‚Gemeinschaft im Gespräch mit den Göttern' suche, aus der er seine Macht beziehe: „Der Magier ist einer, der mit den unsterblichen Göttern ins Gespräch kommt und durch die Kraft seiner Beschwörungen die Macht besitzt, alles zu tun, was er will"[69]. Mit dieser Definition hätte die christliche Polemik weit mehr Probleme gehabt.

Magie und Inversion

Im Verlauf der Untersuchung sind wir immer wieder insbesondere im Bereich der Riten auf eine Reihe von Inversionen gestoßen, bewußten Verkehrungen einer sonst geläufigen rituellen Praxis; solche Inversionen (in der angelsächsischen Terminologie ‚reversals') dienen besonders zur Kennzeichnung von marginalen Situationen und Personen[70]. Bereits in den Defixionen der klassischen Jahrhunderte waren Inversionen wie die retrograde Schrift oder die Verwendung des Mutternamens aufgefallen; da uns zusammenhängende Beschreibungen des magischen Rituals aus dieser Zeit fehlen, müssen wir uns mit diesen Indizien zufriedengeben. Die späteren Zeugnisse belegen die Isolierung des Magiers bei seinem Ritual, die spezifischen Formen dieses Rituals und die Rolle der unteriridischen Götter, die alle als Inversionen des gängigen Kults Kennzeichen der Magie sind, die aber kaum je zusammenfassend betrachtet wurden. Sie sollen abschließend herausgearbeitet werden.

Der Magier als Einzelgänger

Die Isolation, in der der Magier sein Ritual durchführt, steht dem normalen Kult gegenüber, der fast immer die Sache einer Gruppe ist, eines Haushalts, einer Gens oder der ganzen Stadt, aber auch der Mysteriengemeinde. Man darf diesen Zug aber auch nicht überbewerten. Zwar ist das einsame Handeln konstitutiv für die Defixionen, für den Schadenzauber, den schon Platon hart verurteilt; weniger sicher ist dies für die Heilmagie, gegen die sich der Autor der Schrift ‚Über die heilige Krankheit' wendet. Die Parallelen aus anderen Kulturen, außereuropäischen ebenso wie europäischen, aber auch der antike Exorzismus weisen eher darauf hin, daß man sich solche Riten als die Sache eines Kollektivs zu denken hat: die Heilmagie bleibt mithin besser beiseite. Gerade hier ist die Grenze zwischen Magie und Religion auch äußerst unscharf. Die Polemik des Hippokratikers weist nicht bloß auf diätetische Vorschriften der Katharten, sondern auch auf eigentliche Heilungsriten. Solche Riten finden sich später wieder, etwa bei Cato, der sie nicht unter ‚Magie' subsumieren mag, oder in einer kleinen Szene beim Elegiker Tibull, wo die Wertung jedenfalls nicht negativ ist[71]: es bleibt bei der negativen Äußerung des wissenschaftlichen Arztes. Und wo wir genauer hinsehen, finden wir keinen isolierten Heiler, sondern eine ganze Gruppe, Heiler, Helfer, Kranker, Angehörige, Gruppenmitglieder. In anderen Kulturen findet man eigentliche rituelle Dramen, die die Anwesenheit von Zuschauern zur Bedingung haben[72].

Im übrigen enthalten auch die Zauberbücher Rezepte gegen zahlreiche Leiden – Kopfschmerzen, Gicht, Hundebisse, Stiche von Skorpionen. Es werden aber nie Ritualszenarien dazu gegeben: es sind Gebete für den Leidenden, begleitet von einzelnen Gesten. „Gegen Kopfschmerzen: Nimm Öl in die Hände und sage diese Formel: ‚Zeus hat ein Traubenkorn gepflanzt, es spaltet die Erde; er hat es nicht gepflanzt, es sprießt nicht'"[73]. Also wiederum eine *Historiola*, die ein Exemplum gibt. Oder auch: „Gegen dasselbe: Schreib auf ein Stück scharlachroten Papyrus ABRASAX und was du nötig hast. Mach es naß und leg es auf die Schläfe"[74] – wäre da nicht der Spruch, so könnte ein nasses Tuch gegen Kopfschmerzen sicher nicht unsinnig sein. Da für die Sammler der Zauberbücher diese Rezepte sich zu den anderen Riten ihrer Bücher stellen, können auch wir sie nicht daraus loslösen[75]. Was sie gemeinsam haben mit jenen Riten, ist das Fehlen eines kollektiven Bezugs: der Patient mit seinem scharlachroten Papyrus agiert genauso isoliert wie der Hersteller einer Defixion.

Spezifische Formen

In der bunten Ritualwelt der Zauberbücher, einer einmaligen Fundgrube für die Ritualforschung, finden sich zahlreiche Inversionen; man muß sie aber differenziert ansehen. Räucheropfer und Spendeopfer sind Formen des alltäglichen Kults, wo man freilich Weihrauch verbrennt, Wein, Milch, Honig, Wasser ausgießt; doch tragen Spenden von Wasser, Honig und Milch schon hier das Zeichen des Außerordentlichen, sind auf wenige Ritualtypen beschränkt. Das magische Ritual führt die Formen weiter, ändert gelegentlich die Substanzen; wenigstens in den *Diabolai* werden möglichst unappetitliche Dinge verbrannt[76]. Größere Unterschiede nimmt man beim blutigen Opfer wahr; sie betreffen vor allem die Wahl der Opfertiere. Die gängigen Opfer des normalen Kults – Rind, Schaf, Schwein – fehlen; statt dessen opfert man Vögel (vor allem den Hahn) oder den Esel, deutliche Inversionen gegenüber dem Normalopfer: der Magier bedient sich leicht entzifferbarer Zeichen. Auch die Opfermahlzeit fehlt nicht, nur ißt der Magier sein Opferfleisch ganz allein. Daneben stehen die Mahlzeiten der Systaseis: sie werden verstanden als rituelle Mahlzeiten, an denen Gott und Magier zusammen teilnehmen – Verschiebungen der gängigen Gastmahle und Symposia in eine außermenschliche Welt; man ißt zusammen, allerdings nie von einem vorher dargebrachten Opfertier. Auch getötet werden die Tiere anders. Ißt man sie im Lauf des Rituals, werden sie erwürgt; offenbar darf kein Blut als Träger von Lebenskraft ausfließen. In einem Initiationsritual trinkt man sogar das Blut des Tiers: am Nilufer, einem marginalen Ort, errichtet man einen Altar, entzündet ein Feuer mit Ölbaumholz, köpft einen Hahn, wirft den Körper in den Fluß und trinkt das Blut[77]. Auch das Holokaustopfer fehlt nicht – so beim Konsekrationsritus eines magischen Rings, dessen Initiationscharakter deutlich ist: vor der Stadt oder in einem Friedhof, jedenfalls wieder an einem marginalen Ort, gräbt man eine Grube, baut darüber einen Altar, entzündet ein Feuer aus dem Holz von Fruchtbäumen und verbrennt eine Gans, drei Hähne, drei Tauben und Weihrauch; der Papyrus nennt den Ritus explizit einen Holokaust, ein ‚Ganzverbrennungsopfer'[78]. Wieder zeigt sich: die Magie benützt traditionelle Ritualformen, gelegentlich in neuen Kombinationen.

Die unterirdischen Götter

Der Kontakt mit den Toten und den Mächten der Unterwelt, die rituelle Bewegung in die Tiefe, ist in den antiken Religionen immer als radikale Verkehrung des geläufigen Kults verstanden worden, in den Riten der Städte nicht anders als in denen der Magie. Wieder muß man genau hinsehen. Die enge Bindung der Magie an die Unterirdischen trifft eigentlich bloß für die klassischen Jahrhunderte zu, und auch da eigentlich nur für die Defixion – allerdings fehlen uns Informationen über andere Riten, davon abgesehen, daß Platon sehr allgemein Magie als ‚die Götter überreden' charakterisiert; mehr Präzision würde sein Argument an der Stelle stören[79]. Wichtiger ist, daß uns aus der Zeit vor den Papyri jeder Hinweis auf das zweistufig hierarchisierte System fehlt, das auch die oberen Götter miteinschließt. Im Grunde entspricht diese zweistufige Anordnung in etwa dem in der späteren Zeit geläufigen Gegensatz zwischen olympischen Göttern (über die der Magier keine Macht hat) und chthonischen Wesenheiten (die er benutzt), den man aber nicht als System in die frühere griechische Religion zurückprojizieren darf[80]. Das Aufkommen dieses hierarchisierten Systems stellt die wichtigste konzeptionelle Neuerung in der antiken Magie dar; ihr gegenüber ist das gewaltige Einfließen orientalischer Namen in der Kaiserzeit viel weniger wichtig. Denn der Magier geht nicht bloß von einem mehr oder weniger homogenen Pantheon der früheren Jahrhunderte über zu einem hierarchisierten und scharf strukturierten. Er geht auch von einer Technik, die (auch unter dem Einfluß der vorderorientalischen Exorzismusbücher) allein auf Schadenzauber ausgerichtet war, über zu einer Technik, die ihn der hermetischen und gnostischen Suche nach dem Göttlichen annähert und in welcher der Schadenzauber nur einen Teilaspekt ausmacht. Zwar hat bereits der Autor der Schrift ‚Über die heilige Krankheit' einen epistemologischen Anspruch der Magier bemerkt, doch wird dieser erst in der späteren Zeit wirklich wichtig: bezeichnend ist das weit größere Gewicht, das nun der magischen Divination zukommt, einer Technik, die das umfassende Zukunftswissen der übermenschlichen Mächte anzapft. Erst in der Kaiserzeit wird die Magie zu einem Wissen, das die rituellen Mittel kennt, um zum obersten Gott aufzusteigen, und erst jetzt hören wir regelmäßig davon, daß der Magier über einen übermenschlichen Gehilfen, einen Parhedros verfügt. Darin gründet das Interesse der Neuplatoniker an der Magie; darin gründet auch die Ambivalenz der kaiserzeitlichen Charismatiker, von Apollonios von Tyana bis Jesus von Nazareth, die man je nach Perspektive als große Wissende oder große Magier ansehen kann. Daß sich in diesem Umbruch auch eine grundsätzliche gesellschaftliche Veränderung manifestiert, leuchtet ein: an die Stelle der früheren, ‚agonistischen' Gesellschaft mit ihrer flachen hierarchischen Struktur und ihrem großen Bedarf an Wettbewerbshilfen tritt eine immer stärker hierarchisierte Gesellschaft, welche den Wettbewerb auf die engen Zirkel der Macht einschränkt und dem einzelnen allein die Sorge um sein spirituelles Wohl überläßt.

8. Epilog

Die Riten und die Vorstellungen, die wir mit dem Begriff der Magie zu bezeichnen pflegen, begegnen in verwandten Formen von den ersten orientalischen Hochkulturen bis in die Neuzeit[1]. Das alte Mesopotamien benutzte die Anklage magischer Angriffe als Erklärung von sonst unverständlichem Unglück und als Grundlage der rituellen Bewältigung solcher Krisen, Ägypten personifizierte seit dem Alten Reich gar eine besondere rituelle Kraft in der Gottheit Heka, deren entsprechendes koptisches Nomen *hik* im Griechischen als μαγεία/*mageía* wiedergegeben wurde[2]. Dieses Wort stammt, wie wir sahen, aus dem spätarchaischen und frühklassischen Griechentum, nicht anders als der Begriff der Philosophie, angeblich eine Prägung des Pythagoras[3], und des Mythos, der freilich dann seine Sondergeschichte hat und im 18. Jahrhundert noch einmal zu erfinden war[4]: in jedem Fall tritt das autonome Nachdenken dem bisher Selbstverständlichen der Tradition gegenüber, wird erst so eine spezifische (‚europäische') Reflexion über die damit bezeichnete Erscheinung möglich. Erst die neue Terminologie konnte einen bestimmten Bereich religiösen Denkens und rituellen Tuns aus der religiösen Tradition aussondern und differenziert dazu Stellung nehmen: in diesem Sinn bezeichnet die neue Terminologie eine ganz entscheidende Bruchstelle.

Einerseits bleibt Magie dabei – passiv in der Anklage und den daraus abgeleiteten Abwehrriten, aber auch aktiv im rituellen Tun der Defixion – als Lebenshilfe und Mittel der Krisenbewältigung in der ganzen Antike und darüber hinaus lebendig; andererseits wird sie seit der philosophischen Reflexion über das Göttliche und über eine rationale Weltbewältigung stigmatisiert und abgelehnt. Wie sehr die Wertungen freilich schwanken und wie sie durchaus nicht den modernen Grenzen zwischen Religion und Magie folgen, ist im Lauf der Untersuchung deutlich geworden. Im notorisch unvorhersehbaren Wettkampf um geschlechtliche Partnerschaft und sexuelle Befriedigung bleibt die Wertung des Liebeszaubers die ganze Antike hindurch ambivalent; den rituellen Versuch, das noch unberechenbarere Wetter zu kontrollieren, nehmen selbst die strengen christlichen Kaiser ausdrücklich von den

8. Epilog

Sanktionen gegen Magie aus[5] – wie sie derartige Wetterriten wohl nur deswegen überhaupt unter Magie subsumieren, weil diese sich in ihrer offensichtlichen heidnischen Deszendenz sehr sperrig in christliches Ritenverständnis einordnen ließen; moderne Forscher haben aus ähnlichen Gründen die unsinnige Kategorie des Wetterzaubers beibehalten wollen[6]. Exemplarisch läßt sich die Breite antiker Wertung anhand des Prozeßfluchs in Erinnerung rufen. Attische Prozeßgegner deponierten in großer Zahl und ohne schlechtes Gewissen ihre Gebete an die Unterirdischen, sie möchten doch die Zunge ihrer Gegner lähmen, in den Gräbern; erst der alte Platon fordert Sanktionen gegen die Defixion, freilich folgenlos[7]. Ciceros Zeitgenosse, der vergeßliche Redner Curio, versuchte sich mit einer Anklage wegen eines solchen magischen Angriffs aus der blamablen Gedächtnisschwäche herauszureden, ohne mehr als das Lächeln der Standesgenossen zu bewirken[8]. Der delische Sarapispriester Apollonios hingegen schrieb eine ähnliche Fehlleistung seiner Gerichtsgegner der Kraft seines Gottes zu und pries sie hymnisch[9].

War der Schadenzauber in vorhellenistischer Zeit eine rituelle Praxis, die nicht auf einer besonderen Dämonologie aufruhte, immerhin aber nach Ausweis Platons (nicht aber der erhaltenen Defixionen) darin mit den Mysterienkulten verwandt war, daß hier wie dort der individuelle Kontakt mit der Gottheit gesucht wurde[10], so dominieren in den kaiserzeitlichen Zauberbüchern aus Ägypten ebenso wie in zahlreichen Defixionstexten eine mehr oder minder ausgearbeitete Dämonologie und die grundlegende Vorstellung, daß der Zauberer seine besondere Kraft durch eine rituell erworbene Gottesnähe besitzt; entsprechend wird neben dem Schadenzauber nun die Divination sehr wichtig, denn die Vertrautheit mit der Gottheit eröffnet dem Zauberer auch den Zugang zum göttlichen Vorauswissen. Es ist diese Seite der kaiserzeitlichen Magie, welche sie seit dem späteren zweiten Jahrhundert auf die Theurgie hin öffnet, seitdem angeblich Iulianos der Theurge im Markomannenkrieg des Kaisers Marcus wunderbaren Regen bewirkte[11]; seit Plotin gehört theurgisches Wissen und Können zumindest zu den Dingen, die man gerade auch den göttlichen Philosophen nachsagt – auch wenn erst Iamblich diese ‚philosophische Magie' als Geheimlehre der Ägypter explizit darstellte und verteidigte. Und es ist diese Tradition, auf welche die florentinische Renaissance zurückgreift bei ihrem Entwurf einer geläuterten christlichen Magie – der dann freilich die kirchliche Ablehnung nicht überlebte. Es wäre diese

‚Theologisierung' der Magie dann eine zweite, in den Konsequenzen durchaus bedeutsame Bruchstelle in der Tradition.

Daß daneben auch Schaden- und Liebeszauber in Formen weiterlebte, die Antikes scheinbar bruchlos tradieren, ist bekannt, aber noch wenig erforscht. Diese wohl oft mündlichen Traditionen, die auf verschiedenen Überlieferungswegen im christlichen Westen ebenso wie im arabischen Osten und – nicht zu unterschätzen – der jüdischen Diaspora weiterleben, tauchen gelegentlich fast zufällig in mittelalterlichen Hausbüchern oder in Handschriften der Renaissance auf. Wie mächtig diese Traditionen aber wirkten, zeigt ein Text wie der arabische Ghāyat al-ḥakīm, der als *Picatrix* in zahlreichen lateinischen ebenso wie volkssprachlichen (spanischen, italienischen, französischen, englischen) Versionen existierte[12]; seine Lektüre evoziert nach derjenigen der kaiserzeitlichen Zauberbücher viel Vertrautes, von der Form mancher Zauberzeichen[13] bis zu derjenigen einzelner Rezepte.

In diesem Sinn müßte eine Beschäftigung mit der griechisch-römischen Magie nun fortgeführt werden durch das Studium dieser nachantiken Überlieferungen. Diese können nicht bloß die kontinuierliche Anstrengung des menschlichen Willens aufzeigen, das Unberechenbare handelnd zu kontrollieren, notfalls auch jenseits des gesellschaftlich Gestatteten – eine Kontinuität durch alle Epochen, durch alle politischen und religiösen Veränderungen hindurch, welche die platonische Analyse des Schadenzaubers als Ausfluß des zwischenmenschlichen Mißtrauens vielleicht bestätigt, seine implizite Wertung als soziale Zerfallserscheinung aber radikal in Frage stellt[14]. Denn gleichzeitig weisen diese Texte auf eine andere Kontinuität hin – auf die andauernde menschliche Suche nach einer Gottesnähe, aus der die Kontingenz der Welt nicht bloß beherrschbar, sondern erst einmal – und oft auch: vor allem – verstehbar wird. Magie, Religion und Philosophie fließen hier in einen einzigen, mächtigen Grundstrom zusammen, der Antike und Neuzeit verbindet.

Anmerkungen

1. Einführung

1 Vgl. die warnenden Worte von Smith (1978) 119.
2 Karl Preisendanz (Hrsg.), *Papyri Graecae Magicae. Die griechischen Zauberpapyri*, Leipzig-Berlin 1928–1931; 2. Aufl. besorgt von Albert Henrichs, Stuttgart 1973–1974 (der 3. Band mit den Indices ist im Umbruch bei der Bombardierung von Leipzig zerstört worden; wenige Bibliotheken besitzen Photokopien davon). – Eine ausgezeichnete englische Übersetzung mit knappen, aber nützlichen Kommentaren und zusätzlich übersetzten koptischen Texten von Hans Dieter Betz (Hrsg.), *The Greek Magical Papyri in Translation Including the Demotic Spells*, Chicago und London 1986, 2., korrigierte Auflage 1992 (ein Indexband ist in Vorbereitung). – Eine Gesamtdarstellung gibt William Brashear, „The Greek magical papyri. An introduction and survey. Annotated bibliography (1928–1994)", in: *Aufstieg und Niedergang der römischen Welt* 2:18:5, Berlin und New York 1995, 3380–3684.
3 Unter den nach den PGM gefundenen Texten ist die Sammlung von Wortmann (1968) 56–111 am interessantesten; Daniel und Maltomini (1990. 1992) haben die kommentierte Neuedition von kurzen, aber wichtigen Papyrustexten der angewandten Magie begonnen.
4 Fundamental, wenn auch alt und teilweise revisionsbedürftig, sind die beiden Editionen von Richard Wünsch, *Inscriptiones Graecae*. Bd. II/III *Corpus Inscriptionum Atticarum: Appendix continens defixionum tabellas in Attica regione repertas*, Berlin 1897 und von Augustus Audollent, *Defixionum tabellae*, Paris 1904 (Nachdruck Frankfurt a. M. 1967). – David Jordan hat ein nützliches Repertorium vorgelegt, „A survey of Greek defixiones not included in the special corpora", *Greek, Roman and Byzantine Studies* 16 (1985) 151–197.
5 Auch hier sind PGM und PGMTr zentral.
6 So H.D.Betz in der Einleitung zu seiner Übersetzung, S. XLI.
7 Datiert werden sie nach dem Schriftcharakter, ein notorisch unscharfes Kriterium; vgl. Festugière (1932) 281 Anm. 2, der eine chronologische Tabelle mit den Textnummern bei Preisendanz gibt, und die beiden Listen in PGMTr.
8 W. Brashear, „Ein Berliner Zauberpapyrus", *Zeitschrift für Papyrologie und Epigraphik* 33 (1979) 261–278; übersetzt in PGMTr CXXII.
9 Zahlreiche Vermerke bezeugen Handschriftvarianten, welche die Schreiber durch eigenen Vergleich feststellen (mit der Formel ἐν ἄλλῳ δὲ εὗρον „ich fand in einem anderen Manuskript" u. ä.), vgl. PGM II 50. IV 29. 500. 1277. V 51. VII 204. XII 201. XIII 731. – Im übrigen zeigt schon ein assyrischer Brief, wie wichtig Philologie in diesem Bereich war, vgl. J.Bottéro, „Le manuel de l'exorciste et son calendrier", in: *Mythes et rites de Babylone*, Genf und Paris 1985, 65–112.

10 Zu dieser Bibliothek, die von Anastasi aufgekauft worden war, vgl. K. Preisendanz, *Papyrusforschung und Papyrusfunde*, Leipzig und Berlin 1933, 91–93; Fowden (1986) 168–172; zum gnostischen Interesse an Magie Clemens, *Stromateis* 1,15,69,6.
11 Zu Ephesos *Apostelgeschichte* 19,19 (die Bücher hatten einen Wert von 50000 Silberstücken); Origenes, *Contra Celsum* 4,33 belegt sie für das 2.Jh. n. Chr. Eng damit zusammen gehört, daß Augustus eine große Zahl von Wahrsagebüchern verbrennen ließ, Sueton, *Augustus* 31,1 (Kieckhefer 1989, 20 macht überhaupt ‚magical scrolls' daraus). – Zur Gesetzgebung Paulus, *Sententiae* 5,23,18 (FIRA 2, 410) *Libros magicae artis apud se neminem habere licet, et penes quoscumque reperti sint, bonis ademptis, ambustis his publice, in insulam deportantur, humiliores capite puniuntur: non tantum huius artis professio, sed etiam scientia prohibita est* „Bücher mit magischen Anweisungen darf niemand bei sich haben; wenn sie bei jemandem gefunden werden, wird das Vermögen beschlagnahmt, die Bücher verbrannt und er auf eine Insel verbannt, Menschen niedrigeren Stands mit dem Tode bestraft; nicht nur die Ausübung dieses Handwerks, auch das Wissen darum ist verboten". – Ebd. 5,21,4 (FIRA 2,406) *Non tantum divinatione quis, sed ipsa scientia eiusque libris melius fecerit abstinere.* „Man würde besser daran tun, sich nicht bloß von (magischer) Wahrsagerei, sondern auch vom zugehörigen Wissen und den entsprechenden Büchern fernzuhalten". – *Digestae* 48,8,13 (hrsgg. von Th. Mommsen und P. Krueger, *Corpus Iuris Civilis* 1,16, Berlin [10]1954, Nachdruck Dublin und Zürich 1966) *Ex senatus consulto eius legis poena damnari habetur, qui mala sacrificia fecerit habuerit.* „Aufgrund eines Senatsbeschlusses wird mit der Strafe nach jenem Gesetz (der lex Cornelia) bestraft, wer böse (d.h.magische) Opfer durchführt und durchführen läßt" (was Bücher einschließt).
12 Zacharias, *Vita S. Severi* 61, zitiert bei Trombley (1993) 2,36. – Zum Thema der Bücherverbrennungen vgl. den Essay von Luciano Canfora, *Libro e libertà*, Bari 1994.
13 Das VIII. Buch Mosis wird von Moses seiner Tochter gewidmet, PGM XIII 341–343; Lukian, *Philopseudes* 35 f. erzählt die Geschichte vom Zauberer und seinem Lehrling; ein solcher Lehrling wird sichtbar hinter einem Text aus dem athenischen Kerameikos, Jordan (1985 b) 211. Zur mittelalterlichen Überlieferung der Magie (Vater an Sohn oder Tochter) Kieckhefer (1989) 59.
14 Zu Moses VIII, dem eindrücklichsten Beispiel, s. unten Anm. 22, zu Pitys unten Kap. 6 Anm. 60.
15 Am eindrücklichsten das umfangreiche erotische Ritual des φιλτροκατάδεσμος im großen Pariser Zauberbuch PGM IV 296–466, von dem wir fünf verschiedene Anwendungen mit jeweils verändertem Text fassen können, unten Kap. 5 Anm. 72.
16 Ritner (1993) – etwa 99f., wo er von ‚the inherently *traditional Egyptian* basis of most PGM ritual' (seine Hervorhebung) spricht; vgl. auch seine Arbeit zu den demotischen Texten, „Egyptian magical practice under the Roman empire. The demotic spells and their religious context", in: *Aufstieg und Niedergang der Römischen Welt* 2:18:5, Berlin und New York 1995, 3333–3379; in seinem Gefolge versucht Heinz J.Thissen, „Ägyptologische Beiträge zu den griechischen magischen Papyri", in: U.Verhoeven und E.Graefe (Hrsgg.), *Religion und Philosophie im alten Ägypten. Festgabe für Philippe Derchain* (Orientalia Lovanensia Analecta 39), Louvain 1991, 293–302 eine ganze Reihe von ägyptischen Etymologien für

die in den PGM genannten Magier (295 f.) und einige *voces magicae* (297–302); Elisabeth Stähelin hat ein Detail herausgearbeitet, „Bindung und Entbindung", *Zeitschrift für Ägyptische Sprache* 96 (1970) 125–139; Merkelbach (1993). Schon Smith (1987) 119 hat in Reaktion auf die frühere Forschung auf die Gefahr des Mißverständnisses hingewiesen, die eine bloß am Griechisch-Römischen orientierte Interpretation dieser Texte läuft.
17 Glen W. Bowersock, *Hellenism in Late Antiquity*, Cambridge und London 1990.
18 Rom: Richard Wünsch, *Sethianische Verfluchungstafeln aus Rom*, Leipzig 1898, aufgenommen bei Audollent (1904) Nrn. 140–187; die Zuschreibung Wünschs an die gnostische Sekte der Sethianer ist unhaltbar, Karl Preisendanz, *Akephalos. Der kopflose Gott* (Beihefte zum Alten Orient 8), Leipzig 1926, 23–37; Gager (1992) 67 Anm. 84. – Athen: Jordan (1985b) 245 f. – Ein Text unbekannter Herkunft bei Paul Moraux, *Une défixion judiciaire du Musée d'Istanbul* (Académie Royale de Belgique. Classe des lettres, mémoires 54), Brüssel 1960; Gager (1992) Nr. 54; zur weiteren Verbreitung Moraux, op. cit. 15–19.
19 Nock (1972) 190.
20 Zur jüdischen Magie noch immer Ludwig Blau, *Das altjüdische Zauberwesen*, Budapest 1898, dazu jetzt Peter Schäfer, „Jewish magic literature in late antiquity and early middle ages", *Journal of Jewish Studies* 41 (1990) 75–91. – Einige wichtige Textcorpora sind in letzter Zeit erschlossen worden: Charles D. Isbell, *Corpus of the Aramaic Incantation Bowls*, Chico, Cal. 1975; Joseph Naveh und Saul Shaked, *Amulets and Magic Bowls. Aramaic Incantations of Late Antiquity*, Leiden 1985 und vor allem Peter Schäfer und Saul Shaked (Hrsgg.), *Magische Texte aus der Kairoer Geniza* 1, Tübingen 1994.
21 Die oben Anm. 16 aufgezeigten Tendenzen sind auch eine (Über)Reaktion auf eine stark am Griechischen ausgerichtete Betrachtungsweise, die freilich den großen Einfluß gerade der ägyptischen Traditionen immer betonte, vgl. bes. Arthur Darby Nock, „Greek magical papyri", in Nock (1972) 176–194 (urspr. *Journal of Egyptian Archaeology* 15, 1929, 219–235) und Nilsson (1960) 129–166 (urspr. *Die Religion in den griechischen Zauberpapyri*, Bulletin de la Société Royale de Lettres à Lund 1947–1948:2, Lund 1948); aber auch Karl Preisendanz, „Zur synkretistischen Magie im römischen Ägypten", in: Hans Gerstinger (Hrsg.), *Akten des VIII. Internationalen Kongresses für Papyrologie* (Mitteilungen der Papyrus-Sammlung der Österreichischen Nationalbibliothek 5), Wien 1956, 111–125.
22 Smith (1984).
23   o
     o o
    o o o
   o o o o

Vgl. Philolaos, *Die Fragmente der Vorsokratiker* 44 A 11; Walter Burkert, *Weisheit und Wissenschaft. Studien zu Pythagoras, Philolaos und Platon*, Nürnberg 1962, 442 f.
24 Vgl. Cicero, *Somnium Scipionis* (De republica 6) 12: *Septenos octiens solis anfractus reditusque...duoque hi numeri, quorum uterque plenus alter altera de causa habetur.* „Achtmal sieben Kreise und Kehren der Sonne ...diese zwei Zahlen, von denen jede aus jeweils verschiedenem Grund für voll angesehen wird"; vgl. auch Macrobius, *Commentarii in Somnium Scipionis* 1,5. 2,2. – Vgl. Franz Joseph Dölger, *Antike und Christentum* 4 (1934) 153–182; W. Burkert, op. cit. 449. – Johann Jakob

Bachofen hatte eine Reihe seiner *Antiquarischen Briefe* (Bd. 2, 1886, Nrn. 31–41) dem Thema der Achtzahl gewidmet.

25 Vgl. John G. Gager, *Moses in Graeco-Roman Paganism* (Society of Biblical Literature. Monograph Series 16), Nashville, Tenn. und New York 1972; ders., „Moses the magician. Hero of an ancient counter-culture?", *Helios* 21 (1994) 179–187. – Ein Amulett aus Acrae (Sizilien) erzählt, wie Moses Magier (φυσικός) wurde, nachdem er den Heiligen Berg erstiegen hatte, Kotansky (1994) Nr. 32 (mit der früheren Bibl.).

26 *Apostelgeschichte* 7,22.

27 Plinius, *Naturalis Historia* 30,11 *(magices factio)*.

28 Bidez & Cumont (1938) Bd. 1, 170 – doch die Fragmente des Hermipp nennen Moses nicht; sicher bezeugt ist er jedenfalls beim etwas späteren Lysimachos, *Fragmente der griechischen Historiker* 621 F 1, vgl. Wolfgang Fauth im Kommentar von H. Heubner und W. Fauth zum 5. Buch der *Historiae* des Tacitus, Heidelberg 1982, 34 f.

29 *Exodus* 7,8 und 8,15; zu den Namen Bidez & Cumont (1938) Bd. 2, 14 Anm. 23.

30 Auch Jakob erscheint als Magier, PGM XXIIb und in einem Amulett bei G. Manganaro, *Rendiconti della Classe di Scienze Morali, Storiche e Filologiche dell' Accademia dei Lincei* VIII: 18 (1963) 71 f.

31 PGM V 106.

32 Wenn PGM XIII 229 von „meinem ‚Schlüssel'", ἐν τῇ Κλειδί μου schreibt, ist das nicht das Ich des Kompilators, sondern des fiktiven Verfaßers, der eben erst (227) seine Tochter angeredet hatte. – Ein weiteres Werk des Moses ist die Διδαχὴ Μούσεως (‚Unterweisung des Moses') in PGM VII 620; das Amulett des Moses Kotansky (1994) Nr. 32, oben Anm. 25.

33 Einen Anfang machte bereits Albrecht Dieterich, *Abraxas. Studien zur Religionsgeschichte des späteren Altertums*, Leipzig 1891, 3–20, vgl. 154–160.

34 Festugière (1932) 281 Anm. 2 datiert den Text ohne Angabe von Gründen ins Jahr 364 n. Chr.

35 Siehe Anm. 2. – Daneben stehen weitere Arbeiten von Betz, von David Jordan und von Christopher A. Faraone. Betz' Arbeiten sind weitgehend gesammelt in *Hellenismus und Urchristentum. Gesammelte Aufsätze*, Bd. 1, Tübingen 1990; Jordan hat seit seiner Dissertation – *Contributions to the Study of Greek Defixiones*, Brown University 1982 (Ann Arbor 1985, University Microfilm Nr. 8226275) – neben dem großen ‚survey' Jordan (1985 a) eine große Anzahl wichtiger Einzelanalysen vorgelegt; Faraone hat die Resultate seiner Dissertation zu *Talismans, Voodoo Dolls and Other Apotropaic Statues in Ancient Greece*, Stanford 1988 unter anderem im Artikel „Binding and burying the forces of evil. The defensive use of ‚voodoo dolls' in ancient Greece", *Classical Antiquity* 10 (1991) 165–205 und in der Monographie *Talismans and Trojan Horses. Guardian Statues in Ancient Greek Myth and Ritual*, New York und Oxford 1992 (vgl. Simon Goldhill – Irene Winter – Geraldine Pinch – Joyce Marcus, *Cambridge Archaeological Journal* 4, 1994, 270–289) vorgelegt und zusammen mit Dirk Obbink im Sammelwerk *Magika Hiera. Ancient Greek Magic and Religion*, New York und Oxford 1991 den Forschungsstand zusammengefaßt. Auf einem älteren Forschungsstand beharrt die Textsammlung von Georg Luck, *Arcana Mundi. Magic and the Occult in the Greek and Roman Worlds. A Collection of Ancient Texts Translated, Annotated, and Introduced,*

Baltimore 1985; dtsch. *Magie und andere Geheimlehren in der Antike*, Stuttgart 1990.
— In der Theorie kaum weiterführend sind David E. Aune, „Magic in early Christianity", in: *Aufstieg und Niedergang der römischen Welt* 2:23:2, Berlin und New York 1980, 1507–1557 und C. Robert Phillips III, „Seek and go hide. Literary source problems and Graeco-roman magic", *Helios* 21 (1994) 107–114.

36 John G. Gager (Hrsg.), *Curse Tablets and Binding Spells from the Ancient World*, New York und Oxford 1992; Marvin Meyer und Richard Smith (Hrsgg.), *Ancient Christian Magic. Coptic Texts of Ritual Power*, San Francisco 1994.

37 Jean Annequin, *Recherches sur l'action magique et ses représentations*, Besançon 1973. — Anne-Marie Tupet, *La magie dans la poésie latine*. 1: *Des origines à la fin du règne d'Auguste*, Paris 1976 (wichtig für die literarische Spiegelung); zu Bd. 2 konnte die Autorin vor ihrem zu frühen Tod nur eine Teilstudie veröffentlichen, „Rites magiques dans l'antiquité romaine", in: *Aufstieg und Niedergang der römischen Welt* 2:16:3, Berlin und New York 1986, 2591–2675. — André Bernard, *Sorciers grecs*, Paris 1991.

38 Raffaella Garosi, „Indagini sulla formazione del concetto di magia nella cultura romana", in: Paolo Xella (Hrsg.), *Magia. Studi di storia delle religioni in memoria di R. Garosi*, Rom 1976, 13–93. — Frau Garosi starb als Opfer eines rechtsextremistischen Terroranschlags auf den Schnellzug Rom-Mailand.

39 Neben den wichtigen *Supplementa Magica* (oben Anm. 3) Reinhold Merkelbach und Maria Totti, *Abrasax. Ausgewählte Papyri religiösen und magischen Inhalts*. 1: *Gebete* (Abhandlungen der Rheinisch-Westfälischen Akademie der Wissenschaften. Sonderreihe Papyrologica Coloniensia, Bd. 17:1), Opladen 1990; dieselben, *Abrasax. Ausgewählte Papyri religiösen und magischen Inhalts*. 2: *Gebete (Fortsetzung)* (Abhandlungen der Rheinisch-Westfälischen Akademie der Wissenschaften. Sonderreihe Papyrologica Coloniensia, Bd. 17:2), Opladen 1991 und Reinhold Merkelbach, *Abrasax. Ausgewählte Papyri religiösen und magischen Inhalts*. 3: *Zwei griechisch-ägyptische Weihezeremonien. Die Leidener Weltschöpfung. Die Pschai-Aion-Liturgie* (Abhandlungen der Rheinisch-Westfälischen Akademie der Wissenschaften. Sonderreihe Papyrologica Coloniensia, Bd. 17:3), Opladen 1992.

40 Besonders (um nur weniges zu nennen) Richard Gordon, „Aelian's peony. The location of magic in Graeco-Roman tradition", *Comparative Criticism* 9 (1987) 59–95; Hendrik S. Versnel, „Some reflections on the relationship magic-religion", *Numen* 38 (1991) 177–197.

41 Christine Harrauer, *Meliouchos. Studien zur Entwicklung religiöser Vorstellungen in griechischen synkretistischen Zaubertexten* (Wiener Studien. Beihefte 11), Wien 1987, vgl. Karl Preisendanz, *Akephalos. Der kopflose Gott* (Beihefte zum Alten Orient 8), Leipzig 1926.

42 Um eine knappe Auswahl zu geben: zur anthropologischen Diskussion Kippenberg & Luchesi (1978); zur Volkskunde Jeanne Favret-Saada, *Les mots, la mort, les sorts. La sorcellerie dans le Bocage*, Paris 1977; zum Mittelalter Richard Kieckhefer, *Magic in the Middle Ages*, Cambridge 1989 und Valerie I. J. Flint, *The Rise of Magic in Early Medieval Europe*, Oxford 1991; zur Renaissance Paola Zambelli, *Magia, astrologia e religione nel Rinascimento*, Wrocław, 1979 und *L'ambigua natura della magia. Filosofi, streghe, riti nel Rinascimento*, Mailand 1991; zur Magie in Byzanz Henry Maguire (Hrsg.), *Byzantine Magic*, Washington, D.C. 1995. Zur jüdischen Magie s. oben Anm. 20.

43 Vgl. auch *Sethianische Verfluchungstafeln aus Rom*, Leipzig 1898 und „Neue Fluchtafeln", *Rheinisches Museum* 55 (1900) 62–85. 232–271.
44 *Reden und Vorträge*, Berlin, 2. Aufl. 1902, 254, zitiert von H.D.Betz in der Einleitung zu PGMTr S. LI Anm. 31.
45 Die Geschichte wird von Karl Preisendanz im Vorwort zu PGMag S. V erzählt.
46 U. von Wilamowitz-Moellendorff, *Der Glaube der Hellenen* 1, Berlin 1931, 10; vgl. Albert Henrichs, „‚Der Glaube der Hellenen'. Religionsgeschichte als Glaubensbekenntnis und Kulturkritik", in: William M.Calder III (Hrsg.), *Wilamowitz nach 50 Jahren*, Darmstadt 1985, 263–305.
47 Vgl. Hans Joachim Mette, „Nekrolog einer Epoche. Hermann Usener und seine Schule", *Lustrum* 22 (1979/80) 5–106; Arnaldo Momigliano (Hrsg.), *Aspetti di Hermann Usener, filologo della religione*, Pisa 1982.
48 Vgl. dazu auch die kurze Forschungsgeschichte bei Christoph Daxelmüller, *Zauberpraktiken. Eine Ideengeschichte der Magie*, Zürich 1992, 33–36.
49 Albrecht Dieterich, *Papyrus magica musei Lugdunensis Batavi* (1888), wieder in: *Kleine Schriften*, Leipzig und Berlin 1911, 1–47.
50 Albrecht Dieterich, *Eine Mithrasliturgie*, Leipzig 1903 (3. Aufl., besorgt von Otto Weinreich, Leipzig und Berlin 1923). Eine Diskussion dieser Rekonstruktion bei Festugière (1932) 310–313; Marvin W.Meyer, *The ‚Mithras Liturgy'*, Missoula, Montana 1976; Merkelbach (1992) 25–40.
51 Richard Reitzenstein, *Poimandres. Studien zur griechisch-ägyptischen und frühchristlichen Literatur*, Leipzig 1904; vgl. ders. und Hans Heinrich Schraeder, *Studien zum antiken Synkretismus aus Iran und Griechenland* (Studien der Bibliothek Warburg 7), Leipzig und Berlin 1926.
52 Die Literatur zu Frazer und seinem Kreis ist unübersichtlich; wichtig sind die Synthesen von Robert Ackerman, *J.G.Frazer. His Life and Work*, Cambridge 1987 und *The Myth and Ritual School. J.G.Frazer and the Cambridge Ritualists*, New York und London 1991, vgl. auch William M.Calder III (Hrsg.), *The Cambridge Ritualists Reconsidered. Proceedings of the First Oldfather Conference*, Held on the Campus of the University of Illinois at Urbana-Champaign, April 27–30, 1989 (Illinois Classical Studies. Supplement 2. Illinois Studies in the History of Classical Scholarship vol. 1), Atlanta, Geo. 1991; zu Tylor Robert A.Segal, „In defense of mythology. The history of modern theories of myth", *Annals of Scholarship* 1 (1980) 3–49. – Pointiert und aus Sicht seiner Disziplin stellt Tambiah (1990) 42 Frazer gleichsam als Fußnote zu Tylor dar.
53 Außerordentlich verpflichtet fühlt er sich dem Werk von Wilhelm Mannhardt, einem Schüler von Jacob Grimm, „without which, indeed, my book could scarcely have been written", *The Golden Bough*, 1. Aufl. London 1890, S. IX (= S. XII der 3. Aufl. London 1913); zu Frazer und den Brüdern Grimm vgl. Robert Ackerman, *J.G.Frazer. His Life and Work*, Cambridge 1987, 212; Robert Fraser, *The Making of the Golden Bough. The Origins and Growth of an Argument*, London 1990, 191–195.
54 Ludwig Deubner, „Magie und Religion" (1922), wieder in: *Kleine Schriften zur klassischen Altertumskunde*, besorgt von Otfried Deubner (Beiträge zur klassischen Philologie 140), Königstein/Ts. 1982, 275–298.
55 Herausgegeben in zwei Bänden als *Papyri Osloenses* 1, Oslo 1925 und (zusammen mit Leiv Amundsen) *Papyri Osloenses* 2, Oslo 1931.

56 Zu Eitrem vgl. den Nekrolog von A.-J. Festugière, *Comptes-Rendus de l'Académie des Inscriptions et Belles-Lettres* (1966), 413-417, und die Bibliographie von Leiv Amundsen, *Symbolae Osloenses* 43 (1968) 110-123; ein Kapitel aus dem Manuskript in englischer Übersetzung in Faraone & Obbink (1991) 175-187.

57 Besonders ausgeprägt: Marteen J. Vermaseren, „La sotériologie dans les papyri graecae magicae", in: Ugo Bianchi – Marteen J. Vermaseren (Hrsgg.), *La soteriologia dei culti orientali nell'Impero Romano*. Atti del Colloquio Internazionale, Leiden 1982, 17-30, bes. 17-20 (18: „le magicien ne supplie pas les dieux, il veut les contraindre; il ne veut pas obéir aux dieux ou se mettre à genoux en toute simplicité du cœur").

58 Das gilt auch für die Korrekturen, die Nilsson (1960) 369-371 daran anbringt (urspr. „Letter to Professor Arthur D. Nock on some fundamental concepts in the science of religion", *Harvard Theological Review* 42, 1949, 71-107, hier 94-96).

59 Aus der Fülle der Diskussion sollen vier Synthesen herausgegriffen werden: Jan Skorupski, *Symbol and Theory. A Philosophical Study of Theories of Religion in Social Anthropology*, Cambridge 1976; Hans G. Kippenberg, „Einleitung. Zur Kontroverse über das Verstehen fremden Denkens", in: Kippenberg & Luchesi (1978) 9-51; Stephen Sharot, „Magic, religion, science, and secularization", in: Neusner – Frerichs – Flesher – McKracken (1989) 261-283; Tambiah (1990).

60 Zu Malinowski vgl. Raymond Firth (Hrsg.), *Man and Culture. An Evaluation of the Work of Bronislaw Malinowski*, London 1957, vor allem den Beitrag von S. F. Nadel, „Malinowski on magic and religion" (189-208); Edmund Leach, „Frazer and Malinowski", *Encounter* 25 (1965) 24-36; K. E. Rosengren, „Malinowski's magic. The riddle of the empty cell", *Current Anthropology* 17 (1976) 667-685; knapper A. Métraux, „Bronislaw Malinowski", in: D. L. Sills (Hrsg.), *International Encyclopedia of Social Sciences* 9 (1968) 541-549.

61 Stanley J. Tambiah, „The magical power of words", in: Tambiah (1985) 17-59 (urspr. *Man* 3, 1968, 175-208); Tambiah folgt dabei den Ansätzen von Peter Winch, „Understanding a primitive society", in: *Ethics and Action*, London 1972, 8-49 (urspr. in: Bryan R. Wilson, Hrsg., *Rationality. Key Concepts in the Social Sciences*, New York 1970, 78-111).

62 Schon die klassische Studie von Arnold van Gennep, *Les rites de passage*, Paris 1909 kümmert sich nicht darum, und etwa Godfrey Lienhardt, *Divinity and Experience*, Oxford 1961, hat die Dichotomie anhand einer einzelnen Kultur überzeugend analysiert.

63 Dorothy Hammond, „Magic. A problem in semantics", *American Anthropologist* 72 (1970) 1349-1356.

64 Einen äußerst gut dokumentierten und präzis argumentierenden Überblick über die Fragestellung gibt Hendrik S. Versnel, „Some reflections on the relationship magic-religion", *Numen* 38 (1991) 177-197. – Kurios Michael Winkelman, „Magic. A theoretical reassessment", *Current Anthropology* 23 (1982) 37-44, der Magie als ein Universale ansieht, das mit parapsychologischen Theorien verstehbar sei.

65 Marcel Mauss, „Esquisse d'une théorie générale de la magie. Sociologie et anthropologie", in: *Sociologie et anthropologie*, Paris 1973, 1-141 (urspr. *L'Année Sociologique* 7, 1902/3).

66 Edward E. Evans-Pritchard, *Witchcraft, Oracles and Magic Among the Azande*, Oxford 1937 (gekürzte Ausg. von Eva Gillies, Oxford 1976). – Zu Evans-Pritchard vgl. F. O. Beidelmann, in: *International Encyclopedia of Social Sciences, Biogr. Supplement* (1979) 176–180.

67 Jeanne Favret-Saada, *Les mots, la mort, les sorts. La sorcellerie dans le Bocage*, Paris 1977. – Für die Spätantike hat Brown (1972) 131–136 auf Evans-Pritchards Modell zurückgegriffen.

68 Auch der Altertumswissenschaftler profitiert von den Überlegungen bei Natalie Zemon Davis, „Some tasks and themes in the study of popular religion", in: Charles Trinkaus und Heiko A. Oberman (Hrsgg.), *The Pursuit of Holiness in Late Medieval and Renaissance Religion*, Leiden 1974, 307–336, v. a. 309–313.

2. Namen für den Zauberer

1 Noch immer die beste Diskussion der Terminologie ist diejenige von Arthur D. Nock, „Paul and the magus", in: Nock (1972) 308–330 (urspr. in: F. J. Foakes Jackson und K. Lake, Hrsgg., *The Beginnings of Christianity* 1:5, 1933, 164–188).

2 Unentbehrlich bleiben die beiden Bände von Joseph Bidez und Franz Cumont, *Les mages hellénisés*, Paris 1938; eine gute Zusammenfassung der Problematik gibt Elias J. Bickerman, „Darius I, Pseudo-Smerdis, and the Magi", in: *Religions and Politics in the Hellenistic and Roman Periods*, hrsgg. von Emilio Gabba und Morton Smith (Biblioteca di Athenaeum 5), Como 1985, 619–641 (ursp. *Athenaeum* 59, 1978, 239–261); zu Griechen und Persern auch Arnaldo D. Momigliano, *Alien Wisdom. The Limits of Hellenization*, Cambridge und London 1975 (dtsch. *Hochkulturen im Hellenismus. Die Begegnung der Griechen mit Kelten, Römern, Juden und Persern*, München 1979), 123–150.

3 Herodot 1,101 (Volksstamm). 7,43. 113 f. 191 (Opfer). 1,140 (Grabriten). 1,107 f. 120. 128. 7,19. 37 (Traumdeutung). Vgl. auch Fabio Mora, *Religione e religioni nelle storie di Erodoto*, Mailand 1985, 152; Pericles George, *Barbarian Asia and the Greek Experience*, Baltimore 1994, 194 f.

4 Xenophon, *Cyrupaedia* 8,3,11 οἱ περὶ τοὺς θεοὺς τεχνῖται.

5 Plato, *Alcibiades Maior* 122 A. – Die Diskussion um die Autorschaft des Dialogs ist hier insofern unwichtig, als der Verfasser jedenfalls in die ganz frühe Akademie gehört, vgl. H. J. Krämer, in: H. Flashar (Hrsg.), *Die Philosophie der Antike*. 3: *Ältere Akademie, Aristoteles, Peripatos* (Grundriß der Geschichte der Philosophie), Basel und Stuttgart 1983, 124.

6 Apuleius, *Apologia* 25; Philostrat, *Vita Apollonii* 1,6 („sie wissen viel, aber es gibt auch Dinge, die sie nicht wissen").

7 *Magia omnis ... nihil aliud quam sapientia credebatur ... fuitque cultus deorum*: Konstantin Franziskus von Khautz, *De cultibus magicis eorumque perpetuo ad ecclesiam et rempublicam habitu liber primus*, Wien 1767, 4 (zit. bei Christoph Daxelmüller, *Zauberpraktiken*, Zürich und München 1992, 24).

8 Den altpersischen Text der Inschrift gibt Rüdiger Schmitt, *The Bihistun Inscriptions of Darius the Great. Old Persian Texts* (Corpus Inscriptionum Iranicarum I:1, Texts 1), London 1991; eine deutsche Übersetzung W. Hinz, „Die Behistan-Inschrift des Darius", *Archäologische Mitteilungen aus Iran* 7 (1974) 121–134, vgl. auch

Françoise Grillot-Susini, Clarisse Herrenschmidt und Florence Malbran-Labat, „La version élamite de la trilingue de Behistun. Une nouvelle lecture", *Journal Asiatique* 281 (1993) 19–59 und Rüdiger Schmitt, *Epigraphisch-exegetische Noten zu Dareios' Bisutun-Inschriften* (Sitzungsbericht Wien 561), Wien 1990.

9 Heraklit, *Die Fragmente der Vorsokratiker* 12 B 14 (Clemens, *Protrepticus* 22) τίσι δὴ μαντεύεται Ἡράκλειτος ὁ Ἐφέσιος; νυκτιπόλοις μάγοις, βάκχοις, λήναις, μύσταις, τούτοις ἀπειλεῖ τὰ μετὰ θάνατον, τούτοις μαντεύεται τὸ πῦρ. τὰ γὰρ νομιζόμενα κατὰ ἀνθρώπους μυστήρια ἀνιερωστὶ μυοῦνται. – Miroslav Marcovich, *Eraclito. Frammenti*, Florenz 1978, 322 fr. 87 (urspr. Cambridge 1966) hält μάγοις für eine Interpolation bei Clemens, neuere Herausgeber geben den ganzen Katalog dem Heraklit, Charles A. Kahn, *The Art and Thought of Heraclitus. An Edition of the Fragments*, Cambridge 1979, frg. 115 und S. 262 (Heraklit sei 'more probable'); Marcel Conche, *Héraclite. Fragments*, Paris 1986, frg. 43 S. 167–170; T. M. Robinson, *Heraclitus. Fragments*, Toronto 1987, 85 f.

10 Plato, *Respublica* 364 B (ἀγύρται καὶ μάντεις); Papyrus von Derveni *(Zeitschrift für Papyrologie und Epigraphik* 47, 1982, nach S. 300) col. 16,3 (ὁ τέχνην ποιούμενος τὰ ἱερά), vgl. unten Anm. 18.

11 Ich fasse also Heraklits νυκτιπόλοις als adjektivische Qualifikation der folgenden Termini auf, nicht als ein erstes Substantiv.

12 Burkert (1992) 41–85, vgl. ders., „Itinerant diviners and magicians. A neglected element in cultural contacts", in: Robin Hägg (Hrsg.), *The Greek Renaissance of the Eighth Century B. C. Tradition and Innovation* (Acta Instituti Atheniensis Regni Sueciae, series in 4°, 30), Stockholm 1983, 115–119.

13 Sophocles, *Oedipus Rex* 387 f. μάγον τοιόνδε μηχανόρραφον, δόλιον ἀγύρτην.

14 Zum Komplex Jan N. Bremmer, „Prophets, seers, and politics in Greece, Israel, and early modern Europe", *Numen* 40 (1993) 150–183.

15 Otto Kern, *Orphicorum Fragmenta*, Berlin 1922, Frg. 232, vgl. Plato, *Phaedrus* 244 E.

16 Jedenfalls ist die Rolle des Dionysos und der bakchischen Mysterien in den sog. orphischen Goldblättchen jetzt klar, Fritz Graf, „Dionysian and Orphic Eschatology. New Texts and Old Questions", in: Thomas Carpenter und Christopher Faraone (Hrsgg.), *Masks of Dionysos*, Ithaca N. Y. 1993, 239–258.

17 Jordan (1988) 273–277; mehr unten Kap. 4.

18 Der bisher bekannte Text ist veröffentlicht in der *Zeitschrift für Papyrologie und Epigraphik* 47 (1982) nach S. 300; zur Theogonie Martin L. West, *The Orphic Poems*, Oxford 1983, 75–11, zum philosophischen Hintergrund Walter Burkert, „Orpheus und die Vorsokratiker. Bemerkungen zum Derveni-Papyrus und zur pythagoreischen Zahlenlehre", *Antike und Abendland* 14 (1968) 93–114.

19 Unten Kap. 4 Anm. 35.

20 Euripides, *Orestes* 1493 ἃ δ' ἐκ θαλάμων ἐγένετο διαπρὸ δωμάτων ἄφαντος ... ἤτοι φαρμάκοισιν ἢ μάγων τέχναις ἢ θεῶν κλόπαις.

21 Z. B. PGM I 247–262.

22 Euripides, *Iphigenia Taurica* 1336 f.: ἀνωλόλυξε καὶ κατῇδεν βάρβαρα μέλη μαγεύουσα. – Zu den ὀνόματα βάρβαρα der Magie unten Kap. 7.

23 Plato, *Symposium* 202 E.

24 Plato, *Meno* 80 BC (γοητεύεις με καὶ φαρμάττεις καὶ ἀτέχνως κατεπᾴδεις). Vgl. Michelle Gellrich, „Socratic magic. Enchantment, irony, and persuasion in Plato's dialogues", *Classical World* 87 (1994) 275–307.

25 Plato, *Leges* 10, 909B (θυσίαις καὶ εὐχαῖς καὶ ἐπῳδαῖς γοητεύειν). – Die Parallele mit *Respublica* 364B zeigt auch, daß hier nicht, wie man meinte, allein von Nekromantie die Rede ist.
26 Vgl. F. Graf, *Eleusis und die orphische Dichtung Athens in vorhellenistischer Zeit* (Religionsgeschichtliche Versuche und Vorarbeiten 33), Berlin und New York 1974, 35–38; Albert Henrichs, „The sophists and hellenistic religion. Prodicus as the spiritual father of the Isis aretalogies", *Harvard Studies in Classical Philology* 88 (1984) 139–158.
27 Gorgias, *Die Fragmente der Vorsokratiker* 82 B 11,10 αἱ ἔνθεοι διὰ λόγων ἐπῳδαί. – Zur Beziehung von Magie und Rhetorik vgl. Jaqueline de Romilly, *Magic and Rhetoric in Ancient Greece*, Cambridge, Mass. 1975.
28 Keith Thomas, *Religion and the Decline of Magic*, London 1971; vgl. ders., „An anthropology of religion and magic II", *The Journal of Interdisciplinary History* 6 (1975) 91–109; Tambiah (1990) 18–24.
29 Ableitung vom Schamanismus bei Walter Burkert, „Γόης. Zum griechischen Schamanentum", *Rheinisches Museum* 105 (1962) 36–55; Reserven bei Jan N. Bremmer, *The Early Greek Concept of the Soul*, Princeton 1983, 24–53.
30 Aeschylus, *Persae* 687.
31 Homer, *Odyssee* 4,221 (Helena). 10,388 f. (Kirke).
32 Wundheilung: Homer, *Ilias* 4,190. 11,846. 13,392; *Odyssee* 4,230. 11, 741. 22,94. – Odysseus' Pfeilgift *Odyssee* 1,261; der Verdacht der Freier *Odyssee* 2,329.
33 Homer, *Odyssee* 19,450 ff. – Vgl. dazu Robert Renehan, „The staunching of Odysseus' blood. The healing-powers of magic", *American Journal of Philology* 113 (1992) 1–4 und allgemeiner William D. Furley, „Besprechung und Behandlung. Zur Form und Funktion von ΕΠΩΙΔΑΙ in der griechischen Zaubermedizin", in: Glenn W. Most – Hubert Petersmann – Adolf Martin Ritter (Hrsgg.), *Philanthropia kai Eusebeia. Festschrift für Albrecht Dihle zum 70. Geburtstag*, Göttingen 1994, 80–104.
34 Plato, *Respublica* 426 B (φάρμακα, καύσεις, τομαί, ἐπῳδαί); vgl. auch Pindar, *Pythia* 4,217; Sophocles, *Aias* 582.
35 Aristoteles, Frg. 36 Rose (τὴν δὲ γοητικὴν μαγείαν οὐδ' ἔγνωσαν). – Die Überlieferung nennt als Autoren der Schrift Aristoteles oder ‚Rhodon', d. h. vielleicht den Peripatetiker Antisthenes von Rhodos im 2. Jh. v. Chr., vgl. Suidas, s.v. Ἀντισθένης Ἀθηναῖος.
36 Edward B. Tylor, *Primitive Culture. Researches Into the Development of Mythology, Philosophy, Religion, Art, and Custom*, London ³1873, Bd. 1 (= *The Origins of Culture*, London 1970), 113–117. Zu Skandinavien auch Carl-Herman Tillhagen, „Finnen und Lappen als Zauberkundige in der skandinavischen Volksüberlieferung", in: *Kontakte und Grenzen. Probleme der Volks-, Kultur- und Sozialforschung. Festschrift für Gerhard Heilfurth zu seinem 60. Geburtstag*, Göttingen 1969, 129–143; zum Alten Orient Volkert Haas, „Die Dämonisierung des Fremden und des Feindes im Alten Orient", *Rocznik Orientalistyczny* 41:2 (1980) 37–44.
37 Charles Stewart, *Demons and the Devil. Moral Imagination in Modern Greek Culture*, Princeton 1991, 38–42 (Ritual an der Wegkreuzung, vor dem man sich wäscht und nach dem man am Ritualort sich neu einkleidet).
38 Wer, wie Robert Muth, *Einführung in die griechische und römische Religion*, Darmstadt 1988, 26 f., diesen Paradigmenwechsel erst im Hellenismus ansetzt („Magie

2. Namen für einen Zauberer 221

und Zauberei gewannen erst in hellenistischer Zeit Bedeutung"), berücksichtigt allein die dichterischen Texte – und läßt sich vermutlich von der alten These leiten, daß Magie eine Zerfallserscheinung sei: „Verwesung antiker Religion" hatte Anthony A. Barb gesagt, „Klassische Hexenkunst. Aus der Verwesung antiker Religionen – ein antikes Zaubergebet gegen die Migräne und sein Fortleben", *Jedermann-Hefte* 3, Wien 1933.

39 Vgl. Heraklit, *Die Fragmente der Vorsokratiker* 12 B 15. Plato, *Leges* 10, 909 AB.
40 *De morbo sacro* 2 οἷοι καὶ νῦν εἰσι μάγοι τε καὶ καθάρται καὶ ἀγύρται καὶ ἀλάζονες, οὗτοι δὲ καὶ προσποιέονται σφόδρα θεοσεβέες εἶναι καὶ πλέον τι εἰδέναι.
41 Ebd. 3.
42 Ebd. 3 ἀνθρώπους ἐξαπατῶσιν προστιθέμενοι αὐτοῖς ἁγνείας καὶ καθάρσεις.
43 Ebd. 4 εἰ γὰρ ἄνθρωπος μαγεύων καὶ θύων σελήνην καθαιρήσει. – Den Mond herabzuholen, ist geläufige Tat vor allem der thessalischen Hexen; zur Wetterbeeinflussung s. unten Anm. 47.
44 Ebd. 4 κρατεῖται καὶ δεδούλωται (sc. τὸ θεῖον).
45 Geoffrey E.R. Lloyd, *Magic, Reason, and Experience. Studies in the Origin and Development of Greek Science*, Cambridge 1979, 49–58.
46 Zu Empedokles Peter Kingsley, *Ancient Philosophy, Mystery, and Magic. Empedocles and Pythagorean Tradition*, Oxford 1995 (mit früherer Lit.).
47 Gorgias bei Diogenes Laertios 8,59 (ὡς αὐτὸς παρείη τῷ Ἐμπεδοκλεῖ γοητεύοντι). – Vgl. Walter Burkert, *Weisheit und Wissenschaft. Studien zu Pythagoras, Philolaos und Platon* (Erlanger Beiträge zur Sprach- und Kunstwissenschaft 10), Nürnberg 1962, 130 (zu einem einschlägigen Ritual Anm. 211); etwas prononcierter ders., *Lore and Science in Ancient Pythagoreanism*, Cambridge, Mass., 1972, 153 f.
48 Empedokles, *Die Fragmente der Vorsokratiker* 31 F 111, herausgehoben und als authentisch verteidigt von P. Kingsley, a. a. O. 217–227.
49 Vgl. auch Theophrast, *Charakteres* 16,7: der Abergläubische läßt sein Haus rituell reinigen, weil er eine ἐπαγωγή der Hekate vermutet, vgl. Benedetto Bravo, „Une tablette magique d'Olbia pontique, les morts, les héros et les démons", in: *Poikilia. Études offerts à Jean-Pierre Vernant*, Paris 1987, 185–218, hier 207 f.
50 *Die Fragmente der Vorsokratiker* 31 B 112,4 ἐγὼ δ'ὑμῖν θεὸς ἄμβροτος, οὐκέτι θνητὸς πωλεῦμαι.
51 Ebd. 31 B 12,5 f.
52 Nilsson (1960) 430, ursp. *Religion as Man's Protest Against the Meaninglessness of Events* (Bulletin de la Société Royale des Lettres à Lund 1953–1954:2), Lund 1954, 37.
53 Die Dirae Teorum in: David Lewis (Hrsg.), *A Selection of Greek Historical Inscriptions to the End of the Fifth Century*, Oxford 1969 (1988). Nr. 30 A 1 ὅστις φάρμακα δηλητήρια ποιοῖ ἐπὶ Τηίοισιν τὸ ξυνὸν ἢ ἐπ' ἰδιώτηι, ‚Wer ein zerstörerisches Pharmakon verwendet gegen die Bürger von Teos insgesamt oder gegen einen einzelnen..'.
54 Zur Magie in Rom existiert eine reiche Forschungsliteratur, die freilich weitgehend älteren Datums ist; sie ist bei Tupet (1976) zusammengestellt. Hier soll bloß auf zwei neuere Arbeiten verwiesen werden, die beide zeigen, daß in Rom keine lineare Entwicklung vorliegt, sondern ein eigentlicher Traditionsbruch: Marcel LeGlay, „Magie et sorcellerie à Rome au dernier siècle de la République", in: *Mélanges Jacques Heurgon*, Paris 1977, 525–550 und vor allem Raffaella Garosi, „Indagini sulla formazione del concetto di magia nella cultura roma-

na", in: Paolo Xella (Hrsg.), *Magia. Studi di Storia delle Religioni in Memoria di R. Garosi*, Rom 1976, 13-93.
55 Cicero, *De legibus* 2,26.
56 Cicero, *De divinatione* 1,91 (Dareios). 2,26 (Einweihung des Königs).
57 Ebd. 1,46 *genus sapientium et doctorum in Persis;* die Definition als späteren Zusatz zu streichen, scheint unnötig.
58 Catull 90 *Nascatur magus et Gelli matrisque nefando/coniugio et discat Persicum aruspicium.//Nam magus ex matre et gnato gignatur oportet,/si verast Persarum impia religio, //gnatus ut accepto veneretur carmine divos/omentum in flamma pingue liquefaciens* (Übersetzung von Otto Weinreich).
59 Xanthos, *Fragmente der griechischen Historiker* 765 F 31; vgl. Peter Kingsley, „Meetings with magi. Iranian themes among the Greeks, from Xanthus of Lydia to Plato's Academy", *Journal of the Royal Asiatic Society* 5 (1995) 173-209, hier 179 f.
60 Vergil, *Bucolica* 8, 66-69 *Effer aquam et molli cinge haec altaria vitta, / verbenasque adole pinguis et mascula tura, /coniugis ut magicis sanos avertere sacris /experiar sensus: nihil hic nisi carmina desunt.*
61 *Verbenae* werden in Rom nicht verbrannt, sondern schmücken den Altar, und ‚männlicher Weihrauch' ist der beste, Wendell Clausen, *A Commentary on Virgil. Eclogues*, Oxford 1994, 257.
62 Apuleius, *Apologia* 30,13 = Laevius, Frg. 27 Morel; zentral bleibt Tupet (1976) 212-219. - Ich gebe den Text mit den nötigen Korrekturen wieder, insbesondere *iunges* V. 3 statt *ung<u>es*, wie richtig die Herausgeber des Apuleius korrigieren: Laevius redet nicht von Fingernägeln, sondern stellt systematisch alle möglichen magischen Paraphernalia zusammen, erst die mechanischen (V. 3), dann die pflanzlichen (V. 4), schließlich die tierischen (V. 5 f.).
63 Auch die Iynx besteht aus einem Rad, wie schon die erste Erwähnung bei Pindar, *Pythia* 4,213 f. zeigt, vgl. dazu Christopher A. Faraone, „The wheel, the whip and other implements of torture. Erotic magic in Pindar, Pythia 4.213-19", *Classical Journal* 89 (1993) 1-19; Sarah Iles Johnston, „The song of the iynx. Magic and rhetoric in Pythian 4", *Transactions of the American Philological Association* 125 (1995) 177-206.
64 *Idyll* 2,58. - Vgl. unten Kap. 6.
65 Cicero, *In Vatinium* 14.
66 Etwa in der Anklage gegen Apollonius von Tyana, Philostrat, *Vita Apollonii* 8,7; ohne klaren divinatorischen Zweck bei Libanius, *Oratio* 1,245 (in einer rituellen διαβολή), für erotische Magie bei Zacharias, *Vita S. Severi* 58 f. (ein Sklave).
67 Vgl. Paulus, *Sententiae* 5,23,15 (FIRA 2,409 f.) *Qui sacra impia nocturnave, ut quem obcantarent, defigerent, obligarent, fecerint faciendave curaverint, aut cruci suffiguntur aut bestiis obiiciuntur.* (16) *qui hominem immolaverint exve eius sanguine litaverint, fanum templumve polluerint, bestiis obiciuntur vel, si honestiores sunt, capite puniuntur.* „Wer gottlose oder nächtliche Rituale durchführt oder durchführen läßt, um jemanden zu behexen, zu binden, zu schädigen, wird ans Kreuz geschlagen oder den Zirkustieren vorgeworfen. Wer einen Menschen opfert oder mit seinem Blut Trankopfer bringt und Tempel oder Heiligtum entweiht, wird den Zirkustieren vorgeworfen oder, wenn er einem ehrenhaften Stand angehört, mit dem Tod bestraft."
68 Dio Cassius 49,43,5 τοὺς ἀστρολόγους τούς τε γόητας.

2. Namen für einen Zauberer

69 Hieronymus, *Chronicon, Ad annum 28* (S.163, 25 Helm): *Anaxilaus Larissaeus Pythagoricus et magus ab Augusto urbe Italiaque pellitur.*
70 Seneca, *Quaestiones naturales* 4,7,2.
71 Plinius, *Naturalis historia* 28,17.
72 Vergil, *Bucolica* 8, 99 *atque satas alio vidi traducere messis*; Servius ad loc. – Augustinus, *De civitate Dei* 8,19 stützt sich auf denselben Vers und den ihm durch Cicero bekannten Tatbestand, um die Magie zu verurteilen.
73 Vgl. besonders John Scheid, „Le délit religieux dans la Rome tardo-républicaine", in: *Le délit religieux dans la cité antique (Table ronde, Rome, 6–7 avril 1978)* (Collection de l'Ecole française de Rome 48), Rom 1981, 117–171.
74 Vgl. Anna Maria Addabbo, „‚Carmen' magico e ‚carmen' religioso", *Civiltà Classica e Cristiana* 12 (1991) 11–28, die vor allem auf den plinianischen Wortgebrauch eingeht.
75 Cicero, *De republica* 4,12.
76 Plinius, *Naturalis historia* 28,21 (ein Verweis auf das gleich zu besprechende Beispiel) *Cato prodidit luxatis membris carmen auxiliare.*
77 Cato, *De agricultura* 160 *Luxum si quod est, hac cantione sanum fit: Harundinem prende tibi viridem p(edes) iiii aut v longam, mediam diffinde, et duo homines teneant ad coxendices. incipe cantare: in alio s(ic) f(ertur): MOETAS UAETA DARIES DARDARIES ASIADARIES UNA PETES usque dum coeant. MOTAS UAETA DARIES DARDARES ASTATARIES DISSUNAPITER usque dum coeant. ferrum insuper iactato. ubi coierint et altera alteram tetigerint, id manu prehende et dextra sinistra praecide; ad luxum aut ad fracturam alliga; sanum fiet. et tamen cotidie cantato. in alio s(ic) f(ertur) vel luxato vel hoc modo HUAT HAUAT HUAT ISTA PISTA SISTA DANNABO DANNAUSTRA et luxato vel hoc modo HUAT HAUT HAUT ISTASIS TARSIS ARDANNABOU DANNAUSTRA".* – Vgl. die Ausgabe von G. Mazzarino, Leipzig 1912, und die Kommentare von Paul Thielsch, *Des Marcus Cato Belehrung über die Landwirtschaft*, Berlin 1963, 383–393, und von Raoul Goujard, *Caton. De l'agriculture*, Paris 1975, 319–321 (mit der eher hilflosen Bemerkung „tout le processus ... relève de la magie").
78 Vgl. Mauss (1973) 47 f.
79 Allgemein Mauss (1973) 50; vgl. auch Thomas (1971) 179 f. und Tambiah (1985) 18 f.
80 Vgl. Hendrik S. Versnel, „Die Poetik der Zaubersprüche. Ein Essay über die Macht der Worte", in: *Die Macht der Worte* (Eranos-Jahrbuch, Neue Reihe 4), München 1996, 233–297.
81 Cicero, *Brutus* 217; Plautus, *Amphitruo* 1043.
82 Plautus, *Pseudolus* 870; M. M. Willcock übersetzt entsprechend mit ‚magical potions' (Exeter 1987, 126). In der Vulgata des Mythos hat Medea den Pelias getötet, indem sie bei ihrem Verjüngungstrunk einfach einige Kräuter wegließ.
83 *Digestae* 48,8,7 (*Corpus Iuris Civilis* I, Berlin 10. Aufl. 1954, repr. Dublin und Zürich 1964), nach Marcianus, *Institutiones* 14: *venena: ad sanandum, ad occidendum, amatoria.*
84 *Digestae* 48,8,13 nach Modestinus: *ex senatus consulto eius legis poena damnari habetur, qui mala sacrificia habuerit*: „aufgrund eines Senatsbeschlusses wird mit Strafe nach jenem Gesetz [der lex Cornelia] belegt, wer böse [d.h. magische] Opfer durchführt oder durchführen läßt".

85 *Digesten* 48,8,7 (Paulus) *in hac lege dolus pro facto accipitur*: „In diesem Gesetz wird die List der offenen Tat gleichgesetzt".
86 Livius 8,18,1–10, vgl. Luigi Monaco, „Veneficia matronarum. Magia, medicina e repressione", in: *Sodalitas. Scritti in onore di A. Guarino*, Neapel 1984, 407–428; Jean-Marie Pailler, „Les matrones romaines et les empoisonnements criminels sous la République", *Compte-Rendus de l'Académie des Inscriptions et Belles-Lettres* (1987) 111–128.
87 Cato, *De agricultura* 5,4.
88 Die Bacchanalien-Affäre berichtet Livius 39,8–19; die umfassendste neuere Behandlung gibt Jean-Marie Pailler, *Bacchanalia. La répression de 186 av. J.-C. à Rome et en Italie. Vestiges, images, traditions* (Bibliothèque des Eçoles Françaises d'Athènes et de Rome 270), Rom und Paris 1988.
89 Plinius, *Naturalis historia* 30, 1–13 (30,1 *magicas vanitates saepius quidem antecedente operis parte ... coarguimus*: „Den unsinnigen Zauberglauben haben wir öfters im vorhergehenden Teil des Werks ... angeprangert"). – Vgl. vor allem Bidez & Cumont (1938) Bd.2, 1ff. (Text und eingehender Kommentar); dazu auch André Ernout, „La magie chez Pline l'Ancien", in: *Hommages à Jean Bayet*, Paris 1964, 190–195; Garosi (1976) 17–30.
90 Vgl. Jerry Stannard, „Herbal medicine and herbal magic in Pliny's time", in: J.Pigeaud und J.Orozio (Hrsgg.), *Pline l'Ancien, témoin de son temps*, Salamanca und Nantes 1987, 95–106.
91 Derselbe Vorwurf findet sich im Edikt des Statthalters von Ägypten gegen die Divination aus dem Jahre 199n. Chr., vgl. George M.Parássoglou, „Circular from a prefect. ,Sileat omnibus perpetuo divinandi curiositas'", in: Ann Ellis Hanson (Hrsg.), *Collectanea Papyrologica. Texts Published in Honor of H.C.Youtie*, Bonn 1976, 262f.Z. 7. – Im übrigen hat Plinius schon in den Büchern 28 und 29 zu einigen Heilmitteln auch die Meinungen der *magi* herangezogen – aber nur, um sie gleich zu entkräften.
92 Plinius, *Naturalis historia* 30,2.
93 Zu Religion und *religio* sind wichtig Wilfred Cantwell Smith, *The meaning and end of religion*, San Francisco 1978; Maurice Sachot, „Religio/superstitio. Historique d'une subversion et d'un retournement", *Revue de l'Histoire des Religions* 208 (1991) 355–394 sowie der nicht überall gleich überzeugende Kongressband von Ugo Bianchi (Hrsg.), *The Notion of «Religion» in Comparative Research. Selected Proceedings of the XVIth Congress of the International Association for the History of Religions* (Rome, 3rd-8th September, 1990) (Storia delle Religioni 8), Rom 1994; wichtig ist der Beitrag von Kurt Rudolph, „Inwieweit ist der Begriff «Religion» eurozentrisch?", S.131–139, eher enttäuschend derjenige von Johannes Irmscher, „Der Terminus «religio» und seine antiken Entsprechungen im philologischen und religionsgeschichtlichen Vergleich", S.63–73.
94 Vgl. unten Kap. 3 Anm.51.
95 Plinius, *Naturalis Historia* 30,2.
96 Ebd. 30,2.
97 Ebd. 30,4 (Ende).
98 Ebd. 30,13.
99 Ebd. 30, 12.

2. Namen für einen Zauberer

100 Über die Telmessier redet Cicero, *De divinatione* 1,94.
101 Die Palette reicht von den divinatorischen Opfern, die man Apollonios von Tyana vorwarf (oben Anm. 66) bis zu den Opfern der Druiden bei Strabo, *Geographica* 4,4–5, vgl. Cicero, *Pro Fonteio* 31.
102 Plinius, *Naturalis historia* 30, 14.
103 Wenigstens behaupten die *Digesten* 48,8,3 nach Marcianus, daß von den drei Arten der Magie – *ad sanandum, ad occidendum, amatoria* – bloß die zweite bestraft würde. Das kann aber nicht unangefochten gegolten haben, sonst würde man den Prozeß des Apuleius nicht verstehen, und tatsächlich bestraft ein Responsum Konstantins aus dem Jahre 321 (*Codex Iustinianus* 9,18,4) nicht bloß die Verwendung magischer Riten *contra salutem hominum*, sondern auch den, den man überführt hat *pudicos animos ad libidinem deflexisse*; dem Wetterzauber der Bauern (*suffragia*) gewährt dasselbe Responsum Straffreiheit.
104 Plinius, *Naturalis historia* 28,28 f.
105 Ebd. 28,19 *durat in pontificum disciplina id sacrum*.
106 Vgl. die Übersicht bei Garosi (1976) 81–83; vgl. auch Ramsay MacMullen, *Enemies of the Roman Order. Treason, Unrest, and Alienation in the Empire*, Cambridge, Mass. 1966, 95–162.
107 Tacitus, *Annales* 4,22 Numantia . . . *accusata iniecisse carminibus et veneficiis vecordiam marito*.
108 Ebd. 16, 31 . . . *quod pecuniam magis dilargita esset*.
109 Tacitus, *Annales* 12, 22 (Paulina: *Chaldaeos, magos interrogatumque Apollinis Clarii oraculum super nuptiis imperatoris*). 2, 27 (Libo Drusus: *Chaldaeorum promissa, magorum sacra, somniorum etiam interpretes*, in 2,28,2 dazu Nekromantie, *infernas umbras carminibus elicere*; zum politischen Hintergund Barbara M. Levick, *Tiberius the Politician*, London 1976, 41 f.; Geraldine Herbert-Brown, *Ovid and the ,Fasti'. An Historical Study*, Oxford 1994, 208–211).
110 Paulus, *Sententiae* 5,23,17 f. (FIRA 2,410) *Magicae artis conscios summo supplicio affici placuit, id est bestiis obici aut cruci suffigi; ipsi autem magi vivi comburuntur*. [18] *libros magicae artis apud se neminem habere licet. et penes quoscumque reperti sint, bonis ademptis ambustis his publice in insulam deportantur, humiliores capite puniuntur. non tantum huius artis professio, sed etiam scientia prohibita est.* „Man beschließt, die Mitwisser von magischer Praxis mit derselben äußersten Strafe zu belegen, das heißt sie den Zirkustieren vorzuwerfen oder ans Kreuz zu schlagen; die Magier selber werden lebend verbrannt. Bücher mit magischen Unterweisungen darf niemand bei sich haben; wenn sie bei jemandem gefunden werden, wird das Vermögen beschlagnahmt, die Bücher verbrannt und der Besitzer auf eine Insel verbannt, ist er von niedrigerem Stand, mit dem Tode bestraft; nicht nur die Ausübung dieses Handwerks, auch seine Kenntnis ist verboten". – Es ist unklar, ob auch der letzte Satz von Paulus stammt.
111 Vgl. *Digesten* 9,18,7 (a. 358 n. Chr.): *magus vel magicis contaminibus adsuetus, qui maleficus vulgi consuetudine nuncupatur*: „Der Zauberer oder der an magische Untaten Gewöhnte, der nach dem Wortgebrauch der Leute ,Übeltäter' heißt". Bereits Apuleius spricht von *magica maleficia* (*Apologia* 1,5. 61,1, vgl. *Metamorphoses* 9,29 *devotionibus et maleficiis*) und vom *magus ac maleficus homo* in *Apologia* 51,10, vgl. Abt (1908) 90 f.; Butler & Owen (1914) 3.
112 Isidor, *Etymologiae* 8,9, vgl. Kieckhefer (1989) 11 f.

113 Paulus, *Sententiae* 5,21 (FIRA 2,406) sieht Strafen für den vor, *qui vaticinatores, qui se deo plenos adsimulant, qui novas sectas vel ratione incognitas religiones inducunt, qui de salute principis vel summa rei publicae mathematicos hariolos haruspices consulit: non tantum divinatione quis, sed ipsa scientia eiusque libris melius fecerit abstinere* „Wer Propheten, die tun, als ob sie gottbesessen seien, und die neue Sekten oder völlig unbekannte Riten einführen, und wer Astrologen, Wahrsager, Eingeweideschauer wegen der Gesundheit des Kaisers oder wegen zentraler Staatsangelegenheiten konsultiert: er täte besser daran, nicht bloß die Ausübung der Wahrsagerei, sondern auch ihre Kenntnis und die einschlägigen Bücher nicht zu beachten".
114 Tacitus, *Annales* 2,27; 12,22.
115 Die Marser sind seit dem Annalisten C. Gellius belegt, *Historicorum Romanorum Fragmenta*, hrsg. v. H. Peter, Frg. 9 (bei Solin 2,27–30); vgl. Tibull 1,8,20 und den umfassenden Kommentar von Kirby Flower Smith 347.
116 Diese Hauptlinien sind schon von Marcel LeGlay, „Magie et sorcellerie à Rome au dernier siècle de la République", in: *Mélanges Jacques Heurgon*, Paris 1977, 525–550 und Raffella Garosi (1976) 13–93 herausgearbeitet worden, s. oben Anm. 54.
117 Vgl. Tamsyn Barton, *Ancient Astrology*, London 1994, 32–63.
118 Herodot 4,105 (die skythischen Neuroi).
119 Vgl. Paolo Poccetti, «Su due laminette plumbee iscritte nel Museo di Reggio Calabria», *Klearchos* 101–104 (1984) 73–86; ders., «Nuova laminetta plumbea osca dal Bruzio», in: *Crotone e la sua storia tra il IV e III secolo A. C.*, Neapel 1993, 213–232; aus dem 4. Jh. stammen dann die Texte aus Roccagloriosa, ders., in: M. Gualtieri (Hrsg.), *Roccagloriosa* 1, Neapel 1990, 141–150.
120 Plinius, *Naturalis historia* 28,19 *defigi quidem diris precationibus nemo non metuit.*
121 Cicero, *Brutus* 217, knapper *Orator* 129. – Vgl. Gager (1992) 120.
122 Helmut Engelmann, *The Delian Aretalogy of Sarapis*, Leiden 1975, 9 Z. 85 ff.
123 Cicero, *De legibus* 2, 21 *Nocturna mulierum sacrificia ne sunto praeter olla quae pro populo fient. neve quem initianto nisi ut adsolet Cereri Graeco sacro.*
124 Paulus, *Sententiae* 5,23,15 (FIRA 2,410) *qui sacra impia nocturnave, ut quem obcantarent defigerent obligarent, fecerint faciendave curaverint, aut cruci affiguntur aut bestiis obiciuntur* „Wer frevlerische nächtliche Opfer durchführt oder durchführen läßt, um jemanden zu verhexen, zu binden, zu verzaubern, soll ans Kreuz geschlagen oder den Zirkustieren vorgeworfen werden". – *Codex Theodosianus* 9, 16, 7 *ne quis deinceps nocturnis temporibus aut nefarias preces aut magicos apparatus aut sacrificia funesta celebrare conetur* „Niemand soll versuchen, zur Nachtzeit gottlose Gebete [also Beschwörungen], magische Riten oder Opfer an die Totenwelt darzubringen". – Von Frauen als Akteurinnen ist allerdings nicht die Rede.

3. Wie wird man Zauberer? Die Außenansicht

1 Mauss (1973) 24 „C'est ... l'opinion qui crée le magicien et l'influence qu'il dégage... Les individus, auxquels l'exercice de la magie est attribué, ont déjà ... une condition distincte à l'intérieur de la société qui les traite de magiciens."
2 Plinius, *Naturalis historia* 18,41–43 = Piso, *Historicorum Romanorum Fragmenta*, hrsg. v. H. Peter, Frg. 33. – Zentral ist Garosi (1976) 33–36.

3 Servius, In Vergilii Bucolica 8,99: traducere messes: magicis quibusdam artibus hoc fiebat, unde est in XII tabulis NEVE ALIENAM SEGETEM PELLEXERIS.
4 Paulus, Sententiae 5,23 (Kommentar zur Lex Cornelia, FIRA 2,408–410; ausgeschrieben Kap. 2 Anm. 110) nennt die Hinrichtung (Verbrennung, Kreuzigung, Auslieferung an die Tiere im Zirkus; die diskretere Köpfung für sozial Hochstehende), während die Verbannung auf eine Insel die Besitzer von Zauberbüchern trifft, die die Kunst nicht angewendet haben.
5 Die beste kritische Ausgabe bleibt diejenige von Rudolf Helm, Bd. 2:1 der Gesamtedition bei Teubner (2. Auflage Leipzig 1912, seither viele Nachdrucke); eine etwas enttäuschende Ausgabe legte Paul Valette in der Édition Budé vor, 2. Auflage Paris 1960. Noch immer wichtig sind der Kommentar von H. E. Butler und A. S. Owen, *Apulei Apologia sive pro se de magia liber*, Oxford 1914, und die Dissertation von Adam Abt, *Die Apologie des Apuleius von Madaura und die antike Zauberei. Beiträge zur Erläuterung der Schrift de magia* (RGVV 4:2), Gießen 1908. Eine neue kritische Ausgabe und ein moderner Kommentar sind dringende Desiderata.
6 Das Edikt des Präfekten (Pap. Yale inv. 299) ist veröffentlicht von George M. Parássoglou, „Circular from a prefect. Sileat omnibus perpetuo divinandi curiositas", in: Ann Ellis Hanson (Hrsg.), *Collectanea Papyrologica. Texts Published in Honor of H. C. Youtie*, Bonn 1976, Bd.1, 262 ff. Nr. 30; wieder in: G. H. R. Horsley (Hrsg.), *New Documents Illustrating Early Christianity* 1, Macquairie University 1984, 47 Nr. 12. Zu Paulus oben Anm. 4.
7 *Apologia* 83,1 αἰφνίδιον ἐγένετο Ἀπολέϊος μάγος, καὶ ἐγὼ μεμάγευμαι ὑπ' αὐτοῦ καὶ ἐρῶ.
8 Vgl. John Dillon, *The Middle Platonists. A Study of Platonism 80 B.C. to A.D. 220*, London 1977, 306–340; Claudio Moreschini, *Apuleio e il Platonismo*, Florenz 1978. – Der Verweis auf Sextus findet sich in *Metamorphosen* 1,2.
9 St. Gsell, *Inscriptions latines d'Algérie*, Bd. 1, Paris 1922, Nr. 2115: [Ph]ilosopho [Pl]atonico [Ma]daurenses cives ornament[o] suo d(e)d(icaverunt) p(ecunia) p(ublica). „Dem platonischen Philosophen, ihrem Schmuckstück, weihten dies die Bürger von Madaura auf Staatskosten".
10 In der Kaufkraft ist die Sesterz etwa der Mark vergleichbar.
11 *Apologia* 78,1 *aquariolus iste uxoris suae ita ira extumuit, ita exarsit furore, ut in feminam sanctissimam et pudicissimam praesente filio eius digna cubiculo suo diceret, amatricem eam, me magum et veneficum clamitaret multis audientibus quos, si voles, nominabo: se mihi sua manu mortem allaturum*.
12 Ebd. 1,3.
13 Ebd. 3,5.
14 Ebd. 4,4.
15 Ebd. 25,20.
16 Ebd. 51,4.
17 Ebd. 38,1. 60,2.
18 Ebd. 19,2, vgl. Butler & Owen (1914) 56.
19 A. Stein, RE 3 (1899) 2772 Nr. 238 (Philosoph); E. Groag, ebd. 2773 Nr. 239 zögert, den Gouverneur mit dem Philosophen gleichzusetzen, Butler & Owen (1914) 11 lehnen die Identifikation ab, in der *Prosopographia Imperii Romani*, Berlin 1936, Teil 2, Nr. 933 und 934 ist E. Groag optimistischer: *eundem esse Clau-*

dium philosophum Maximum Stoicum [und der Gouverneur] *non video cur negandum sit.*

20 Vgl. zur Rolle des Philosophen in der zeitgenössischen Gesellschaft Johannes Hahn, *Der Philosoph und die Gesellschaft. Selbstverständnis, öffentliches Auftreten und populäre Erwartungen in der höheren Kaiserzeit*, Stuttgart 1989, der allerdings von der Nähe des Philosophen zum Magier nichts sagt.

21 Vgl. dazu Glen Warren Bowersock, *Greek Sophists in the Roman Empire*, Oxford 1969.

22 Zu diesem Punkt wichtig Ramsay MacMullen, *Enemies of the Roman Order. Treason, Unrest, and Alienation in the Empire*, Cambridge 1966, 95–127; zu einem Modell, das wenigstens teilweise von Apuleius herkommt, Paola Zambelli, *L'ambigua natura della magia. Filosofi, streghe, riti nel Rinascimento*, Mailand 1991.

23 *Apologia* 29,1.

24 Vgl. auch die (freilich ganz anders gelagerte) Kritik von Hans-Peter Duerr, *Der Wissenschaftler und das Irrationale*, Frankfurt 1981.

25 Griech. τρύγων, D'Arcy W. Thompson, *A Glossary of Greek Fishes*, Oxford 1947, 270 f.; Plinius, *Naturalis historia* 9, 155.

26 Philostrat, *Vita Apollonii* 6,32.

27 *Apologia* 40,5.

28 Ebd. 34,4.

29 Plinius, *Naturalis historia* 27,131: *Circa Ariminium nota est herba quam resedam vocant. discutit collectiones inflammationesque omnes. qui curant ea, addunt haec verba: „reseda, morbos reseda, / scisne scisne quis hic pullus egerit radices? / nec caput nec pedes habeat." haec ter dicunt totiensque despuunt.* – Vgl. M. C. Martini, *Piante medicamentose e rituali magico-religiosi in Plinio*, Rom 1977.

30 Origenes, *Contra Celsum* 1,24 (Bd.1 S.134 ff. Borret). – Zu Herodot Walter Burkert, „Herodot über die Namen der Götter. Polytheismus als historisches Problem", *Museum Helveticum* 42 (1985) 121–132.

31 Ebd. (Bd.1 S.136 Borret) ἐὰν τοίνυν δυνηθῶμεν ἐν προηγουμένῳ λόγῳ παραστῆσαι φύσιν ὀνομάτων ἐνεργῶν, ὧν τισι χρῶνται Αἰγυπτίων ...

32 Ebd. (Bd.1 S.136 f. Borret) ἡ καλουμένη μαγεία οὐχ, ὡς οἴονται οἱ ἀπὸ Ἐπικούρου καὶ Ἀριστοτέλους, πρᾶγμά ἐστι ἀσύστατον πάντῃ ἀλλ' ὡς οἱ περὶ ταῦτα δεινοὶ ἀποδεικνύουσι, συνεστὸς μὲν λόγους δ'ἔχον σφόδρα ὀλίγοις γινοσκομένους.

33 *Apologia* 38, 7.

34 Ebd. 42,3.

35 PGM IV 850, ‚Salomos Niederstürzen'; Abt (1908) 240.

36 Plotin, *Enneades* 2,9,14. Der einzige Unterschied zum Hippokratiker ist der, daß Plotin explizit bestätigt, daß die Wunderheiler (γνωστικοί) wegen ihrer besonderen Kräfte bei der Masse großen Eindruck machten.

37 *Apologia* 43: *quem ego carmine dignatus sum initiare.*

38 Iuvenal 6,551 f.; Butler & Owen (1914) 108 f.

39 Heraklit, *Die Fragmente der Vorsokratiker* 12 B 14, oben Kap. 2 Anm. 9.

40 Emma J. und Ludwig Edelstein, *Asclepius. A Collection and Interpretation of the Testimonies*, Baltimore 1948, Bd. 1, 296–299, Dokumente 523–531.

41 Beispielsweise PGM IV 30 (weißer Hahn). XIII 377 (zum Beweis, daß man nicht ἀμυστηρίαστος sei, ‚uneingeweiht'); Audollent (1904) LXIIs. (Defixionen). Vgl. Abt (1908) ad loc.; Hopfner (1990) § 339.

42 *Apologia* 48,1.
43 Zum antiken Exorzismus vgl. Campbell Bonner, „The technique of exorcism", *Harvard Theological Review* 36 (1943) 39-49; ders., „The violence of departing demons", ibid. 37 (1944) 334-336; Klaus Thraede, „Exorzismus", *Reallexikon für Antike und Christentum* 7 (1969) 44-117; Peter Brown, „The rise and function of the holy man in antiquity", *Journal of Roman Studies* 61 (1971) 80-101.
44 Zum Komplex Smith (1978) passim.
45 PGM IV 1228. 3008; V 125; XIII 243.
46 Lukian, *Philopseudes* 16 τί περὶ τούτων φῇς ὅσοι τοὺς δαιμωνοῦντας ἀπαλλάττουσι τῶν δειμάτων οὕτω σαφῶς ἐξᾴδοντες καὶ τὰ φάσματα. „Was sagt du zu jenen, welche die Besessenen so sichtlich von ihren Angstvisionen befreien, indem sie sogar die Gespenster heraussingen?"
47 Lukian, *Philopseudes* 16.
48 *Apologia* 43-46.
49 Ebd. 56-60.
50 Ebd. 60 f.
51 PGM VIII 13; vgl. Abt (1908) 302.
52 *Apologia* 43 *Non enim ex omni ligno, ut Pythagoras dicebat, debet Mercurius exculpi.* - Vgl. zur Deutung Iamblichus, *Vita Pythagorica* 245.
53 Sueton, *Nero* 56.
54 Vgl. besonders Abt (1908) ad loc.
55 PGM I 163 ff.
56 Vgl. Abt (1908) 297 f. (auch zu PGM IV 2130); Martin S. Smith (Hrsg.), *Petronius. Cena Trimalchionis*, Oxford 1975, 74.
57 *Apologia* 54,7.
58 Hendrik S. Versnel, „Religious mentality in ancient prayer", in: H. S. Versnel (Hrsg.), *Faith, Hope and Worship. Aspects of Religious Mentality in the Ancient World*, Leiden 1981, 1-64, besonders 25-28, wo der Autor auf Cicero, *De divinatione* 1,129 und auf das Liebesgebet bei den Elegikern verweist; Pieter W. van der Horst, „Silent prayer in antiquity", *Numen* 41 (1994) 1-25.
59 Thomas (1971) 179.
60 Seneca, *Epistulae morales* 41,2, vgl. auch Frg. 2 Hasse seines Traktats *De superstitione*, wo es um den kapitolinischen Iuppiter geht.
61 Lukian, *Philopseudes* 20, untersucht von Otto Weinreich, *Antike Heilungswunder. Untersuchungen zum Wunderglauben der Griechen und Römer* (RGVV 8:1), Gießen 1909, 137 ff.
62 Unten Kap. 5 Anm. 27.
63 Oben Kap. 2 Anm. 5.
64 *Apologia* 26 *sin vero more vulgari eum isti proprie magum existimant, qui communione loquendi cum dis immortalibus ad omnia, quae velit, incredibili quadam vi cantaminum polleat...*
65 Literatur etwa Tibull 1,5,11 (Heilerin). 1,8,18 (Liebeszauber) oder Ovid, *Ars amandi* 2,329; mythische Transformation Diodor 3,58,2 (Μήτηρ); Spätantike Theodoret, *Historia religiosa* 13,10 (Liebeszauber); Iohannes Chrysostomus, *Homilia 8 in epistulam ad Colossos* 3 (PG 62,357 f.) (Heilerin); Callinicus, *Vita Hypatii* 28,1-3 (Heilerin). Vgl. auch Jan N. Bremmer, „The old women in ancient

Greece", in: Josine Blok und Peter Mason (Hrsgg.), *Sexual Asymmetry. Studies in Ancient Society*, Amsterdam 1987, 191–215.
66 Nachgewiesen vor allem für Athen in klassischer Zeit seit Adolf Wilhelm, „Über die Zeit einiger attischer Fluchtafeln", *Oesterreichische Jahreshefte* 7 (1904) 113–125, vgl. Trumpf (1958) 99; Jordan (1988 a); F. Willemsen, in: W. K. Kovacsovics, *Die Eckterrasse an der Gräberstraße des Kerameikos* (Kerameikos. Ergebnisse der Ausgrabungen 14), Berlin; New York 1990, 142 (Trierach). 148 (die Redner Hypereides und Lykurg). – Für Delos (um 100 v. Chr.) *Inscriptions de Délos* Bd. 5, Nr. 253.
67 Ein Musterfall bei Adolf Wilhelm, *Oesterreichische Jahreshefte* 7 (1904) 122–125: der Text Wünsch (1898) Nr. 103 betrifft einen Prozeß um die Trierarchie, denn 10 der Namen gehören in eine Flottenliste des Jahres 323/2. Schon Wilhelm folgerte (118): „Es liegt kein Grund vor, die Verfluchenden von vorneherein und ausnahmslos in tieferen Schichten der Bevölkerung zu suchen als die Verfluchten".
68 Plato, *Respublica* 364 BC.
69 Nigidius: Apuleius, *Apologia* 42; Vatinius: Cicero, *In Vatinium* 14; Curio: Cicero, *Brutus* 217.
70 Germanicus: Tacitus, *Annales* 2,69; mehr 4,52,1 (26 n. Chr., *veneficia in principem et devotiones*); 6,29,4 (34 n. Chr., *magorum sacra*); 12,59 (53 n. Chr., *magicae superstitiones*); 12,65,1 (54 n. Chr., *devotiones* gegen die Kaiserin).
71 Eunapius, *Vitae sophistarum* 6,2,9–11, der ein eindringliches Bild von Hofintrigen zeichnet, zugleich durchblicken läßt, der Philosoph habe sich als Sündenbock in einer kritischen Versorgungslage angeboten. Vgl. auch Zosimos 2, 40, 3.
72 Boethius, *De consolatione* 1,4,134–148 und Pierre Rousseau, „The death of Boethius: the charge of maleficium", *Studi Medievali* 20 (1979) 871–889.
73 Andreas Alföldi, „Stadtrömische heidnische Amulett-Medaillen aus der Zeit um 400 n. Chr.", in: *Mullus. Festschrift Theodor Klauser* (Jahrbuch für Antike und Christentum, Erg.bd. 1), Münster 1964, 1–9. – Besonders aufregend ist ein Amulett mit dem Bild eines Totenorakels (5, Taf. 1,4) und eines mit einem bakchischen Tanz vor Hekate (7, Taf. 2,6): da verbinden sich Magie und Mysterienkult.
74 Campbell Bonner, „Witchcraft in the lecture room of Libanius", *Transactions of the American Philological Association* 63 (1932) 34–44.
75 Zacharias, *Vita S. Severi* 61.
76 Paulus, *Sententiae* 5,23,18 *libri magicae artis ... penes quoscumque reperti sint, bonis ademptis, ambustis his publice in insulam deportantur, humiliores capite puniuntur.*
77 Kieckhefer (1989) 12 f.
78 Vgl. etwa die Argumentation von Peter Brown, *The Cult of the Saints. Development and Function in Latin Christianity*, Chicago 1981, 17–22; Natalie Zemon Davis, „Some tasks and themes in the study of popular religion", in: Charles Trinkaus und Heiko A. Oberman, *The Pursuit of Holiness in Late Medieval and Renaissance Religion*, Leiden 1974, 307–336; Dario Rei, „Note sul concetto di ‚religione popolare'", *Lares* 40 (1974) 262–280.
79 Apuleius, *Apologia* 27: *qui providentiam mundi curiosius vestigant.*
80 Ebd. 40,1.
81 Ebd. 40,3, vgl. Hom. *Od.* 19, 457 f.
82 Zu späteren Fällen vgl. Brown (1972) 124–127 (Boethius, Mummolus von Bordeaux), dazu etwa Hypatia von Alexandria, wo Maria Dzielska, *Hypatia of Ale-*

xandria, Cambridge, Mass. 1995 eine Magieanklage als Auslöser ihrer Ermordung vermutet.
83 Vgl. Mauss (1973) 24 „Toute condition sociale anormale prépare à l'exercice de la magie".

4. Wie wird man Zauberer? Die Innenansicht

1 Vgl. etwa Fowden (1986) 79-87.
2 Lukian, Philopseudes 34-36.
3 Fowden (1986) 166 f. will ihn mit dem Magier und Priester Pachrates aus Heliopolis identifizieren, der PGM IV 2446 genannt ist. Das ist nicht zwingend, gerade angesichts der ägyptischen Etymologie von Heinz J. Thissen, „Ägyptologische Beiträge zu den griechischen magischen Papyri", in: U. Verhoeven und E. Graefe (Hrsgg.), Religion und Philosophie im alten Ägypten. Festgabe für Philippe Derchain, Louvain 1991, 293-302, hier 296: Pa-hrt, „der zum (göttlichen) Kind gehört".
4 Druiden: Caesar, Bellum Gallicum 6,14. - Kyprian: Pseudo-Cyprian, Confessiones 12, vgl. Hopfner (1983) 22 f. - Memphis ist der Ort, wo auch der temporäre Magier bei Hieronymus, Vita S. Hilarionis eremitae 12, ausgebildet wird, und schon die zaubermächtigen Götter der delischen Sarapisaretalogie kommen aus Memphis, Helmut Engelmann, The Delian Aretalogy of Sarapis, Leiden 1975 (passim). Auch in einem demotischen Text ist es Hauptstadt der Magie, vgl. G. Maspero, Les contes populaires de l'Égypte ancienne, 4. Aufl., Paris 1911, 425 f.
5 Arnobius, Adversus nationes 1, 43: magus fuit, clandestinis artibus omnia illa perfecit, Aegyptiorum ex adytis angelorum potentium nomina et remotas furatus est disciplinas „Ein Magier war er [Christus], mit geheimen Künsten vollbrachte er alle seine Wunder, aus den Tempelgemächern der Ägypter hat er die Namen der mächtigen Engel und verborgene Lehren gestohlen".
6 Dio Cassius 75, 13,2 ἐκ πάντων ὡς ἔπος εἰπεῖν τῶν ἀδύτων ... ἀπόρρητόν τι. Zu ἀπόρρητον und seinem Mysterienkontext Burkert (1990) 16.
7 PGM VIII 41 ff. - Von Julian erzählten die Christen eine ironische Geschichte über seine Einweihung in einem ἄδυτον, Sozomenus, Historia Ecclesiastica 5,2, und die Kopten vermuteten Magie in den Tempeln Ägyptens: derjenige des Pan von Pleuit, gegen den der große koptische Heilige Shenute vorgeht, habe Opferwerkzeug, „eine Rolle von magischer Kunst" (ein Zauberbuch oder eine harmlosere Rolle mit Hieroglyphen?) und Bilder enthalten, und Shenute kämpfte gegen „Zauberer, Vergifter, Stundendeuter, Astrologen, Bildverehrer", Trombley (1993) Bd. 2, 211.
8 Origenes, Contra Celsum 1,25.
9 Hopfner (1974) 64-82 (§§ 135-162). - In einer Defixio Audollent (1904) Nr. 74; Daniel & Maltomini (1992) Nr. 97 b (πρῶτε ἄγγελε τῶν καταχθονίων „erster Bote [,Engel'] der Unterirdischen", nach der plausibelsten Deutung; Parallelen und Literatur ebd. 161.
10 Kelsos (bei Origines, Contra Celsum 1,28) behauptet nach jüdischen Quellen, der junge Jesus sei aus Armut gezwungen worden, sich in Ägypten zu verdingen, und habe dabei Magie gelernt. - Vgl. zum ganzen Komplex Smith (1978) 45-

80; noch immer lesenswert auch E. M. Butler, *The Myth of the Magus*, Cambridge 1948, 66–73.
11 Herodot 4,96; Hellanikos, *Die Fragmente der griechischen Historiker* 4 F 73.
12 Diogenes Laertius 8,41, nach Hermippos, Frg. 20 Wehrli (*Die Schule des Aristoteles*, Suppl. 1, Basel und Stuttgart 1974). – Zur Deutung Walter Burkert, *Lore and Science in Ancient Pythagoreanism*, Cambridge, Mass. 1972, 156–161.
13 Klaros: zusammenfassend H. W. Parke, *The Oracles of Apollo in Asia Minor*, London 1985, 137–139.- Trophonios: P. und M. Bonnechère, „Trophonios à Lébadée. Histoire d'un oracle", *Études Classiques* 57 (1989) 289–302.
14 So die Rekonstruktion des Rituals nach PGM LXX bei Hans Dieter Betz, „Fragments from a catabasis ritual in a greek magical papyrus", in: Betz (1990) 147–155 (urspr. *History of Religions* 19,1980,287–295); vgl. aber Jordan (1988 b) 245–259, der auf die Parallelen mit einem Defixionsritual verweist.
15 Vgl. Hans Dieter Betz, *Lukian von Samosata und das Neue Testament*, Berlin 1961.
16 Die einst von Mircea Eliade unternommene Synthese *Birth and Rebirth*, New York 1958 (nachgedruckt als *Rites and Symbols of Initiation*, New York 1965) ist zu dogmatisch, aber noch nicht ersetzt; für die christliche Welt Victor Saxer, *Les rites de l'initiation chrétienne du IIe au VIe siècle. Esquisse historique et signification d'après leurs principaux témoins* (Centro Italiano di Studi sull'Alto Medioevo 7), Spoleto 1988.
17 Thessalus, *De virtutibus herbarum* 1, 13 f., vgl. Hans-Veit Friedrich, *Thessalos von Tralles, griechisch und deutsch* (Beiträge zur Klassischen Philologie 28), Meisenheim am Glan 1968. – Zur Deutung André-Jean Festugière, „L'expérience religieuse du médecin Thessalos", *Revue Biblique* 48 (1939) 45–77, wieder in: *Hermétisme et mystique païenne*, Paris 1967, 141–180; Jonathan Z. Smith, *Map is Not Territory. Studies in the History of Religions*, Leiden 1978, 172–189; Fowden (1986) 162–165.
18 PGM III (Papyrus Mimaut des Louvre) 440.
19 Pindar, *Pythia* 4, 213–219; vgl. Vinciane Pirenne-Delforge, „L'iynge dans le discours mythique et les procédures magiques", *Kernos* 6 (1993) 277–289; Christopher A. Faraone, „The wheel, the whip and other implements of torture. Erotic magic in Pindar, Pythia 4.213–19", *Classical Journal* 89 (1993) 1–19. Zur Iynx noch immer E. Tavenner, „Iynx and rhombus", *Transactions of the American Philological Association* 64 (1933) 109–127 und A. S. F. Gow, „Ἴυγξ, ῥόμβος, rhombus, turbo", *Jounal of Hellenic Studies* 54 (1934) 1–13; dazu jetzt Sarah Iles Johnston (oben S. 222 Anm. 63); als Schmuckstück Dyfri Williams und Jack Ogden, *Greek Gold. Jewelry of the Classical World*, New York 1994, 96 f. Nr. 49 f. (330–300 v. Chr.). – Aberrant die Benutzung im Wetterzauber, Marinus, *Vita Procli* 28.
20 Ausnahme auch hier Orpheus, doch ist die Sache komplizierter, vgl. Fritz Graf, „Orpheus. A poet among men", in: Jan Bremmer (Hrsg.), *Interpretations of Greek Mythology*, London 1987, 80–106.
21 Zur Kulturtheorie und zum πρῶτος εὑρετής A. Kleingünther, *ΠΡΩΤΟΣ ΕΥΡΕΤΗΣ. Untersuchungen zur Geschichte einer Fragestellung* (Philologus. Supplementband 26:1), Leipzig 1933.
22 Für einige initiatorische Aspekte des Mythos vgl. Alain Moreau, „Introduction à la mythologie X-XIX. Les mille et une facettes de Médée", *Connaissance hellénique* 24–33 (1985–1987); ders., *Le mythe de Jason et Médée. Le va-nu-pied et la sorcière*, Paris 1994; Fritz Graf, „Medea, the enchantress from afar. Remarks on a well-

known myth", in: James J. Clauss und Sarah Iles Johnston (Hrsgg.), *Medea*, Princeton 1996 (im Druck).

23 *Respublica* 364 B πείθουσι ὡς ἔστι παρὰ σφίσι δύναμις ἐκ θεῶν ποριζομένη θυσίαις τε καὶ ἐπῳδαῖς, εἴτε τι ἀδίκημά του γέγονεν αὐτοῦ ἢ προγόνων, ἀκεῖσθαι μεθ' ἡδονῶν τε καὶ ἑορτῶν. Gegenüber dieser Gliederung des Griechischen wirkt die andere, welche θυσίαις τε καὶ ἐπῳδαῖς zu ἀκεῖσθαι zieht („heilen ... mit Opfern und Beschwörungen"), künstlicher.

24 Zur Theurgie Garth Fowden, „The Platonist philosopher and his circle in late antiquity", *Philosophia/Athen* 7 (1977) 359–83; Gregory Shaw, „Theurgy. Rituals of unification in the neoplatonism of Jamblichus", *Traditio* 41 (1985) 1–28; Georg Luck, „Theurgy and forms of worship in Neoplatonism", in: Neusner – Frerichs – Flesher (1989) 185–225.

25 Vgl. zu ihnen Ludwig Bieler, Θεῖος Ἀνήρ. *Das Bild des ‚göttlichen Menschen' in Spätantike und Frühchristentum*. Wien 1935–1936 (repr. Darmstadt 1967); Garth Fowden, „The pagan holy man in late antique society", *Journal of Hellenic Studies* 102 (1982) 33–59; Graham Anderson, *Sage, Saint, and Sophist. Holy Men and Their Associates in the Early Roman Empire*, London 1994.

26 Zu Apollonios außer den in der vorigen Anm. genannten Arbeiten auch Maria Dzielska, *Apollonius of Tyana in Legend and History*, Rom 1986; zum Quellenproblem der Aigai-Episode Fritz Graf, „Maximos von Aigai. Ein Beitrag zur Überlieferung über Apollonios von Tyana", *Jahrbuch für Antike und Christentum* 27/28 (1984–1985) 65–73.

27 Irenaeus, *Contra haereses* I, 13, 1.

28 Richard Reitzenstein, *Poimandres. Studien zur griechisch-ägyptischen und frühchristlichen Literatur*, Leipzig 1904, 146–160.

29 Zur Formel ἐγώ εἰμι, die vor allem aus den Isisaretalogien bekannt ist, siehe besonders Jan Bergman, *Ich bin Isis. Studien zum memphitischen Hintergrund der griechischen Isisaretalogien*, Upsala 1960. – Beispiele sind gesammelt unten Anm. 104.

30 PGM XII 92 ἐγώ εἰμι ᾧ συνήντησας ὑπὸ τὸ ἱερὸν ὄρος καὶ ἐδωρήσω τὴν τοῦ μεγίστου ὀνόματός σου γνῶσιν.

31 φυλακτήριον Μωσέως ὅτε ἀνέβαινεν τῷ ὄρει Σειλαμωναι λαβεῖν καστυ - ein Kupfertäfelchen aus Akrai in Sizilien, herausgegeben und kommentiert von Kotansky (1994) Nr. 32 (mit reicher Bibliographie seit der *editio princeps* durch Achille Vogliano und Karl Preisendanz, „Laminetta magica siciliana", *Acme* 1, 1948, 73–85).

32 PGM V 110 ἐγώ εἰμι Μοϋσῆς ὁ προφήτης σου ᾧ παρέδωκας τὰ μυστήριά σου τὰ συντελούμενα Ἰσραήλ. – Zu Moses und der Offenbarung magischen Wissens auf dem Berg Kotansky (1994) 140.

33 Vgl. auch den Exorzismus P. Carlsberg 52 (7. Jh. n. Chr.), besprochen von William M. Brashear, *Magica Varia* (Papyrologica Bruxellensia 25), Brüssel 1991, 16–62 (der Exorzist als Dämon, der auf dem Berg Sinai sitzt); Amulette: Louis Robert, „Amulettes grecques I: Théophanies sur les montagnes", *Journal des Savants* (1981) 3–27, wieder in: *Opera Minora Selecta* 7, Amsterdam 1990, 465–489.

34 Vgl. Martin P. Nilsson, „Greek mysteries in the ‚Confession' of St. Cyprian", *Harvard Theological Review* 40 (1947) 167–176, wieder in Nilsson (1960) 106–116.

35 Zusammenfassend Hans Dieter Betz, „Magic and mystery in the Greek magical papyri", in: Betz (1990) 209–229 und in: Faraone & Obbink (1991) 244–259.

36 Schon zusammengestellt bei Festugière (1932) 303-306.
37 Beispielsweise PGM I 131. XIXa 52; mehr Arthur D. Nock, *Journal of Egyptian Archaeology* 11 (1925) 158.
38 Z. B. PGM IV 476 τὰ ἄπρατα, τὰ παραδοτὰ μυστήρια; XII 95 ἐν ταῖς ἱεραῖς τελεταῖς.
39 C. Zijderveld, Τελετή. *Bijdrage tot de kennis der religieuze terminologie in het Grieksch*, Diss. Utrecht 1934.
40 IV 746 χρίων τὴν ὄψιν τῷ μυστηρίῳ (magische Salbe). 794 Amulett in Form eines Mistkäfers; XII 331. 333 Amulett.
41 PGM XII 322 μεγαλομυστήριον.
42 PGM IV 733 συνμύσται; μύσται in IV 479.
43 PGM XIII 57. 380. 427 ἀμυστηρίαστοι.
44 PGM IV 172 μυσταγωγός.
45 Zur ‚Mithrasliturgie' Dieterich (1923) und Merkelbach (1992), vgl. auch Marvin W. Meyer, *The ‚Mithras Liturgy'*, Missoula, Montana 1976; Protest gegen die Mysteriendeutung bei Festugière (1932) 310-313. – Sarah Iles Johnston versteht sie in einer noch unveröffentlichten Arbeit als theurgischen Text.
46 PGM LXX 12-19 τετελεσμένος, vgl. Hans Dieter Betz, „Fragments from a catabasis ritual in a Greek magical papyrus", in: Betz (1990) 147-155.
47 Euripides, *Hercules* 610ff. (613 τὰ μυστῶν δ᾽ ὄργι᾽ εὐτύχησ᾽ ἰδών „Ich war erfolgreich, weil ich die Riten der Mysten gesehen hatte").
48 Die Texte sind zusammengestellt bei Giovanni Pugliese-Carratelli, *Le lamine d'oro ‚orfiche'*, Mailand 1993; zentral ist die kleine Szene des Täfelchens von Hipponion, ebd. S. 20.
49 PGM V 110, oben Anm. 32.
50 George E. Mylonas, *Eleusis and the Eleusinian Mysteries*, Princeton 1961, 224-226.
51 PGM XII 315-322: ἔχεις τελετὴν τοῦ μεγίστου καὶ θείου ἐνεργήματος ... τοῦτο γάρ ἐστιν τὸ ἀληθές ... ὃ καὶ ἔχε ἐν ἀποκρύφῳ ὡς μεγαλομυστήριον, κρύβε, κρύβε. – Vgl. zusammenfassend Betz (1995) 153-175, bes. 154-160.
52 Zum Verschwinden des Wissens um die Hieroglyphen vgl. Pieter W. van der Horst, „The secret hieroglyphs in classical literature", in: Jan den Boeft und A. H. M. Kessels (Hrsg.), *Actus. Studies in Honour of H. L. W. Nelson*, Utrecht 1982, 115-123 und Fowden (1986) 63-65. Symptomatisch etwa Olympiodor, *De arte sacra*, in: M. Berthelot, *Collection des anciens alchemistes grecs*, Paris 1887, 87f. (repr. London 1963) oder Iamblich, *De mysteriis Aegyptiorum* 8,5,267f. – Wenn andererseits bei der Zerstörung des alexandrinischen Serapeions das Henkelkreuz als Zeichen für Christus, das kommende Leben, gedeutet wurde, muß noch rudimentäres Wissen um die Bedeutung dieses Symbols existiert haben, Socrates, *Historia* 5,17 (PG 67,608A-609A), Rufin, *Historia Ecclesiastica* 11,29.
53 PGM XII 403-408 ἑρμηνεύματα ἐκ τῶν ἱερῶν μεθηρμηνευμένα, οἷς ἐχρῶντο οἱ ἱερογραμματεῖς. διὰ τὴν τῶν πολλῶν περιεργίαν τὰς βοτάνας καὶ τὰ ἄλλα οἷς ἐχρῶντο εἰς θεῶν εἴδωλα ἐπέγραψαν, ὅπως μὴ εὐλαβούμενοι περιεργάζωνται μηδὲν διὰ τὴν ἐξακολούθησιν τῆς ἁμαρτίας.
54 Magier: etwa Claudian, *In Rufinum* 1,145 ff. (die Zauberin Megaera weiss *quid signa sagacis / Aegypti valeant*). – Christen: Rufin, *Historia Ecclesiastica* 11,16 (die Priesterschule von Kanopos mit ihren *litterae sacerdotales* gilt als *magicae artis publica schola*).

4. Wie wird man Zauberer? Die Innenansicht 235

55 ἐκ τῶν πολλῶν ἀντιγράφων PGM XII 407, vgl. V 51 ἐν ἄλλλοις ἀντιγράφοις, „in andern Exemplaren stand...".
56 Die Ekstase des Magiers PGM IV 738 λέγεις ὡς ἐν ἐκστάσει ἀποφοιβώμενος.
57 Homer, *Hymnus in Cererem* 480–489.
58 Apuleius, *Metamorphoses* 11,30.
59 Vgl. Burkert (1990) 19–34.
60 Reinhold Merkelbach, *Mithras*, Königstein /Ts. 1984.
61 Apuleius, *Apologia* 55,8.
62 Nach Marinos, *Vita Procli* 28, lernte Proklos die Theurgie von Asklepiogeneia, der Tochter des Plutarch, die von ihrem Vater ausgebildet worden war, der die Technik seinerseits von seinem Vater Nestorios übernommen hatte. – Zu solchen mittelalterlichen Traditionslinien Kieckhefer (1989) 59.
63 Text PGM XIII 342f., vgl. 213 (τέκνον: Moses VIII). – Andere Beispiele sind PGM I 42 (Pnouthis an Keryx); IV 152 (Nephotes an König Psammetichos). 2006 (Pitys an König Ostanes), vgl. 475 (Anrede an die Tochter).
64 PGM IV 732–746.
65 Die zu einfache Unterscheidung bei Arthur D. Nock (1972) 193: „The authors and readers of the Pistis Sophia (like Neoplatonist students of theurgy) were passionately eager to know how the wheels went round, the authors and readers of the magical papyri desired simply to be able to make them turn". – Auch Theurgie kann nur allzu weltliche Zwecke haben, Porphyrius, *Vita Plotini* 10,1–9; Eunapius, *Vitae sophistarum* 410–413 (Maximos von Tyrus); Marinos, *Vita Procli* 28 (Theurgie, Amulett-Herstellung, Wetterzauber und Divination); Psellus, *Explanationes in Oracula Chaldaica*, PG 122,1133 AB (Wetterzauber des Proklos).
66 PGM IV 172–176.
67 PGM IV 210–214.
68 Etwa die Abfolge von μύησις und ἐπόπτεια in Eleusis und Samothrake oder die sehr komplexe Abfolge der Weihegrade im Mithraismus, vgl. Burkert (1990) 46f.
69 Plinius, *Naturalis historia* 30,16.
70 W. Burkert, *Griechische Religion der archaischen und klassischen Epoche*, Stuttgart 1977, 163 Anm. 46.
71 Version A von Moses VIII. PGM XIII 1–230; die ‚Einführung an die Stundengötter', σύστασις τῶν ὡρογένων θεῶν, ibid. 29–39. – Zu den Stundengöttern vgl. G. Soukissian, *Lexikon der Ägyptologie*, Bd. 6 (1986) 102f.
72 Zur Gefahr eines ἀντίθεος Arnobius, *Adversus nationes* 4,12 *magi, haruspicum fratres, suis in actionibus memorant antitheos saepius obrepere pro accitis, esse autem hos quosdam materiis ex crassioribus spiritus, qui deos se fingant nesciosque mendaciis et simulationibus ludant.* „Die Magier, die Brüder der Wahrsager, erzählen, daß bei ihren Riten öfter anstelle der gerufenen Götter ‚Gegengötter' sich einschleichen würden; es seien dies Geister aus dichterer Materie, die sich als Götter ausgeben und Unwissende mit Lügen und Täuschungen narren würden."
73 PGM XIII 31 τελεσθήσεις αὐτοῖς οὕτως.
74 ἔσει τετελεσμένος αὐτοῖς ebd. 37.
75 Denn αὐτοί im eben zitierten Text sind die Götter.
76 Solche Kommentare enthielten also nicht bloß Erläuterungen, sondern auch zusätzliche Riten.

77 Stier und Widder finden sich in einer neu entdeckten sakralen Formel der bakchischen Mysterien, in der bisher nur das Zicklein (ἔριφος) belegt war, Fritz Graf, „Dionysian and Orphic eschatology. New texts and old questions", in: Thomas Carpenter und Christopher Faraone (Hrsgg.), *Masks of Dionysos*, Ithaca N.Y. 1993, 239–258.
78 Arnold van Gennep, *Les rites de passage*, Paris 1908.
79 Porphyrius, *Vita Plotini* 10; dieser persönliche Schutzgeist heißt hier ἴδιος δαίμων.
80 Irenaeus, *Contra haereses* 1,13,3.
81 PGM I 96–130.
82 Origenes, *Contra Celsum* 1,68. – Zum Problem Eugene V. Gallagher, *Divine Man or Magician? Celsus and Origen on Jesus* (Society of Biblical Literature. Dissertation series 64), Chico, Cal. 1982.
83 PGM XII 161; ähnlich XIII 289.
84 *Passio Perpetuae* 16,2.
85 PGM IV 3080. – Zu den Dämonen und der Luft vgl. Porphyrios bei Eusebius, *Praeparatio evangelica* 4,23: die Ägypter und andere Spezialisten im Umgang mit dem Heiligen würden vor dem Opfer die Luft mit einer Peitsche schlagen, um Dämonen zu vertreiben. Smith (1978) 113 erinnert auch an Johannes 20,22 (Jesus haucht seinen Atem auf seine Jünger).
86 PGM I 1–42.
87 Milch, Magie und weitere Spendeflüssigkeiten: etwa PGM III 694 (Milch, Wein). IV 2192 (Milch, Honig, Wein, Öl). XII 215 (Milch, Wein, Honig). XIII 135 (Milch, Wein). 1015 (Milch, Wein, Wasser). – Vgl. Fritz Graf, „Milch, Honig und Wein. Zum Verständnis der Libation im griechischen Ritual", in: *Perennitas. Studi Angelo Brelich*, Rom 1980, 209–221; Albert Henrichs, „The Eumenides and wineless libation in the Derveni papyrus", in: *Atti del XVII Congresso Internazionale di Papirologia (Napoli, 19–26 maggio 1983)*, Neapel 1984, 255–268.
88 PGM XIII 131–139 (Version A). 413–440 (B). 683–693 (C); vgl. PGM XIII 890, wo man ein Goldblättchen lecken muß. – Wortmann (1968) 102 Nr. 5 ediert einen Papyrus mit einem Rezept gegen eine Krankheit, der zweimal denselben Text enthält, wobei der eine Text mit Wasser wieder abgewaschen wurde; Wortmann vermutet, daß das Wasser eine Horos-Stele angefeuchtet habe; möglicherweise hat man es auch getrunken.
89 Ritner (1993) 95–102 (Lecken). 102–110 (Trinken).
90 Fowden (1986) 59 f. mit Anm. 48.
91 Ezechiel 2,8–3,3.
92 Carlo Ginzburg, *Storia notturna. Una decifrazione del sabba*, Turin 1989, 52 (Norditalien). 288 (Bern).
93 Vgl. PGMTr ad loc. – Zur großen Rolle der ägyptischen Sonnenmythologie vgl. Wolfgang Fauth, *Helios Megistos. Zur synkretistischen Theologie der Spätantike* (Religions in the Graeco-Roman World 125), Leiden 1995.
94 Porphyrius, *Vita Plotini* 10.
95 Zentral ist die 15. Satire des Juvenal; die zeitgeschichtlichen Erklärungen und Parallelen bei Jean Gérard, *Juvénal et la réalité contemporaine*, Paris 1976, 385–387, und E. Courtney, *A Commentary on the Satires of Juvenal*, London 1980, 592 f.

96 Kambyses: Herodot 3,27; Antigonos: Plutarch, *De Iside* 11; Hyksos und Juden: Manetho, *Fragmente der griechischen Historiker* 609 F 10 (Flavius Iosephus, *Contra Apionem* 1,248 f.).
97 PGM I 36 πεμπόμενος δὲ ἄβλαυτος ἴθι ἀναποδίσας.
98 PGM IV 26-51. 2442-2495; VII 439 f.; XXXVI 264-274.
99 Vgl. M.J. Heckenbach, *De nuditate sacra* (RGVV 9:3), Gießen 1911.
100 Die Identifikation von Horus und Orion auch bei Plutarch, *De Iside* 21, 359 D; der Kommentar von J. Gwyn Griffiths (Bangor 1970) 371-373 ist etwas hilflos und kennt die vorliegende Stelle nicht.
101 PGM IV 160 ἦν καὶ σὺ δοκιμάσας θαυμάσεις τὸ παράδοξον τῆς οἰκονομίας ταύτης.
102 PGM IV 219 ταῦτα ποιήσας κάτελθε ἰσοθέου φύσεως κυριεύσας τῆς διὰ ταύτης τῆς συστάσεως. (Hier setzt der Papyrus ein Satzende an, anders als der Text in PGM.)
103 PGM IV 172-176, zitiert oben bei Anm. 65.
104 Moses PGM V 113, oben Anm. 32. – Weitere Beispiele: III 343 ἐγώ εἰμι ὁ κύριος τῆς θαλάττης „Ich bin der Herr des Meers". – IV 535 ἐγὼ γάρ εἰμι ὁ υἱός... „Denn ich bin der Sohn des ..." [Zauberworte als Name]; 1075 ἐγώ εἰμι Ὧρος; 2999 ἐγώ εἰμι Ἑρμῆς; 247 ἐγώ εἰμι Θωύθ, 251 ἐγώ εἰμι Ἥρων ἔνδοξος; VII 323 ἐγὼ γάρ εἰμι προφήτης; XXXIII 23 ἐγώ εἰμι ὁ πατροπαράδοτος θεός; LXIX 2 ἐγὼ γάρ εἰμι Ἀβρασαξ; LXX 5 ἐγώ εἰμι Ἐρεσχιγαλ; LXXVIII 8 ἐγὼ γάρ εἰμι δεσπότης τοῦ [Zauberworte als Name] – oder sehr komplex PGM IV 1018 ἐγώ εἰμι ὁ πεφυκὼς ἐκ τοῦ οὐρανοῦ, ὄνομά μοι Βαλσάμης „Ich bin der, der aus dem Himmel wurde, und ich heiße Balsames [d.h. Ba'al Šamaim]". Weitere Beispiele V 145 ff.; XII 110. 226 ff. XII 284.
105 Tempel: Porphyrius, *Vita Plotini* 10. – Nil: PGM IV 28 „einen eben erst vom Nil freigegebenen Ort, bevor jemand das von ihm umspülte Land betritt (oder anders: einen vom Nil überspülten Ort)".
106 Mircea Eliade, *Birth and Rebirth*, New York 1958; Burkert (1990) 90-92.
107 Plotin: Porphyrius, *Vita Plotini* 10; Sokrates' Daimonion: Plutarch, *De genio Socratis*; Apuleius, *De deo Socratis*.
108 Vgl. vor allem Peter Brown, *The Cult of the Saints. Its Rise and Function in Latin Christianity*, Chicago 1981, bes. 50-85; Lothar Kolmer, „Heilige als magische Helfer", *Mediaevistik* 6 (1993) 153-175.

5. Defixionen und Zauberpuppen. Aspekte des Schadenzaubers

1 Eine umfassende Bibliographie fehlt, doch helfen Karl Preisendanz, Art. „Fluchtafeln (Defixion)", in: *Reallexikon für Antike und Christentum* 8 (1972) Sp. 1-29; Christopher A. Faraone, „The agonistic context of early Greek binding spells", in: Faraone & Obbink (1991) 3-32 und Gager (1992) 3-41; vgl. zu den Zauberpuppen Christopher A. Faraone, „Binding and burying the forces of evil. The defensive use of ‚voodoo dolls' in ancient Greece", *Classical Antiquity* 10 (1991) 165-205 (basiert auf der unveröffentlichten Dissertation der Stanford University von 1988, *Talismans, Voodoo Dolls and Other Apotropaic Statues in Ancient Greece*, University Microfilms Nr. 8826138).

2 Richard Wünsch, „Appendix continens defixionum tabellas in Attica regione repertas", in: *Inscriptiones Graecae*. II/III Corpus Inscriptionum Atticarum, Berlin 1897; die Editio Minor hat diese Texte nicht wieder aufgenommen. Wünsch selber veröffentlichte noch eine Ergänzung, „Neue Fluchtafeln", *Rheinisches Museum* 55 (1900) 62-85. 232-271, in der er sich auch mit Ziebarth (1899) auseinandersetzt und wichtige Korrekturen anbringt.

3 Augustus Audollent, *Defixionum tabellae*, Paris 1904.

4 John G. Gager (Hrsg.), *Curse Tablets and Binding Spells from the Ancient World*, New York und Oxford 1992 (168 Texte); David R. Jordan: „A survey of Greek defixiones not included in the special corpora", *Greek, Roman and Byzantine Studies* 26 (1985) 151-197; vgl. auch seine Dissertation *Contributions to the Study of Greek Defixiones*, Brown University 1982 (Ann Arbor 1985, University Microfilms Nr. 8226275). - Unter den älteren Arbeiten sind zu nennen Erich Ziebarth, „Neue Verfluchungstafeln aus Attika, Böotien und Euboia", *Sitzungsberichte der Preussischen Akademie der Wissenschaften, phil.-hist. Klasse* 1934, 1022-1050; Werner Peek, *Inschriften, Ostraka, Fluchtafeln* (Kerameikos. Ergebnisse der Ausgrabungen 3), Berlin 1941; Wortmann (1968) 56-111 sowie das Repertorium der lateinischen Texte im Anhang bei Heikki Solin, *Eine neue Fluchtafel aus Ostia* (Comment. Hum. Litt. Soc. Sc. Fenn. 42:3), Helsinki 1968. Defixionen auf Papyrus bei Daniel & Maltomini (1990). (1992).

5 Plinius, *Naturalis historia* 28,19; Tacitus, *Annales* 2,69 f. (Germanicus). 4, 22 (Liebeszauber). 12,65 *(devotiones* gegen die Frau des Princeps). 16, 31 *(devotiones in Caesarem)*; Cicero, *Brutus* 217.

6 Aeschylus, *Agamemnon* 306 ὕμνος δέσμιος. Vgl. Jacqueline de Romilly, *Magic and Rhetoric in Ancient Greece*, Cambridge, Mass. 1975, 13 und Christopher A. Faraone, *Classical Journal* 89 (1993) 4 f.; vgl. ders., „Aristophanes, ‚Amphiarau', fr. 29 (Kassel-Austin): oracular response or erotic incantation?", *Classical Quarterly* 42 (1992) 320-327.

7 Plato, *Staat* 364 BC ἐπαγωγαῖς τισι καὶ καταδεσμοῖς, vgl. den Katalog bei Ovid, *Metamorphoses* 10, 397-399; *Leges* 11,992 E-993 E κήρινα πλάσματα.

8 Harpokration und Suidas s. v. καταδεῖν.

9 PGM V 321-331.

10 Die neueren Arbeiten haben diese Kategorien weitestgehend übernommen, sie allerdings verfeinert, vgl. Faraone, in: Faraone & Obbink (1991) 3-32.

11 Noch die christlichen Vorwürfe an die Magie kennen sie: Arnobius, *Adversus nationes* 1,43 nennt in einer langen Liste der Untaten der Magie auch *ora silentio vincire*, „Münder in Schweigen zu fesseln"; Zacharias, *Vita S. Severi* 69 zählt als Inhalt der 490 n. Chr. in Beirut beschlagnahmten Zauberbücher unter anderem Rezepte auf, „um Ehebruch, Mord und Diebstahl zu begehen; um vor Gericht frei zu kommen" - die Kombination spricht für sich.

12 Sophokles: Christopher A. Faraone, „Deianira's mistake and the demise of Heracles. Erotic magic in Sophocles' Trachiniae", *Helios* 21 (1994) 115-136; allgemein John J. Winkler, *The Constraints of Desire. The Anthropology of Sex and Gender in Ancient Greece*, New York und London 1990, vgl. ders., „The constraints of Eros", in: Faraone & Obbink (1991) 214-243.- In den Listen der beiden Christen: *uxoribus et liberis alienis sive illi mares sunt sive feminei generis inconcessi amoris flammas et feriales inmittere cupiditates*, „fremden Frauen und Kindern (ob männ-

lich oder weiblichen Geschlechts) das Feuer und die höllische Gier unerlaubter Liebe zu senden" Arnobius, *Adversus nationes* 1,43; „um Ehen zu zerbrechen; um eine Frau gegen ihren Willen zu illegitimer Liebe zu bringen" Zacharias, *Vita S. Severi* 69.
13 Arnobius, ebd. *in curriculis equos debilitare incitare tardare*, „auf den Rennbahnen die Pferde zu schwächen, anzutreiben, langsam zu machen". - Vgl. Henriette Pavis d'Esturac, „Magie et cirque dans la Rome antique", *Byzantinische Forschungen* 12 (1987) 447-467.
14 Etwa aus Delos, Philippe Bruneau, *Recherches sur les cultes de Délos à l'époque hellénistique et à l'époque impériale*, Paris 1970, 650-655 oder aus Kleinasien, Christiane Dunant, „Sus aux voleurs! Une tablette en bronze à inscription grecque du Musée de Genève", *Museum Helveticum* 35 (1978) 241-244. - Hendrik S. Versnel trennt diese Gruppe ab und bezeichnet sie als ‚judicial prayers', „Beyond cursing. The appeal to justice in judicial prayers", in: Faraone & Obbink (1991) 60-106, vgl. ders., „Les imprecation et le droit", *Revue historique du droit français et etranger* 65 (1987) 5-22 und zu einem Detail „Πεπρημένος. The Cnidian curse tablets and ordeal by fire", in: Hägg (1994) 145-154.
15 Wünsch (1897) Nr. 45.
16 καταδῶ καὶ οὐκ ἀναλύσω: Athen, 1. Hälfte des 4. Jahrhunderts v. Chr.: A. Wilhelm, *Oesterreichische Jahreshefte* 7 (1904) 120-122; zum Exorzisten, dem ἀναλύτης, unten Anm. 168.
17 Audollent (1904) Nr. 49 = Gager (1992) Nr. 44.
18 In der Übersetzung habe ich die Strukturierung herauszuarbeiten versucht.
19 López Jimeno (1991) Nr. 3 ff.
20 Audollent (1904) Nr. 111 *Denuntio personis infra/ scribtis Lentino et Tasgillo/ uti adsin<t> ad Plutonem,/ quomodo hoc catellus nemin[i]/ nocuit, sic [...] nec/ illi hanc litem vincere possint./ quomodi nec mater huius catelli/ defendere potuit, sic nec advocati/ eorum e[os de]fendere non possint, sic il[los] inimicos [...]*
21 Audollent (1904) Nr. 93 a *Domitius Niger et/ [L]ollius et Iulius Severus / [e]t S[e]verus Nigr[i] servus adve[rs/a]r[ii] Bruttae et quisquis adver/rsus illam loqut(us est): omnes perdes*. Das Schlüsselwort *adve[rsa]r[ii]* in Z. 3 ist sicher ergänzt.
22 Sizilien: López Jimeno (1991) 89 f. - In Attika etwa Ziebarth (1899) 127 Nr. 24 καταγράφω καὶ κατατίθω.
23 Gelegentlich in frühen sizilischen Texten, López Jimeno (1991) 71 (ἐγγράφω). 120 (ἀπογράφω).
24 Robert (1936) Nr. 36 = Jordan (1985 a) 64 = Gager (1992) Nr. 19.
25 Audollent (1904) Nr. 2 B.
26 Audollent (1904) Nr. 129.
27 Etwa aus demjenigen der Demeter und Kore von Korinth, Ronald Stroud, „Curses from Corinth", *American Journal of Archaeology* 77 (1973) 228; der Demeter Malophoros von Selinunt, Jacques Heurgon, *Kokalos* 18/19 (1972/73) 70-74 (*Bulletin épigraphique* 1976, 824); aus dem Demetertempel auf der Akropolis von Mytilene, Caroline und Hector Williams, „Excavations at Mytilene 1984", *Echos du Monde Classsique* 32 (1988) 145; eine ganze Serie stammt aus dem Heiligtum der Minerva Sulis, der Quellgöttin von Bath, H. S. Versnel, in: Faraone & Obbink (1991) 85-88; aus dem Mercuriustempel von Uley, M. W. C. Hassall - R. S. Tomlin, „Romain Britain in 1978. II: Inscriptions", *Britannia* 10 (1979) 340;

aus einem Tempelbezirk von Dahlheim (Luxemburg): Lothar Schwinden, *Hémecht* 44 (1992) 83–100.
28 Agora: George Elderkin, „An Athenian maledictory inscription on lead", *Hesperia* 5 (1936) 43–49 und „Two curse inscriptions", *Hesperia* 6 (1937) 382–395, wieder diskutiert von David R. Jordan, „A curse tablet from a well in the Athenian agora", *Zeitschrift für Papyrologie und Epigraphik* 9 (1975) 245–248; ders., „Ἑκατικά", *Glotta* 38 (1980) 62–65; mehr Jordan (1985 b) 205–250. – Kerameikos: David R. Jordan, „Two inscribed lead tablets from a well in the Athenian Kerameikos", *Athenische Mitteilungen* 95 (1980) 225–239. – Delos: Philippe Bruneau, *Recherches sur les cultes de Délos à l'époque hellénistique et à l'époque impériale*, Paris 1970, 649 f. - Noch unveröffentlichter Fund von 50 Defixiones in einem Brunnen in Caesarea Palaestinae im Jahre 1994, bei Grabungen der Cincinnati University beim Palast des Herodes. – Vgl. allgemein William S. Fox, „Submerged tabulae defixionum", *American Journal of Philology* 33 (1912) 301–310 und Jordan (1985 b) 207.
29 PGM VII 450 κατορυκτικόν.
30 Bezeichnend Philostrat, *Vita Apollonii* 8,7,9 τίς δ'ἂν Ἡρακλεῖ εὔξασθαι γόης ὤν; τὰ γὰρ τοιαῦτα οἱ κακοδαίμονες βόθροις ἀνατιθέασι καὶ χθονίοις θεοῖς. „Wer würde denn überhaupt zu Herakles beten, wenn er Hexer ist? Denn diese armseligen Menschen schreiben ihre Erfolge den Opfergruben zu und dem Eingreifen der interirdischen Götter." (Bothroi, Opfergruben, sind die typischen Kultorte der Unterirdischen). Satirische Bestätigung gibt Lukians ‚Menippos oder Totenbeschwörung': als Menippos in die Unterwelt reisen will, bemüht er einen babylonischen Großmagier Mithrobarzanes, der nach langer Vorbereitung eine Grube (βόθρος) gräbt und die unterirdischen Dämonen (Poinai, Erinyen, Hekate, Persephoneia) anruft.
31 Von Audollent (1904) LIf. bis Louis Robert, *Journal des Savants* (1981) 35 = *Opera Minora Selecta* 7, Amsterdam 1990, 497.
32 Hendrik S. Versnel,„Die Poetik der Zaubersprüche. Ein Essay über die Macht der Worte", in: *Die Macht der Worte* (Eranos-Jahrbuch, Neue Reihe 4), München 1996, 233–297.
33 Die rituellen Texte sind noch nicht zusammengestellt, zur literarischen Ausformung Lindsay Watson, *Arae. The Curse Poetry of Antiquity*, Leeds 1991.
34 Audollent (1904) XXXI-XLIII.
35 Peter Herrmann, „Teos und Abdera im 5. Jahrhundert v. Chr. Ein neues Fragment der ‚Teiorum Dirae'", *Chiron* 11 (1981) 1–30.
36 Vgl. Walter Ameling, *Herodes Atticus*, Hildesheim 1983 (mit der früheren Bibliographie) und die Ergänzung durch denselben Autor, „Eine neue Fluchinschrift des Herodes Atticus", *Zeitschrift für Papyrologie und Epigraphik* 70 (1987) 159.
37 Eine umfassende moderne Studie, die auch die antiken Texte zusammenstellt, fehlt, vgl. immerhin J. H. M. Strubbe, „Cursed be he that moves my bones", in: Faraone & Obbink (1991) 33–59; wichtig sind André Parrot, *Malédictions et violations de tombes*, Paris 1939; Paul Moraux, *Une imprécation funéraire à Néocésarée* (Bibliothèque archéologique et historique de l'Institut Français d'Archéologie d'Istanbul 4), Paris 1959; Louis Robert, „Malédictions funéraires grecques I-IV", *Comptes-Rendus de l'Académie des Inscriptions et Belles-Lettres* 1978, 241–289 (wieder in: *Opera Minora Selecta* 5, Amsterdam 1989, 697–745).
38 Vgl. Plutarch, *Quaestiones Romanae* 44, 275 D.

39 Homer, *Ilias* 1,35 f.
40 Audollent (1904) Nr. 43 = Gager (1992) Nr. 43.
41 Zusammengestellt von Christopher A. Faraone, in: Faraone & Obbink (1991) 7 f.; vgl. auch Amor López Jimeno, „Las cartas de maldición", *Minerva* 4 (1990) 134–144.
42 Wünsch (1897) Nr. 102. – Weitere Beispiele: Audollent (1904) Nr. 43 und 44 (Arkadien, 3. Jh. v. Chr.); Wünsch (1897) Nr. 103 (wieder in *Oesterreichische Jahreshefte* 7, 1904, 122–125); Bravo (1987) 206 (Olbia, 4./3. Jh. v. Chr.); López Jimeno (s. vorige Anm.) Nr. 27 = Jordan (1985 a) 109 (Lilybaion, späthellenistisch);
43 Etwa PGM IV 330. V 381 f. VII 225. 429 ff.
44 Ausformuliert in einer Defixio aus dem Gräberfeld von Savaria (Szombathely, Ungarn), Dorottya Gáspár, «Eine griechische Fluchtafel aus Savaria», *Tyche* 5 (1990) 13–16: Ἀβρασαρξ, παρατίθεμαί σοι Ἄδιεκτον ὃν ἔτεκεν Κουμεῖτα, ἵνα ὅσον χρόνον ὧδε κεῖται μηδὲν πράσσοι, ἀλλὰ ὡς σὺ νεκρὸς εἶ, οὕτως κἀκῖνος μετὰ σοῦ εἰς ὁπόσον χρόνον ζῇ. „Abrasarx, ich weihe dir den Deiectus, den Sohn der Cumita, damit er nichts tun kann, solange [dieser Text] so liegt, sondern so, wie du tot bist, so soll auch jener zusammen mit dir [daliegen], solange er lebt". – Vgl. PGM IV 2954 f. (man soll sich den Ort der Defixio merken, damit man sie wieder wegnehmen und die Bindung aufheben kann); V 325 (Ring mit allgemeinem Text).
45 Zu den Ahoroi vgl. unten Anm. 103.
46 Audollent (1904) Nr. 139 (*Corpus Inscriptionum Latinarum* I² 1012 = *Inscriptiones Latinae Selectae* 8749; Rom, spätrepublikanisch-frühaugusteisch). – Vgl. Audollent (1904) Nr. 192 (oskisch, aus Capua). Ziebarth (1934) 1040 Nr. 23 (Böotien).
47 Audollent (1904) 68; Gager (1992) 22, Seite B, ausführlich besprochen unten Anm. 104.
48 Wünsch (1897) Nr. 67.
49 Vgl. Rudolf Münsterberg, „Zu den attischen Fluchtafeln", *Oesterreichische Jahreshefte* 7 (1904) 141–145, hier 143; vgl. Caroline und Hector Williams, „Excavations at Mytilene 1988", *Échos du Monde Classique* 32 (1988) 145 mit Abb. 10.
50 Auch außerhalb der Defixio: Plutarch, *De sera numinis vindicta* 30, 567 C (drei unterweltliche Seen: ein kochender von Gold, ein eiskalter von Blei, ein tosender von Eisen).
51 Wünsch (1897) Nr. 55 (ἀφανία).
52 Wünsch (1897) Nr. 107, frühes 4. Jh. v. Chr.
53 Wünsch (1897) Nr. 106, 4. Jh. v. Chr.
54 Ausführlich E. G. Kagarow, „Form und Stil der Texte der Fluchtafeln", *Archiv für Religionswissenschaft* 21 (1922) 494–497; vgl. ders., *Griechische Fluchtafeln* (Eos. Supplementa 4), Leopoli (Lvov) 1929.
55 Plato, *Leges* 933 A; Ovid, *Amores* 3,7,29; mehr Audollent (1904) XLVII f. CXII f.; C. A. Faraone, in: Faraone & Obbink (1991) 7.
56 PGM V 305.
57 Einen Geschäftsbrief aus Athen (4. Jh. v. Chr.) veröffentlichte Adolf Wilhelm, „Der älteste griechische Brief", *Oesterreichische Jahreshefte* 7 (1904) 94–105, einen Privatbrief des 6. Jh. v. Chr. aus dem Norden des Schwarzen Meers Benedetto Bravo, *Annali della Scuola Normale Superiore di Pisa* 10 (1980) 880–885 (mit der früheren Bibliographie). – Pausanias 9, 31, 4 sah einen ‚uralten' Text von Hesiods

Werken auf Blei eingeschrieben; Plinius, *Naturalis historia* 13, 69. 88 weiß, daß früher öffentliche Texte auf Bleirollen, private auf Leinenrollen und Wachstafeln *(plumbea, lintea volumina, cerae)* aufgeschrieben waren; in einer mythischen Erzählung schickt man sich eine μολυβδίνη ἐπιστολή, Parthenius, *Erotica* 9,4.

58 Die Liste von PGM VII 450 ist oben bei Anm. 29 besprochen.
59 PGM V 304 f.
60 Wünsch (1897) Nr. 49 τούτους ἅπαντας καταδῶ ἀφανίζω κατορύττω καταπασσαλεύω.
61 Gesamtpublikation und Interpretation Trumpf (1958) 94–102; das Grab bei Karl Kübler, *Die Nekropole von der Mitte des 6. bis Ende des 5. Jahrhunderts* (Kerameikos. Ergebnisse der Ausgrabungen 7:1), Berlin 1976, 48 Nr. 148; der Text auch Gager (1992) Nr. 41.
62 καὶ εἴ τις ἄλλος μετ' ἐκείνων ξύνδικός ἐστι ἢ μάρτυς.
63 Die Neufunde Jordan (1988 a). – Namensbeischrift auf einer solchen Statuette ist sonst relativ selten; sie findet sich noch auf zwei etruskischen Beispielen des 4./3. Jh. v. Chr. aus demselben Kammergrab in Sovanna, vgl. B. Nogara und R. Mariani, *Ausonia* 4 (1909) 31–47; die Texte auch *Corpus Inscriptionum Etruscarum* 5234. 5235, eine Zeichnung bei Ambros Pfiffig, *Religio Etrusca*, Graz 1975, 365 (mit Abb. 141), und auf acht ungebrannten Tonfigürchen aus einem Grab in Pozzuoli, Audollent (1904) Nrn. 200–207. In romanhafter Form nimmt der Alexanderroman des Pseudo-Kallisthenes (Iulius Valerius, *Historia Alexandri Magni* 1,5) das Thema wieder auf: der Magier Nektanebos schreibt seinen Namen auf ein Wachsfigürchen und versteckt es im Schlafzimmer der Königin Olympias, um ihre Liebe zu erwecken.
64 Listen bei Robert (1936) Nr. 13; Trumpf (1958) 96 f.; Georges Posener, *Cinq figurines d'envoûtement* (Bibliothèque d' Étude 101), Kairo und Paris 1987; neueste Übersicht Christopher A. Faraone, „Binding and burying the forces of evil. The defensive use of ‚voodoo dolls' in ancient Greece", *Classical Antiquity* 10 (1991) 165–205; zu den Fesseln wichtig die delischen Figürchen bei Philippe Bruneau, *Recherches sur les cultes de Délos à l'époque hellénistique et à l'époque impériale*, Paris 1970, 694 f.
65 Audollent (1904) Nr. 112 *aversos ab hac lite esse quo/modi hic catellus aversus/ est nec surgere potest/ sic ne illi. sic transpecti sin[t]/ quomodo ille.*
66 Beispiele bei Trumpf (1958) 96; Hendrik S. Versnel, „A twisted Hermes. Another view of an enigmatic spell", *Zeitschrift für Papyrologie und Epigraphik* 72 (1988) 287–292.
67 Libanius, *Orationes* 1,248; vgl. unten 157.
68 Vgl. Pierre du Bourguet, „Ensemble magique de la période romaine en Égypte", *Revue du Louvre* 25 (1975) 255–257 und Sophie Kambitsis, „Une nouvelle tablette magique d'Égypte. Musée du Louvre, inv. E 27145 (III/IVe siècle)", *Bulletin de l'Institut Français pour l'Ancien Orient* 76 (1976) 211–223; Gager (1992) 98 Abb. 13.
69 Etwa PGM III 1 f. 296 f.; XII 107 (αἴλουρον βιοθάνατον); Audollent (1904) Nr. 222 b; Iuvenal, *Satire* 6, 551 f.; vgl. auch Otto Rubensohn, *Archäologischer Anzeiger* 44 (1929) 216.
70 Wortmann (1968) 85 Nr. 4 = Gager (1992) 102 Abb. 14; der Text auch Daniel & Maltomini (1990) 162 Nr. 45.
71 PGM IV 296–466, φιλτροκατάδεσμος θαυμαστός.

5. Defixionen und Zauberpuppen. Aspekte des Schadenzaubers 243

72 Zusammengestellt bei Daniel & Maltomini (1990) Nrn. 46-51.
73 ἢ πηλός fehlt im Text, ist aber nötig.
74 Vgl. etwa Ernesto di Martino, *Sud e magia*, Mailand 1959 (Nachdruck 1978); die – übertriebene – Gegenposition vertritt u. a. der Volkskundler Wolfgang Brückner, „Überlegungen zur Magietheorie. Vom Zauber mit Bildern", in: Leander Petzoldt (Hrsg.), *Magie und Religion. Beiträge zu einer Theorie der Magie* (Wege der Forschung 337), Darmstadt 1978, 404-419.
75 Das hat schon Mauss (1973) 61 f. betont, der von ‚travail d'interprétation et d'abstraction' redet.
76 Robert (1936) Nr. 13; Jordan (1985 a) 64; Gager (1992) 67 Abb. 110.
77 Jordan (1985 b) 251.
78 PGM IV 435 ἔχων οὐσίαν τοῦ μνημείου..., 447 πέμψον δαίμονα τοῦτον τῇ δεῖνα μεσάταισι ὥραις, οὗπερ ἀπὸ σκήνους κατέχω τόδε λείψανον ἐν χερσὶν ἐμαῖς.
79 ἄξον καὶ κατάδησον PGM IV 349.
80 PGM IV 380.
81 Vgl. Ziebarth (1934) 1042 Nr. 24 (Athen, Fieber); Fritz Graf, „An oracle against pestilence from a Western Anatolian town", *Zeitschrift für Papyrologie und Epigraphik* 92 (1992) 267-278 (eine Zauberpuppe soll Pest provoziert haben); problematischer die Texte von Knidos, Audollent (1904) Nr. 1 ff., die Fieber provozieren sollen, aber als Strafe, vgl. Hendrik S. Versnel, „Πεπρημένος. The Cnidian curse tablets and ordeal by fire", in: Hägg (1994) 145-154.
82 Ovid, *Amores* 3,7,27-29: *num mea Thessalico languent devota veneno/ corpora? num misero carmen et herba nocent?/ sagave poenicea defixit nomina cera?* „Mein Körper ist doch nicht schlaff, weil er mit thessalischem Gift verflucht wurde? Schaden mir Armen etwa Zauberspruch und Kräuter? Oder hat eine Hexe meinen Namen auf scharlachroter Wachstafel gebunden?" – Hipponax, Frgg. 78 und 92 West, vgl. Kurt Latte, „Hipponacteum", in: *Kleine Schriften*, München 1968, 464-466 (urspr. *Hermes* 64, 1929, 385-388). – Alter Orient: Robert D. Biggs, *Sà.ziga. Ancient Mesopotamian Potency Incantations* (Texts from Cuneiform Sources 2), Locust Valley, N.Y. 1967; Thomsen (1987) 54-56.
83 Sophronius, *Narratio miraculorum SS Cyri et Ioannis sapientium Anargyrorum* 35 (Natalio Fernandez Marcos, Hrsg., *Los Thaumata de Sofronio. Contribución al estudio de la incubatio cristiana*, Madrid 1975), vgl. Gager (1992) Nr. 165.
84 Hieronymus, *Vita S. Hilarionis eremitae* 12,10. Das Täfelchen aus zypriotischem Erz, *aeris Cyprii lamina*, verweist wohl auf Venus, Zyperns Hauptgottheit. Allerdings wird Kupfer auch sonst magisch verwendet: eine Defixion auf einem Kupfertäfelchen stammt aus Rheneia, *Inscriptions de Délos* 2534 (um 100 v. Chr.), ein kupfernes Amulett mit einem langen Text aus Akrai auf Sizilien, Kotansky (1996) Nr. 32.
85 Plato, *Leges* 11,933 B, der von ‚wächsernen Gebilden', πλάσματα κηρίνεα, redet.
86 Vgl. Wolfgang Helck, Art. „Gliederweihung", *Lexikon der Ägpytologie* 2 (1977) 624-627.
87 Vgl. auch die Defixionen für alle 365 Glieder, Audollent (1904) Nr. 15 und Daniel & Maltomini (1990) Nr. 53, wieder behandelt von David R. Jordan, „Magica Graeca Parvula", *Zeitschrift für Papyrologie und Epigraphik* 100 (1994) 321 f.
88 Literatur: Platon, *Leges* 11, 933B; Theokrit, *Idyll* 2,38; Horaz, *Sermones* 1,8,30; Vergil, *Bucolica* 8,73 f.; Ovid, *Fasti* 2, 575 (Wachs und Lehm; *Amores* 3,7,30 – oben

Anm. 82 – hingegen meint eine Wachstafel); vgl. Audollent (1904) LXXV-LXXIX; Gager (1992) 15. – Aus Lehm ist die nach PGM IV 296 ff. gefertigte Statuette im Louvre, Gager (1992) 98 Abb. 12 und oben Anm. 68; aus Wachs die Statuetten Wortmann (1968) 85 Nr. 4; Gager (1992) 102 Abb. 14.

89 Zwar nicht von der Handlung an Substituten, aber doch von derselben Kategorie der Befriedigung geht auch Ludwig Wittgensteins Einwand gegen Frazer aus, unten Kap. 7 Anm. 5.

90 Etwa Theokrit, *Idyll* 2, 90. 161; Vergil, *Bucolica* 8, 95; *Codex Iustinianus* 9, 18, 4. – Schon Audollent (1904) XLV-XLVIII hat die einschlägigen Stellen diskutiert.

91 Die Texte zusammengestellt bei Daniel & Maltomini (1990) Nrn. 46–51.

92 Von Sophokles, *Oedipus Rex* 397 bis zu Philostrat, *Vita Apollonii* 8,6.

93 Athen: schon von Wünsch (1900) 68 bemerkt, dann Jordan (1985 b) 21 f. – Zypern (Amathus): David R. Jordan, in: Hägg (1994) 132.

94 Jordan (1985 b) 21 f.(„we may wonder if he was A's apprentice").

95 Defixio von Pferden und Fahrern aus dem Zirkus von Beirut, mit Fehlern, die auf Abschrift aus einem Zauberbuch weisen, David R. Jordan, „Magica Graeca Parvula", *Zeitschrift für Papyrologie und Epigraphik* 100 (1994) 325–333; zu den zahlreichen Abschriften des Liebeszaubers aus PGM IV s. oben Anm. 72.

96 PGM IV 336–345 παρακατατίθεμαι ὑμῖν τοῦτον τὸν κατάδεσμον, θεοῖς χθονίοις Υεσεμιγαδων καὶ Κούρῃ Περσεφόνῃ Ἐρεσχιγαλ καὶ Ἀδώνιδι τῷ Βαρβαριθα, Ἑρμῇ καταχθονίῳ Θωουθ φωκενταζεψευ αερχθαθου μισονκται καλβαναχαμβρη καὶ Ἀνούβιδι κραταιῷ Ψιρινθ, τῷ τὰς κλεῖδας ἔχοντι τῶν κατ' Ἅιδην, θεοῖς καὶ δαίμοσι καταχθονίοις, ἀώροις καὶ ἀώραις, μέλλαξί τε καὶ παρθένοις, ἐνιαυτοὺς ἐξ ἐνιαυτῶν, μῆνας ἐκ μηνῶν, ἡμέρας ἐξ ἡμῶν, ὥρας ἐξ ὡρῶν.

97 Der griechische Text enthält hier eine lange Kette von Zauberworten *(voces magicae)*, die als Epiklesen zur Charakterisierung des großen Unterweltsgottes Hermes-Thoth dienen, aber zu unhandlich sind, um in die Übersetzung aufgenommen zu werden.

98 PGM IV 345 f. ὁρκίζω πάντας δαίμονας τοὺς ἐν τῷ τόπῳ τούτῳ συνπαρασταθῆναι τῷ δαίμονι τούτῳ.

99 PGM IV 384.

100 PGM IV 436–465.

101 Varianten des vorliegenden Textes: PGM I 315–327 (Divination; angerufen ist Apollon). IV 1957–1989 (ἀγωγή des Königs Pitys; zu sagen bei Sonnenuntergang). VIII 74–84 (Traumforderung, zu sagen gegen die sinkende Sonne); Rekonstruktion des Urtexts PGM *Hymnus* 2.

102 Zur Sonnenanbetung der Charismatiker Franz Joseph Dölger, *Sol Salutis*, Münster 1925, 1–60. – Proklos betet auch den aufgehenden Mond an, Marinus, *Vita Procli* 11.

103 Erwin Rohde, *Psyche. Seelencult und Unsterblichkeitsglaube der Griechen*. 2. Aufl., Freiburg i. B.- Leipzig – Tübingen 1898 (repr. Darmstadt 1961), Bd. 2, 411–413; zusammenfassend J. H. Waszink, Art. „Ahoroi", *Reallexikon für Antike und Christentum* 1 (1950) 1176–1170, vgl. seinen Kommentar zu Tertullian, *De anima*, Amsterdam 1947, 564–567.

104 Audollent (1904) Nr. 68 = Gager (1992) Nr. 22 (opisthograph, hier nur Seite A) Καταδῶ Θεοδώραν πρὸς τὴν παρὰ Φερρεφάττηι καὶ πρὸς τοὺς ἀτελέστους· ἀτελὴς εἴη αὐτὴ καὶ ὅτι ἄμ πρὸς Καλλίαν διαλέγειν μέλληι καὶ πρὸς Χαρίαν ὅτι

ἂν διαλέγειν μέλληι καὶ ἔργα καὶ ἔπη καὶ ἐργασίας [- - -] ἔπη λόγον ὃν ἄν ποτε καὶ λέγηι· καταδῶ Θεοδώραν πρὸς Χαρίαν ἀτελῆ αὐτὴν εἶναι καὶ ἐπιλαθέσθαι Χαρίαν Θεοδώρας καὶ τοῦ παιδίου τοῦ Θεοδώρας.

105 ἐπ' ἀτελείαι López Jimeno (1991) Nrn. 7. 10. 18; Nr. 1 (Selinunt, um 550 v. Chr.?) benutzt die Formel ἀτέλεστα καὶ ἔργα καὶ ἔπεα, „erfolglos seien Taten und Worte".

106 Drei Deutungen der ἀτέλεστοι liegen vor: (1) Audollent folgt einer Anregung von Ziebarth, vergleicht Plato, *Phaedo* 69 C (ὃς ἂν ἀμύητος καὶ ἀτέλεστος εἰς Ἅιδου ἀφίκηται, „wer ohne Einweihung und ohne Ritual in den Hades kommt") und denkt entsprechend an Uneingeweihte, doch nichts verweist unseren Text in die Welt der Mysterien. – (2) Liddel-Scott-Jones s. v. übersetzen ‚unmarried', Gager (1992) Nr. 68 übernimmt dies. – (3) Michael Jameson – David Jordan – Roy Kotansky, *A Lex Sacra from Selinous*, Durham, NC 1993, 130 f. fassen τέλος nicht als Ziel, sondern wie τελετή als Ritual und denken an Tote, die keine Grabriten erhalten haben und deswegen besonders zornig sind.

107 καὶ ὡς οὗτος ὁ νεκρὸς ἀτελὴς κεῖται οὕτως ἀτέλεστα εἶναι Θεοδώραι πάντα καὶ ἔπη καὶ ἔργα τὰ πρὸς Χαρίαν... (Die starken, aber plausiblen Ergänzungen des Textes sind nicht markiert).

108 F. Willemsen, in: W. K. Kovacsovics (Hrsg.), *Die Eckterrasse an der Gräberstraße des Kerameikos* (Kerameikos. Die Ergebnisse der Ausgrabungen 14), Berlin und New York 1990, 145 (aus einer 317/307 datierten Grube).

109 Jordan (1985 a) hat die entsprechende Statistik aufgestellt.

110 Christopher A. Faraone, „The agonistic context of early Greek binding spells", in: Faraone & Obbink (1991) 3–32. Demgegenüber ist die von Bernand (1991) 85–105 als Schlüssel verwendete Kategorie des Neids weniger nützlich.

111 Adam Abt, *Archiv für Religionswissenschaft* 14 (1911) 155 Nr. 5 καὶ τὴν ἔνδειξιν ἀφανίζω καὶ κατορύττω ἣν ἀγωνίζεσθαι μέλλει ἐν τῶι Μαιμακτεριῶνι μηνί, „Ich hebe die Anklageerhebung auf und vergrabe sie, welche er im Monat Maimakterion durchführen will". – Erich Ziebarth, einer der Exponenten der Diskussion, ließ sich freilich durch diesen Text nur schwer umstimmen, vgl. Ziebarth (1934) 1029.1032; gegen eine frühere Version dieser Meinung, Ziebarth (1899) 122, hatte schon Wünsch (1900) 68 protestiert.

112 Delos: Helmut Engelmann, *The Delian Aretalogy of Sarapis*, Leiden 1975, 9 Z. 85 ff.; Curio: Cicero, *Brutus* 217.

113 Audollent (1904) Nr. 68; Gager (1992) Nr. 22. – Der Text ist oben Anm. 104 ausgeschrieben.

114 PGM IV 374.

115 In den Papyri heißt der Ritus διάκοπος, ‚Spalter', z. B. PGM XII 365. – Als christlicher Vorwurf formuliert von Arnobius, *Adversus nationes* 1,43,5 (ein Ziel der Magie sei *familiarium dirumpere caritates*); Zacharias, *Vita S. Severi* 69 f. (anläßlich des Skandals an der Universität Beirut: in Magiebüchern Rezepte unter anderem, „um in Städten Wirren zu erregen und zwischen Vätern und Söhnen Zwietracht zu säen; um Ehen zu zerbrechen").

116 *Supplementum Epigraphicum Graecum* 30, 353.

117 PGM XII 99–103 ἐργαστήριον εὖ πράσσειν.

118 Wünsch (1897) Nr. 71. 69. 73.

119 *Supplementum Epigraphicum Graecum* 30, 1175; Gager (1992) Nr. 81.

120 Etwa Jordan (1985b) 214 Nr. 1–219 Nr. 5 (Ringer). Wortmann (1968) 108 Nr. 12 (Läufer).
121 Wichtige Gruppen stammen aus Beirut, vgl. nach Audollent G. Mouterde, *Mélanges Beyrouth* 15 (1930/31), 106–123 (SEG 7,213); A. Maricq, *Byzantion* 22 (1952) 360–368; aus Karthago, David R. Jordan, „New defixiones from Carthage", in: J. H. Humphrey (Hrsg.), *The Circus and a Byzantine Cemetery at Carthage*, Bd. 1, Ann Arbor 1988, 117–134. Die Papyri geben auch Anweisungen, etwa PGM III 1. VII 390. 436. – Vgl. die Übersicht von Henriette Pavis d'Esturac, „Magie et cirque dans la Rome antique", *Byzantinische Forschungen* 12 (1987) 447–467.
122 Audollent (1904) Nr. 233: *Excito [t]e, / demon qui (h)ic convers/ans* (sic)*:/ trado tibi (h)os / equos ut detineas / illos et implice[ntur] / [n]ec se movere posse[nt]*.
123 Audollent (1904) Nr. 234, Karthago. – Vgl. auch Gager (1992) Nr. 5–15.
124 *Codex Theodosianus* 8,16,1 (Valentin, Theodosius und Arcadius, 16. August 389).
125 Bezeichnend die Geschichte bei Hieronymus, *Vita S. Hilarionis eremitae* 11.
126 Brown (1972) 128f.
127 Hieronymus, *Vita Hilarionis* 20; vgl. Franz Joseph Dölger, *Antike und Christentum* 1 (1929) 212–228, bes. 221–228. – Ein anderer, weniger spektakulärer Fall, der einen Christen in Magie bei Pferderennen verwickelt, bei Callinicus, *Vita Hypatii* 22, vgl. Trombley (1993) Bd. 2, 92.
128 Zu Magie und sozialer Krise Max Marwick (Hrsg.), *Witchcraft and Sorcery*, Harmondsworth 1982; Kritik an diesem Ansatz bei Charles Stewart, *Demons and the Devil. Moral Imagination in Modern Greek Culture*, Princeton 1991, 14–16.
129 Zu den Töpfern Plinius, *Naturalis historia* 28,19. – Schon die Töpfer des klassischen Griechenland schrieben Mißerfolge schädlichen Mächten zu und versuchten sich dagegen zu schützen, F. Graf, „Religionen und Technik in den frühen Hochkulturen des Vorderen Orients und des Mittelmeerraums," in: *Technik und Religion*, Düsseldorf 1990, 65–84.
130 Mischa Titiev, „A fresh approach to the problem of magic and religion", in: W. A. Lessa und Z. E. Vogt (Hrsgg.), *Reader in Comparative Religion*, New York-Evanston-London 1965, 316–319; danach Tzvi Abusch, „The demonic image of the witch in standard Babylonian literature. The reworking of popular conceptions by learned exorcist", in: Neusner – Frerichs – Flescher (1989) 27–85: beide sehen die individuelle Krise als Charakteristikum der Magie an. Das ist wenigstens für die griechisch-römische Gesellschaft zu eng.
131 καταπρακτικὸν καὶ κατακλητικὸν ἐργαστηρίου ἢ οἰκίας PGM IV 2375, mit dem Versprechen: „wenn du es hast, wirst du reich werden"; 2439 betet man „gib mir Geld, Gold, Kleider, seligen Reichtum".
132 νικητικόν PGM VII 528.
133 νικητικὸν δρόμεως, ebd. 390.
134 *Oxyrynchus Papyri* 12 (1916) 327; wieder in PGM XXVII.
135 Louis Robert, „Amulettes grecques IV. Sphyridas et le cynocéphale", *Journal des Savants* 1981, 35–44 (wieder in: *Opera Minora Selecta* 7, Amsterdam 1990, 497–506).
136 PGM III 574–584; ‚Wohlwollen', εὐμένεια meint das Wohlwollen der Mitmenschen, besonders der Vorgesetzten; ‚Gedächtnis', μνήμη die gute Erinnerung bei den anderen; die *voces magicae* [VM] sind der geheime Name des Magiers als eines übermenschlichen, gottähnlichen Wesens.

137 Das kommt nahe an Bernand (1991), der aus dem Neid den Schlüssel zur ganzen antiken Magie macht.
138 Heikki Solin, *Arctos* 21 (1987) 130–133 *(Année épigraphique* 1978, 455): *Q. Domatius C. f. bonum tempus mihi meaeque aetati./ id ego mando remandata / quo is apud inferos ut pereant / et defigantur quo ego heres sim./ pupillus C. Grani C. f., C. Poblicius populi l(ibertus) / Aphrodis(ius), L. Cornelius. meo sumptu / defigo illos quos pereant.*
139 So Hendrik S. Versnel, oben Anm. 14.
140 Brunnen: oben Anm. 28; Quelle: *Année épigraphique* 1975, 497 (Italica, an *Domna Fons Fore[–]*). 1978, 739 (Bath, an *Dea Sulis*); Heiligtümer: oben Anm. 27.
141 Oft gibt das Formular dieser Unsicherheit Ausdruck, etwa *Année épigraphique* 1979, 739: *si liber si servus si libera si serva si puer si puella*; vgl. E. Garcia Ruiz, „Estudio linguistico de las defixiones latinas no incluidas en el corpus de Audollent", *Emerita* 35 (1967) 55–89. 219–248.
142 PGM V 70. 175; Gager (1992) 175–199.
143 Audollent (1904) Nr. 1.
144 Cicero, *Pro Caelio* 61.
145 Zur Strafe, einer Fieberkrankheit, und überhaupt zum Hintergrund Hendrik S. Versnel, „Πεπρημένος. The Cnidian curse tablets and ordeal by fire", in: Hägg (1994) 145–154.
146 Vgl. auch Christopher A. Faraone, „Molten wax, spilt wine and mutilated animals. Sympathetic magic in Near Eastern and Early Greek oath ceremonies", *Journal of Hellenic Studies* 113 (1993) 60–80.
147 Vgl. zur Neuzeit Jeanne Favret-Saada, *Les mots, la mort, les sorts. La sorcellerie dans le Bocage*, Paris 1977.
148 Sophronius, *Narratio miraculorum SS Cyri et Ioannis Anargyrorum* 35, vgl. oben Anm. 83.
149 Hieronymus, *Vita S. Hilarionis eremitae* 12, 10; Gager (1992) Nr. 163.
150 Kotansky (1994) Nr. 67 (kaiserzeitliches Silbertäfelchen im Louvre).
151 Kotansky (1994) Nr. 68 (4. Jh. n. Chr., Silbertäfelchen der Bibliothèque Nationale).
152 Tacitus, *Annales* 2, 69–71.
153 Anläßlich der einschlägigen Inschrift aus Alexandria in der Collection Froehner hat Robert (1936) Nr. 77 die früher bekannten Beispiele zusammengestellt; die wichtigen beiden Inschriften von Rheneia, in denen der Tod einer ‚unseligen jungen Frau', ταλαίπωρος ἄωρος, als Opfer von Mördern oder Magiern, δόλωι φονεύσαντας ἢ φαρμακεύσαντας, verstanden wird, sind wieder publiziert in *Les inscriptions de Délos* Nr. 2532 I und II; vgl. auch Robert (1936) Nr. 45.
154 CIL VIII 2756 (Lambaesis) *carminibus defixa iacuit per tempora muta.*
155 *Vel manes vel di caelestes erunt sceleris vindices.*
156 Aus Rom, heute in Verona, CIL VI: 3, 19474; *Carmina Latina Epigraphica* Nr. 987: *In quartum surgens compressus deprimor annum / cum possem matri dulcis et esse patri,/ eripuit me saga[e] manus crudelis ubique, / cum manet in terris et nocet arte sua./ vos vestros natos concustodite, parentes, / ni dolor in toto pectore finis eat.*
157 Libanius, *Oratio* 1, 243–250, vgl. auch seine Apologie *De veneficiis, Oratio* 36 (368 n. Chr.). - Immer noch grundlegend ist Campbell Bonner, „Witchcraft in the lecture room of Libanius", *Transactions of the American Philological Association* 63 (1932) 34–44; enttäuschend (was die Magie betrifft) der Kommentar von A. F. Norman, Oxford 1965.

158 Vgl. zu diesen Studenten Paul Petit, *Les étudiants de Libanius*, Paris 1957.
159 Solche Träume kennt auch das Traumbuch des Artemidor von Daldis 1,77; Libanius' Traum ist aber komplexer.
160 Libanius, *Oratio* 1,41 (Libanios halte sich einen Astrologen als eine Art Leibwache). 98 (er habe zwei Mädchen getötet und ihre Köpfe zum Schadenzauber verwendet); Brown (1972) 127 f.
161 Publikation Dieter Knibbe, *Österreichisches Archäologisches Institut. Berichte und Materialien* 1 (1991) 14 f., vgl. Reinhold Merkelbach, *Zeitschrift für Papyrologie und Epigraphik* 88 (1991) 71 f.; besprochen von Fritz Graf, „An oracle against pestilence from a Western Anatolian town", ebd. 92 (1992) 267-278., vgl. die ergänzende Zusammenfassung in Hägg (1994) 95 f.
162 Eunapius, *Vitae sophistarum* 6,2,9-12 (κατέδησε τοὺς ἀνέμους δι᾽ ὑβερπολὴν σοφίας 9), der aufzeigt, daß die Anklage in einer Hofintrige gegen den Philosophen erfunden worden war.
163 Roy Kotansky, „Incantations and prayers for salvation on inscribed Greek amulets", in: Faraone & Obbink (1991) 107-137, v. a. 117 f.
164 Plinius, *Naturalis historia* 30,98 *in quartanis medicina clinice propemodum nihil pollet. quam ob rem plura magorum remedia ponemus* („Bei Quartan-Fiebern ist die klinische Medizin ziemlich hilflos. Deswegen werden wir mehr Heilmittel der Magier anführen"), zitiert von Jerry Stannard, „Herbal medicine and herbal magic in Pliny's time", in: J. Pigeaud und J. Orozio (Hrsgg.), *Pline l'Ancien, témoin de son temps*, Salamanca und Nantes 1987, 95-106 (97); allerdings hat die Vulgat-Überlieferung *eorum* anstelle von *magorum*.
165 PGM VII 435-438 (Bindung bei Wagenrennen, Zwietracht usw.; ἀπολύειν als Gegenmaßnahme), vgl. IV 2954 (eine Bindung, die Schlaflosigkeit bewirkt): man soll sich den Ort markieren, um die Bindung wieder aufheben zu können); eine Defixio aus Savaria (Szombathely) Dorottya Gáspár, «Eine griechische Fluchtafel aus Savaria», *Tyche* 5 (1990) 13-16; oben Anm. 44.
166 PGM V 340.
167 Audollent (1904) Nr. 262, vgl. ibid. CXVII.
168 Plotin: Porphyrius, *Vita Plotini* 10; Maximos: Eunapius, *Vitae sophistarum* 6, 9, 1-10.
169 Hieronymus, *Vita S. Hilarionis eremitae* 12,9. - Vgl. den verwandten Fall des Hlg. Makedonios, Theodoret, *Historia religiosa* 13; Brown (1972) 137.
170 Audollent (1904) Nr. 137 *ne quis solvat nisi nos qui fecimus*, vgl. auch die attische Defixion oben Anm. 16.
171 ὀνειροκρίταισιν, ἀναλύταις Magnes, *Lydoi* Frg. 4, in: R. Kassel - C. Austin (Hrsgg.), *Poetae Comici Graeci*, Berlin und New York 1986. - Zu λύειν und seinen Komposita ἀναλύειν und ἀπολύειν in der Sprache der Gegenmaßnahmen oben bei Anm. 165.
172 Hesychius, Π 1722 περικαθαίρων· ἀναλύων τὸν πεφαρμακευμένον ἢ τὸν γεγοητευμένον. - Das Material hat schon August Lobeck, *Aglaophamus*, Königsberg 1829, 644 Anm. f gesammelt, vgl. Dodds (1951) 205 Anm. 99. - Ein Traum zeigte etwa dem Libanios den magischen Angriff an, *Oratio* 1, 245.
173 Trumpf (1958).
174 Karl Kübler, *Die Nekropole von der Mitte des 6. bis zum Ende des 5. Jahrhunderts* (Kerameikos. Ergebnisse der Ausgrabungen 7:1), Berlin 1976, 48 Nr. 148: „Skelett in

5. Defixionen und Zauberpuppen. Aspekte des Schadenzaubers 249

Rückenlage, Beine ausgestreckt, Hände seitlich am Körper, Kopfende nach Nordosten, Rumpf und Oberschenkel stark nach dem Kopfende verrutscht."
175 Wie ich es selber in der französischen Ausgabe dieses Buchs noch getan habe.
176 Die methodologische Position von Jonathan Z. Smith, *Drudgery Divine. On the Comparison of Early Christianity and the Religions of Late Antiquity* (Jordan Lectures in Comparative Religion 14), Chicago 1990 ist in diesem Fall zu eng.
177 Zur ganzen Problematik gibt es, nach intensivem Pan-Orientalismus und ebenso intensiver Abschottung (was Martin Bernal, *Black Athena. The Afroasiatic Roots of Classical Civilization.* Bd. 1: *The Fabrication of Ancient Greece 1785–1985*, New Brunswick 1987 darstellt, leider in eng ideologischer Sichtweise), wenig Verläßliches. Am besten ist Burkert (1992) 41–87, vgl. ders., „Itinerant diviners and magicians. A neglected element in cultural contacts", in: Robin Hägg (Hrsg.), *The Greek Renaissance of the Eighth Century B. C. Tradition and Innovation* (Acta Instituti Atheniensis Regni Sueciae, series in 4°, 30), Stockholm 1983, 115–119; vgl. auch Christopher Faraone, „Hephaestus the magician and Near Eastern parallels to Alcinous' watchdogs" *Greek, Roman, and Byzantine Studies* 28 (1987) 257–280; ders., „Clay hardens and wax melts. Magical role-reversal in Vergil's eighth eclogue", *Classical Philology* 84 (1989) 294–300; etwas enttäuschend Gager (1992) 25–27.
178 Zusammenfassend Jean Bottéro, Art. „Magie. A: Mesopotamien", in: *Reallexikon der Assyriologie* 7 (1987–1990) 200–234; vgl. weiter Charles Fossey, *La magie assyrienne. Étude suivie de textes magiques transcrits, traduits et commentés*, Paris 1902; ders., „Textes magiques assyriens", in: *Recueil de travaux relatifs à la philologie et à l'archéologie égyptiennes et assyriennes (Recueil Maspero)* 26 (1904) 179–218; Erica Reiner, „La magie babylonienne", in: *Le monde du sorcier* (Sources Orientales 7), Paris (1966) 69–98; Thomsen (1987); Volkert Haas, *Magie und Mythen in Babylonien*, Gifkendorf 1986. – Die einschlägigen Texte sind vorgestellt bei R. Borger, *Handbuch der Keilschriftliteratur*, Bd. 3, Leiden 1975, 85–93; W. Röllig, Art. „Literatur 4:8. Akkadische magische Literatur", in: *Reallexikon der Assyriologie* 7 (1987–1990) 61–64. – Exemplarische Einzelanalysen bei Jean Bottéro, *Mythes et rites de Babylone*, Genf und Paris 1985, insbesondere „Le manuel de l'exorciste et son calendrier", 65–112, und „Une grande liturgie exorcistique", 163–219.
179 Tacitus, *Annalen* 2,69,3 (Germanicus, oben Anm. 152); Libanius, *Oratio* 1,249 (oben Anm. 157). – Maqlû (Gerhard Meier, *Die assyrische Beschwörungssammlung Maqlû.* Archiv für Orientforschung. Beiheft 2, Berlin 1937) 4, 30 „Figuren von mir habt ihr in der Mauer verschlossen"; 35 „Figuren von mir habt ihr im Mauereingang verschlossen"; W. Lambert, „An incantation of the Maqlû type", *Archiv für Orientforschung* 18 (1957/58) 288–292, hier 292 Z. 29 „They have made images of me and immured them in a bulwark of the wall"; R. C. Thompson, *Assyrian Medical Texts*, London 1923, 86 (III 1) einmal „an image ... immured in the wall". – Vgl. Thomsen (1987) 36.
180 PGM IV 26–51 (Initiationsritus unklarer Funktion); Erich Ebeling, „Beschwörungen gegen den Feind und den bösen Blick aus dem Zweistromlande", *Archiv für Orientwissenschaft* 17:1 (1949) 172–211.
181 PGM IV 337. 1417. 2482. 2749. 2913; V 340; VII 984; XIV 23. XIXa 7; LXX 5; vgl. W. H. Roscher, *Ausführliches Lexikon der griechischen und römischen Mythologie*, Bd. 2:1, Leipzig 1890–1894, 1584–1587; Burkert (1992) 68.

182 Maqlû 2, 135-146 („wie diese Figuren zertropfen, zerrinnen und zerfließen, / so mögen Zauberer und Zauberin zertropfen, zerrinnen und zerfließen!"); ebenso 5, 152 („Zertropft, zerrinnt, [zerfließt]!").

183 Übersicht bei Christoph Daxelmüller und Marie-Louise Thomsen, „Bildzauber im alten Mesopotamien", *Anthropos* 77 (1982) 27-64; vgl. auch Oliver R. Gurney, „Babylonian prophylactic figures and their ritual", *Annals for Archaeology and Anthropology (Liverpool)* 22 (1935) 21-96; Arthur Ungnad, „Figurenzauber für den kranken König Shamash-shumu-ukîn", *Orientalia* 12 (1943) 293-310.

184 Haare: Adam Falkenstein, „Sumerische Beschwörung aus Boghazköy", *Zeitschrift für Assyriologie* 45 (1939) 8-41; Jordan (1985b) 251; PGM I 4. V 387. – Stoff: Maqlû 2, 182; Theokrit, *Idyll* 2,53; Vergil, *Bucolica* 8, 91-93; PGM II 146. 170.

185 Assyrischer Liebeszauber: V. Scheil, „Catalogue de la collection Eugène Tisserand", *Revue d'Assyriologie* 18 (1921) 21 Nr. 17; Defixion: Maqlû 4, 105-115. 5, 117-119; Vergil, *Bucolica* 8,72.

186 Maqlû 2,182. 4,14 und 4,27-30; der Brunnen ibid. 4,38.

187 Plato, *Leges* 11, 933b; Maqlû 4,19 „Einem Totengeist meiner Familie habt ihr mich übergeben...".

188 Liebeszauber: Robert D. Biggs, *Sà.ziga. Ancient Mesopotamian Potency Incantations* (Texts from Cuneiform Sources 2), Locust Valley, N.Y. 1967, 70-75 (KAR 61,11-21. 69,25 f.; rechter Schenkel KAR 69,17-19); hethitisch bei Volkert Haas, Art. „Liebeszauber", *Reallexikon der Assyriologie* 7 (1987-1990) 241 (KUB 40,83). – Attisch: Jordan (1988b) 273-277; etruskisch: Ambros Pfiffig, *Religio Etrusca*, Graz 1975, 365 Abb. 141.

189 Maqlû 4,30 („Figuren von mir habt ihr auf der Schwelle niedergelegt"); Platon, *Leges* 11, 399C; Hieronymus, *Vita S. Hilarionis eremitae* 12; Sophronius, *Narratio miraculorum SS Cyri et Ioannis Anargyrorum* 55 (oben Anm. 83); vgl. PGM XII 99-103 für einen kommerziellen Glücksbringer.

190 Übersicht: Jean Bottéro, *Mythes et rites de Babylone*, Genf und Paris 1985, 100-108, nach Ungnad (1940/41) 251-284.

191 Zu dieser letzten Gruppe Tzvi Abusch, „Dismissal by authorities. Shushkunu and related matters", *Journal of Cuneiform Studies* 37 (1985) 91-100; in den Papyri heißt das Rezept ‚Zornniederhalter', θυμοκάτοχος oder ‚Gunstbringer', χαριστήριον, etwa PGM IV 469. VII 186. X 24. XII 179. 395. XIII 250.

192 Ungnad (1940/41) 254f., zu einer Familie solcher Spezialisten 251.

193 Platon, *Respublica* 364 BC.

194 Maqlû: grundlegend ist die Ausgabe von Gerhard Meier, *Die assyrische Beschwörungssammlung Maqlû* (Archiv für Orientforschung. Beiheft 2), Berlin 1937, vgl. Tzvi Abusch, *Babylonian Witchcraft Literature. Case Studies* (Brown Judaic Studies 132), Atlanta, Ga. 1987. – Šurpu: Erica Reiner, *Šurpu. A Collection of Sumerian and Akkadian Incantations* (Archiv für Orientforschung. Beiheft 11), Graz 1958.

195 Ausnahme ist Ungnad (1940/41).

196 Siehe die Funktionsliste bei Ungnad (1940/41) 278-282 Z. 5-8: ‚Liebe eines Mannes zu einer Frau', ‚Liebe einer Frau zu einem Mann', ‚Liebe eines Mannes zu einem Mann', ‚Daß eine Frau kommt'. – Praktische Beispiele: Heinrich Zimmern, „Der Schenkenliebeszauber. Berl. VAG 9728 (Assur) = Lond. K. 3464 + Par. N. 3554 (Ninive)", *Zeitschrift für Assyriologie* 32 (1918/19) 164-184; Erich Ebeling, *Liebeszauber im Alten Orient* (Mitteilungen der Deutschen Altorientgesell-

schaft 1:1), Leipzig 1925; R.D.Biggs, Sàziga (oben Anm.188); V.Scheil, „Catalogue de la collection Eugène Tisserand", Revue d'Assyriologie 18 (1921) 21 Nr.17; Joan und Aage Westenholz, „Help for defected suitors. The Old Akkadian incantation MAD V 8", Orientalia 46 (1977) 203–215; sumerisch: Adam Falkenstein, „Sumerische religiöse Texte. 6: Ein sumerischer Liebeszauber", Zeitschrift für Assyriologie 56 (1964) 113–129.

197 Vgl. die Funktionsliste bei Ungnad (1940/41) 278–282 Z. 25 (,Einem Schankwirt geschäftliches Vorwärtskommen verschaffen'; Z. 19 (,Niederlegen von Silber', d.h. einen Schatzfund machen). Z. 20 (,Daß der Sklave nicht entkomme', vgl. Z. 47). – Der Schenkenliebeszauber (vorige Anm.) verspricht den Erfolg einer Herberge mit Bordell durch einen Liebeszauber; ein Ritual, um einen entlaufenen Sklaven zurückzuholen, bei Erich Ebeling, Orientalia 233 (1954) 52–56.

198 Siehe die Funktionsliste bei Ungnad (1940/41) 279 Z. 12–16 (,in den Palast eintreten; daß der König im Palast meinen Namen nenne; daß der, der dich sieht, sich darüber freut'). – Vgl. auch Tzvi Abusch, „Dismissal by authorities. Shushkunu and related matters", Journal of Cuneiform Studies 37 (1985) 91–100; Oliver R.Gurney, „A tablet of incantation against slander", Iraq 22 (1960) 221–227.

199 Übersicht bei Thomsen (1987) 58; man findet Spuren davon bis in seleukidische Zeit, Ungnad (1940/41). – Vgl. Codex Hammurapi 2, bei Hans Gressmann, Altorientalische Texte zum Alten Testament, Berlin 1926, 383; James B.Pritchard, Ancient Near Eastern Texts Relating to the Old Testament. 3.Aufl., Princeton 1969, 163; assyrische Gesetze ebd. 47 (Gressmann 420).

200 Sizilien: López Jimeno (1991); eine großgriechische Praxis wird durch die indigen-oskischen Texte vorausgesetzt, oben Kap. 2 Anm.120.

201 Fritz Graf, Eleusis und die orphische Dichtung Athens in vorhellenistischer Zeit (RGVV 31), Berlin und New York 1974.

202 So noch Dodds (1951) 194f. („regression taking an even cruder form").

6. Liebeszauber und magische Divination im Spiegel der Literatur

1 So etwa Jean Annequin, Recherches sur l'action magique et ses représentations, Besançon 1973 oder Georg Luck, Arcana Mundi. Magic and the Occult in the Greek and Roman Worlds, Baltimore 1985; vgl. aber ders., Hexen und Zauberei in der römischen Dichtung, Zürich 1962 und v.a. Anne-Marie Tupet, La magie dans la poésie latine. I: Des origines à la fin du règne d'Auguste, Paris 1976.

2 Symptomatisch A.S.F.Gow, Theocritus, Cambridge 1952, Bd.2, 25: „the details of Simaitha's magic have every appearance of being true to contemporary practice"; der Widerspruch bei Tupet (1976) 152 ist berechtigt.

3 So aber Nock (1972) 183–187 („Greek magical papyri", urspr. Journal of Egyptian Archaeology 15, 1929, 219–235).

4 Z. B. Anthologia Palatina 3,71 (Dioskurides). 5,277 (Agathias).

5 Freilich liegt ein kleines Textproblem vor: an allen drei Stellen (3. 10. 159) hat die handschriftliche Überlieferung einhellig καταθύσομαι, und nur die Scholia Vetera geben, neben dem Text der Hss., die Variante καταδήσομαι. Alle modernen Herausgeber nehmen das seltenere, aber technische Verbum καταδήσομαι auf, zu Recht.

6 Zum Schmelzen von Wachsfiguren als Zauberlösung oben Kap. 5 Anm. 157.
7 E. Tavenner, „Iynx and rhombus", *Transactions of the American Philological Association* 64 (1933) 109–127; Loretta Baldini Moscadi, «Osservazioni sull'episodio magico del VI libro della Farsaglia di Lucano», *Studi Italiani di Filologia Classica* 48 (1976) 140–199, appendice 193–199 (ῥόμβος).
8 Dyfri Williams und Jack Ogden, *Greek Gold Jewelry of the Classical World*, London und New York 1994, 96 f. Nrn. 49 f.
9 Winkler (1991).
10 PGM IV 1496.
11 PGM IV 2455–2464.
12 PGM III 224 (Gebet an Helios-Apollon, „der sich freut am Räucheropfer des Lorbeer", χαίρων ἐπιθύματι δάφνου). 309 (Divination). – Kleie, πίτυρα, als Bestandteil eines Opferkuchens PGM LXX 20, in einem kathartischen Ritual Demosthenes, *De corona* (18) 259.
13 So bereits im Vorderen Orient, Maqlû 2, 185 „Wer bist du, Zauberin, die ...im Haus des Gerbers abgeschnitten hat [meinen Gewandsaum]...?"
14 Zur Formtradition Carolus Ausfeld, „De Graecorum precationibus questiones", *Neue Jahrbücher für Pädagogik*, Suppl. 28 (1903) 502–547; weiterführend Hendrik S. Versnel, „Religious mentality in ancient prayer", in: H.S. Versnel (Hrsg.), *Faith, Hope and Worship. Aspects of Religious Mentality in the Ancient World*, Leiden 1981, 1–64; zum magischen Gebet Fritz Graf, „Prayer in magic and religious ritual", in: Faraone & Obbink (1991) 188–213; zum Hymnus Paolo Poccetti, „Forma e tradizione dell'inno magico nel mondo classico", in: Albio Cesare Cassio und Giovanni Cerri (Hrsgg.), *L'inno tra rituale e letteratura nel mondo antico*. Atti di un colloquio (Napoli 21–25 ottobre 1991) (A.I.O.N. 13, 1991), Rom 1993, 179–204.
15 PGM IV 2574 ff.
16 Ritner (1993) 97 und vor allem 173 f.
17 PGM IV 2594 ff. – Sperber und Mistkäfer (κάνθαρος) gehören als Sonnensymbole zu den heiligsten Tieren Ägyptens; vgl. die Liste bei Hopfner (1974) 227–229.
18 PGM IV 2474–2484.
19 Libanius, *Oratio* 1, 245.
20 PGM IV 2504–2509.
21 PGM IV 2625–2629.
22 Gong: in Eleusis Apollodoros, *Fragmente der Griechischen Historiker* 244 F 110; Velleius Paterculus 1,4,1; anderes bei Walter Burkert, *Homo Necans. Interpretationen altgriechischer Opferriten und Mythen* (RGVV 32), Berlin und New York 1972, 315 Anm. 57. – Trompete: Fritz Graf, *Nordionische Kulte*, Rom 1985, 245.
23 PGM IV 1854 „Schlag mit der Statuette an die Türe".
24 Das Material bei Nock (1972) 271–276 („The lizard in magic and religion", urspr. *Proceedings of the British Academy* 17, 1931, 235–288). – Ein Papyrusfragment, das Wortmann (1968) 109 Nr. 13 veröffentlichte, schreibt den Gebrauch eines Echsenauges vor; der Kontext fehlt.
25 PGM XIII 318. – In einer attischen Defixion spielt ein unklarer Liebestrank eine Rolle, Wünsch (1897) Nr. 99,10: „wenn sie diesen Trank trinken wird...".
26 PGM VII 861–918, Mondritual des Claudianus; die Verwendung einer Ableitung von δέω (ἄξει καὶ καταδεσμεύσει 914) ist sehr selten in einer Agoge.

27 Vgl., was schon Tupet (1976) 152 gesehen, aber nicht ausgeführt hat: „Théocrite ... semble accumuler dans ce passage la plupart des pratiques de la magie amoureuse, mis à part le sacrifice sanglant".
28 Vielleicht mit Ausnahme des Moeris bei Vergil, *Eclogae* 8,95–99 – sein Name gehört jedenfalls in die Hirtenwelt.
29 ὁ δεῖνα (zusammen mit andern maskulinen Wortformen) für den agierenden Mann, ἡ δεῖνα (oder zutreffender τὴν δεῖνα) für die gesuchte Frau.
30 Oben Kap. 5 Anm. 133.
31 Lukian, *Philopseudes* 13–15; ich verdanke die Geschichte (wie manches in diesem Abschnitt) Winkler (1991).
32 Vgl. Kenneth Dover, *Greek Homosexuality*, 2. Aufl., Cambridge, Mass. 1989 (1. Aufl. London 1978) 111–124 und Harald Patzer, *Die griechische Knabenliebe* (Sitzungsbericht Frankfurt 19:1), Wiesbaden 1982, 112–114.
33 Eine Liste der homosexuellen Defixionen beider Geschlechter bei Daniel & Maltomini (1990) 132; dazu Jordan (1985 b) 225 Nr. 8 (Athen, Kaiserzeit; zwei Männer).
34 Arnobius, *Adversus nationes* 1,43,5, unten Anm. 47.
35 Winkler (1991).
36 Lucan, *Pharsalia* 6, 507–830. An jüngerer Literatur sind zu nennen Wolfgang Fauth, „Die Bedeutung der Nekromantieszene in Lucans Pharsalia", *Rheinisches Museum für Philologie* 118 (1975) 325–344; Loretta Baldini Moscadi, „Osservazioni sull'episodio magico del VI libro della Farsaglia di Lucano", *Studi Italiani di Filologia Classica* 48 (1976) 140–199 und Richard Gordon, „Lucan's Erichtho", in: Michael Whitby – Philipp Hardie – Mary Whitby (Hrsgg.), *Homo Viator. Classical Essays for John Bramble*, Bristol 1987, 231–241.
37 6,527f. *Omne nefas superi prima iam voce precantis / concedunt carmenque timent audire secundum* – „Die Götter der Oberwelt gestatten ihr jeden Frevel schon auf ihr erstes Gebet hin und fürchten sich, eine zweite Beschwörung hören zu müssen".
38 6,545 *discolor et vario furialis cultus amictu* – die Kommentare verweisen auf die neun Knoten in drei Farben bei Vergil, *Eclogae* 8, 78; entscheidend ist aber der Kontrast zur einfarbigen Kleidung der römischen Frau.
39 6, 671 684. – Das Gift findet sich bei zeitgenössischen Autoren, vgl. den Kommentar von Pierre-Auguste Lemaire, Paris 1832, zu 6,505.
40 Oben Anm. 14.
41 6,695f. *Eumenides Stygiumque Nefas Poenaeque nocentum / et Chaos innumeros avidum confundere mundos*.
42 6,829 *Manibus inlatrat regnique silentia rumpit*.
43 PGM XXII 1–70, nach dem ‚Kestos' des Iulius Africanus aus dem 3. nachchristlichen Jahrhundert, vgl. Francis C. R. Thee, *Julius Africanus and the Early Christian View of Magic*, Tübingen 1984.
44 Zur Antike noch immer Erwin Rohde, *Psyche. Seelencult und Unsterblichkeitsglaube der Griechen*, 2. Aufl., Freiburg i. B.- Leipzig – Tübingen 1898, Bd. 2, 362–365. – Alter Orient und Israel: J. Tropper, *Nekromantie. Totenbefragung im Alten Orient und im Alten Testament* (Alter Orient und Altes Testament 223), Neukirchen-Vluyn 1989; Brian B. Schmidt, *Israel's Beneficent Dead. Ancestor Cult and Necromancy in Ancient Israelite Religion and Tradition* (Forschungen zum Alten Testament 11), Tübingen 1994. – Mittelalter: Richard Kieckhefer, „La necromanzia

nell'ambito clericale nel tardo Medioevo", in: Agostino Paravicini Bagliani und André Vauchez (Hrsgg.), *Poteri carismatici e informali. Chiesa e società medioevali*, Palermo 1992, 210-223.

45 Für einen einzelnen, verwandten Text Margarethe Billerbeck, „Die Unterweltsbeschreibung in den ‚Punica' des Silius Italicus", *Hermes* 111 (1983) 326-338.

46 Vgl. die wichtige Arbeit von Richard Gordon, oben Anm. 36.

47 Arnobius, *Adversus nationes* 1,43 *Quis enim hos nesciat aut imminentia studere praenoscere, quae necessario velint nolint suis ordinationibus veniunt, aut mortiferam immittere quibus libuerit tabem aut familiarium dirumpere caritates aut sine clavibus reserare quae clausa sunt aut ora silentio vincire aut in curriculis equos debilitare incitare tardare aut uxoribus et liberis alienis sive illi mares sunt sive feminei generis inconcessi amoris flammas et feriales inmittere cupiditates aut, si utile aliquid videantur audere, non propria vi posse, sed eorum quos invocant potestate?*

48 Oben Kap. 5 Anm. 115.

49 Philostrat, *Vita Apollonii* 8,5; ἄνοιξις PGM XIII 327. 1065; δεσμόλυτον XII 161. - Oben Kap. 4 Anm. 78.

50 Ebd. 4,12 *magi, haruspicum fratres.*

51 Isidor, *Etymologiae* 8,9, oben Kap. 2 Anm. 112.

52 Tacitus, *Annales* 2,27f.; 12,22; oben Kap. 2 Anm. 106.

53 PGM IV 2145-2240.

54 PGM III 263-275 (mit dem Titel πρόγνωσις, ‚Vorherwissen').

55 αὐτοπτοι. - In PGM V 55-69 ist αὐτοπτος irreführend für die Lekanomatie, die Divination mit Hilfe einer Wasserschüssel, verwendet worden, PGM IV 930-1114 verbindet die direkte Vision mit der Lychnomantie, der Divination mit Hilfe einer Lampe.

56 Etwa PGM IV 850; der Vorwurf, solche Divination getrieben zu haben, wird an Apuleius gerichtet, *Apologia* 42, oben Kap. 3 Anm. 32.

57 Statuette eines Hermes PGM V 370-446. - In PGM VII ist der Terminus durchgehend ὀνειραιτητόν, in PGM IV 3174 ὀνειροταυπτάνη, was Preisendanz als ὀνειρ-αυτ-υπτάνη erklärt, ‚direkte Vision durch einen Traum im Schlaf'. - Zusammenfassend Samson Eitrem, „Dreams and divination in magical ritual", in: Faraone & Obbink (1991) 175-187 (engl. Übersetzung aus dem noch unveröffentlichten Manuskript eines Handbuchs der antiken Magie).

58 PGM VII 795-845, ὀνειραιτητὸν Πυθαγόρου καὶ Δημοκρίτου ὀνειρόμαντις μαθηματικός.

59 Apuleius, *Metamorphoses* 2,11; Medium und Schale PGM V 1-53; direkte Vision und Lampe PGM V 55-69.

60 PGM IV 1930-2005 ἀγωγὴ Πίτυος βασιλέως ἐπὶ παντὸς σκύφου. 2006-2139 Πίτυος ἀγωγή. 2140-2144 Πίτυος Θεσσαλοῦ ἀνάκρισις.

61 Plinius, *Historia naturalis* 30,8-11; vgl. Bidez & Cumont (1938) Bd.1, 167-212. Bd.2, 267-356.

62 Plinius, *Historia naturalis* 28, 82; Iamblichus, *De mysteriis Aegyptiorum* 8,5. 8,10.

63 Gegenüber Heinz J. Thissen, „Ägyptologische Beiträge zu den griechischen magischen Papyri", in: U. Verhoeven und E. Graefe (Hrsgg.), *Religion und Philosophie im alten Ägypten. Festgabe für Philippe Derchain* (Orientalia Lovanensia Analecta 39), Louvain 1991, 293-302, hier 285f., der Pitys zwar mit Iamblichs Bitys identifiziert, aber eine ägyptische Etymologie vorlegt, ist zu betonen, daß in je-

dem Fall die Verbindung mit Thessalien nicht aus Ägyptischem erklärt werden kann.
64 PGM IV 447.
65 PGM IV 2126-2139 πρὸς τοὺς ἀκαταλλήλους τῶν σκύφων, „für nicht passende Schädel"; deswegen trägt die erste Version im Titel die Bezeichnung ἐπὶ παντὸς σκύφου, „für jeden Schädel".
66 PGM XII 278 ἔγερσις νεκροῦ, ‚Totenerweckung'.
67 PGM IV 2164.
68 6,686 murmura dissona et humanae multum discordia linguae.
69 PGM XIII 139 f.
70 Plutarch, De superstitione 3,166 B etwa spricht davon, daß die Magier „mit seltsamen Ausdrücken und barbarischen Wörtern dem Göttlichen Schande bringen und Unrecht tun", ἀτόποις ὀνόμασι καὶ ῥήμασι βαρβαρικοῖς καταισχύνειν καὶ παρανομεῖν τὸ θεῖον, und Lukian, Menippus 9 läßt einen babylonischen Magier „barbarische, bedeutungslose und vielsilbige Wörter", βαρβαρικά τε καὶ ἄσημα ὀνόματα καὶ πολυσύλλαβα sprechen.
71 PGM IV 1035-1046.
72 PGM II 50-55. – Zur philologischen Arbeit der Sammler, welche die Bemerkung ἐν ἄλλῳ δὲ εὗρον dokumentiert, vgl. oben Kap. 1 Anm. 9.
73 Schon Arthur D. Nock hat auf die hohe religionswissenschaftliche Qualität von Lucans Quellen verwiesen und Statilius Taurus oder andere Platoniker als Informanten vermutet, Nock (1972) 186f. („Greek magical papyri", urspr. Journal of Egyptian Archaeology 15, 1929, 219-235).

7. Worte und Taten

1 Vgl. Tamsyn Barton, Ancient Astrology, London 1994, bes. 103 f.; Barton betont, daß der Ausdruck schon vor der Stoa im medizinischen Denken der Antike eine Rolle spielte.
2 Zitiert nach Bidez & Cumont (1938) Bd.1, 193 f.
3 Plotin, Enneades 4,4,40 τὰς δὲ γοητείας πῶς; ἢ τῇ συμπαθείᾳ καὶ τῷ πεφυκέναι συμφωνίαν εἶναι ὁμοίων καὶ ἐναντίωσιν ἀνομοίων καὶ τῇ τῶν δυνάμεων τῶν πολλῶν ποικιλίᾳ εἰς ἓν ζῷον συντελούντων, usw. – Zu Plotin und der Theurgie noch immer entscheidend Philip Merlan, „Plotinus and magic", in: Kleine Schriften, Berlin 1976, 388-395 (urspr. Isis 44, 1954, 341-348); gegen die Magier wandte er sich ganz entschieden in Enneades 2,9 Πρὸς τοὺς γνωστικούς, vgl. dazu Karin Alt, Philosophie gegen Gnosis. Plotins Polemik in seiner Schrift II 9, (Abhandlungen der Akademie Mainz 1990:7), Wiesbaden 1990.
4 Zusammenfassend: Tambiah (1985) 123-166, „A performative approach to ritual". – Als erster Wegweiser in der ausufernden Ritualdiskussion mögen Daniel de Coppet (Hrsg.), Understanding Rituals, London 1992 und Catherine Bell, Ritual Theory, Ritual Practice, New York/Oxford 1992 dienen.
5 Tambiah (1990) 58. – Ludwig Wittgensteins Einwände gegen Frazer, welche die Grundlage der performativen Magietheorie wurden, sind erst postum veröffentlicht: „Bemerkungen über Frazers ‚The Golden Bough'", Synthese 18 (1965) 236-258.

6 Vgl. besonders Victor Turner, *From Ritual to Theatre. The Human Seriousness of Play*, New York 1982.
7 Tambiah (1985) 17–59 (urspr. „The magical power of words", *Man* 3, 1968, 175–208).
8 Tambiah (1985) 60–86 (urspr. „Form and meaning of magical acts. A point of view", in: Robin Horton und Ruth Finnegan, Hrsgg., *Modes of Thought*, 1973, 199–229).
9 Übersicht: F. Graf, „Dionysian and Orphic eschatology. New texts and old questions", in: Thomas Carpenter und Christopher Faraone (Hrsgg.), *Masks of Dionysos*, Ithaca N.Y. 1993, 239–258.
10 Vgl. Christopher A. Faraone, „Molten wax, spilt wine and mutilated animals. Sympathetic magic in Near Eastern and Early Greek oath ceremonies", *Journal of Hellenic Studies* 113 (1993) 60–80.
11 *Supplementum Epigraphicum Graecum* 9, 3 Z. 44 f.; die Figuren heißen hier κολοσσοί.
12 Livius 1, 24.
13 Jean-Pierre Vernant, *Mythe et pensée chez les Grecs. Études de psychologie historique*, Paris 1971, Bd. 2, 68 f.; ders., *Figures, idoles, masques. Conférences, essais et leçons du Collège de France*, Paris 1990, 25–30.
14 Zitiert bei Burkert (1984) 62.
15 Der Ritus: Franciszek Sokolowski, *Lois sacrées des cités grecques. Supplément*, Paris 1962, Nr. 115.
16 Eine Zusammenfassung dieser Diskussion bei Stephen Sharot, „Magic, religion, science, and secularization", in: Neusner – Frerichs – Flesher (1989) 261–283; noch weiter ging I. M. Arkin, *Roman Magism at the End of the Republic. A Re-evaluation in the Light of the Degeneration Theory of Wilhelm Schmidt*, Dissertation St. Louis University 1964 (Zusammenfassung: *Dissertation Abstracts* 25, 1965, 5915).
17 Deutlich älter sind bloß die süditalischen Defixionen in indigener Sprache, die ins 6. Jh. datiert werden, oben Kap. 2 Anm. 119.
18 Audollent (1904) Nr. 22 = Gager (1992) Nr. 45, Z. 39 τὴν παραθήκην ὑμῖν πα<ρα>τίθομεν φιμωτικὴν τοῦ Ἀρίστωνος κὲ ἀνάδοτε αὐτοῦ τὸ ὄνομα τοῖς χθονίοις θεοῖς „dieses Depositum, das den Mund des Ariston verschließen soll, übergeben wir euch: übergebt seinen Namen den unterirdischen Göttern". Ähnlich 26, 27; 27, 23.
19 Apuleius, *Apologia* 26,5; Iamblichus, *De mysteriis Aegyptiorum* 7,5 (μετουσία θεῶν). – Eine Anekdote zeigt Iamblich mit diesem Dialog beschäftigt, Eunapius, *Vitae sophistarum* 5,2,2; vgl. Michel Tardieu, *Les paysages reliques*, Paris 1990, 11–13.
20 Libanius, *Oratio* 1, 248 („ich sagte, man müsse lieber beten als Leute wegen Dingen, die im Dunkel liegen, vor Gericht zu schleppen"); vgl. Plutarch, *De superstitione* 3, 166 B; auch Plinius, *Naturalis historia* 30,18 und Tacitus, *Annales* 12, 59 reden von *magicae superstitiones*.
21 Eine Edition der meisten Hymnen liegt vor bei Ernst Heitsch, *Die griechichen Dichterfragmente der Kaiserzeit* Bd. 1 (Abhandlungen Göttingen, Phil.-hist. Klasse 3: 49), 2. Aufl. Göttingen 1963, dazu ders., „Zu den Zauberhymnen", *Philologus* 103 (1959) 215–236; „Drei Helioshymnen", *Hermes* 88 (1960) 150–158; Paolo Poccetti, „Forma e tradizione dell'inno magico nel mondo classico", in: Albio Cesare Cassio und Giovanni Cerri (Hrsgg.), *L'inno tra rituale e letteratura nel mondo antico*. Atti di un colloquio (Napoli 21–25 ottobre 1991) (A.I.O.N. 13, 1991), Rom 1993, 179–204. Die frühere Bibliographie PGM Bd. 2, 264.

22 Vgl. besonders Reitzenstein (1904) 14: „Die Gebete ... die zum Teil ohne Rücksicht auf den Zweck der magischen Handlung aus älteren Quellen übernommen und für sie nur durch Aufnahme unverständlicher Formeln erweitert sind"; ähnlich Nilsson (1960) 131 f. (urspr. *Die Religion der griechischen Zauberpapyri*, Bulletin de la Société Royale de Lettres à Lund 1947–1948: 2, Lund 1948, 2 f.): „Der Hymnos an Helios, III 198, fängt mit einem schönen Stück Naturlyrik an, das den Zauberern nicht zuzutrauen ist". – Der (durchaus verdienstvollen) Edition von Heitsch (vorige Anm.) liegt dieselbe Annahme zugrunde.
23 Dieterich (1923); mehr oben Kapitel 1 Anm. 50.
24 Festugière (1932) 281–326 („Excursus E: La valeur religieuse des papyrus magiques"). – In der Theoriedebatte nimmt er in traditioneller Weise Stellung: „Une action magique ... est d'essence magique. ... Ce n'est pas une prière, une demande, mais une sommation. On force la divinité à agir." Siehe Kapitel 1 Anm. 57.
25 Einzelheiten in F. Graf, „Prayer in magic and religious ritual", in: Faraone & Obbink (1991) 188–213.
26 Ein schönes Beispiel aus dem lateinischen Westen ist eine Defixio aus der 1. Hälfte des 1. Jh. v. Chr., die bei Sevilla gefunden wurde, Josep Corell, „Defixionis tabella aus Carmona (Sevilla)", *Zeitschrift für Papyrologie und Epigraphik* 95 (1993) 261–268; sie endet mit dem Versprechen *si facatis, votum quod facio solvam vestris meritis* „wenn ihr dies tut, werde ich das Gelübde, das ich leiste, erfüllen nach eurem Verdienst"; das ist geläufige Formel in Gelübden. – Ein anderes Beispiel ist die Defixio aus Cremona, Heikki Solin, *Arctos* 21, 1987, 130–133, oben Kap. 5 Anm. 138; mehr D. Maltomini, *Zeitschrift für Papyrologie und Epigraphik* 107 (1995) 297 Anm. 3.
27 Audollent (1904) Nr. 22; Gager (1992) Nr. 45 (Amathus).
28 Sappho, Frg. 1 Lobel-Page.
29 Vgl. Betz (1995) 160–166.
30 PGM VIII 1–60. – Was mit Sex appeal übersetzt wird, heißt griechisch ἐπαφροδισία.
31 Das Bild weist auf die Bitte um – friedliche – Besessenheit.
32 Ebenholz, aus dem auch Apuleius' Statuette war, *Apologia* 61.
33 Euripides, *Iphigenia Taurica* 1336 f. ἀνωλόλυξε καὶ κατῇδεν βάρβαρα μέλη μαγεύουσα, „Sie schrie und sang hexend fremdländische Lieder".
34 Plinius, *Naturalis historia* 28,20 *neque est facile dictu externa verba atque ineffabilia abrogent fidem validius an Latina et inopinata, quae inridicula videri cogit animus semper aliquid immensum exspectans ac dignum deo movendo, immo vero quod numini imperet*.
35 Iamblichus, *De mysteriis Aegyptiorum* 7,5.- Zu Iamblich vgl. John Dillon, „Jamblichus of Chalcis (c. 240–325 A. D.)", in: *Aufstieg und Niedergang der römischen Welt* 2:36:2, Berlin und New York 1987, 862–909; Beate Naemann, *Theurgie und Philosophie in Jamblichs ‚De mysteriis'* (Beiträge zur Altertumskunde 11), Stuttgart 1991.
36 Der Christ Hieronymus etwa spottet über die Worte als Dinge, die die Geister von Ignoranten und Frauen in Aufregung versetzen, nimmt aber doch an, sie seien irgendwie mit dem Hebräischen verwandt, *Epistulae* 75,3.
37 Origenes, *Contra Celsum* 1,24; vgl. auch Clemens, *Stromateis* 1, 143, 1.
38 Iamblichus, l. c.
39 Tambiah (1985) 18–21 (urspr. *Man* 3, 1968, 176–178).

40 Ein Beispiel eine Defixion aus Autun, 1.Jh. n. Chr., J. Marcillet-Jaubert, „Tabella defixionis Augustodunensis", *Zeitschrift für Papyrologie und Epigraphik* 33 (1979) 185 f.; dies., *Mémoires de la Société Éduenne* 54 (1979) 1–25.
41 Thomas (1971) 179.
42 Vgl. Dorottya Gáspár, „Eine griechische Fluchtafel aus Savaria", *Tyche* 5 (1990) 13–16.
43 Hieronymus, *Epistulae* 75,3, oben Anm. 36.
44 Beispiele Audollent (1904) Nr. 231 (Karthago). 252 (ebd.). 270 (Hadrumetum); Kotansky (1994) Nr. 7.
45 PGM VII 742.
46 PGM VIII 1f.
47 PGM I 40.
48 PGM III 574–583.
49 Vgl. etwa Jan Skorupski, *Symbol and Theory. A Philosophical Study of Theories of Religion in Social Anthropology*, Cambridge und New York 1976, 130–134 oder Stanley J. Tambiah, *Magic, Science, Religion, and the Scope of Rationality*, Cambridge 1990, 52 f.
50 PGM IV 155–222, oben Kapitel 4 Anm. 66.
51 PGM IV 51–77.
52 Proteus: Homer, *Odyssee* 4, 383 f.; Vergil, *Georgica* 4, 387 f. – Picus und Faunus: Ovid, *Fasti* 3, 291. – Silen: Theopomp, *Fragmente der griechischen Historiker* 115 F 75; mehr im Kommentar von F. Bömer zu Ovid, l. c.
53 PGM XII 1–14.
54 Das Zitat aus Heinz J. Thissen, „Ägyptologische Beiträge zu den griechischen magischen Papyri", in: U. Verhoeven und E. Graefe (Hrsgg.), *Religion und Philosophie im alten Ägypten. Festgabe für Philippe Derchain* (Orientalia Lovanensia Analecta 39), Louvain 1991, 293–302, hier 294; vgl. oben Kap. 1 Anm. 16.
55 PGM II 45–50.
56 Ebd.
57 PGM IV 1438 f.
58 PGM IV 1390–1495, das direkte Zitat 1471–1481.
59 Homer, *Odyssee* 8, 266–367.
60 Eine andere *historiola* von Isis im koptischen Text PGM IV 95; eine weitere im Zauber der Syrerin von Gadara, PGM XX 6f., vgl. Ludwig Koenen, „Der brennende Horusknabe. Zu einem Zauberspruch des Philinna-Papyrus", *Chronique d'Égypte* 37 (1962) 167–174; eine dritte im Kopfwehzauber, Kotansky (1994) Nr. 13, vgl. Anthony A. Barb, „Antaura. The mermaid and the devil's grandmother", *Journal of the Warburg and Courtald Institutes* 29 (1966) 1–23.
61 PGM IV 2900–2907.
62 Vgl. allgemein auch H. Philsooph, „Primitive magic and mana", *Man* 6 (1971) 182–203.
63 PGM XII 117 f.
64 PGM IV 1035 f.
65 A. F. Segal, „Hellenistic magic. Some questions of definition", in: R. van den Broek und M. J. Vermaseren, *Studies in Gnosticism and Hellenistic Religion Presented to Gilles Quispel* (EPRO 91), Leiden 1981, 349–375.
66 *De morbo sacro* 4.

67 Heiden: Seneca, *Oedipus* 561–563; Plinius, *Naturalis historia* 28, 20, oben Anm. 16; Pseudo-Quintilian, *Declamationes* 10, 19; mehr *Thesaurus Linguae Latinae* 8, 587, 7. – Christen: etwa Eusebius, *Praeparatio evangelica* 5, 8, 5 (zitiert *Oracula Chaldaica* 220. 221. 223 Des Places); Hippolytus, *Refutatio* 7, 32; Irenaeus, *Contra haereses* 1, 25, 3.
68 Iamblichus, *De mysteriis Aegyptiorum* 1,14.
69 Apuleius, *Apologia* 26, 6.
70 Zum Konzept, das besonders von Max Gluckman und Victor Turner benutzt wurde, vgl. Peter Weidkuhn, „The quest for legitimate rebellion. Towards a structuralist theory of rituals of reversal", *Religion* 7 (1977) 167–188; A. Barbara Babcock (Hrsg.), *The Reversible World. Symbolic Inversion in Art and Society*, London 1978; Brian Morris, *Anthropological Studies of Religion. An Introductory Text*, Cambridge 1987, 246–263.
71 Cato, *De agricultura* 160, oben Kap. 2 Anm. 77; Tibull 1, 4, 11 f.
72 Exemplarisch Claude Lévi-Strauss, „Le sorcier et sa magie", in: *Anthropologie structurale*, Paris 1958, 183–203; Peter Brown, *The Cult of the Saints. Development and Function in Latin Christianity*, Chicago 1981, 71–73.
73 PGM VII 199 f.
74 PGM VII 201 f.
75 Dasselbe gilt für das Mittelalter, Kieckhefer (1989) 3 f., 57–75.
76 Das kann man als Zeichen der rituellen Inversion lesen und etwa die seltsamen Räucheropfer des mittelalterlichen ‚Fête des fous' vergleichen (*thurificare de fumo fetido ex coreo veterum sotularium*: Brief der Pariser Theologischen Fakultät von 1445, Heinrich Denifle, *Chartularium Universitatis Parisiensis* 1, Paris 1889, Nr. 2595); es hat freilich seinen festen rituellen Zweck, eben die Verleumdung durch ein falsches Opfer.
77 PGM IV 26–51, eine τελετή, ein ‚Weiheritual', in dem sich der Magier initiiert: ἔσῃ τετελεσμένος.
78 PGM XII 201–269, ὁλοκαυστῶν. Der so ganz andere Gebrauch des Worts Holokaust in der Gegenwart, der auf das Englische zurückgeht, läßt einen bei der weiteren Verwendung des rituellen Terminus technicus zögern; das deutsche ‚Ganzverbrennungsopfer' ist freilich doch sehr unhandlich.
79 Plato, *Respublica* 354 BC.
80 Vgl. Renate Schlesier, „Olympian versus chthonian religion", *Scripta Classica Israelitica* 11 (1991/92) 38–51,; dies., „Olympische Religion und chthonische Religion", in: Ugo Bianchi (Hrsg.), *The Notion of «Religion» in Comparative Research*. Selected Proceedings of the XVI IAHR Congress, Rom 1994, 301–310.

8. Epilog

1 Christoph Daxelmüller, *Zauberpraktiken. Eine Ideengeschichte der Magie*, Zürich 1992.
2 H. Te Velde, „The god Heka in Egyptian theology", *Journal of Egyptian and Oriental Literature* 21 (1969/70) 175–186; Ritner (1993).
3 Vgl. W. K. C. Guthrie, *A History of Greek Philosophy* 1, Cambridge 1962, 204 f.
4 Zu ‚Mythos' Walter Burkert, Art. „Mythos. Mythologie", in: *Historisches Wörterbuch der Philosophie* 6, Basel 1984, 282–318; Fritz Graf, „Die Entstehung des My-

thosbegriffs bei Christian Gottlob Heyne", in: F. Graf (Hrsg.), *Mythos in mythenloser Gesellschaft. Das Paradigma Roms* (Colloquia Raurica 3), Stuttgart und Leipzig 1993, 284–294.
5 Vgl. *Codex Theodosianus* 9,16,3 (Konstantin, 23.5.317).
6 Noel Robertson, „The Nones of July and Roman weather magic", *Museum Helveticum* 44 (1987) 8–41.
7 Plato, *Leges* II, 933 DE.
8 Cicero, *Brutus* 217.
9 Helmut Engelmann, *The Delian Aretalogy of Sarapis*, Leiden 1975, 9 Z. 85 ff.
10 Plato, *Respublica* 364 AB.
11 Cassius Dio 71,8; nach Capitolinus, *M. Aurelius* 24 bewirkt der Kaiser den Regen durch sein Gebet. – Vgl. Garth Fowden, „Pagan versions of the rain miracle of A. D. 172", *Historia* 36 (1987) 83–95; Michael M. Sage, „Eusebius and the rain miracle. Some observations", *Historia* 36 (1987) 96–113.
12 Vgl. David Pingree (Hrsg.), *Picatrix. The Latin Version of the Ghāyat Al-Hakīm. Text, Introduction, Appendices, Indexes* (Studies of the Warburg Institute 39), London 1986.
13 Ein Handbuch der Zauberzeichen bleibt ein Desiderat, nachdem eben ein derartiges Projekt gescheitert ist.
14 Plato, *Leges* II, 933 B.

Bibliographie

Abt (1908) Adam Abt, *Die Apologie des Apuleius von Madaura und die antike Zauberei. Beiträge zur Erläuterung der Schrift de magia* (RGVV 4:2), Gießen: Töpelmann.
Audollent (1904) Auguste Audollent, *Defixionum Tabellae*, Paris: Fontemoing.
Bernand (1991) André Bernand, *Sorciers grecs*, Paris: Fayard.
Betz (1990) Hans Dieter Betz, *Hellenismus und Urchristentum. Gesammelte Aufsätze* Bd.1, Tübingen: Mohr.
Betz (1995) —, „Secrecy in the Greek magical papyri", in: Hans G.Kippenberg und Guy G.Strousma (Hrsgg.), *Secrecy and Concealment. Studies in the History of Mediterranean and Near Eastern Religions*, Leiden: Brill, 153–175.
Bidez & Cumont (1938) Joseph Bidez – Franz Cumont, *Les mages hellénisés*, Paris: Les Belles Lettres.
Bravo (1987) Benedetto Bravo, „Une tablette magique d'Olbia pontique, les morts, les héros et les démons", in: *Poikilia. Études offertes à Jean-Pierre Vernant*, Paris: École des Hautes Études en Sciences Sociales, 185–218.
Brown (1972) Peter Brown, „Sorcery, demons and the rise of Christianity. From late Antiquity into the Middle Ages", in: *Religion and Society in the Age of Augustine*, London: Faber & Faber 119–146 (urspr. in: Mary Douglas, Hrsg., *Witchcraft Confessions and Accusations*, London 1970, 17–45).
Burkert (1990) Walter Burkert, *Antike Mysterien. Funktion und Gehalt*, München: Beck (überarbeitete deutsche Übersetzung von *Ancient Mystery Cults*, Cambridge, Mass./London: Harvard University Press 1987).
Burkert (1992) —, *The Orientalizing Revolution. Near Eastern Influence on Greek Culture in the Early Archaic Age*, Cambridge, Mass.: Harvard University Press (überarbeitete Übersetzung von *Die orientalisierende Epoche in der griechischen Religion und Literatur*, Sitzungsbericht Heidelberg 1984:1).
Butler & Owen (1914) H.E.Butler – A.S.Owen, *Apulei Apologia Sive Pro Sc De Magia Liber. With Introduction and Commentary*, Oxford: Clarendon Press.
Daniel & Maltomini (1990) Robert W.Daniel – Franco Maltomini (Hrsgg.), *Supplementum Magicum* 1 (Abhandlungen der Rheinisch-Westfälischen Akademie. Sonderreihe Papyrologica Coloniensia 16:1), Opladen: Westdeutscher Verlag.
Daniel & Maltomini (1992) —, *Supplementum Magicum* 2 (Abhandlungen der Rheinisch-Westfälischen Akademie. Sonderreihe Papyrologica Colonensia 16:2), Opladen: Westdeutscher Verlag.
Dieterich (1923) Albrecht Dieterich, *Eine Mithrasliturgie*, 3.Aufl. hrsgg. von Otto Weinreich, Leipzig/Berlin: Teubner (1.Aufl. 1903).
Dodds (1951) Eric Robertson Dodds, *The Greeks and the Irrational* (Sather Lectures 25), Berkeley/Los Angeles: University of California Press.
Faraone & Obbink (1991) Christopher A.Faraone – Dirk Obbink (Hrsgg.), *Magika Hiera. Ancient Greek Magic and Religion*, New York/Oxford: Oxford University Press.

Festugière (1932)   André-Jean Festugière, *L'idéal religieux des Grecs et l'Évangile*, Paris: Les Belles Lettres 1932.

FIRA   Iohannes Baviera, *Fontes Iuris Romani Anteiustiniani*, Florenz: Barbèra 1940.

Fowden (1986)   Garth Fowden, *The Egyptian Hermes. A Historical Approach to the Late Pagan Mind*, Cambridge: Cambridge University Press.

Hägg (1994)   Robin Hägg (Hrsg.), *Ancient Greek Cult Practice from the Epigraphical Evidence*. Proceedings of the Second International Seminar on Ancient Greek Cult, organized by the Swedish Institute at Athens, 22–24 November 1991 (Acta Instuti Atheniensis Regni Sueciae XIII), Stockholm: Svenska Institutet i Athen.

Hopfner (1974)   Theodor Hopfner, *Griechisch-ägyptischer Offenbarungszauber* Amsterdam: Hakkert; orig. = *Studien zur Palaeographie und Papyruskunde*, Bd.21, Leipzig: H.Haessel 1921.

Hopfner (1983)   —, *Griechisch-ägyptischer Offenbarungszauber. Seine Methoden*. Teil 1, Amsterdam: Hakkert; orig. = *Studien zur Palaeographie und Papyruskunde*, Bd.23:1, Frankfurt: H.Haessel 1924.

Hopfner (1990)   —, *Griechisch-ägyptischer Offenbarungszauber. Seine Methoden*. Teil 2, Amsterdam: Hakkert; orig. = *Studien zur Palaeographie und Papyruskunde*, Bd.23:2, Frankfurt: H.Haessel 1924.

Jordan (1985 a)   David R. Jordan, „A survey of Greek defixiones not included in the special corpora", *Greek, Roman and Byzantine Studies* 26, 151–197.

Jordan (1985 b)   —, „Defixiones from a well near the southwest corner of the Athenian Agora", *Hesperia* 54, 205–255.

Jordan (1988 a)   —, „New archaeological evidence for the practice of magic in classical Athens", in: *Praktika of the 12th International Congress of Classical Archaeology, Sept. 4–10, 1983*, Bd.4, Athen, 273–277.

Jordan (1988 b)   —, „A love charm with verses", *Zeitschrift für Papyrologie und Epigraphik* 72, 245–259.

Kieckhefer (1989)   Richard Kieckhefer, *Magic in the Middle Ages*, Cambridge: Cambridge University Press.

Kippenberg & Luchesi (1978)   Hans G. Kippenberg und Brigitte Luchesi (Hrsgg.), *Magie. Die sozialwissenschaftliche Kontroverse über das Verstehen fremden Denkens*, Frankfurt a. M.: Suhrkamp (Nachdruck 1987).

Kotansky (1994)   Roy Kotansky, *Greek Magical Amulets. The Inscribed Gold, Silver, Copper, and Bronze Lamellae*. Part 1: *Published Texts of Known Provenance* (Abhandlungen der Nordrhein-Westfälischen Akademie der Wissenschaften. Sonderreihe Papyrologica Coloniensia 22:3), Opladen: Westdeutscher Verlag.

Lloyd (1979)   Geoffrey E. R. Lloyd, *Magic, Reason, and Experience. Studies in the Origin and Development of Greek Science*, Cambridge: Cambridge University Press.

López Jimeno (1991)   Maria del Amor López Jimeno, *Las tabellae defixionis de la Sicilia Griega*, Amsterdam: Hakkert.

Martinez (1991)   David G. Martinez, *A Greek Love Charm from Egypt (P. Mich. 757)* (American Studies in Papyrology 30. Michigan Papyri vol. 16), Atlanta, Georgia: Scholars Press.

Mauss (1973)   Marcel Mauss, „Esquisse d'une théorie générale de la magie", *Année Sociologique* 7 (1902/03), wieder in: M.M., *Sociologie et anthropologie*, introduction par Claude Lévi-Strauss, Paris: Presses Universitaires de France, 1–141.

Merkelbach (1992)   Reinhold Merkelbach, *Abrasax. Ausgewählte Papyri religiösen und* magischen Inhalts, Bd.3: *Zwei griechisch-ägyptische Weihezeremonien (Die Leidener Weltschöpfung. Die Pschai-Aion-Liturgie)* (Abhandlungen der Rheinisch-Westfälischen Akademie der Wissenschaften. Sonderreihe Papyrologica Coloniensia 17:3), Opladen: Westdeutscher Verlag.

Merkelbach & Totti (1990)   Reinhold Merkelbach – Maria Totti, *Abrasax. Ausgewählte Papyri religiösen und magischen Inhalts*, Bd.1: *Gebete* (Abhandlungen der Rheinisch-Westfälischen Akademie der Wissenschaften, Sonderreihe Papyrologica Coloniensia 17:1). Opladen: Westdeutscher Verlag.

Merkelbach & Totti (1991)   —, *Abrasax. Ausgewählte Papyri religiösen und magischen Inhalts*, Bd.2: *Gebete (Fortsetzung)* (Abhandlungen der Rheinisch-Westfälischen Akademie der Wissenschaften. Sonderreihe Papyrologica Coloniensia 17:2), Opladen: Westdeutscher Verlag.

Neusner – Frerichs – Flesher (1989)   J. Neusner – E. S. Frerichs – P. V. M. Flesher (Hrsgg.), *Religion, Science, and Magic in Concert and in Conflict*, New York/Oxford: Oxford University Press.

Nilsson (1960)   Martin P. Nilsson, *Opuscula Selecta linguis anglica, francogallica, germanica conscripta* 3 (Acta Instituti Atheniensis Regni Sueciae, ser. 2, II:3), Lund: Gleerup.

Nock (1972)   Arthur Darby Nock, *Essays on Religion and the Ancient World*, hrsgg. von Zeph Stewart, Oxford: Clarendon Press.

PGM   Karl Preisendanz (Hrsg.), *Papyri Graecae Magicae. Die griechischen Zauberpapyri*, 2. Aufl. hrsgg. von Albert Henrichs, Stuttgart: Teubner 1973–1974 (1. Aufl. Leipzig/Berlin: Teubner 1928–1931).

PGMTr   Hans Dieter Betz (Hrsg.), *The Greek Magical Papyri in Translation Including the Demotic Spells*, Chicago und London: The University of Chicago Press 1985 (korrigierter Nachdruck 1992).

Reitzenstein (1904)   Richard Reitzenstein, *Poimandres. Studien zur griechisch-ägyptischen und frühchristlichen Literatur*, Leipzig: Teubner.

Ritner (1993)   Robert K. Ritner, *The Mechanics of Ancient Egyptian Magical Practice*, Chicago: Chicago University Press.

Robert (1936)   Louis Robert, *Collection Froehner.* Bd.1: *Inscriptions grecques*, Paris.

Smith (1978)   Morton Smith, *Jesus the Magician*, San Francisco: Harper & Row.

Smith (1984)   —, „The eighth book of Moses and how it grew (P.Leid. J 395)", in: *Atti del XVII Congresso Internazionale di Papirologia*, Neapel, Bd.2, 683–693.

Tambiah (1985)   Stanley Jeyaraja Tambiah, *Culture, Thought, and Social Action. An Anthropological Perspective*, Cambridge, Mass.: Harvard University Press.

Tambiah (1990)   —, *Magic, Science, Religion, and the Scope of Rationality*, Cambridge: Cambridge University Press.

Thomas (1971)   Keith Thomas, *Religion and the Decline of Magic. Studies in Popular Beliefs in Sixteenth and Seventeenth Century England*, London: Weidenfeld & Nicolson.

Thomsen (1987)   Marie-Louise Thomsen, *Zauberdiagnose und Schwarze Magie in Mesopotamien*, Kopenhagen: Museum Tusculanum Press.

Trombley (1993)   Frank R. Trombley, *Hellenic Religion and Christianization c. 370–529* (Religion in the Graeco-Roman World 115), Leiden: Brill.

Trumpf (1958)   Jürgen Trumpf, „Fluchtafel und Rachepuppe", *Athenische Mitteilungen* 73, 94–102.

Tupet (1976)   Anne-Marie Tupet, *La magie dans la poésie latine. I: Des origines à la fin du règne d'Auguste*, Paris: PUF.

Ungnad (1941/44)   Arthur Ungnad, „Besprechungskunst und Astrologie in Babylon", *Archiv für Orientforschung* 14, 251–282.
Winkler (1991)   John J. Winkler, „The constraints of Eros", in: Faraone & Obbink (1991) 214–243.
Wortmann (1968)   Dierk Wortmann, „Neue magische Texte", *Bonner Jahrbücher* 168, 56–111.
Wünsch (1897)   Richard Wünsch, „Appendix continens defixionum tabellas in Attica regione repertas", in: *Inscriptiones Graecae*. Vol. II/III: *Corpus Inscriptionum Atticarum*, Berlin: Reimer.
Wünsch (1900)   —, Neue Fluchtafeln, *Rheinisches Museum* 55, 62–85. 232–271.
Ziebarth (1899)   Erich Ziebarth, „Neue attische Fluchtafeln", *Nachrichten von der Gesellschaft der Wissenschaften zu Göttingen*. Philologisch-Historische Klasse, 105–135.
Ziebarth (1934)   —, „Neue Verfluchungstafeln aus Attika, Böotien und Euboia", *Sitzungsberichte der Preussischen Akademie der Wissenschaften*. Philologisch-Historische Klasse, 1022–1050.

Namenregister
(einschließlich der geographischen Namen)

Aaron 13
Ägypten 11f. 71. 83f. 85f. 99f. 103. 116. 129. 164
Abrasax 125. 130
Abt, Adam 68ff.
Agrippa 41
Aischylos 30. 175; (*Ag.* 306) 109
Alexandria 13f.
Anargyroi, die Hll. Kyros und Johannes 128. 146
Anaxilaos von Larissa 41. 47
Annequin, Jean 15
Antaura 258,60
Antiocheia 147f. 149. 152. 154
Aphrodite 86. 201
Apollonios, delischer Sarapispriester 56. 139. 209. 231,4
Apollonios von Tyana 24. 68. 87. 225,101
Apuleius 24. 38. 61ff. 87. 89. 94. 96. 168. 192. 203. 225,111
Ares 126
Arezzo 115f.
Arnobius 170. 175f. 231,5
Artemis 150. 163
Asklepiogeneia 235, 62
Astrampsykos 194. 198
Audollent, Auguste 16. 108. 115
Augustus 41

Bath 145. 239,27. 247,140
Beirut 11. 12. 79. 244,95
Bernand, André 15. 245,110
Betz, Hans Dieter 15. 91
Bidez, Joseph 13
Bitys 178
Boeckh, August 9. 16
Boethius 79
Bowersock, Glen 12

Brelich, Angelo 14. 15
Burkert, Walter 14. 156. 237,106

Calpurnius Piso (Frg. 55 Peter) 58
Cato, M. Porcius (*Agr.* 160) 43ff. 55. 188. 204
Catull (*C.* 90) 37f.
Cicero 37. 42. 45; (*Brut.* 217) 56f.; (*Cael.* 61) 145. 149; (*In Vat.* 14) 40.
Claudius Maximus 61ff.
Clemens von Alexandria 25
Cremona 144. 257,26
Cumont, Franz 13
Curio s. Scribonius

Daktylen 91. 198
Dardanos 12
Dareios I. 24. 37
Deinarch 209
Delos 56. 209. 231,4
Demeter 77. 115. 145. 239,27
Derveni, Papyrus von 25. 34. 89
Deubner, Ludwig 18
Dieterich, Albrecht 16f. 192
Dionysos 26. 129
Dukas, Paul 83

Eirenaios 88
Eitrem, Samson 18
Eliade, Mircea 107
Elias, Norbert 68
Empedokles 34f.
Ereškigal 133. 155
Erictho 171ff. 193
Etrurien 242, 63
Euripides 27. 195
Evans-Pritchard, Edward E. 19. 21. 46
Ezechiel 103f.

Faraone, Christopher A. 138. 238,6. 238,12
Favret-Saada, Jeanne 21. 247,147
Festugière, André-Joseph 193. 203
Frazer, Sir James 15. 18 ff. 29. 36. 49. 79. 131. 184. 198. 203
Furius Chresimus 58 ff.

Gager, John 15. 108
Garosi, Raffaella 15
Gaza 129. 142. 146 f.
Geertz, Clifford 202
Gennep, Arnold van 98
Germanicus 79. 147. 154
Gordon, Richard 15
Gorgias (Hel. 10) 28 f.

Heka 208
Hekate 163. 166 f.
Heliopolis 85
Helios 103. 134 f. 148. 177. 199
Henrichs, Albert 17
Heraklit 32. 154; (Frg. 14 Diels-Kranz) 24
Hermes 75. 131 – s. auch Mercurius
Hermippos 13
Herodot 24. 84
Hieronymus 41; (V. S. Hilar. 12) 129. 142. 146
Hippokrates (De morbo sacro) 32 ff. 72. 202
Hipponax 128
Homer 30. 117. 175
Horus 258,60
Hypatia 230,82

Iahweh 202
Iamblichos 178. 192. 195 f. 203. 209. 256,19
Iambres 13
Iannes 13
Iason 86
Imuthes 85
Ioannes Phulon 11
Iphigenie 195
Isidor von Sevilla 83. 258,60.
Isis 83 f. 96. 106. 199. 200. 209

Iulianos (Theurg) 83
Iulianus (Kaiser) 231, 7

Jesus 83. 99 f. 147
Jordan, David 109. 244,95

Karthago 141
Kelsos 99. 153
Kerameikos 115. 122
Knidos 110. 145
Kore 199 f.
Korinth 239, 27
Kyprianos 83. 89
Kyrene 38

Laevius (Frg. 27) 38 f.
Latte, Kurt 23
Libanios 124. 149. 151 f. 154. 164. 192
Livius 47 f. 187
Lloyd, Geoffrey 33
Lucan (6,425 ff.) 171 ff. 193
Lucius Verus 150
Lukian 73. 83. 169. 175

Malinowski, Bronislaw 19 f.
Manetho 86. 105
Mannhardt, Wilhelm 216, 53
Markion (Gnostiker) 88. 99
Mauss, Marcel 15. 19. 21. 58. 81
Maximos von Ephesos (Sophist) 153
Medea 86
Meliuchos 15
Memphis 83. 129. 231,4
Mercurius 239, 27
Merkelbach, Reinhold 15
Mesopotamien 128. 154 ff.
Metapont 140
Meyer, Marvin 15
Minerva (Sulis) 239, 27
Mithras, Mithrasliturgie 17. 90. 95. 193
Moses 12 ff. 79. 88. 179. 201
Mummolus von Bordeaux 230, 82
Mytilene 239, 27

Nag-Hammadi 10
Nektanebos 242, 63
Nephotes 105

Nero 51. 75. 97
Nestorios 235, 62
Nigidius Figulus 71
Nilsson, Martin P. 36
Nymphen 115

Origenes (*c. Celsum* 1, 24) 70f. 196; (*ebd.* 1,68) 99
Orpheus 26
Osker 56
Osiris 86. 106
Ostanes 178
Ovid 128

Pankrates 83. 85
Paulus (Apostel) 11. 53. 57
Paulus (Rechtsgelehrter) 62
Persien 24. 29ff. 37f. 50f. 71
Philostrat 24. 68. 87. 225,101
Pindar (*Pyth.* 4,213ff.) 86
Pitys 178
Platon 27. 132. 190. 202; (*Alc. M.* 122A) 24. 77; (*Legg.* 10,909AB) 32. (11,933BE) 129. 155. 209; (*Meno* 80BC) 27; (*Rep.* 364 B) 25ff. 79. 87. 109. 156. 183. 202; (*Symp.* 202E) 27
Plautus 45. 46
Plinius d. Ältere 43. 45. 151. 178; (*Nat.Hist.* 18,41ff.) 58ff.; (27,131) 69; (28,19) 56. 109; (28,20) 195; (30,1ff.) 48ff.; (30,11) 13; (30,98) 151
Plotin 72. 99. 104. 107. 152. 184. 209
Plutarch von Chaironeia (*Superst.*3) 192
Plutarch (Neuplatoniker) 235, 62
Pluton 113
Polykrates 152
Pozzuoli 242, 63
Preisendanz, Karl 10. 15. 16f.
Proklos 235, 62. 235,65
Pythagoras, Pythagoreer 13. 34. 40. 41. 71. 84

Qumran 10

Reitzenstein, Richard 17. 88
Rheneia 247, 153
Ritner, Robert K. 11

Rohde, Erwin 136
Romilly, Jacqueline 238, 6
Rose, Herbert J. 23

Sappho (Frg. 1 L.-P.) 194
Scribonius Curio, C. 56. 79. 139. 149. 152. 209
Sarapis 56. 139. 209. 231,4
Selene 14. 166
Selinunt 239, 27
Septimius Severus 84
Servius 59
Seth 12. 106. 199
Sevilla 257, 26
Shenute 231, 7
Sizilien 112
Smith, Jonathan Z. 249,176
Smith, Morton 7. 12
Smith, Richard 15
Sokrates 27. 107
Sopatros 79. 150
Sophokles 25. 110
Sophron 166
Sophronios (*Narr. mirac.* 35) 128. 146. 152
Statilius Taurus 255, 73
Stewart, Charles 31
Stoa 184

Tacitus 52f. 79. 116; (*Ann.* 2,69) 79. 147. 154
Tambiah, Stanley 20. 185. 196
Teos 36. 117
Theokrit (*Id.* 2) 38. 159ff. 189
Thessalos von Tralles 85
Thomas, Keith 29. 77
Tibull 204
Trophonios 84
Tupet, Anne-Marie 15. 222,62
Turner, Victor 19
Tylor, Edward B. 18. 19f. 31
Typhon 12

Uley 239, 27
Usener, Hermann 17

Varro, M. Terentius 71
Vatinius 40

Vergil (*Ecl.* 8) 38. 41f. 55. 159. 250,185
Vernant, Jean-Pierre 15
Versnel, Hendrik S. 15. 239,14. 240,32. 247,139

Wilamowitz-Moellendorff, Ulrich 9. 16f.
Winkler, Jack 161

Wittgenstein, Ludwig 185. 255,5
Wünsch, Richard 16. 108

Xanthos von Lydien 38
Xenophon 24

Zalmoxis 84
Zoroaster 50

Sachregister
(einschließlich griechischer und lateinischer Termini)

adiurare 114
Adyton 83 f.
agōgḗ 161 f.
agúrtēs 25
áhōroi 119. 136
alligare 114
Amulett 88. 143. 151. 164
anatithénai 114
ángeloi, angeli 84. 166. 204
apográphein 114
apothanatismós 95
arētḗr 117
Astrologie 49. 52. 55
Asymmetrie, soziale 60. 64
atelḗs, atélestos 136

Bacchanalia, Skandal in Rom 48
basileús 75
Berg, heiliger, als Offenbarungsort 88
Besessenheit 32 ff. 129. 177
Bettelpriester 25. 35. 156
biaiothánatoi 119. 136. 172. 200
Bild 123
Bindezauber s. Defixio
Blei und Magie 120
Brief und magischer Text 94. 118
Bücherverbrennung 11. 225,110
Bündnisritual s. *foedus ferire*

carmen 41 f. 174
– auxiliare 43
– secundum 174. 199
Chamäleon 149
Christen 70 f. 88. 128. 170. 175 f. 203
chthonisch 206

Dämonologie 133 ff. 209
dedicare 114
defigere 114

Defixio 56. 76. 108 ff. u. ö.
– agonistische 110. 141
– Brief als Form 118
– erotische 51 f. 62. 86. 88. 109 f. 124 ff. 160
– Formeltypen 113
– Gegenmassnahmen 152 ff.
– im Geschäftsleben 110. 140 f.
– und Krankheit 128. 151
– Metall als Träger 119 f.
– Opfer der 146 ff.
– und Prozess 56. 112. 139
– psychologische Deutung 109. 132
– Textausgaben 10. 108 f. 211,4
– Orte der Niederlegung 115. 121. 144
– – Grab 121. 155
– – Brunnen oder Quelle 115 f. 121
– – Heiligtum 77. 115
– – Türschwelle 129. 155. 165
– Rechtsläufigkeit der Schrift 119
– Texte: s. Texte
demandare 114
devotio 116
diaholaí 163 f. 199. 205
diákopos 176. 245,115
Divination 53. 71. 143. 174 ff. 207. 224,91
– Lekanomatie 177
– Nekromantie 28. 55 f. 76. 174 ff.
– Traum 153. 177
Druiden 50. 83. 224,101

Echse 39. 165
Efeu 106. 178
Eidritual 145. 186. 189
Ekstase 71. 93 – s. auch Besessenheit
engráphein 114
epaoidḗ, epōidḗ 30. 43
epánankoi 181. 190. 200
Epilepsie 32 ff. 72

Ethnographie 24. 31. 39
Evolutionismus 18
excantare 41
exhorkízein 114
Exorzismus 73. 88. 147. 156 f. 204. 206

Falke 96. 101 f. 104
Fesselung, magische 126
Fête des fous 259, 79
Fische 67 ff.
Fluch 116
- *dirae Teiorum* 36. 117
- Grabfluch 117
foedus ferire 187
Formel (*lógos* 124.)
- *egṓ eimi* 106
- Typen in der Defixio 113
- - *similia similibus* 113. 117 ff. 161 ff. 189. 191
- Zwangsformel (*epánangkos*) 181. 190. 200

Geheimhaltung 91 f.
Geschlechter 57. 64. 167 ff.
Gesetzgebung gegen Magie
- Griechenland 27. 36
- XII-Tafeln 41 f. 50. 58 f.
- Lex Cornelia *de sicariis et veneficis* 45. 53. 54. 56. 57. 62 ff.
- Kaiserzeit 40. 53 f. 57. 62. 79. 142. 224,91
Gift und Magie 46. 145 – s. auch *veneficus, veneficium*
Gliederweihung 130
góēs 27 f.
Goldblättchen 91. 186. 197
Goldschmuck 161
Gong 134
Gottheiten der Magier 133 ff. 196. 204 f.

Hebräisch 197
Heilige 107. 146 ff. 150
Henkelkreuz (*anḫ*) 234, 52
Hieroglyphen 131
Historiola 200. 205 f.
Holz 75

Homosexualität 64. 170
Honig 102
horkízein 114
Huhn s. Riten, magische
Hymnen, magische 192

Illusionistik 100
incantare 41
Initiation 85 ff. 206
- Initiationsmythos 88
- als Tod und Wiedergeburt 106
Inversion, rituelle 116. 120. 130. 135. 197. 200. 203 ff.
Iynx 39. 86. 161

Katabasis 85
katadéō, katadéomai, katadesmós 111 f. 160
katagráphein 114
katékhein 130 f.
Kater 112. 123
Kinderopfer 40
Kleiderwechsel, rituelle 173
Kommunikation und Ritual 188 ff.
König s. *basileús*
koptisch 196. 208
Kosmologie 33
Küchensprache 182

Liebeszauber s. Defixio, erotische
ligare 114
lógos 124
Lorbeer 162

magicus 38. 48
Magie:
- Anklagen 22. 35. 52 f. 58 ff. (Kap. 3). 156 f.
- Definition 22 f.
- - antik 78. 192. 203
- als fremd 24 ff. 50 f.
- Forschungsgeschichte 14 ff.
- Geschichte 48 ff.
- und Bildung 78
- und Ehe 139 f. 167 ff.
- und Heilung 10. 43. 49. 69. 128. 151. 156. 204

- und Krise(nbewältigung) 61. 66. 143 f. 150. 175. 208
- und Literatur 158 ff.
- und Medizin 32 ff. 81 f.
- und Misserfolg 143 f. 151 f. 156
- und Mysterienkulte 26. 29. 57. 74 f. 89 ff. 197 f.
- und Philosophie 64 ff. 78. 152 f. - s. Reg. I, Empedokles, Platon, Plotin, Proklos
- und Religion 20 f. 29. 31 f. 36. 80. 198
- und Wissenschaft 36. 78 ff.
- und Wort 28. - s. Zauberworte
- und Zwang 198 ff.
- Unterschichtphänomen 29. 78 f. 218,68
- s. Wetterzauber

Magiekritik 183
Magieprozess 52 f. 58 ff.
Magier:
- als Gaukler 99 f.
- als religiöser Spezialist 25 ff. 47. 132 f. 156
- als Heiler 32 ff.
- im Vorderen Orient 156
- in Rom 41. 47 ff.
- Initiation 83 ff.
- und Seher 25 ff.
- soziale Stellung 28. 30. 59 f. 78 f. 81 f.
- Wissen 32 f. 49. 197

mágos, mageía 24 ff.
magus 37 ff.
Maqlû 155 ff.
materia magica 126. 162. 178 f.
Milch 102
Mistkäfer 199
'Mithrasliturgie' s. Texte
mystérion 90
Muttersname 116
Mystagoge 95
Mysterien 26. 29. 57. 74 f. 89 ff. 197 f.
- Daktylen 91. 198
- des Dionysos 91
- Eleusis 91

Nadel 126 ff.
Nagel 122. 191

Neid 144
Nekromantie s. Divination
Neoteriker 38
Neumond 98
Neuplatoniker 87. 209 f.

obligare 114
onómata barbariká s. Zauberworte
Opfergerste 159. 163
Opferritual s. Riten, Opfer
Opfertiere 72. 74. 200. 205
Orakel 150. 199

Papyrus 9 ff. 120
Parhedros 88. 93. 99. 176
Performativität 185
Persuasive Analogie 186. 188
Pferderennen 141 f.
phármakon 30. 34
philtrokatádesmos 127
phíltron 39. 159. 161
Picatrix 210
Prozessfluch 112. 139

Religion 77. 224,93
- und Aberglaube 49. 192
- und Magie 29. 80. 198
- und Philosophie 78 ff.
Reseda 69
Rhombos 161
Riten, magische 20. 101. 121
- *agōgḗ* 161 f.
- divinatorisch s. Divination
- Entzweiung (*diákopos*) 140. 176. 245,115
- Fesselung 126
- Gebet 77. 101. 118. 134 f. 143. 163. 173. 193
- Holokaust 206
- Huhnopfer 72. 206
- Initiation 96 ff.
- Inversion 116. 120. 130. 135. 197. 200. 203 ff.
- Lösung und Türöffnung 100. 126
- Mahlzeit, gemeinsame 102. 205
- Nekromantie 40. 172 ff.
- Opfer 72. 74. 159 ff. 189. 205

- Rauchopfer 162. 205. 259,76
- rückwärts gehen 105
- Siegesmittel (*nikētḗrion*) 143
- Spendeopfer 205
- *sústasis* 44. 97 f. 143. 205
- Text ablecken oder trinken 103
- Vergottung (*apothanatismós*) 95
- Verleumdung 145
- Verleumdungsritual (*diabolḗ*) 163 f. 199. 205
- Vogelopfer 74. 206

Rivalität 138
Rollenspiel 106

Schädel 178
Schadenzauber s. Defixio
Schriftlichkeit 186. 190
Schriftrichtung magischer Texte 120
Seehase (*lepus marinus*) 67 f.
Selbstdefinition des Magiers 107
Selbstverfluchung 145
Skelett 75 f.
Sozialstruktur 46 f. 60 f.
Sprache der Magie 195 f.
Sprachspiel und Magie 45
Spreu 163 f.
Statuette 75 f. – s. Zauberpuppe
Stier 98
Symbolismus 44
'sympathetische' Magie 69. 113. 131. 162. 184

Texte[1]:
- Archangelike des Moses 14
- Defixionen: (Aud. 1) 145; (Aud. 2B) 115; (Aud. 22) 194; (Aud. 43) 118; (Aud.49) 111 f.; (Aud. 68) 119. 136 ff. 139; (Aud. 93) 113; (Aud. 111) 112 f.; (Aud. 112) 123 f.; (Aud. 129) 115; (Aud. 137) 153; (Aud. 139) 119; (Aud. 233) 141; (Aud. 234) 141. – (Gager 19) 114; (Gager 22) 119. 136 ff. 139; (Gager 44)

---

[1] Verzeichnet sind die wichtigsten Stellen aus Inschriften und Papyri. – Aud. = Audollent (1904). Gager = Gager (1992). Wünsch = Wünsch (1897).

111 f.; (Gager 45) 194; (Gager 81) 140 f.
- (*Arctos* 21, 1987,130) 144. – (*Tyche* 5,1990,13) 241,44. – (Wünsch 49) 122; (Wünsch 99) 252,25; (Wünsch 102) 118
- Grabinschriften (*CIL* VI 3,19474) 148 f.; (*CIL VIII* 2756) 148; (*Inscriptions de Délos* 2532) 148
- Papyrustexte:
- (*PGM* I) (1 ff.) 100 f. 198; (96 ff.) 99
- (*PGM* II) (150 ff.) 182
- (*PGM* III: Paris, Pap. Mimaut) (574 ff.) 143 f. 198
- (*PGM* IV: Paris, Bibl. Nat.) (51 ff.) 199; (172 ff.) 96; (222 ff.) 105 f.; (296 ff.) 124 ff.; (475 ff., sog. Mithrasliturgie) 17. 90. 95. 193; (1035 f.) 201; (1496 ff.) 162; (1930 ff.) 177 ff.; (2145 ff.) 176; (2164 ff.) 179 f.; (2474 ff.) 164; (2504 f.) 164; (2574 ff.) 163; (2625 ff.) 164; (2900 ff.) 201
- (*PGM* V) (304 ff.) 121; (312 ff.) 109 f.
- (*PGM* VII) (199 ff.) 205; (742 f.) 198; (861 ff.) 166
- (*PGM* VIII) (1 ff.) 194 f.
- (*PGM* XII) (1 ff.) 199 f.; (403 ff.) 92
- (*PGM* XIII: VIII. Buch Moses) (1 ff.) 12 ff. 97. 179. 201; (31 ff.) 97 f.; (318) 165 f.

Textüberlieferung 12 ff. 94
Textvarianten 11. 43. 137 f. 182. 211,9
Theologisierung 209 f.
Theurgie 184. 209 f.
Tier, heiliges 104
Totenbeschwörung s. Riten, magische (Nekromantie)
Traum 153. 177

Vasenbilder 161
Vegetarismus 104
veneficium, veneficus 45 f.
venenum 46 f.
Verkehrungsriten s. Inversion
voces magicae s. Zauberworte
Vogel s. Riten, magische

Wachs, Wachspuppe 120. 124. 131. 150.
  152. 155. 157. 160. 165. 187
Wein 103
Werwolf 56
Wespe 165
Wetterzauber 33 f. 51. 209. 225,103
Widder 98. 200
Wolle 160
Wortspiel 69 f.

Zauberbuch 10 f. 53. 109
– s. Bücherverbrennung

Zauberlehrling 83. 133
Zauberpuppe 123 ff. 138. 157
– und Repräsentation 125 f.
Zauberworte 44 f. 70 f. 121. 180.
  195 ff. 212,16
Zauberzeichen 210. 260,13
Ziege 98
Zwang 198 ff. – s. auch
  epánankoi
Zwiebel 187
Zwölftafelgesetz s. Gesetzgebung

Buchanzeigen

Religion und Gesellschaft

Jan Assmann
Ma'at
Gerechtigkeit und Unsterblichkeit im Alten Ägypten
2. Auflage. 1995.
319 Seiten mit 13 Abbildungen. Broschiert

Peter Brown
Die Entstehung des christlichen Europa
Aus dem Englischen von Peter Hahlbrock
1996. 404 Seiten. Leinen
(Europa bauen)

Louise Bruit Zaidman / Pauline Schmitt Pantel
Die Religion der Griechen
Kult und Mythos
Aus dem Französischen von Andreas Wittenburg
1994. 256 Seiten mit 23 Abbildungen. Leinen

Walter Burkert
Antike Mysterien
Funktionen und Gehalt
3., durchgesehene Auflage. 1994.
153 Seiten mit 12 Abbildungen. Gebunden

Richard van Dülmen
Kultur und Alltag in der Frühen Neuzeit
16.-18. Jahrhundert
Band 3: Religion, Magie, Aufklärung.
1994. 343 Seiten mit 63 Abbildungen. Leinen

Verlag C. H. Beck München

Religion und Gesellschaft

Aaron J. Gurjewitsch
Das Individuum im europäischen Mittelalter
Aus dem Russischen von Erhard Glier
1994. 341 Seiten. Leinen
(Europa bauen)

Richard Kieckhefer
Magie im Mittelalter
Aus dem Englischen von Peter Knecht
1992. 263 Seiten mit 19 Abbildungen. Leinen

Brian P. Levack
Hexenjagd
Die Geschichte der Hexenverfolgungen in Europa
Aus dem Englischen von Ursula Scholz
1995. 295 Seiten mit 13 Abbildungen. Leinen

Thomas Nipperdey
Religion im Umbruch
Deutschland 1870–1918
1988. 167 Seiten. Paperback
(Beck'sche Reihe Band 363)

Kurt Nowak
Geschichte des Christentums in Deutschland
Religion, Politik und Gesellschaft vom Ende der Aufklärung
bis zur Mitte des 20. Jahrhunderts
1995. 389 Seiten mit 11 Tabellen. Leinen

Verlag C. H. Beck München